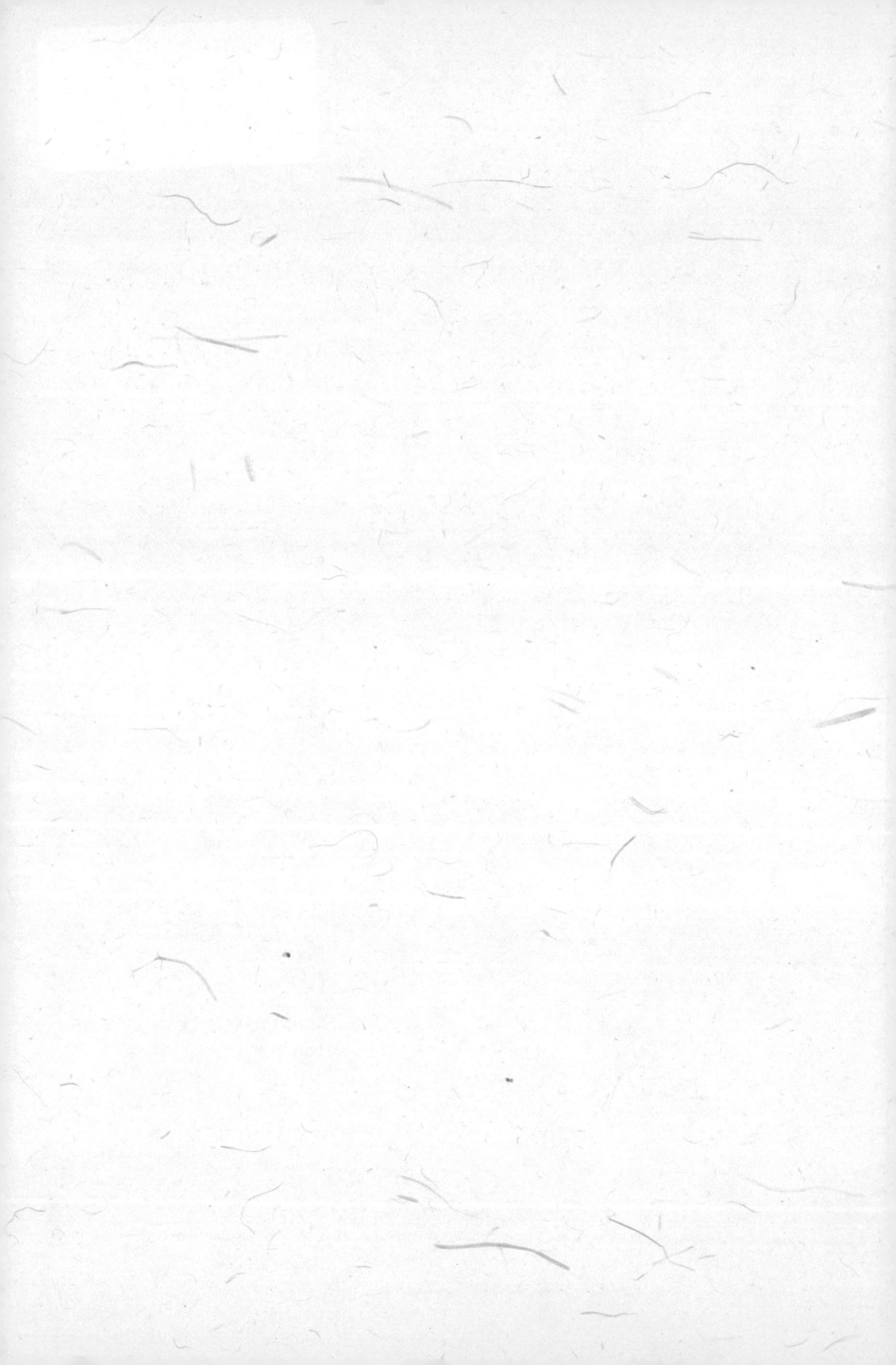

国家社科基金项目结项成果（14BZX056）

儒道汇融大生命视域下的《周易》哲学研究

李振纲◎著

人民出版社

目　　录

绪　论　易学的传承与创新 ……………………………………… 001

第一章　从原始思维到哲学突破 ………………………… 012

　　一、《周易》的"经"与"传" ……………………………… 012

　　二、《周易》古经年代的几个标志 ……………………… 018

　　三、殷末周初先民的生活场景 …………………………… 024

　　四、筮"数"与原始思维"互渗律" …………………… 031

　　五、《易传》的语境转换与哲学突破 ………………… 041

　　六、原始思维神秘意象的消解 …………………………… 052

　　七、易"数"与科学"大数据" ……………………… 055

第二章　太极生生之道 …………………………………… 063

　　一、《易》有"太极" …………………………………… 063

　　二、汉易"太极"说 …………………………………… 066

　　三、"无极"与"太极" ………………………………… 071

　　四、"太虚"与"太和" ………………………………… 081

五、"乾元"即"太极" ………………………………… 089

六、从有机论视角看世界 ………………………… 092

第三章　阴阳化机论 …………………………………… 097

一、《易》以道阴阳 ………………………………… 097

二、阴阳与生殖崇拜 ……………………………… 103

三、阴阳感通与天地交泰 ………………………… 107

四、阴阳、体用、动静 …………………………… 111

五、乾坤并建与阴阳互函 ………………………… 115

六、从"翕辟"说生机 …………………………… 120

第四章　八卦、时空与万物一体 …………………… 125

一、八卦与宇宙时空秩序 ………………………… 125

二、孟喜"卦气说"的时空观 …………………… 130

三、京房"八宫卦"阴阳节律 …………………… 137

四、天地生命共同体 ……………………………… 146

五、心物合一的生命境界 ………………………… 152

六、东西"时空意识"的差异 …………………… 158

七、仁学传统的现代释义 ………………………… 164

第五章　先天数图的自然观 …………………………… 168

一、八卦、六十四卦次序图 ……………………… 168

二、先天八卦方位图、六十四卦圆图 …………… 175

三、"天根月窟"说 ……………………………… 181

四、圆方合一图的时空架构 ……………………… 185

五、"先天学"为"心法" ···························· 192

第六章　中和价值论 ·································· 201

一、《易传》中和价值论的思想渊源 ···················· 201

二、"乾元"蓄潜戒亢的和生之道 ···················· 209

三、含弘光大"万物资生" ·························· 220

四、《讼》《睽》二卦"息讼和睽"之理 ·················· 227

五、《损》《益》二卦的"损上益下"观 ·················· 234

六、《彖传》《象传》的"中正为吉" ···················· 243

第七章　时命与变通 ·································· 247

一、简易、变易、不易 ······························ 247

二、革故鼎新而顺天应人 ·························· 251

三、恒其德：领悟"变"中的不变 ···················· 254

四、"惧以始终"的忧患意识 ························ 257

五、以"德"应"变"的人文睿智 ···················· 263

六、"九德卦"卦德说 ······························ 268

七、卦之"时"大矣哉 ······························ 273

第八章　洗心藏密之学 ································ 278

一、瞑坐玩羲易，洗心见微奥 ······················ 279

二、龙场"悟道"与"玩易" ·························· 282

三、即心即易即生命 ······························ 290

四、"良知之妙"只是个周流六虚 ···················· 294

五、良知"灵根"是生命指南 ························ 300

六、《易》"志吾心之阴阳也" …………………………… 307

七、太极"藏密"于人极 …………………………………… 309

第九章　大生命哲学的圆成 …………………………… 316

一、尊孔、辟老、尚易 …………………………………… 317

二、汉易、宋易、清易之辨 ……………………………… 322

三、"大生命"易学本体论 ……………………………… 328

四、宇宙生机之神契玄悟 ………………………………… 332

五、翕辟成变与刹那生灭 ………………………………… 340

六、生命开显的新八卦说 ………………………………… 345

七、生命、心灵、精神 …………………………………… 351

八、大生命"寂仁圆融"之境 …………………………… 355

主要参考书目 …………………………………………… 360

索　引 …………………………………………………… 365

后　记 …………………………………………………… 379

绪论　易学的传承与创新

生态、生存、生活、生命的意义日益成为现代人的现实关切。"可持续发展"与"建设和谐社会"作为一种现代发展模式或对策,可以从更深层次上归约为一种处理人与自然、人与社会、人与自我关系的哲学理念。《周易》哲学"太极"一源的生命本体论,天、地、人"三才"和谐共生的大生命世界图景,"保合太和""大生""广生"的大生命价值观及天地生生与人文化成交融互动的思维方式,正蕴含着这样一种哲学意识。研究视域、理论观念及研究方法的创新是当今易学传承与创新的关键。

《周易》研究历来成果丰硕。从台湾学者严灵峰编辑的《无求备斋易经集成》(195册)已足见两汉至晚清易学成就之大观。唐代李鼎祚《周易集解》集两汉、魏晋、隋唐三十余家易学注疏于一书,以虞翻、荀爽等象数易学为主,兼采郑玄、王弼、韩康伯、陆德明等音韵、训诂、义理之学,并附以己见。此书虽然以象数学为主,义理不免杂糅,但仍不失为研究《周易》必备的案头书。孔颖达《周易正义》则属于经学正统之典范。宋明以至清代,在义理学大背景下阐释《周易》思想的著作,多不胜数。在经学史上影响深远的当称程颐《伊川易传》、杨万里《诚斋易传》、朱熹《周易本义》、王船山《周易内传》《周易外传》《周易稗疏》、焦循《易通释》等。另有今人施维主编、刘大钧作序的《周易八卦图解》一书,辑宋、元、明、清间各类《周易》图解近三十种。这些著作,或以理解易,或以史释易,或推原《周易》占筮本义,或发挥大易辩证哲理,或通释其名相义理,或衍绎其卦爻图象,为后人继承弘扬易学精神本原留下丰厚的文化资源。

民国时期、新中国成立后的易学研究也很活跃。有影响的著述,有李镜池《周易探源》《周易通义》、熊十力《乾坤衍》、金景芳《易通》《周易全解》(与吕绍纲合著)、高亨《周易古经今注》《周易大传今注》、黄寿祺《周易译注》、陈鼓应和赵建伟《周易今注今译》、张立文《帛书周易注译》、冯国超的插图版《周易》国学经典读本、徐志锐《周易大传新注》、朱伯崑《易学哲学史》、董光璧《易学科学史纲》、杨庆中《二十世纪中国易学史》、林中军《象数易学发展史》等;另有刘大钧《易学概论》及其主编的《周易研究》《象数易学研究》辑刊,黄寿祺、张善文编的《周易研究论文集》等。这些著作、辑刊、文集,或注重《周易》卦爻起源、卦爻辞、经传关系之考释,或注重《周易》文本考校、注解、述译,或注重新易学之创立,或注重"科学易"及"易科学"之探索,或注重易学史的梳理及综合研究。把《周易》经、传(十翼)作为一个整体,放在儒、道(人文与自然)汇融、天地人和谐共生的大生命视域下进行"后现代性"诠释,仍有学术创新空间和现实意义。

就国外看,日本、欧美个别汉学家或华裔学者也涉猎易学研究,但研究阵容、深度又不及中国大陆、港台地区。倒是现代西方勃兴的环境科学与环境人文、生态科技与生态人文、生命科技与生命伦理的渗透,有助于推进儒道汇融大生命视域下的《周易》哲学研究。

建构可持续发展与和谐生存世界已成为21世纪的一个综合性、全球性的问题。人们不能不问:如何理解生态、生存、生活、生命的意义,才能从根本上保证人类的可持续和谐发展?"可持续发展"与"建设和谐社会"作为针对经济社会发展中越来越严重的生态困境、世态矛盾、心态迷乱而提出的一种发展模式或对策,它可以从更深层次上归约为一种处理人与自然、人与社会、人与自我关系的哲学理念。就此而言,着力研究易学生存智慧——大生命价值观在调适人与自然关系,化解现代社会矛盾冲突,开发生命潜能,建构和谐生存世界方面的理论价值和现实意义,理应成为当今易学研究的重要问题和现实关切。

推进《周易》研究的理论创新,首先需要研究视域的转换。

视域是一种问题意识。生态问题、世态问题和心态问题日益成为现代生活世界中的基本语境或基本的问题意识,此即本书所谓"大生命视域"。环顾当今,科技发展,商业弥漫,信息爆炸,把人们抛进一个高竞争、快节奏、功利化的现代生存世界。现代化打破了单一、封闭、落后的传统社会结构和文化结构,推动着经济、政治、科技、文化的历史进程,同时也无法避免地丧失了古代人生活中的恬静与和谐,陷入无可摆脱的"现代生存困境"。科学技术不断进步,对人的主体利益过度强调,最终导致"生态贫困"的发生与加剧——此即人与自然生命整体性断裂后的生态问题。吴国盛在 20 世纪末《绿色经典文库》丛书"总序"中说:"环境和生态问题事关人类的生存大计。我国经济正处在高速增长时期,环境污染和生态破坏相当严重,环境状况不断恶化,但有关调查却显示,我国公众和学界的环境意识均非常欠缺。我们深感,弘扬绿色意识、倡导绿色观念、确立绿色伦理,是我们走向新世纪所面临的一个迫切又艰巨的文化工程,中国的绿色事业任重而道远。"[①]吴国盛先生的感言至今仍有现实意义。

人与自然的关系一定程度上反映着人的社会关系。割断传统价值认同后,于多元世界中狂烈追求,工具理性膨胀对价值理性的遮蔽,使现代人成为"被迫性竞争"中的漂泊者。功、名、利等外在功利性尺度异化为人的生命存在的内在依据,导致个人利益与社会整体利益、公平与效率、权利与义务、道德与法律、贫穷与奢侈等紧张与冲突,此即世态问题。现代人痛苦、困惑的实质在于,我们必须追求现代化,而现代化又绝非是完美无缺的。在价值理性迷失

---

① 　吴国盛:《绿色经典文库・总序》,吉林人民出版社 1997 年版。

而工具理性不断膨胀的阴影笼罩下的现代人,类似歌德笔下的"浮士德",他不断向外张扬,向外征服,展现自己的存在本质,野心勃勃地要征服一切,然而这种"张扬"和"征服",从根本上说,违背了《易传》"天地之大德曰生""生生之谓易""保合太和乃利贞"的大生命原理,导致"生命内性"的损伤。这是现代人价值分裂、情绪焦虑、心灵迷失、急功近利、行为浮躁的深层原因。

现代环境科学、生态经济学、生态社会学、生命伦理学诸多新兴学科均在不同程度上表现了对儒道汇融视域下"大生命价值观"的某种回归,大生命视域下的易学研究的价值和意义就在于为此种"回归"提供一种哲学基础和思维方式。有识者说:"随着当代生命科技的迅猛发展,人类主体性力量日益彰显,生命样态正在从自然进化走向人工安排。在这一历史进程中,人们的生命价值观也发生着变化。从生命价值观的原点出发,以'敬畏生命'的历史内涵为思维框架,重新审视人类的生命科技活动,唤起人们'敬畏生命'的理性精神,对尊重生命和推动人类社会健康永续发展具有积极价值。"[1]法国现代思想家阿尔贝特·施韦泽最早提出"敬畏生命"的伦理学。敬畏生命的伦理学认为,我们生存在世界之中,世界也生存于我们之中,生命世界是一个有机整体。所以,"善是保存和促进生命,恶是阻碍和毁灭生命。如果我们摆脱自己的偏见,抛弃我们对其他生命的疏远性,与我们周围的生命休戚与共,那么我们就是道德的。……只有这样,我们才会有一种特殊的、不会失去的、不断发展的和方向明确的德性";"敬畏生命绝不允许个人放弃对世界的关怀。敬畏生命始终促使个人同其他周围的所有生命交往,并感受到对它们负有责任。对于其发展能由我们施以影响的生命,我们与它们的交往及对它们的责任,就不能局限于保存和促进它们的生存本身,而是要在任何方面努力实现它们的最高价值。"[2]

---

[1]　陆树程、朱晨静:《敬畏生命与生命价值观》,《社会科学》2008 年第 2 期。

[2]　[法]阿尔贝特·施韦泽:《敬畏生命——五十年来的基本论述》,陈泽环译,上海社会科学院出版社 2003 年版,第 19、32 页。

《周易》哲学对天、地、人"生生"之"德"的放怀咏颂及"保合太和""大生" "广生"的价值关切,正蕴含着这样一种"敬畏生命"的哲学意识,此种意识根 源于《易传》所构建的天人合德的大生命世界观。易学研究的视域转换,就是 要把研究的着眼点投注向《周易》生命哲学的开掘上。

其次,易学的传承与创新,离不开研究思路与观念创新。《周易》大生命 哲学建构于如下四大理论基点之上:

1. "太极"一源的生命本体论。"生"是儒道哲学的一个根本观念。孔子 说:"天何言哉? 四时行焉,百物生焉。"(《论语·阳货》)孟子说:"苟得其养, 无物不长。"(《孟子·告子上》)老子说"道生之"(《老子》第五十一章),庄子 更有"养生""达生"之说。《管子·内业》说:"天出其精,地出其形,合此以为 人。和乃生,不和不生。"《荀子·礼论》说:"天地合而万物生。"这些因素汇集 到《易传》形成一套系统的生命哲学或大生命世界观。《系辞上》云:"易有太 极,是生两仪,两仪生四象,四象生八卦,八卦定吉凶,吉凶生大业。"《系辞》作 者认为,宇宙生化的原理根源于"太极",由太极分化出天地阴阳"两仪",两仪 继而演化出少阳、老阳、少阴、老阴"四象",象征春、夏、秋、冬四时变化;四象 复合衍生出《乾》《坤》《震》《巽》《坎》《离》《艮》《兑》"八卦",象征宇宙生命 大时空赖以展演的八种自然现象,即天、地、雷、风、水、火、山、泽,由此构成了 人类的生存环境。《周易》哲学认为宇宙的本性是"生"。《系辞上》说:"日新 之谓盛德,生生之谓易。"《系辞下》说:"天地之大德曰生","天地纲缊,万物 化醇。男女构精,万物化生"。生命世界的原创力不是"上帝"或任何其他外 在的力量,而是宇宙本有的两种自然力或生命势能相互作用的结果,故云"一 阴一阳之谓道",又说《乾》《坤》二卦象征生命世界的两扇大门,"乾坤毁则无 以见易,易不可见则乾坤或几乎息矣"(《系辞上》)。按照《易传》的宇宙创生 原理,"太极"或"道"作为天地万物及人类的生命本原,此种"生生"之"德"构 成大生命世界的存在本质与价值本体。天地自然不仅是人类生命的源泉,而 且是人类创造自身历史、社会组织和人文化成的历史前提。人只有与天地合其德,把自己融化在天地自然中,才能找到生命的本原、生活的基础、道德的源泉。

2. 八卦相错、六位时成的大生命时空观。《系辞下》云:"古者庖羲氏之王天下也,仰则观象于天,俯则观法于地,观鸟兽之文,与地之宜,近取诸身,远取诸物,于是始作八卦,以通神明之德,以类万物之情。"庖羲氏即伏羲氏,是远古先民智慧的一个象征。取象于天地自然的"八卦"图式源于远古先民的生产和生活经验,这个世界图式用简易的符号演绎了生命世界的创生原理与时空秩序。《说卦传》云:"帝出乎震,齐乎巽,相见乎离,致役乎坤,说言乎兑,战乎乾,劳乎坎,成言乎艮。"传文复以八卦方位配四时八节,演绎自然造物之周期节律。朱熹注:"帝者,天之主宰。邵子曰,此卦位乃文王所定,所谓后天之学也。"[①]《震》,东方;《巽》,东南;《离》,南方;《坤》,西南;《兑》,西方;《乾》,西北;《坎》,北方;《艮》,东北。八卦之方位备矣。依照《说卦传》的理解,《震》卦属东方,代表万物萌生的春分时节;《巽》卦属东南,代表万物茁壮发育的夏初时节;《离》卦属南方,代表万物争相展现的夏至时节;《坤》卦属于西南,代表万物都得到护养的立秋时节;《兑》卦属于西方,代表万物硕果累累赏心悦目的秋分时节;《乾》卦属于西北,代表阴阳相互逼迫的立冬时节;《坎》卦属于北方,代表万物劳倦归藏的冬至时节;《艮》卦属于东北,代表万物终结于此而又重新开始的立春时节。令人惊叹的是,古人构建的完备而和谐的生命世界及其时空秩序,其"时间"和"空间"性状,既不是牛顿设定的一维的、直线的、机械的流逝性和三维的、立体的、凝固的框架性;也不似康德所设想的两种彼此毫不相干的用来整合杂乱经验的"先验的"感性形式。此种与生命本体休戚相关、体用不二的时间与空间,两者是相互支撑、相互蕴含、圆融无碍的。时间是流动的空间,空间是延展的时间;时间是生命的绵延,空间是生命的展演。时间中有空间,所以时间不是终始两端之间的直线,而是"循环无端"的

---

① 朱熹:《周易本义》,《朱子全书》第一册,上海古籍出版社、安徽教育出版社 2010 年版,第 154 页。

"圆"和"反",故云"圆而神";空间中有时间,所以空间不是物体"不可入性"之僵硬凝固的架构,而是"上下无常""周流六虚"的"方"和"变",故云"方以知"。时间和空间的圆融,即阴阳之"道"统摄天地、化育万有的"生命场"。《周易》哲学认为,人类生活在生命世界的大时空中,不仅物质生产要与其保持共同的节律,诸如春种、夏耘、秋收、冬藏之类,就是社会活动、精神生活,诸如战争、商旅、祭祀、婚姻、教育等也是如此。圣人的智慧最突出的一点就在于能够"与天地合其德,与日月合其明,与四时合其序,与鬼神合其吉凶。故先天而天弗违,后天而奉天时"(《乾·文言》)。程颐说:"圣人先于天而天同之,后于天而能顺天者,合于道而已。合于道,则人与鬼神岂能违乎?"①王阳明说:"先天而天弗违,天即良知也;后天而奉天时,良知即天也。"②天人合德的实质是天地自然规律与人类社会实践方式的耦合,此种思维方式在《周易》六十四卦的《象辞》中得到淋漓尽致地发挥。

3. 宇宙大生命共同体。这个生命共同体,横着看,或者从空间关系看,就是《说卦传》中的八卦大家庭。《说卦传》云:"乾天也,故称乎父;坤地也,故称乎母;震一索而得男,故谓之长男;巽一索而得女,故谓之长女;坎再索而得男,故谓之中男;离再索而得女,故谓之中女;艮三索而得男,故谓之少男;兑三索而得女,故谓之少女。"八卦大家庭,乾父坤母和六男六女,各有各的象征和性格,既对立又统一,既差异又互补。在《易传》作者看来,宇宙不是一个机械的物理的存在,而是有情有义的大家庭。这个自然也是人类的家园,用今天的话说就是我们的生存环境。张载在他著名的《西铭》中把天地生命共同体所承载的生命伦理精神概括为"民胞物与"说,对其进行了充分的发挥。纵着看,或者从时间关系看,也就是《序卦传》所演绎的六十四卦排列顺序。《序卦传》说:"有天地然后有万物,有万物然后有男女,有男女然后有夫妇,有夫妇然后有父子,有父子然后有君臣,有君臣然后有上下,有上下然后礼义有所错。"这

---

①　程颐:《周易程氏传》卷第一,《二程集》,中华书局2004年版,第705页。
②　王守仁:《王文成公全书》,中华书局2015年版,第137页。

里从自然到人类社会是一个生命序列。六十四卦也就是人所面对的六十四种矛盾或问题，每一卦都可以看作生命存在所遭遇的一种时空境遇，它限制着人，也塑造着人，人也参与着生命世界的变化。总之，天地人是一个和谐共生的整体。《说卦传》论天地人三才共生之道云："立天之道曰阴与阳，立地之道曰柔与刚，立人之道曰仁与义。兼三才而两之，故易六画而成卦。分阴分阳，迭用柔刚，故易六位而成章。"《周易》八经卦组成的六画卦，上两画代表天，下两画代表地，三画四画处在天地之间代表人。天、地、人构成一个同心圆，人在中心，这意味着"人"是天地之"心"。既然如此，人就应该尽到自己"天地之心"的那一点责任。人的责任何在？就是与天地保持和谐，把天地生生不息的德性落实在"人文化成"的事业中，实现天地生生与人文化成的统一。

4."保合太和"的价值观。"和"是"生"的基础，也是中国哲学一种根源性的观念。史伯说"和实生物"，老子说"万物负阴而抱阳，冲气以为和"，孔子说"和而不同"，孟子说天时地利不如人和，《中庸》说"致中和，天地位焉，万物育焉"，庄子说"心莫若和"，稷下黄老道家说"和乃生，不和不生"，荀子说"天地合而万物生，阴阳接而变化起"。《易传》从宇宙论的高度把这一根源性的观念提升为一种大生命价值观。《乾·彖》云："大哉乾元，万物资始，乃统天。云行雨施，品物流形。大明终始，六位时成，时乘六龙以御天。乾道变化，各正性命。保合大和，乃利贞。"《乾》卦象征太阳，周而复始光照万物永不熄灭；六爻因时变化，就像太阳驾乘六条神龙巡视宇宙变化的生命万象。天道变化赋予万物纯正的本性与生命，遵循天道规律，保持阴阳平衡达到高度的和谐，乃是包含人类在内的生命世界的根本利益。乾道是生长万物的本原，人道效法生生不息的天道规律而行动，世界也就太平无事了。易学大生命哲学强调，天地自然生生不息的内在价值，需要通过人合理的生活态度来实现，此合理的态度无非是：法象天地，继善成性，居中守正，崇德明时，师法乾坤大生、广生、易知、简能的崇高德性，在改变自然实现天地自然人文化成的同时，邀请自然走进人的生活,实现人文化成的自然化。《贲·彖》云:"观乎天文,以察时变;观乎人文,以化成天下。"意思是说,阳刚阴柔相互作用构成自然界的形式秩序,止住于文明构成人类社会的形式秩序。观察日月运行,可以察知四时的变化;观察人道秩序,可以教化百姓止于文明之境。自然与人文的统一,体现了《周易》大生命哲学的基本价值取向。王船山在论及因天化以骋人能的易道精神时说:"天地之大德者生也,珍其德之生者人也。胥为生矣,举蚑行喙息、高骞深泳之生汇而统之于人,人者天地之所以治万物也。"①人类生活在天地之间,与天地自然遵循着同样的变化规律和生命节律,所以在利用自然、改变自然的同时,要充分尊重乃至敬畏天地万物的生命本性,关爱其中的一山一石,一草一木,自觉与天地自然保持和谐。这是自然的福祉,更是人类的福祉,故曰"保和太和乃利贞"。唯其如此,才算尽到了人类化成天下的责任。

再次,研究方法的创新。

研究内容决定研究方法。从经学史看,传统易学有三个显著特点:一是源流远长;二是家派林立;三是科学、人文精神与神秘主义杂糅。传统易学,论其大端,有汉易、宋易、清易之分。上述内容、特点决定了大生命易学的研究方法:1.取法古代易学音韵、训诂、考证之方法,搞清《周易》经传文本原意;认真归纳梳理古代易学文献,厘定出与生命哲学相关的范畴、命题,进行观点汇诠。2.超越象数学与义理学门户之见,在诠释原则上,以义理易学为基础而辅之以象数,以义理征象数,以象数明义理,呈现生生不息之大易精神。3.阐扬易学的科学与人文精神,剔除其神秘杂质,在人文与自然兼容互补的语境中构建大生命易学体系;偏开正统的经学立场,从易学生成演变的历史看,儒家人文主义与道家自然主义是构成《周易》哲学中或显或隐的两大基本元素,儒道视域融合是进入《周易》生命哲学的逻辑枢纽,也是易学创新的重要途径。4.将文

---

① 王夫之:《周易外传》卷六,《船山全书》第一册,岳麓书社2011年版,第1034页。

本解读与语境转化相结合,综合并扬弃以往易学研究中以气、以图、以数、以理、以心解易等老程式,让哲学问题与现实问题、古代智慧与现代生活"对话",激活大易之"道"中潜在的后现代生命意识,实现《周易》哲学研究范式的创新。

近年本人承担的国家社科基金项目"儒道汇融大生命视域下的《周易》哲学研究",研究路径是道家自然主义与儒家人本主义在"易学生命哲学"中的融通,思维兴奋点自然聚焦在《周易》经、传及与此相关的诸多易学哲学、易学史文献上。古老的卦爻,神秘的图式,玄奥的象数,深邃的义理,羲文周孔,《连山》《归藏》,《河图》《洛书》,系辞象象,王注孔疏,周程邵张,朱子《本义》,船山二传,太极理气,道器阴阳,先天后天,形下形上,汉学宋学,错综张皇。睁眼闭眼,浮想联翩,满脑子都是这些名字、图像、概念。历经六载,撰写此作。本人认同并始终恪守的一个哲学研究的方法论原则是:"哲学是哲学史的总结,哲学史是哲学的展开。"(冯契语)拙作从太极生生本体论、阴阳化机论、八卦时空与万物一体、象数与自然、中和价值论、时命与变通、心易感通、生命哲学的圆成诸方面诠释易学大生命哲学要义,以《周易》文本中的"问题""命题""范畴"为"经",以相关的"易学史"传注为"纬",经纬交织,探赜索隐,力求将古奥玄妙、扑朔迷离的《周易》生命哲学勾勒出一个相对完整的逻辑体系。在理论溯源、观念汲取及象数与义理会通方面十分注重对汉易卦气说、邵雍先天学、阳明心学、张载和王夫之气化本体论易学哲学、熊十力新易学、朱伯崑易学哲学观的汲取引申,开掘、阐发、借鉴其思想精华,并自觉地将其融化在本书的逻辑理路中,以构建大生命易学逻辑体系。

今日中华,全民族置身于风云变幻的大世界,奋发精进于大国崛起的新时代,国民无不欲昭苏民族精神,提升文化自信,焕发生命潜能,提高生活质量,优化生存环境。扪心静思:科学、宗教、人文之担当,舍天地人和谐共生的哲学大道,将孰与归!《周易》哲学,微妙玄通,博大精深,拙作无异于蠡测锥指,尽管焚膏继晷心尽其诚,却未必能文尽其理。例如,尽管力求融通象数与义理,由于问题的复杂性及个人能力所限,对象数学采掘整合得还不够深入;20世纪以来新出土的简帛文献颇丰,与易学研究也很有关系,成果也未能充分兼容吸收。这些欠缺或尚需深入研究的问题,只能在今后研究中不断完善了。

第一章　从原始思维到哲学突破

研究《周易》哲学,自然要说及《周易》文本的"经"与"传"。《周易》古经成书于殷周之际,是一部占辞汇编,包括六十四卦及系附在六十四卦与三百八十四爻下的卦辞、爻辞。《易传》又称《大传》或《十翼》,包括《系辞传》上下、《彖辞传》上下、《象辞传》上下、《文言传》《说卦传》《序卦传》《杂卦传》十个方面的内容。本章围绕《周易》"经"与"传"的分界与关联,对上古先民"狩猎—农耕"时代的生活方式及基于此种生活方式的原始神秘思维到"轴心时代"哲学突破的思想文化飞跃,作出历史与逻辑的还原。

一、《周易》的"经"与"传"

汉代以来的经学正统观点多认为《周易》之成书"人更三圣,世历三古"。"三圣"指伏羲、文王、孔子;"三古"即上古、中古、近古。经学家认为,伏羲根据"河图""洛书"的神秘数图,仰观天文,俯察地理,发明三画八经卦,即《乾》《坤》《震》《巽》《坎》《离》《艮》《兑》。此即"伏羲作八卦"。殷末,纣王昏暴,天下无道,姬昌(后称周文王)被拘羑里,忧患天下,将伏羲八卦重叠推衍为六画的六十四重卦,并附之以卦爻辞。此即"文王演周易"。迨至春秋之际,孔子继承伏羲、文王二圣,为《周易》古经作"传"。《易纬·坤凿度》载:"(仲尼)

五十究《易》，作十翼。"①这是"十翼"最早的出处。司马迁在《史记》中说："孔子晚而喜《易》，序《彖》《系》《象》《说卦》《文言》。读《易》，韦编三绝。"②《史记·仲尼弟子列传》中还出现了一个孔门传授《周易》的系统，认为孔子传《易》于商瞿，商瞿传楚人子弘……。除了《易纬》《史记》所载孔子作《十翼》外，《汉书》也有类似说法："宓戏氏……始作八卦，文王……重《易》六爻，作上下篇。孔氏为之《彖》《象》《系辞》《文言》《序卦》之属十篇。"③《汉书·儒林传》也有一个孔门传《易》的系统，与《史记》稍异。此后经学正统大体沿袭了这种说法。

在易学史上，三圣作《易》说之外，还有一个"四圣"作《易》的说法，也很有影响。那就是在上述"三圣"的基础上另加一位"周公"，说伏羲作八卦，文王将伏羲八卦重叠推演为六十四卦并系以卦辞，周公继文王之后为三百八十四爻作爻辞，孔子依旧是作《十翼》。王夫之"四圣同揆"说最为典型。王夫之说：

> 伏羲氏始画卦，而天人之理尽在其中矣。上古简朴，未遑明著其所以然者以诏天下后世，幸筮氏犹传其所画之象，而未之乱。文王起于数千年之后，以"不显亦临，无射亦保"之心得，即卦象而体之，乃系之《彖辞》，以发明卦象得失吉凶之所繇。周公又即文王之《彖》，达其变于《爻》，以研时位之几而精其义。孔子又即文、周《彖》《爻》之辞，赞其所以然之理，而为《文言》与《彖》《象》之《传》，又以其义例之贯通与其变动者，为《系传》《说卦》《杂卦》，使占者、学者得其指归以通其殊致。盖孔子所赞之说，即以明《彖传》《象传》之纲领，而《彖》《象》二《传》即文、周之《彖》《爻》，文、周之《彖》《爻》即伏羲

---

① 郑玄注撰：《易纬乾坤凿度》卷下，《无求备斋易经集成》第158册，成文出版社有限公司1976年版，第47页。

② 司马迁：《孔子世家》，《史记》卷四十七，中华书局2000年版，第1559页。

③ 班固：《艺文志》，《汉书》卷三十，中华书局2000年版，第1353页。

之画象,四圣同揆,后圣以达先圣之意,而未尝有损益也,明矣。使有损益焉,则文、周当舍伏羲之画而别为一书,如扬雄《太玄》、司马君实《潜虚》、蔡仲默《洪范数》之类臆见之作。岂文、周之才出数子之下,而必假于羲画?使有损益焉,则孔子当舍文、周之辞而别为一书,如焦赣、京房、邵尧夫之异说。岂孔子之知出数子之下,乃暗相叛而明相沿以惑天下哉?繇此思之,则谓文王有文王之《易》,周公有周公之《易》,孔子有孔子之《易》,而又从旷世不知年代之余,忽从畸人得一图、一说,而谓为伏羲之《易》,其大谬不然,审矣![1]

"揆"有推测揣度情理之义,引申为准则、道理。"四圣同揆"强调伏羲画卦、文王演六十四卦卦辞(即"象")、周公系三百八十四爻爻辞及孔子《易传》思想宗旨的一贯性,原是针对邵雍、朱熹易学而发。邵雍将《易》分为"先天易学"与"后天易学",认为伏羲《易》属于"先天学",为"画前之易",揭示了天地阴阳变化的象数本体,简称《易》之"体";文王《易》属于"后天学",为"画后之易",是对天地阴阳变化象数本体的模仿运用,简称《易》之"用"。言外之意是自己所宗的"先天学"更重要。邵雍强调"先天学",突出了"数"的易学本体论意义,易学理论上颇有创获,但很难说与"伏羲《易》"有多大关系。倒是以"数"的形式深刻揭示了《易传》的阴阳变化之"道",表明象数学与义理学的界限不是绝对的,只有相对的意义,两者不仅可以兼容会通,而事实上也是相互融通的。朱熹"理学"以二程为宗,但其易学与程氏易学观念并不完全相同,朱熹《周易本义》兼采了伊川易学和邵雍的象数易学观念,认为《周易》"本义"为"占筮之书",强调《经》与《传》"分疏"。朱熹强调"经传分疏",看到了《周易》经文"本义"与《易传》哲学观念的时代差异,从易学史的角度看也是很有意义的。邵雍、朱熹的易学观念及其解释体例在易学史上很有影响。王夫之"四圣同揆"说,强调《周易》"经"与"传"的思想整体贯通的一致性,"学"

---

[1] 王夫之:《周易内传发例》,《船山全书》第一册,岳麓书社 2011 年版,第 649—650 页。

与"占"、易学理论与占筮应用的统一性,意在凸显《周易》文本解释学的经典化,强调援《传》入《经》、以《传》释《经》的合理性,在易学史乃至整个经学史上可谓独树一帜。但其认为四圣之学完全一致"未尝有损益",不免有些独断。

北宋欧阳修始对《易传》为孔子作提出质疑,认为《系辞传》《文言传》《说卦传》皆非圣人之言。他说:"《系辞》非圣人之作乎? 曰:何独《系辞》焉,《文言》《说卦》而下皆非圣人之作,而众说淆乱,亦非一人之言也。昔之学《易》者,杂取以资其讲说,而说非一家,是以或同或异,或是或非,其择而不精,至使害经而惑世也。"①欧阳修是北宋著名的文学家、历史学家,认为六十四卦皆言人事,其易学带有重人事而轻天道的倾向。其论《易》一反正统的经学观念,敢于打破经学史的传统成见,提出《易传》非孔子作,对"河图""洛书"也持否定态度,这无疑是对《周易》经学地位的重大颠覆,在经学史上产生较大影响。迄至晚清、近现代,疑古之风盛行,怀疑《易传》为孔子所作者,众说纷纭。此后易学界形成的主流观点认为,《易传》大约成书于战国末期或秦汉之际,非孔子所作,而是此期儒家学者先后完成的一种哲学创作,其中也不排除吸收了道家思想元素。《易传》扬弃了《周易》古经卦爻辞原始神秘的内容,从形而上的高度和人文化成的角度对古经进行了语义转换与解释发挥,集中反映了《易传》作者自觉地将《周易》系统化、理论化的哲学建构意识。

关于《经》和《传》的关系,李镜池认为,《传》虽然是解《经》的,然则从内容看,《易传》所说是否符合《周易》的原意呢? 回答是符合的少,不符合的多。主要原因是时代不同,思想自然也就不同。他分析说:"《易经》是奴隶社会的产物,而《易传》是封建时代的作品。《经》的作者,从大量材料中选择、分析,编组成卦爻辞,作占筮参考,同时总结经验,表示自己对事物的认识、见解。他对当时的政治社会有分析、有批判。他虽是贵族,有阶级限制,但生于季世,对

① 欧阳修:《易童子问》卷第三,《无求备斋易经集成》第 141 册,成文出版社有限公司 1976年版,第 19 页。

现实不满。《传》的作者,对《经》所载的历史、社会、经济、文化已经不很了解,从'卦象''卦位''卦德'来寻究《易》文,喜欢用引申发挥的方法来阐发儒家思想,宣扬纲常伦理、等级制度,为统治阶级服务。所以《传》虽解《经》,实在借《易》以发挥他们自己的封建思想。"①最典型的一例是《易传》作者对《乾》卦卦辞"元亨,利贞"的解释。这句话的意义本来很简单,是说大为亨通,占问有利。《乾》卦的《象传》却发挥出"大哉乾元,万物资始,乃统天。……乾道变化,各正性命,保合大和,乃利贞"这样的宇宙创生论、生命本体论原理来。依照闻一多、李镜池的考释,"乾"本当为"斡",是北斗星之专名,《乾》卦属于星占。先民认为,北斗星是天的枢纽或纲维,它统摄维系着天体运行,所以"乾"象征天体。占得此卦,意味着大吉大利,故云"元亨,利贞"。下面的六爻之义则是以"龙星"的出没隐显来暗示天人之间吉凶祸福的征验。② 先民认为,天威可畏,龙星的隐显出没是"天垂象,见吉凶"的征验。这当然是一种天人感应的神秘思想,但在上古先民的意识中是信以为真的。经过《象传》的解释,"乾元"成为一种宇宙创生的"道",它统摄着宇宙,是天地万物发生的根源。这显然受到老子"道"生万物思想的影响。《老子》第二十五章说:"有物混成,先天地生。寂兮寥兮,独立而不改,周行而不殆。可以为天下母。吾不知其名,字之曰道,强为之名曰大。大曰逝,逝曰远,远曰反。"李镜池认为,《乾·象》"万物资始""品物流形""乃统天"正是老子"周行而不殆,可以为天下母"之义,"大哉乾元"是袭用老子,不过改"道"为"乾元"而已。老子又说:"万物负阴而抱阳,冲气以为和。"(《老子》第四十二章)"知和曰常,知常曰明。"(《老子》第五十五章)"和"有阴阳和合对立统一之义,与《乾·象》所谓"保合大和"相近。老子"负阴抱阳"的思想在《系辞传》中更得到精详周延的发挥,如云:"一阴一阳之谓道","阴阳不测之谓神","乾,阳物也;坤,阴物也。阴阳合德而刚柔有体,以体天地之撰,以通神明之德。"《易传》以阴阳、刚柔的变化

---

① 李镜池:《周易探源》,中华书局 1978 年版,第 13—14 页。

② 参见李镜池:《周易通义》,中华书局 1981 年版,第 1 页。

来解释生命世界的一切,当然要比《易经》个别零碎朴素的变化观念要深刻得多,它也的确是从《乾》《坤》二卦发展引申出来,但并不符合经文的原意,在《经》文中"乾坤在《易》只代表天地,并没有那么高深的道理"①。《象传》对《乾》卦卦辞的"误读"或"引申"发挥,只是典型的一例。李镜池先生在《周易探源》中不厌其烦地对比《经》与《传》在不同视域下所产生的"时代思想的差异",使《周易》古经卦爻辞记录和反映的殷末周初先民生活世界的具体情境中萌生的"原始思维"的思想观念、宗教情感和生命意识得以重见天日,大放异彩。有了对《易经》先民生活世界的真切了解,以此为前提,方可以见到成书于"轴心时代"的《易传》在大生命视域下"哲学的突破"。尽管李镜池先生再三申明自己的研究所得所见只是一种猜测性的探索,但是他几十年前的研究成果《周易探源》《周易通义》二书,至今看来,仍然称得上是不可多得的经典之作。

徐志锐说,《周易》的《经》与《传》"二者相距七、八百年,时代不同,性质不同,反映了哲学从神学中脱胎出来的漫长演进过程。由于刚刚脱胎出来,它不可能完全割断与神学千丝万缕的联系,必然带有某些不彻底性。因此《周易大传》继承了卜筮的形式而改造其内容,用解《经》的方式以寄托哲学思想,对天道规律及鬼神观念作出了新的解释,从而形成了这部著作别具一格的特点"②。徐先生指出了研究易学的两种偏向,一种是过去的经学家们依据《传》不破《经》的师承家法,总是将《经》与《传》混为一谈,看不到两者的差别。现在这种传统的观点已经被打破,但又产生另外一种倾向,即隔断《经》与《传》的联系而随意进行发挥解说。这也是欠妥的。事实上,《易传》通过对古经卦辞、爻辞的解释而引申发挥并赋予了其特定的新内涵,说这些特定内涵都是经文所固有的,显然不符合历史实际。反之,脱离开《经》去谈《传》,《传》也就成了无源之水,无本之木,就会掩盖《周易》思想的历史渊源。因此,

---

① 李镜池:《周易探源》,中华书局 1978 年版,第 15 页。
② 徐志锐:《周易大传新注·序》,齐鲁书社 1986 年版,第 1 页。

《经》与《传》既有区别,又有联系,既不能绝对等同,又不应完全割裂。

二、《周易》古经年代的几个标志

《周易》古经卦爻辞的编纂及成书年代大约在殷末周初。作为华夏文明源头的《周易》是我国一部最古老的书,也是最难理解的一部书。之所以难以理解,像谜团一样讲不清楚,除了它文字古奥以外,另有两个原因:一是它是一部占筮书,古经卦爻辞所记载的内容年代久远,很多已说不清楚;二是后世治易学的经师《经》与《传》不分,以传解经,望文生义,又多喜欢假借《周易》来讲他们自己的思想,遂使原本就不易理解的《周易》经文的本来面目更加扑朔迷离。对于历代纷纭复杂的"易说",《四库全书总目》卷一《经部·易类一》做了这样简要的概括:

> 《易》之为书,推天道以明人事者也。《左传》所记诸占,盖犹太卜之遗法。汉儒言象数,去古未远也。一变而为京(房)、焦(赣),入于禨祥;再变而为陈(抟)邵(雍),务穷造化,《易》遂不切于民用。王弼尽黜象数,说以老庄;一变而胡瑗、程子(颐),始阐明儒理;再变而李光、杨万里,又参证史事,《易》遂日启其论端。此两派六宗,已互相攻驳,又《易》道广大,无所不包,旁及天文、地理、乐律、兵法、韵学、算术,以逮方外之炉火,皆可援《易》以为说,而好异者又援以入《易》,故《易》说愈繁。[1]

说《易》道广大,无所不包,这是承续《易传》的说法,就《周易》古经卦爻辞来看,主要保留下来的是殷末周初先民的生活世界中的各种场景,诸如渔猎、农耕、商旅、战争、祭祀、婚姻、争讼等。如果不了解这些具体的场景,只加以一般性的发挥解释,就很难符合《周易》古经卦爻辞的本义,也不会理解上

---

[1] 永瑢等:《四库全书总目》卷一,中华书局1965年版,第1页。

古先民的真实生活及其思想情感,也就看不清《周易》大生命哲学的原初性根源。20 世纪初,学者从历史、考古、文字等方面对《周易》卦爻辞曾进行过富有成就的研究,代表学者有郭沫若、顾颉刚、闻一多、高亨、李镜池。经过他们的研究,《周易》卦爻辞的本来面目才算是有了眉目,具有了可理解性。对《周易》卦爻辞中所反映的上古先民生活世界的解释,李镜池的《周易探源》《周易通义》最为典要。

李镜池认为《易经》卦爻辞的编著者,当是当时的卜史所为。他说:"卜史是贵族中的僧侣阶层,是政治顾问,是当时的高等知识分子。他们掌握了政府的文献资料,学问广博,如后来的老聃为周柱下史,司马迁为太史公,都是这一类人。《周易》出于卜史之手,最有可能。"①李镜池把《周易》卦爻辞的某些内容、事件、文体等与殷墟甲骨文(卜辞)、《诗经》进行比较,推定《周易》经文的成书时代为西周初,其中的内容当为殷末周初的社会生活。他说:"《周易》原是一部占筮书,为供占筮参考而作,但它由许多占筮辞经编著者的选择、分析、改写和组织,它就不单纯是占筮书,而是寓有作者思想的占筮书;其中又保存了相当大量的周民族早期的历史资料,所以也可以作为史书读。"②《周易》材料来源于殷末周初的旧筮辞,与甲骨卜辞相类似,以完整的形式记录了先民占筮的时间、人物、事件和兆验,只是卜史在编撰卦爻辞时,往往把占筮的时间、占主去掉,只留下所占问的事件和断语,这就把个别性的情景变成了普遍性范式。只有很少的一部分材料还保留着当初所占筮故事的原貌,譬如"箕子之明夷""康侯用锡马蕃庶""帝乙归妹""高宗伐鬼方"等,这些故事对于还原历史真实情景弥足珍贵。殷末周初的社会生产力十分低下,人们对周遭的环境、事物的认识能力十分有限,他们生活在这样一个陌生的、异己的自然环境和社会环境中,充满着压迫感,处处感到好奇、神秘、惊恐,这是上古先民卜问、占筮等神秘术数流行的根本原因。对此,李镜池联系《周易》古经卦爻辞分析说:

①　李镜池:《周易探源》,中华书局 1978 年版,第 4 页。
②　李镜池:《周易探源》,中华书局 1978 年版,第 5—6 页。

"在人类的童年时代,人的思想幼稚,对事物的认识还不清楚,以为万物有灵,宇宙间充满了鬼神精灵,在监视和指示着人们的行动。除了祭祀求神福佑外,人们还用种种数术以探测神旨。数术可分两大类,一是天启的,一是人为的。两类合起来,对于探测神旨更为可靠。占卜是人为数术,星占、梦占是天启的数术。在《周易》里有星占、梦占,是作者采用了旧有的材料。乾卦的龙,丰卦的斗、沫,是星占;履卦的'履虎尾,不咥人',六三的'眇能视,跛能履,履虎尾,咥人',是梦占。"①作者随手把这些术数资料编入了卦爻辞。

《周易》古经卦爻辞的构成不是杂乱无章的,不少是有内在联系的,显示出编者在有意识地要表达某些观念。卦爻辞的逻辑结构或组织,有些根据事物的时间关系或空间关系,作出由下而上的"阶升式"安排,非常工整,显示了作者的有意安排,譬如《乾》卦、《咸》卦、《艮》卦、《剥》卦、《渐》卦的六爻自下而上的逻辑编排;又有不少卦的卦爻辞的逻辑安排,表面看虽然有些杂糅,仔细玩味,却有它的中心思想,譬如《师》卦、《同人》卦记的是行军打仗的事,《小畜》《大畜》《大有》卦所记与农业生产有关,《临》卦、《观》卦谈治民,《家人》卦谈治家,《咸》《恒》《贲》《归妹》卦谈婚姻,《复》卦、《旅》卦谈商旅活动,等等。李镜池按照《周易》卦爻辞的内容将六十四卦归纳为物质生产、社会生活、科学知识三类。(1)涉及物质生产的卦:《坤》《屯》《蒙》《小畜》《大畜》《大有》《豫》《噬嗑》《颐》《坎》《咸》《恒》《大壮》《晋》《明夷》《解》《姤》《井》《震》《渐》《涣》《节诸》;(2)涉及社会生活的卦:《乾》《屯》《需》《讼》《师》《比》《履》《泰》《否》《同人》《谦》《随》《蛊》《临》《观》《噬嗑》《贲》《剥》《复》《无妄》《大过》《坎》《离》《遁》《晋》《明夷》《家人》《睽》《蹇》《解》《损》《益》《夬》《姤》《萃》《升》《困》《井》《革》《鼎》《渐》《归妹》《丰》《旅》《巽》《兑》《中孚》《小过》《既济》《未济》;(3)涉及科学知识的卦:《乾》《震》《艮》等。

《周易》古经卦爻辞中所记载的几个历史故事,对于解释《周易》成书年代

---

① 李镜池:《周易探源》,中华书局 1978 年版,第 8 页。

具有重要的意义。李镜池以顾颉刚《周易卦爻辞中的故事》(载《燕京学报》第六期)为主要依据,对这几个历史故事进行了转述性说明。

1. 王亥丧牛于有易。《大壮》卦六五爻辞云:"丧羊于易,无悔。"《旅》卦上九爻辞云:"鸟焚其巢,旅人先笑后号咷,丧牛于易,凶。"通常都把"易"解释为交易牛羊的集市。王国维从甲骨卜辞中研究出商的先祖有个王亥,并从《楚辞》《山海经》《竹书纪年》等文献中找出了王亥的事迹来。《竹书纪年》载:"殷王子亥宾于有易而淫焉,有易之君绵臣杀而放之。"《大荒东经》载:"有易杀王亥,取仆牛。"《楚辞·天问》中也有记载,说王亥(《天问》作"该")在有扈("有易"之误)过着快活的日子,后被杀害,这与《旅》卦爻辞中的"旅人先笑后号咷"意思相近。王国维还说,历史又有记载说"王亥作服牛",是发明用牛拉车的一位制作之圣人。李镜池据此推论说,《周易》卦爻辞中"丧牛于易"说的正是殷王子亥的故事。"易"即"有易",它不是后来解说的"集市",而是一个封国的国名。

2. 高宗伐鬼方。《既济》卦九三爻辞说:"高宗伐鬼方,三年克之。小人勿用。"《未济》卦九四爻辞说:"震用伐鬼方,三年有赏于大国。"李镜池转引《诗·商颂·殷武篇》"昔有成汤,自彼氐羌,莫敢不来享,莫敢不来王"的话,说明商的势力早已远被西北民族,殷高宗时用三年时间讨伐方获得胜利的那个敌国名"鬼方"。《既济》《未济》卦爻辞所记载的就是这场战争及获胜后奖赏有功将士的事①。

3. 帝乙归妹。《泰》卦六五爻辞载:"帝乙归妹,以祉,元吉。"《归妹》卦六五爻辞说:"帝乙归妹,其君之袂不如其娣之袂良。月几望,吉。"《诗·大明篇》有"文王嘉止,大邦有子。大邦有子,伣天之妹。文定厥祥,亲迎于渭"的诗句,帝乙与文王同时,经学时代的程颐、朱熹等都认为《周易》中"帝乙归妹"爻辞所记正是帝乙嫁女给文王的事。"袂"是一种配饰,正夫人的配饰不如陪

---

①　李镜池:《周易通义》,中华书局1981年版,第125页。

嫁妹妹的配饰珍贵，程颐对此的解释是王姬下嫁重德而不重饰，李镜池认可此一史实，却对殷商与西周这宗政治联姻的原因做了新的解释。他说："帝乙为什么要归妹与周文王呢？这是就当时的情势可以推知的。自从太王'居岐之阳，实始翦商'（《鲁颂·閟宫》）以来，商日受周的威胁，不得不用和亲之策以为缓和之计，像汉之与匈奴一般。所以王季的妻就从殷商嫁来，虽不是商的王族，也是商畿内的诸侯之女。……周本是专与姜姓通婚的，而在这一段'翦商'期间，却常娶东方民族的女子了。这在商是不得已的亲善，而在周则以西夷高攀诸夏，正是他们民族沾沾自喜的举动呢。所以这件事就两见于爻辞。"①

4. 箕子之明夷。《明夷》卦六五爻辞载："箕子之明夷，利贞。"箕子是殷末之仁人。关于其人，先秦文献中多有记载。《尚书·洪范》："王访于箕子。"《论语·微子》载："微子去之，箕子为之奴，比干谏而死。孔子曰：'殷有三仁焉。'"《周易》把他与文王对举（《明夷·象》），《庄子》《墨子》《吕氏春秋》《韩非子》都提到过这位箕子。司马迁在《史记》中对其行事多有记载，《史记·宋微子世家》载："箕子者，纣亲戚也。纣始为象箸，箕子叹曰：'彼为象箸，必为玉梧；为梧，则必思远方珍怪之物而御之矣。舆马宫室之渐自此始，不可振也。'纣为淫泆，箕子谏，不听。人或曰：'可以去矣。'箕子曰：'为人臣谏不听而去，是彰君之恶而自说于民，吾不忍为也。'乃被发详（佯）狂而为奴。遂隐而鼓琴以自悲，故传之曰《箕子操》。"②这段情节充分表现了箕子之仁。《明夷》卦六五爻辞中的箕子之人本不成问题，关键是他所去的"明夷"究竟是说什么地方。黄凡《周易——商周之交史事录》对"箕子之明夷"做了详尽的考释，最终裁断说"明夷"即朝鲜，也就是史书上所说的"东隅""旸谷""嵎夷"。《逸周书·大匡解》说武王灭纣后，"东隅之侯咸受赐于王，王乃旅之，以上东隅"。《尚书·尧典》："分命羲仲，宅嵎夷，曰旸谷。"孔安国传："东表之地称

① 李镜池：《周易探源》，中华书局 1978 年版，第 35—36 页。
② 司马迁：《宋微子世家》，《史记》卷三十八，中华书局 2000 年版，第 1334 页。

嵎夷。旸,明也。日出于谷而天下明。故称旸谷。"①《明夷》卦正与武王旅东隅有关,箕子去朝鲜也发生在这一时期。《尚书·洪范》孔颖达《正义》说:"《书传》云:武王释箕子之囚,箕子不忍周之释,走之朝鲜。武王闻之,因以朝鲜封之。"②黄凡说:"'明夷'这一名称,首先从太阳而来。太阳东升西落,形成一种固定不变的方向,为人类所依据。'明夷'的本义从太阳发展而成,又用来称东方或在东方居住的部族。"③

5.康侯用锡马蕃庶。《晋》卦辞说:"康侯用锡马蕃庶,昼日三接。"李镜池说,康侯即卫康叔,因为他封于康地,故曰"康侯";又因为他是武王的弟弟,故曰"康叔"。李镜池认为《晋》卦内容与战争和养马有关系。"锡马",指康侯受封于卫时,周成王把良马赐予他;"蕃庶"即繁殖。卦辞是说康侯用成王赐予他的良马繁殖马匹,一天多次配种。这也反映了当时的畜牧知识技能。作为西北部族的周人懂得养马知识和技术,康侯把它传到了中原一带。

除去上述几个可以考定的历史片段之外,《周易》卦爻辞中还有一些记载,经学时代一向认为是文王之事。如《升》卦六四:"王用亨于岐山,吉,无咎。"《随》卦上六:"拘系之,乃从维之,王用亨于西山。"《既济》卦九五:"东邻杀牛,不如西邻之禴祭实受其福。"依据上述史实,李镜池转述顾颉刚的话说:"作卦爻辞时流行的几件大故事是后来消失了的,作《易传》时流行的几件大故事是作卦爻辞时所想不到的。从这些故事的有与没有上,可以约略地推定卦爻辞的著作时代。它里边提起的故事,两件是商的,三件是商末周初的,我们可以说,它的著作时代当在西周的初叶。"④

① 参见孔颖达:《尚书正义》卷第二,《十三经注疏》整理本,北京大学出版社2000年版,第33页。
② 孔颖达:《尚书正义》卷第十二,《十三经注疏》整理本,北京大学出版社2000年版,第351页。
③ 黄凡:《周易——商周之交史事录》,汕头大学出版社1995年版,第140—141页。
④ 李镜池:《周易探源》,中华书局1978年版,第37页。

三、殷末周初先民的生活场景

　　《周易》古经卦爻辞中不少有关兵戎、出征、进攻、防御等军事或战争方面的记事。某些卦的整个卦爻辞讲的都是以战争为中心的历史主题。譬如《师》《同人》《晋》诸卦。这里先看《师》卦所反映的战争场景。从内容看《师》卦是一个讲战争的专卦，其卦爻辞记载的全与军事有关。卦辞说："师，贞丈人吉，无咎。"师，即师旅、军队。丈人，军事头领。古时"丈"是"杖"的本字，有手持拄杖指挥之形义。卦辞说，一位军事首领占问军旅之事，占得吉利，没有咎害。下面的六爻从出征宣誓到战争结束，做了完整的记载。初六："师出以律，否臧凶。"律，有纪律、乐律之义，此处指军事纪律，或出征前奏响军乐。臧，即善。否臧，不善、不好。凶，有凶险。初六居下，表示开始出征，爻辞所记是出征前敲击战鼓，鼓舞士气，宣布军纪。爻辞说，行军打仗要有严明的纪律，否则，纪律不好就要吃败仗。这是先民对军事规律最早的经验性总结。九二："在师中，吉，无咎。王三锡命。"这是一支主力部队。师中，即中军，为主帅所在。爻辞说，主帅所统领的中军行进顺利，君王三次诏命嘉奖。六三："师或舆尸，凶。"是说军事失利，吃了败仗，战车载尸而还，有凶险。六四："师左次，无咎。"老子云："偏将军居左。"（《老子》第三十一章）次，古代有"再宿为信、过信为次"的说法。爻辞说，这是一支非主力部队，在战场左翼停顿了下来，大约驻扎了三天以上，没有咎害。适度进退，能动能静，原本是兵家常事，所以爻辞占断说没有什么不利。六五："田有禽，利执言。无咎。长子帅师，弟子舆尸。贞凶。"田，打猎；禽，猎物。长子，指主帅；弟子，指下属。古代狩猎本与军事行动相关。李镜池认为，此处所擒获的"禽"，指俘虏。爻辞说，猎获了俘虏，下令赶快捉拿捆缚起来则有利。主帅在指挥作战，下属负责运送死伤的士兵。占断说，战事有凶险。上六："大君有命，开国承家。小人勿用。"记录了一个庆祝战争胜利的场面。爻辞说，战争获胜，君王诏命封土加爵，奖赏三

军将领,小人不给赏赐。李镜池说:"这是讲军事、战争的专卦之一,卦爻辞首
提军纪的重要性,次谈胜负、军队组织、作战地形、打猎习武以及论功行赏等,
是战争经验的总结。"①

《同人》卦所载也是军事主题。《同人》卦辞说:"同人于野。亨,利涉大
川。利君子贞。"经学时代,通常多将《同人》卦义解释为以正道求同存异。但
从经文看,本卦卦爻辞记载的是一些军事行动。卦辞说,众人在野外集结,占
得亨通,可以渡过大川。又说君子吉利。再看《同人》卦六爻之义。初九:"同
人于门,无咎。"大家在大王门前接受训告,准备出征,一切顺利。六二:"同人
于宗,吝。"大家来到宗庙祭祀,求先祖保佑,占问小有不顺。九三:"伏戎于
莽,升其高陵。三岁不兴。"在丛林中埋下伏兵,继而占领了高地。又说很长
时间不能获得胜利。九四:"乘其墉,弗克攻。吉。"登上了城墙,仍然不能攻
取城邑,占问得吉。九五:"同人先号咷而后笑,大师克相遇。"兵士先号咷哭
喊,主力赶来克敌制胜,同人会师,于是欢笑起来。上九:"同人于郊,无悔。"
大家在郊野欢庆,占问说悔咎过去了。

《晋》卦所载是主动进攻的战事,与《同人》卦所载以防御为主的战例不
同。《晋》卦辞说:"康侯用锡马蕃庶,昼日三接。"所记的是卫康叔繁育军马的
场景。有了战马才有可能主动进攻敌人。再看《晋》卦的六爻之义。初六:
"晋如摧如,贞吉。罔孚裕,无咎。"是说主动进攻摧毁敌人,占得吉利,虽没有
获得俘虏和财富,但不必悔咎。六二:"晋如愁如,贞吉。受兹介福,于其王
母。"进攻遇到了烦恼,占问说吉利,王母会赐予福祉。六三:"众允,悔亡。"众
人允信,进攻不会失利,悔事消亡。九四:"晋如鼫鼠,贞厉。"像硕鼠一样贪功
冒进,占问说有灾厉。六五:"悔亡,失得勿恤。往,吉,无不利。"悔咎过去了,
不要患得患失,前进,吉利,一切都会顺利。上九:"晋其角,维用伐邑。厉,
吉,无咎,贞吝。"犄角锐进,可以攻伐敌人的城邑。后边的四个占语吉凶相

① 李镜池:《周易通义》,中华书局1981年版,第19页。

反,有些说不通,似乎是不同占辞的杂糅。

以上三卦属于记录军事或战争的专卦。除此之外,夹杂在不同卦中有关战争的爻辞也不在少数。譬如,《蒙》卦上九:"不利为寇,利御寇。"这是针对出击还是防御的占问,占问所得是前往出击不利,防御敌人则有利。《比》卦辞说:"不宁方来,后夫凶。"不安宁的事即将来临,不能及时行动则凶险。《比》卦初六爻辞说:"有孚,比之,无咎。有孚盈缶,终来有它,吉。"说的是如何对待俘虏的事。爻辞说,抓获了俘虏,善待之则无悔咎。又说,用缶盛满汤饭款待俘虏,纵使有意外的事,也不会不吉利。《小畜》卦六四爻辞说:"有孚,血去惕出。无咎。"抓获了俘虏,凶险和忧惧的事过去了。《小畜》卦上九爻辞说:"月几望,君子征,凶。"这是占问出征的时日,说接近月满十五时出师不利,有凶险。《泰》卦初九爻辞说:"拔茅茹,以其汇,征,吉。"这句爻辞也出现在《否》卦的初六。是说拔茅草,根丝盘结,预示出征吉利。《泰》卦上六爻辞说:"城复于隍,勿用师。"这是看到城墙塌陷在护城河里,由此联想到出师不利的占问。《谦》卦六五爻辞说:"不富以其邻,利用侵伐,无不利。""富"通"福",是说对不能与邻邦和睦相处共享福禄的敌国加以讨伐则吉利。《离》卦上九爻辞说:"王用出征,有嘉折首,获匪其丑,无咎。"王师出征下令嘉奖杀敌有功的将士,抓获的不是一般的丑类,占问无咎害。《解》卦六三爻辞说:"负且乘,致寇至,贞吝。"背着行囊坐在车上,招来了贼寇,占问有悔吝。《萃》卦初六爻辞说:"有孚不终,乃乱乃萃,若号,一握为笑,勿恤,往,无咎。"是说俘虏跑掉了,大家一会儿乱作一团,一会儿又聚到一起;有人哭号,后来又手牵手破涕为笑。占问说可以前进,没有咎害。《渐》卦九三爻辞说:"鸿渐于陆,夫征不复,妇孕不育,凶。利御寇。"这是一个特别的占例。看到鸿雁落在陆地上,联想起一连串不吉利的事,丈夫出征不复回,妇女怀孕不生育,于是占问说有凶险,防御贼寇则有利。《屯》卦六三爻辞说:"即鹿无虞,惟入于林中。君子几不如舍。往,吝。"是说在丛林中追赶一头鹿,没有向导,一味追逐不如及时停下来。前往会迷路。《比》卦九五爻辞说:"王用三驱,失前禽,邑人不诫,吉。"是说,大王练兵习武三面包围猎物,前面的猎物跑掉了,占问说不用告诫邑人,吉利。《解》卦九二爻辞说:"田获三狐,得黄矢。"猎获了多只狐狸,还捡到一支青铜箭头。以上是《周易》卦爻辞中有关军事题材的一些叙事。

《周易》中反映殷末周初先民生活世界的另一些比较突出的社会生活是商旅、农事和民俗。《旅》卦便是一个记录商旅活动的专卦,卦辞及六爻之义均与商旅活动有关。《旅》卦辞说:"小亨,旅贞吉。"是说占问商旅之事比较亨通吉利。下面是《旅》卦的六爻之义。初六:"旅琐琐,斯其所取灾。"琐琐,琐细疑惧貌。爻辞说商旅刚刚开始,疑虑重重,招来灾祸。六二:"旅即次,怀其资,得童仆贞。"次,旅舍。爻辞说商旅途中住进旅舍,小心翼翼盘点钱财,占问说可以得到童仆。九三:"旅焚其次,丧其童仆,贞厉。"爻辞说旅途中遇到麻烦,先是旅舍着了火,接着童仆也跑掉了,占问说有灾厉。九四:"旅于处,得其资斧,我心不快。"爻辞说商旅途中受阻停了下来,虽然赚得了钱财,心里还是有所不安。六五:"射雉,一矢亡,终以誉命。"爻辞说商旅途中捕射野鸡寻食,白费了一支箭,但最后还是获得美誉。[①]　上九:"鸟焚其巢,旅人先笑后号咷,丧牛于易。凶。"是说鸟巢被焚烧,旅人先是哈哈大笑,继之号啕大哭起来,牛也被有易的人抢走了。占问有凶险。《旅》卦六句爻辞完整地记述了商旅中旅人的担心、收获、艰难等酸甜苦辣。先是旅途开始时的举步维艰;继之是旅人在旅舍盘点钱财、招募童仆的悉心经营;再是商旅中遇到的风险,获利后忐忑不安,直到旅途中射鸟寻食的艰难;最后是由于幸灾乐祸而招致损失。旅途之苦,商旅之艰,被卦爻辞完整地记录了下来。

《蹇》卦所载也与商旅有关。卦辞说:"利西南,不利东北。利见大人,贞吉。"占问说,往西南方向有利,往东北方向不利。商旅中可以遇见大德之人,吉利。《坤》卦辞中"西南得朋,东北丧朋"也属于类似的占问。"朋"即钱贝,是说往西南经商会赚到钱财,往东北则会丧失钱财。何以"利西南"而"不利东北"呢? 李镜池解释说:"周人西南多友邦,跟周武王伐纣的就有庸、蜀、羌、髳、微、卢、彭、濮八国(见《书·牧誓》),多在周西南,所以周人到西南各国去能赚钱,而在东北却有个强敌鬼方。殷周联军伐鬼方,打了三年才战胜了它(见《既济》《未济》二卦)。到强敌处做生意,往往被人抢劫,所以会丧朋。"①《蹇》卦的六句爻辞也与商旅有关。初六:"往蹇来誉。"爻辞说商旅途中很艰难,最后却带誉归来。六二:"王臣蹇蹇,匪躬之故。"大王的臣属诉说着商旅的艰难,原因不在自己,而是环境所迫。九三:"往蹇来反。"出门时举步维艰,最终还是顺利返回。六四:"往蹇来连。"是说前往时商旅艰险,经过艰难跋涉后事情好转。九五:"大蹇,朋来。"克服了极大的困难,终于赚得了钱财。上六:"往蹇来硕。"经过艰难跋涉而大获其利。

《大有》卦则是一个记载农事活动的专卦。卦辞说:"大有,元亨。"李镜池解释说:"大有,大丰收。有,从手持月形。月是刺田工具,耒耜之类。……《淮南子·主术训》《盐铁论·耒通篇》都说人跖耒而耕。由于'有'是持耒耕植,故古人说农业丰收为'有',为'有年'。"②所以"大有"即大丰收。《大有》卦六爻之义也多与当时的农事活动有关。依李镜池的解释,初九:"无交害,匪咎;艰则无咎。""艰",旱涝灾害。说的是相邻的农家要和睦相处,不要彼此伤害,如天旱不截止流水,水涝不以邻为壑,这样大家就都能够取得农业丰收。如果彼此守望相助,就定能战胜旱涝之类的困难。九二:"大车以载,有攸往,无咎。"描述的是用大车运送农产品的丰收景象。大车满载丰收成果,占问说可以前往,没有咎害。九三:"公用亨于天子,小人弗克。"公,大臣;"亨"同"享",宴享。丰收了,天子宴请大臣,辛苦劳动的小民或奴隶不可以参加。九四:"匪其彭,无咎。""匪"通"烌",指烤晒。"彭"借为"尫",指跛足男巫。《左传》僖公二十一年:"夏大旱,公欲焚巫尫。"《春秋繁露·求雨篇》也有"春旱求雨,暴巫聚尫"的说法。爻辞说的是天旱暴晒巫尫求雨的场景,认为这样

---

① 李镜池:《周易通义》,中华书局1981年版,第5—6页。
② 李镜池:《周易通义》,中华书局1981年版,第31页。

就会得到老天的眷顾,故云"无咎"。六五:"厥孚交如威如,吉。""孚",俘虏;"交"通"绞",指捆绑。是说俘获了来抢粮的贼寇,紧紧捆绑,盗寇还是气势汹汹,不肯屈服。没有遭受损失,故"吉"。上九:"自天佑之,吉,无不利。"似乎是全卦的一个总结。把农业丰收看作"天"的保佑赐福,反映了殷末周初人们靠天吃饭的"天命"观。李镜池认为这是农业专卦之一,反映了当时的劳动生活和阶级矛盾①。

《周易》古经中还保存了一些古代先民的婚俗遗风,如对偶婚和劫夺婚。对偶婚的记载尤其详细,曾三记其事。见于《屯》卦的是求婚:"屯如邅如,乘马班如,匪寇婚媾。"(《屯·六二》)一队人马时进时退,不是盗寇,是前来求婚的。"屯邅",逡巡不进;"班如",徘徊不前。说明求婚途中十分不顺利。又见于《睽》卦的是订婚:"睽孤,见豕负涂,载鬼一车,先张之弧,后说之弧,匪寇婚媾,往遇雨则吉。"(《睽·上九》)"睽",瞪眼看。"豕"是定亲的礼物,"鬼"是类似图腾的打扮。这是旅人路途上遇到的一场虚惊:一人孤独惊诧地看到,有人赶着几头猪迎面走来,猪背上沾满泥巴;紧随其后还有一辆大车,车上坐满了像鬼怪一般图腾模样的人。先是张弓要射击,后来又放下弓箭。原来他们不是盗寇,是前来订婚的。三见于《贲》卦的是完婚。《贲》:"亨。小利有攸往。"《贲》卦记载的是有关对偶婚迎亲的一个完整的故事。一队人马陪伴新郎到女家去娶亲,有坐车的,有徒步的,老的少的,十分热闹。六句爻辞把迎亲的过程描写得十分生动。初九:"贲其趾,舍车而徒。"迎亲伊始,年轻人把脚趾修饰了一番,徒步走在前面。六二:"贲其须。"年长者坐在车上,把胡须修饰得很整洁。九三:"贲如濡如,永贞吉。"此爻"贲"通"奔";"濡",湿透。迎亲路上一路奔走,汗流浃背,占问说永久吉祥。六四:"贲如皤如,白马翰如,匪寇婚媾。""皤"通"幡"。迎亲的队伍高举洁白的旗子,新郎骑着白马飞奔。他们不是前来抢劫的盗寇,是迎亲的人马。六五:"贲于丘园,束帛戋戋,吝,

---

①　李镜池:《周易通义》,中华书局1981年版,第32页。

终吉。"女家山坡上的家园收拾得很整洁,娶亲人马来到女家,送上一束束布帛。有点小摩擦,终归和解。上九:"白贲,无咎。"一对新人,顺利成婚。恩格斯在《家庭、私有制和国家的起源》中说:"群婚制是与蒙昧时代相适应的,对偶婚制是与野蛮时代相适应的","随着对偶婚的发生,便开始出现抢劫和购买妇女的现象,这是发生了一个深刻得多的变化的普遍迹象"①。对偶婚起源于原始社会中期,《周易》古经文献表明,奴隶社会仍有其遗风存在,这一点的确十分珍贵。

《周易》在记载当时生产、商旅、军事、民俗的同时,还十分突出地反映了当时的社会矛盾及先民生存境遇中的苦难。卦爻辞中常常把小人、奴隶与贵族大人、君子对说,写到统治者的有天子、君王、公侯、大人、君子、武人等,在下的被统治者则有小人、邑人、刑人、童仆、臣妾等。"统治者对被统治者操生杀之权,设有残酷的刑狱。《困》卦就是一个刑狱的专卦。刑罚有打屁股的,有担枷绑在衙门外示众的,有割鼻、断腿、烙额的。监狱叫'幽谷',外围还种上带刺的植物,打上木桩,重重障碍,防备森严。"②《周易》的第三卦(《屯》)则属于综合记载先民生存苦难的一个专卦。李镜池说:"屯,难也。卦爻辞讲各种难事,有行旅之难,有婚姻之难,有狩猎之难,有妇女生育之难,还有大事之难。反之,安居和建候则利,衬托上述各种难事。内容不一,以难义为连贯。"③《屯》卦的六爻之义中一一记载了这些生活境遇中的困难。另外,前面所述的《旅》《蹇》二卦反映了商旅的艰难,商人不避艰险,东西南北,栉风沐雨,在所不计;《师》《同人》《晋》诸卦在记载战争场景的同时,则从一个侧面反映了战乱中的生灵涂炭。众多苦难浸润、磨砺出先民的忧患意识和顽强的生命意志。

---

① 《马克思恩格斯文集》第四卷,人民出版社 2009 年版,第 88、59 页。
② 李镜池:《周易通义·前言》,中华书局 1981 年版,第 3 页。
③ 李镜池:《周易通义》,中华书局 1981 年版,第 8 页。

四、筮"数"与原始思维"互渗律"

说到《周易》,有人曾把它形容为"中华古老文化的黑洞",一个玄暗而无底的深渊,似乎无论你向它投入多少,它都不会有反响。《周易》的矜持就在于它的沉默,沉默是它深沉的人文之力。其实,沉默也是一种言说,一种让人感到敬畏且不可思议的更具魅力的言说。研读《周易》古经,徘徊荡漾于其人文与巫术相互纠缠在一起处处溢出的神秘的原始思维中,常使现代人的心灵受到强烈碰撞。王振复先生这样描述研读《周易》古经的心灵震撼:

> 依稀踏进青泥盘盘、宁静古朴的窄巷小弄,抚摸被悠悠岁月无情侵蚀的残垣断壁,那浓得化不开的古老气息,令人骤感现代生活的快速节奏突然拨慢了,整个心灵因而沉寂宁静下来,好像实现了中华古老文化一种情感上的"皈依"。也不免有一点苦涩的滋味浮现在心头,因为从文化整体来说,《周易》巫术给我们提供的文化信息毕竟过于陈旧了。但穿过泥泞的沼泽小径,拂去历史的尘埃,这里是一个伟大的心灵"宇宙"。不只有愚昧和稚浅,有黎明前的黑暗,有撕肝裂胆的痛苦与忧患;也有生的喜悦,爱的挣扎,诗的韵味;有满天云霞,一泓微笑,有长河的奔涌,大地的磅礴,光辉的日出!有天籁、地籁与人籁的交和,有轰轰作响的来自远古的回声,更有《周易》原始巫术文化的童蒙智慧,犹如晨星闪烁,撩人心魄,它牵引我们上下求索的文化心魂跋山涉水,寻访探问,渐入佳境。①

王振复先生用热情洋溢的文字所诉说的在《周易》古老生活世界中探赜索隐寻幽访胜的酸甜苦辣,本人颇有同感。他从美学路径踏破铁鞋苦苦寻觅的所谓"佳境"或"伟大的心灵宇宙",正是《周易》哲学的本源——那隐藏在

---

① 王振复:《大易之美——周易的美学智慧》,北京大学出版社 2006 年版,第 3 页。

原始神秘思维面纱下的火辣辣的生命本相及其所浸润的生命意识。刚刚走出原始蒙昧,步入"渔猎—农耕"时代的殷周之际,虽然有了以甲骨文字、青铜器、牛马为标志的生产工具和生活用具,但当时的生产力、生产关系依旧十分落后,先民的生命意识中,人与神、人与自然、人与人、人与自身的关系依旧十分模糊,浓厚神秘的巫术遗风犹存,与淳朴稚嫩的理性朦胧地交织在一起,构成殷末周初先民观察自然、理解生命、寻求自我的思维背景,此种思维背景即现代人类学家所说的"原始思维"。原始思维与现代人的理性思维相比,当然十分幼稚,甚至令人感到荒唐,但"原始思维"毕竟也是"思维",毕竟也是宇宙大生命的杰作——"思维着的花朵"——"人"的存在方式的最初萌动。从原始思维到现代思维,人类理性走过曲折漫长的路,但自始至终"思维"的不变本性永远是寻找"人"的合理的存在方式,有效化解人与神、人与自然、人与社会、人与自我的矛盾。从现代分科知识体系相对而言,人与神的关系属于宗教的问题,人与自然的关系属于科学的问题,人与社会、人与人的关系属于政治、伦理学的问题,人与自我的关系既属于精神"反思"的领域,也关涉人神关系、天人关系、群己关系、心物关系,简言之,"自我"与"非我"的关系,所以属于美学和哲学的问题。由于"分科知识体系"的精细研究,现代人的世界图景、知识体系及思维规则,较之上古先民巫术与人文朦胧交织的"原始思维"说得上足够通透明晰。然而,尽管科学日新月异不断"祛魅",世界的"神秘性"依然存在,人与神、人与自然、人与社会、人与自我,一句话"自我"与"非我"的矛盾及其合理的化解之"道"仍在探索中。这是宇宙大生命的复杂性使然,也是其魅力所在。既然如此,让我们带着对远古生命的敬畏,回过头来,伴随"轰轰作响的来自远古的回声",从《周易》"原始巫术文化的童蒙智慧"中探寻"原始思维"走向哲学突破的幽径。

这里从"八卦"源自神秘的"数"说起。易学界一种观点认为,"八卦"是上古《易》的基本智慧,其原型是在龟卜蓍占的"数"的基础上发展起来的,"构成八卦符号系统的阴阳爻,是中华初民在漫长的巫术文化实践中,从对神秘的数的初步感知中创立的"①。此种见解的依据是古文字学家张政烺对古代"奇字"提出的"数字卦"假说。据张政烺研究,公元 12 世纪初(北宋末年)湖北孝感出土的"安州六器"中的一件鼎器铭文之末附有两个"奇字",古人未曾译识。近数十年又先后在河南安阳殷墟、西安张家坡、周原凤雏村等处野外考古中发现此类"奇字"。1956 年西安张家坡发现的两片卜骨上各有两个"奇字",与"安州六器"上的"奇字"的形制完全相同。此后,唐兰先生根据这些卜骨,连同钟器铭文,共检索到十三个"奇字",确认这些"奇字"均由数字组成。1978 年冬,张政烺首次在一次古文字学术会议上推断这些奇怪的数字都是"筮数",即都是用以占筮的带有神秘意蕴的数字。"安州六器"铭文上的两个"奇字",自上而下的六个符号实际是"七八六六六六"和"八七六六六六"有序排列的两组数字;四盘磨卜骨上的两个"奇字",可以依次译作"七五七六六六"和"七八七六七六";1980 年春,陕西扶风齐家村出土的一片卜骨背面刻有"奇字",依次可译作"六九八一八六"和"九一一一六五"。对这些"奇字"进行综合分析,即将"奇字"转换为数字之后可以看出,其中"一"与"六"两个数字出现的频率最高,其次是七、八、五、九,而二、三、四这三个数字从未出现。这种情况并非偶然。经研究,二、三、四三个数字的形制笔画分别是上下排列的两个横线、三个横线、四个横线,这三个数字排列在一起时不易分辨,于是便将这三个数字进行了合并,将"三"归并入"一","二"与"四"归并入"六",所以"一"与"六"出现的频率最高,二、三、四这三个数字遂不见踪影了。张政烺在《易辨》中指出,"数字卦"中"一"与"六"两个数字出现的次数最多,而"一"与"六"分属于奇数与偶数。这种带有抽象意义的奇数"一","奇字"形制为——;偶数"六","奇字"形制像一竖着放宽的"小于号",进一步拉开放平即— —。这"已经带有符号的性质,表明一种抽象的概念,可以看作阴阳爻的萌芽了"②。据此似可以推断说,在用以占筮的"八卦"创立以前,有一个"数

---

① 王振复:《大易之美——周易的美学智慧》,北京大学出版社 2006 年版,第 5 页。
② 张政烺:《易辨》,《张政烺论易丛稿》,中华书局 2010 年版,第 48 页。

字卦"发明与行世的历史时期,"数字卦"是《周易》八卦和六十四卦的原型。①

"筮"是一种神秘的术数。《左传》僖公十五年云:"筮,数也。"术数作为中华古代的巫术有六种形式:一天文;二历谱;三五行;四蓍龟;五杂占;六风水(形法)。从甲骨文、鼎器铭文所刻画的种种文字、图案来看,中华古代的巫术活动最初是与"数"这种抽象符号系统联系在一起的。从"一"到"九"这九个自然数,经过先民智慧的抽象简化演变为更加简易的阴爻(— —)阳爻(——),构成八卦的基本符号。说阴阳筮符原生于"数",这已经为不断问世的出土实物所证实。镌刻于殷周甲骨、青铜器铭文或汉代墓葬竹简上的"数字卦",是比较可信的阴阳筮符的前身。而且,"数字卦"见于甲骨和青铜器这种与卜筮、祭祀活动相关联的"灵物"上,就更增加了阴阳爻原本是筮符这一结论的说服力。在中华巫术史上,一般认为先有卜后有筮。卜是渔猎时代的巫术的主要形式,筮是农耕时代的巫术的主要形式。占卜是《周易》占筮的前期形态,两者在先民安顿生命的文化意识或情感方式上是一致的。《左传》僖公四年所云"筮短龟长,不如从长",表明在先民宗教意识中龟卜这种更为古老的巫术形式具有更高的与神明相感通的效验或巫力。青铜器作为祭祀之器,在先民生命意识中同样具有神人沟通的巫术意味,故而将神秘的"数字卦"与各种狰厉恐怖的图案镌刻在一起就不足为奇了。先民"巫术"与"数"的神秘关联在《易传》文字中依稀可辨,它隐约表明《周易》用以占筮的阴阳爻象及八卦、六十四卦卦符的文化基因遗传自先民巫术中神秘的"数"。《说卦传》云:"昔者圣人之作《易》也,幽赞于神明而生蓍,参天两地而倚数,观变于阴阳而立卦。"《系辞上》云:"天一,地二,天三,地四,天五,地六,天七,地八,天九,地十。天数五,地数五,五位相得而各有合。天数二十有五,地数三十,凡天地之数五十有五,此所以成变化而行鬼神也。"又云:"极其数,遂定天下之象。""数"在《周易》本经的巫学思维中占有十分重要的地位,可以说,没有"数"就

---

① 参见王振复:《大易之美——周易的美学智慧》,北京大学出版社 2006 年版,第 7 页。

没有《周易》所记录的占筮活动,也就没有《周易》。问题是,"数"又是怎样形成并构成先民巫术思维基石的呢? 这是一个古老的人类学的问题,它涉及远古先民的生活方式与其原始思维的关系。王振复先生这样描述说:"数的观念起于初民对客观世界无数事物种种数量关系的崇拜与感知。初民的智慧极其有限,他们对客观事物极为复杂、庞大、多变的数之关系起初是无力把握的。凡是人所无力把握的东西,必在有关鬼神观念的催激下,在人心目中加以扭曲的复制和重构,促使人对这种事物及其数量关系产生神秘的感觉、意识、情感与观念。"①譬如,"由于社会生产力极为低下,人们对盲目自然力的抗御力量十分虚弱,初民对生之艰难即对自身的生产繁衍这一点必然十分关切。某一天忽然领悟到比如鱼的生殖力竟是如此之强,对鱼卵及河泊中游鱼的数量之多真是大为惊讶与欣喜不已,在这种对鱼之数量且惊且喜的文化心态中,可能萌发由于生殖崇拜而引起的关于鱼的巫术智慧。西安半坡'人面鱼纹'的文化观念的意义就在于此,它原初并非为了审美,而是一种原始巫术的遗构。"②

值得注意的是,远古初民近乎原始思维的观念世界中的神秘的"数"往往与种种巫术观念纠结在一起。他们的"数"的观念并非是一种"彻底抽象的纯粹的数"的概念,而始终与某些神秘的事物、物像、意向活动亦真亦幻地纠缠在一起,从而带有超经验、非逻辑的神秘性。在远古初民的集体无意识中一触及某个数字,他们即刻会联想到其他很多神秘意象性关联和意义。比如上面所说的鱼卵之"数"与鱼之生殖能力,甚至与人的生命活动的神秘关系。这种原始思维现象,法国古人类学家列维-布留尔称其为"神秘的互渗律"。他在《原始思维》一书中以大量的实证材料从"原逻辑思维与计数的关系"描述了世界各地土著人的原始思维方式(即原逻辑思维)中数的"神秘的互渗"现象,亦即神秘的数与事物、物象以及物象之间的"建立在集体无意识"中的相互渗透的神秘关系。譬如,地尼丁杰族印第安人的记数方式至今仍

---

① 王振复:《大易之美——周易的美学智慧》,北京大学出版社 2006 年版,第 10 页。
② 王振复:《大易之美——周易的美学智慧》,北京大学出版社 2006 年版,第 11 页。

保留着原始神秘的数的互渗的遗迹。他们计数活动所呈现的思维方式中缺少抽象的"数"的观念和抽象的运算活动,其计数活动总与各种具体物象和某种说不出道理来的神秘性动作纠结在一起。关于此种计数方法,列维-布留尔写道:

> 他伸出左手,把手掌对着自己的脸,弯起小指,说1;接着他弯起无名指,说2;又弯一下指尖,接下去弯起中指,说3;他弯起食指来指着拇指,说4;只数到这个手指为止。然后,他伸开拳,说5;这就是我的(或者一只,或者这只)手完了。接着,印第安人继续伸着左手,并起左手三个手指,使它们与拇指和食指分开,然后,把左手的拇指和食指移拢来靠着右手的拇指,说6;亦即每边3个,3和3。接着他把左手的4个手指并在一起,把左手的拇指移拢来靠着右手的拇指和食指,说7(一边是4,或者还有3个弯起的,或者每边3个和中间1个)。他把右手的3个手指碰一碰左手拇指,这就成了两对4个手指,他说8(4和4,或者每边4)。接着,他出示那个唯一弯着的右手小指,说9(还有1个在底下,或者差1个,或者小指留在底下)。最后,印第安人拍一下手,把双手合在一起,说10,亦即每边都完了,或者数好了,数完了。接着他又开始同样一番手续,说:全数加1,数好的再加1,等等。①

印第安人数数时动作娴熟,态度十分虔诚,典型地带有或反映出某种"数的神秘互渗"的巫术意味。列维-布留尔继而指出,在原始初民的原始思维中不存在纯粹抽象的数,也不存在纯粹是客观自然的物象,两者通常总是被某种神秘的氛围笼罩着。可以这样说:原始初民对于数的认知把握,处于半具象半抽象的智慧发育阶段,并且受某种神秘观念的支配。

列维-布留尔指出,在原始思维的集体表象中,客体、存在物、现象能够以

---

① [法]列维-布留尔:《原始思维》,丁由译,商务印书馆2009年版,第228—229页。

我们不可思议的方式"是它们自身,又是其他什么东西"。它们以差不多同样不可思议的方式发出和接受那些在它们之外被感觉的、继续留在它们里面的神秘的力量、能力、性质、作用。列维-布留尔习惯于把原始思维那种不可思议的互渗定义为一种"原逻辑思维",他说:"作为神秘的思维的原始人的思维也必然是原逻辑的思维,亦即首先对人和物的神秘力量和属性感兴趣的原始人的思维,是以互渗律的形式来想象它们之间的关系的,它对逻辑思维所不能容忍的矛盾毫不关心。"①"原逻辑思维本质上是综合的思维。我是想说,构成原逻辑思维的综合与逻辑思维所运用的综合不同,它们不要求那些把结果记录在确定的概念中的预先分析。换句话说,在这里,表象的关联通常都是与表象本身一起提供出来的。原始人的思维中的综合,如我们在研究他们的知觉时所见到的那样,表现出几乎永远是不分析的和不可分析的。由于同样的原因,原始人的思维在很多场合中都显示了经验行不通和对矛盾不关心。集体表象不是孤立地在原始人的思维中表现出来的,他们也不为了以后能够被安置在逻辑次序中而进行分解。它们永远是与前知觉、前表象、前关联紧密联系着,差不多也可说是与前判断紧密联系着;原始人的思维正因为是神秘的,所以也是原逻辑的。"②据此,可将原始思维的"原逻辑性"理解为一种"前逻辑性"或"非逻辑性",在原始思维中,事物之间的联系不具有概念的规定性和分析的因果性,其前提是牢固地建立在"集体表象"中的神秘的感应或互渗。有人会这样质疑说,如果说原始思维的基本规律就是那个先天的使前关联和无穷无尽而多种多样的"互渗"得以实现的"互渗律",如果说原始思维是不受经验控制的,那么它岂不成为不受任何规律节制的、完全随意的、为我们绝对不能理解的东西了吗?布留尔的回答是,恰恰相反,几乎像在所有文化落后的近乎原始生活的落后民族中所见到的那样,他们的思维是稳定的、停滞的、差不多是不变的,不但在其本质因素上,而且在其内容上,甚至在其表象的

---

① [法]列维-布留尔:《原始思维》,丁由译,商务印书馆 2009 年版,第 111 页。
② [法]列维-布留尔:《原始思维》,丁由译,商务印书馆 2009 年版,第 115 页。

细节上都是这样。原因在于"这种思维尽管不服从逻辑运算,或者更正确地说正因为它不服从逻辑运算,所以它绝不是自由的。这种思维的一致,反映了它所符合的社会结构的一致。原始社会的制度可说是预先不可改变地固定了集体表象的实际可能的组合。表象之间的关联的数量和它们进行关联时所用的方法是与这些表象一起同时被预先决定的。在这样确定下来的前关联中,特别显出了互渗律的优势和真正智力要求的劣势"①。在原始思维集体表象的"神秘的复合"中本能、习惯和激情的因素简直不让真正的逻辑思维获得任何优势。"对原始人的思维来说,很难存在赤裸裸的事实和实在的客体。这种思维想象到的任何东西都是包含着神秘因素的:它感知的任何客体,不管是平常的还是不平常的,都引起或多或少强烈的情感,同时这个情感的性质本身又是为传统所预先决定的。"②在原始初民的生活方式中,没有任何东西比习惯与情感更社会化了。集体表象的社会性强化了原始人对神秘世界的互渗律的习惯性依赖和近乎本能的确信。总之,布留尔认为,把原始人的思维叫作原逻辑思维,这与叫它神秘的思维有同等权利,"它不是反逻辑的,也不是非逻辑的。我说它是原逻辑的,只是想说它不像我们的思维那样必须避免矛盾,它首先是和主要是服从于'互渗律'"③。所以,对于习惯于科学思维、逻辑思维的现代人来说,很难理解他们思维的实质和过程。

再看《周易》占筮活动所体现的"象数互渗"。王振复认为,《易传》所保留下来的占筮方法自始至终都是"数"的运演,尽管它直接反映的是战国中后期人们的占筮文化观念,但仍然折射出殷末周初人们"象数互渗"的原始思维特征。在他看来,《周易》巫术占筮过程中数的运算并非是在纯粹抽象的思维中进行的,也不是非常理性的思维过程。作为占筮工具的五十根筮策,是一种

① [法]列维-布留尔:《原始思维》,丁由译,商务印书馆2009年版,第116页。
② [法]列维-布留尔:《原始思维》,丁由译,商务印书馆2009年版,第116页。
③ [法]列维-布留尔:《原始思维》,丁由译,商务印书馆2009年版,第81页。

物的具象,似乎带有神秘性,它一方面是抽象之数的具象化,另一方面是具象之物的抽象化。筮策作为"灵物",是神秘之数的具象表达。"在中华古人的《周易》占筮意识和观念中,作为占筮这一巫术文化基因的数,决不是孤立的精神性存在,它始终是与天地人、四时运行等自然现象和社会人事'互渗'的,确是象与数在神秘观念意义上的结合。"①占人的整个占筮操作过程总是笼罩着一种不可理喻的文化氛围,仿佛其间无处无时不受外在于人力与智力的"灵气"的支配。这"灵气"被认为是幽明出入的"鬼神"所赋予的。这便是《周易》筮法所谓"此所以成变化而行鬼神"的原因。汉代以后人们多将"鬼神"解释为"精气"或"阴阳二气"的作用或功能,但从古代哲学巫术根源上说,"鬼神"与"精气"常常"互渗"在一起,用以解释自然现象和社会生活,依旧保留着某些原始神秘思维方式的遗存。恩斯特·卡西尔曾指出:"因为在人类文明刚刚出现时,数学思想绝不可能以其真正的逻辑形态出现。它仿佛被笼罩在神话思维的气氛之中。一个科学的数学的最初发现不可能挣脱这种帐幔。"②而《易传》对"天地之数"与"大衍之数"神秘力量的赞颂,或者把"天下之能事"完全归结为"数"的力量,似乎它能够穷尽天地间的一切,这仍然没有褪尽巫术的神秘色彩。

　　《周易》用以占筮的"数"带有原始思维的神秘性。但是,一个不可忽略的问题是,在其神秘的形式下又蕴含着某些理性的因素,它使走出"原始思维"实现哲学突破成为可能。对这一思维发展的历史进程进行逻辑还原,需要从"前《周易》—《周易》—《易传》"三个时间节点加以把握。不难设想,在《周易》成书前,"占卜""占筮"的术数活动已很流行,从殷商甲骨卜辞及《周易》卦爻辞可以推知,远古先民无论遇到自然界的异常变化诸如风雨、雷电、日食、月食、旱涝灾害、怪异星象,还是战争、商旅、迁徙、农事、祭祀、婚姻等重要社会活动,甚至做了噩梦、得了疾病、有了身孕、迷失道路,偶尔看到一只鸿雁飞过、

①　王振复:《大易之美——周易的美学智慧》,北京大学出版社 2006 年版,第 14 页。
②　[德]恩斯特·卡西尔:《人论》,甘阳译,上海译文出版社 1985 年版,第 61 页。

房屋的栋梁弯曲、两只鹤鸟在树荫间鸣叫,诸如此类,都会惊悸不安,继而产生神秘的联想,于是通过龟卜、蓍筮寻求探问"神秘的原因"并祈求福佑。这是典型的原始思维,人们依赖族群"集体无意识"中神秘的"互渗律"破译生产、生活、生命中"一一各别"的难题,这些凌乱、个别、多样的占筮活动和文字载体为《易经》的成书准备了素材。

《周易》成书后"原始思维"的情形有了明显不同。《周易》成书,不论传统伏羲画八卦、文王推演六十四卦的说法是否属于历史的真实,先有八卦,再由八卦两两重叠为六十四卦的逻辑递进关系是毋庸置疑的,因为此种演变是基于占筮活动本身的需要。随着社会活动复杂程度的增加,八种卦象不足以涵盖日趋多样的占筮内容,这就促使人们进一步推演,形成六十四卦,以便满足占筮活动应对复杂的事物及变化。《周易》成书的意义,最重要的莫过于其对占筮活动归纳分类、统爻命卦的类型化和形式化,这与商人的占卜正相对比。商人占卜的活动不仅次数多,有关鬼神的占问尤其多,而且形式繁琐。每次占问需刻记前辞、命辞、占辞和验辞。前辞记明卜日及卜人之名,命辞指占问的内容,占辞指占人对卜兆的占记,验辞指卜后所记应验的事实。不到一百年的时间,仅以殷墟为主的几处出土的甲骨片便数以万计,刻辞五花八门。一则表明殷人占卜活动的频繁;二则说明殷人尚未找到一种归纳分类处理兆象的方法。陈来这样分析《易经》的文本价值说:"筮辞由原来零散、具体的记录,在《易经》整体规则的规定之下,一跃而变为具有普遍意义的象征话语。当然在断占和解释时,可能需要以类比作为中介以便从特殊过渡到普遍,或从爻辞的特殊与筮问的特殊间建立起二者的关联,但总体上说,占筮的实践并不是类比思维。在这样一个规则作用之下,那些原来具体、零散、经验的占筮辞颂记录,组成一个文本体系,筮辞的这种文本化,标志着学会使用文字的中华民族开始努力谋求从经验中把握普遍原理,并通过文字把这种把握凝结为普遍形式,尽管这种提升和凝结仍然包裹在神秘的外衣之下,仍然受到卜筮活动的内在限制。春秋以降,人们更进而把《易经》与卜筮过程进行分离,把《易经》作为直接阅读的文本。《易经》在这个历史过程中被经典化,最终完成了它的彻底的文本化,为'文本—解释'的纯粹精神活动开辟了道路。"①按照《周易》文本体系的建构原则,人不再需要记住每一次占卜的经验,人们把吉凶顺逆的种种占卜结果,集中提炼为八经卦、六十四卦的卦象,把卜辞式的纷繁记录"类型化"为卦辞和三百八十四爻的爻辞。这样一来,人们占筮时只要把筮得的卦象结果与卦爻辞对检即可。在这样一种系统中,每一卦的卦辞及每一爻的爻辞已不代表"某一个别的原初经验",而代表一种类型、一种原理,从而与大量零乱杂陈的卜辞相比,具有了完全不同的意义。在《周易》体系的建构下,个别上升为普遍,经验上升为原理,每一卦、每一爻都普遍化为"一类经验的象征"。"人们在这里终于摆脱了远古占卜的那种原初的个别性,掌握到处理经验的普遍性。这正是《周易》之所以为'易简''简易'的特质。从远古占卜到《周易》的发展中,我们确实可以看到一种理性的进步,尽管这是卜筮系统内的理性化。"②

五、《易传》的语境转换与哲学突破

继之谈《易传》对《周易》古经的语境转换和哲理提升。众所周知,《易传》是最早对《周易》古经进行系统理论诠释的一部文献,《周易》在中国思想文化史上被称为"群经之首"并产生重大深远影响,得益于《易传》。没有《易传》,单是《易经》卦爻辞最多可以看作是研究殷周之际或上古社会史的文献,谈不上有多少哲学理论价值。重要的是,为什么是筮书的《周易》,而不是卜书或其他"易书"转化为后来哲学的人文主义与自然主义?用余敦康先生的

---

① 陈来:《古代宗教与伦理——儒家思想的根源》,生活·读书·新知三联书店1996年版,第89页。
② 陈来:《古代宗教与伦理——儒家思想的根源》,生活·读书·新知三联书店1996年版,第86页。

话说:"为什么唯独从周人的筮占中发展出一套哲学思想体系,而其他的占卜却始终停留在宗教巫术阶段,这种现象究竟应该怎样解释?"①陈来的解释是:"因为《周易》一书本身包含了这种可能转化的特质和根据,即'数'的特质。简言之,《周易》是以数为基础的,这使得摆脱鬼神观念而向某种宇宙法则转化成为可能,这虽然不见得是始作《周易》者的意愿,但却是人文化过程得以实现的一个内在根据。"②从内因说,"数"助推了《周易》古经文本的"类型化"和"形式化";从外因说,又离不开《易传》对《周易》"术数"思维神秘性的涤除清洗。

《周易》的哲学突破,首先体现在《易传》对《周易》一书思想品性的提升。1.《周易》是表达"圣人"智慧的书。《系辞上》云:"易有圣人之道四焉:以言者尚其辞,以动者尚其变,以制器者尚其象,以卜筮者尚其占。是以君子将有为也,将有行也,问焉而以言,其受命也如响。无有远近幽深,遂知来物。非天下之至精,其孰能与于此。"《周易》作为传授"圣人之道"的书,其"辞""变""象""占"可以指导人们的言论、行动、制器、卜筮,其深刻的人文睿智,可以使人们大有作为。2.《周易》是反映宇宙普遍规律、蕴含深刻的哲理书。《系辞上》云:"易与天地准,故能弥纶天地之道。仰以观于天文,俯以察于地理,是故知幽明之故。原始反终,故知死生之说。精气为物,游魂为变,是故知鬼神之情状。与天地相似,故不违。知周乎万物,而道济天下,故不过。旁行而不流,乐天知命,故不忧。"又云:"夫易,圣人之所以极深而研几也。唯深也,故能通天下之志;唯几也,故能成天下之务。"《系辞传》作者认为,《周易》取法于天地,圣人仰观天文、俯察地理而创作,其"道"广大周备,所以能够用它摹写说明天地万物的普遍规律,通晓一切幽明变化的原因,推原事由的本始,反求

---

① 余敦康:《从〈易经〉到〈易传〉》,载《中国哲学》第七辑,生活·读书·新知三联书店1982年版,第2页。
② 陈来:《古代宗教与伦理——儒家思想的根源》,生活·读书·新知三联书店1996年版,第83页。

事物变化的结局,所以能够懂得事物生死变化的道理。精气形成万物,游魂也
是精气所变,据此便知道鬼神的真实情状。《周易》这部书与天地相类似,所
以其中的道理不可以违背。《周易》的智慧遍及万物,范围天地之化而不过,
曲成万物而不遗,对天下万事都十分有益,所以掌握了它就能够避免过失。卦
爻变化旁通而有秩序,所以掌握了它也就获得安身立命的根据,就会乐天知命
而无忧。如实说,《周易》古经卦爻辞中并没有这么高深的智慧和深奥的道
理,经过《易传》的语义转换和提升,似乎处处蕴含着深奥的哲理。此种"极深
研几"深刻洞察宇宙人生本质和事物变化几兆的哲学,无论对于沟通天下人
的理想,还是成就天下伟大的事业,都具有十分重要的现实意义。3.《周易》
是一部忧患之书。《系辞下》云:"易之兴也,其当殷之末世,周之盛德邪? 当
文王与纣之事邪? 是故其辞危。危者使平,易者使倾,其道甚大,百物不废。
惧以终始,其要无咎,此之谓易之道也。"又云:"易之兴也,其于中古乎? 作
《易》者,其有忧患乎?"继之,《系辞传》的作者把《履》《谦》《复》《恒》《损》
《益》《困》《井》《巽》所谓《周易》"九德卦"先后陈述了三次,又称"三陈九
卦"。朱熹认为:"三陈九卦,以明处忧患之道。"①忧患意识是道德力量与生
命意志的源泉。从《周易》古经中可以看出,六十四卦中处处充满了险象、灾
难,《易传》作者从中体会出,正是此种艰难险阻所引发的忧患意识,可以激发
人的道德理性和生存意志,提升人的道德品质和理想人格。4.《周易》是一部
经世致用的书。《系辞上》云:"夫易何为者也? 夫易开物成务,冒天下之道,
如斯而已者也。是故,圣人以通天下之志,以定天下之业,以断天下之疑。是

---

① 朱熹:《周易本义》,《朱子全书》第一册,上海古籍出版社、安徽教育出版社 2010 年版,
第 143 页。关于九德卦,朱熹解释说:"履,礼也。上天下泽,定分不易,必谨于此,然后其德有
以为基而立也。谦者,自卑而尊人,又为礼者之所当执持而不可失者也。九卦皆反身修德以处
忧患之事,而有序焉。基所以立,柄所以持。复者,心不外而善端存。恒者,守不变而常且
久。惩忿窒欲以修身,迁善改过以长善。困以自验其力,井不变其所,然后能巽顺于理以制事
变也。"(朱熹:《周易本义》,《朱子全书》第一册,上海古籍出版社、安徽教育出版社 2010 年版,第
142 页。)

故蓍之德,圆而神;卦之德,方以知;六爻之义,易以贡。圣人以此洗心,退藏于密,吉凶与民同患。神以知来,知以藏往,其孰能与于此哉!古之聪明睿知神武而不杀者夫!是以明于天之道而察于民之故,是兴神物,以前民用。"依照《易传》的诠释,《周易》之制作,以开创和成就事业为宗旨,它包罗了天下所有的道理,如此而已!所以圣人用它可以会通天下人心,确立伟大的功业,决断人们的疑惑。所以,蓍占的功能,圆通而神奇;卦爻的德性,方正而智慧;六爻之变化,能够将事情的原委简明平实地告诉你。圣人用它来洁净心灵,藻雪精神,把《易》道生命的大智慧深深密藏在内心,吉凶之事与万民同忧患、共命运。卦爻辞的智慧来自于历史往事和经验,根据此种历史往事和经验结合神异的蓍占预测未来,有谁能够做到这样啊,大概只有往古聪明睿智神奇勇武而不滥施杀伐的圣人吧!"知方神圆""藏往知来"的"卦之德""蓍之德"原本是筮法中的"神物",经过《易传》的语义转换,提升为圣人"洗心藏密""开物成务"向前推进百姓事业(以前民用)经世致用的学问。总之,经过《系辞传》的定性与提升,《周易》不再仅仅是一部占筮之书,而成为表达圣人智慧、深刻哲理、忧患意识,能够经世致用的一部哲学经典:"易之为书也不可远,为道也屡迁。变动不居,周流六虚;上下无常,刚柔相易;不可为典要,唯变所适。其出入以度,外内使知惧,又明于忧患与故,无有师保,如临父母。"(《系辞下》)这部经典的哲理,使人明通生命世界"变"的永恒本性,理解经验现象的暂时性、相对性、有限性,从而懂得敬畏,懂得忧患,懂得在体会并顺应宇宙变化的生命实践中实现自我生命价值的提升。

其次,《周易》的哲学突破,又表现在《易传》对"形上"之"道"的凸显。"道"的本义为人行之路。《周易》古经中有几处出现的"道"字,都是指具体的道路,见《复》卦卦辞、《小畜》卦初九、《履》卦九二、《随》卦九四爻辞。由道之本义引申出"道"为人和物所遵循的具体规则、法则之义。《易传》中的"道",多处用的都是这种引申义,如乾道、坤道、立天之道、立地之道、立人之道、鬼神之道、君子小人之道等等。在此基础上,《易传》又进一步概括出宇宙普遍法则之道,如"一阴一阳之谓道""形而上者谓之道"等。《系辞上》云:"一阴一阳之谓道,继之者善也,成之者性也。仁者见之谓之仁,知者见之谓之知,百姓日用而不知,故君子之道鲜矣!显诸仁,藏诸用,鼓万物而不与圣人同忧,盛德大业至矣哉!富有之谓大业,日新之谓盛德,生生之谓易。""乾坤其易之缊邪?乾坤成列,而易立乎其中矣。乾坤毁,则无以见易。易不可见,则乾坤或几乎息矣。是故形而上者谓之道,形而下者谓之器,化而裁之谓之变,推而行之谓之通,举而错之天下之民谓之事业。"此种意义上的"道",其哲学解释的逻辑空间很大。从筮法说,它是阴阳、四象、八卦、六十四卦、三百八十四爻"术数"演变的前提和揲蓍推算的规则;从哲理说,则是《周易》哲学的最高范畴或终极原理。它既是天地万物的生命本原,又是天地万物的存在根据,还是生命宇宙的最高法则,更是一切真善美的价值依托。道在器中见,抽象的"形而上"的"道",就在具体的"形而下"的"器"中表现出来。换句话说,抽象的变易原则(道)通过具体的有形事象(器、卦爻符号)来表现,此即易道的存在方式;一阴一阳的相互蕴含、相互转化、相互作用,表现了易道的实质或基本内涵;变化与生成则是《周易》之道的主要功能。抽象地说,"道"作为天、地、人存在的终极根据或普遍法则,是"形而上"的存在;具体地说,"形而上"的"道"又内在于"形而下"的"器"中,成为天地万物生生不息的内在德性。

在中国哲学史上,最早把"道"作为天地万物总根源和存在本体的是老子。老子说:"道可道,非常道;名可名,非常名。无,名天地之始;有,名万物之母。"(《老子》第一章)"有物混成,先天地生,寂兮廖兮,独立不改,周行而不殆。"(《老子》第二十五章)"道生一,一生二,二生三,三生万物。万物负阴而抱阳,冲气以为和。"(《老子》第四十二章)老子认为,作为万物根源和最高实体的"道"是"有"与"无"的统一。"无"言道之为道的超越性,"有"言道之为道的实在性。"道"作为派生万物的最高实体,无形无状,无始无终,超言绝象,就此来说谓之"无";然而"道"之"无",只是表明"道"不是一种相对的、有限的具体性存在,而是一种绝对的、无限的实体性存在。就此绝对的、无限的实体性存在来说，"道"又是一种绝对真实的"有"。所以老子说"有"和"无"同出而异名，"玄之又玄"为"众妙之门"（《老子》第一章）。老子对"道"的有无统一性的规定，在《易传》中表现为道器相依、上下贯通的关系。《系辞上》云："见乃谓之象，形乃谓之器。""道"不是具体的存在，而是支配事物变化的内在原理或本质，这种内在原理或本质是抽象的，《易传》的作者称其为"形而上者"，与具体存在的"形而下者"（器）相对待而言，说明"道"的超越性。然而，在区分了道器上下的逻辑关系后，《易传》作者又从现实性关系上说明"道"与"器"的统一性。以《乾》《坤》两卦为例说，《乾》《坤》二卦所象征的天地阴阳之道蕴含在六十四卦、三百八十四爻所代表的宇宙万象中，并通过宇宙万象的变化呈现其现实性。易道与卦器，形上与形下，逻辑上有分疏，现实中无上下。把道与器逻辑意义上的上下分疏误解成现实中的分裂是错误的，因为那样势必会割裂生命世界的统一性或生命本体的整体性。依照《易传》的逻辑思维，"道"为"一"，而"器"为"多"，"道"在"器"中的表象是多种多样的。《周易》六十四卦，每卦的基本卦义就是那一卦所表征的"道"。《乾》卦的道为"健"，《坤》卦的道为"顺"，《咸》卦的道为"感"，《同人》卦的道为"同"，《泰》卦的道为"通"，《否》卦的道为"塞"，如此等等。从《周易》与人生实践的关系看，六十四卦可以看作六十四种人生问题或人所面对的不同的生存境遇，某一卦的"道"也就是那一卦的基本原理、基本性格或解决某一类人生问题的方法原则。《易传》中的《彖辞传》《象辞传》处处显示出"探赜索隐"（解释器中之道）的良苦用心。总之，"道"的逻辑原理是"形而上"的，其表现形式则又是具体的、多样性的，用程朱理学的概念来表达就叫作"理一分殊"。在前《易传》时期，儒家孔、孟不讲"道生"和"阴阳"，继老子、稷下黄老学及庄子之后，《易传》把"道""太极""阴阳"作为解释生命世界创生原理和存在法则的最高哲学范畴，并据之作为解读《周易》文本"象数""义理"的思维前提，对于消解《周易》古经文本"术数"与"吉凶"互渗的原始思维的神秘性，助推卦爻辞的语境转化、语义提升均具有重要的理性引领作用。

再次，《序卦传》赋予六十四卦"非覆即反"的"变"的观念，同样凸显了《周易》的哲学突破。《序卦传》云：

> 有天地，然后万物生焉。盈天地之间者唯万物，故受之以《屯》，屯者盈也。屯者物之始生也。物生必蒙，故受之以《蒙》，蒙者蒙也，物之稚也。物稚不可不养也，故受之以《需》，需者饮食之道也。饮食必有讼，故受之以《讼》。讼必有众起，故受之以《师》，师者众也。众必有所比，故受之以《比》，比者比也。比必有所畜也，故受之以《小畜》。物畜然后有礼，故受之以《履》。履而泰，然后安，故受之以《泰》，泰者通也。物不可以终通，故受之以《否》。物不可以终否，故受之以《同人》。与人同者，物必归焉，故受之以《大有》。有大者不可以盈，故受之以《谦》。有大而能谦必豫，故受之以《豫》。豫必有随，故受之以《随》。以喜随人者必有事，故受之以《蛊》，蛊者事也。有事而后可大，故受之以《临》，临者大也。物大然后可观，故受之以《观》。可观而后有所合，故受之以《噬嗑》，嗑者合也。物不可以苟合而已，故受之以《贲》，贲者饰也。致饰然后亨则尽矣，故受之以《剥》，剥者剥也。物不可以终尽，剥穷上反下，故受之以《复》。复则不妄矣，故受之以《无妄》。有无妄然后可畜，故受之以《大畜》。物畜然后可养，故受之以《颐》，颐者养也。不养则不可动，故受之以《大过》。物不可以终过，故受之以《坎》，坎者陷也。陷必有所丽，故受之以《离》，离者丽也。

以上为《周易》上经三十卦。继之序《周易》下经三十四卦云：

> 有天地然后有万物，有万物然后有男女，有男女然后有夫妇，有夫妇然后有父子，有父子然后有君臣，有君臣然后有上下，有上下然后礼义有所错。夫妇之道，不可以不久也，故受之以《恒》，恒者久也。物不可以久居其所，故受之以《遁》，遁者退也。物不可以终遁，故受之以《大壮》。物不可以终壮，故受之以《晋》，晋者进也。进必

有所伤,故受之以《明夷》,夷者伤也。伤于外者,必反其家,故受之以《家人》。家道穷必乖,故受之以《睽》,睽者乖也。乖必有难,故受之以《蹇》,蹇者难也。物不可以终难,故受之以《解》,解者缓也。缓必有所失,故受之以《损》。损而不已必益,故受之以《益》。益而不已必决,故受之以《夬》,夬者决也。决必有所遇,故受之以《姤》,姤者遇也。物相遇而后聚,故受之以《萃》,萃者聚也。聚而上者谓之升,故受之以《升》。升而不已必困,故受之以《困》。困乎上者必反下,故受之以《井》。井道不可不革,故受之以《革》。革物者莫若鼎,故受之以《鼎》。主器者莫若长子,故受之以《震》,震者动也。物不可以终动,止之,故受之以《艮》,艮者止也。物不可以终止,故受之以《渐》,渐者进也。进必有所归,故受之以《归妹》。得其所归者必大,故受之以《丰》,丰者大也。穷大者必失其居,故受之以《旅》。旅而无所容,故受之以《巽》,巽者入也。入而后说之,故受之以《兑》,兑者说也。说而后散之,故受之以《涣》,涣者离也。物不可以终离,故受之以《节》。节而信之,故受之以《中孚》。有其信者必行之,故受之以《小过》。有过物者必济,故受之以《既济》。物不可穷也,故受之以《未济》终焉。

按照《序卦传》的解释,《周易》六十四卦的卦序结构也是深含微言大义的。《乾》《坤》二卦居《周易》六十四卦之首,乾为纯"阳",代表天;坤为纯"阴",代表地。《坎》《离》《咸》《恒》四卦在六十四卦卦序中承上启下而居中。坎为水,阳在阴中;离为火,阴在阳中。《坎》《离》二卦所取象于水与火,又称"小阴阳"。《咸》卦义在阴阳交感,《恒》卦义在变化有常。《既济》《未济》二卦居六十四卦之终。《既济》卦坎上离下,上体为水,下体为火;《未济》卦离上坎下,上体为火,下体为水。六十四卦如此架构排列,起码告诉我们三个方面的信息:1.一阴一阳之"道"贯通六十四卦,象征天地阴阳化生万物,贯通生命世界的全过程;2.六十四卦两两相对,刚柔相错,九六回环,非覆即反,象征生命世界"日新"之"德"、"生生"之"易"的辩证本性;3. 生命世界遵循一阴一阳之"道"的永恒法则,上下无常,周流六虚,循环往复,变化无穷。这些信息极大提升了《周易》古经的哲理意涵。

最后,《周易》的哲学突破还在于《易传》赋予象、辞以丰富的道德人文思想含义。这一点在《象辞传》法"象"比"德"的诠释原则上得以鲜明体现。《系辞上》云:"圣人有以见天下之赜,而拟诸其形容,象其物宜,是故谓之象。"《易传》通常喜欢用卦象和卦象所代表的"物象"去解释卦爻辞的性格特征,此即《周易》解释体例的"取象说"。所以"十翼"又有《象辞传》。一卦之整体卦画称"大象",一卦中六爻之位相称"小象"。从总体上解释一卦象征意义的传文,通常称为"大象传";以一爻之位相解释爻辞的传文,通常称为"小象传"。关于"大象传"的意义,王夫之说:"孔子就伏羲所画之卦,因其象以体其德,盖为学《易》者示择善于阴阳,而斟酌以求肖,远其所不足,而效法其所优也。""天、地、雷、风、水、火、山、泽,八卦之垂象于两间者也。而合同以化者,各自为体,皆可效法之以利用。君子观于天地之间而无非学,所谓希天也。"①是说"大象传"的意义在于因八卦之"象"以体天地之"德",继而效法天地之"德"以为"用",此即援天道以明人事,法自然以成人文。以《乾》《坤》二卦为例,《乾》卦六阳成象,阳主刚健。《象传》根据乾阳刚健之象,引申出君子自强不息的德性,故云:"天行健,君子以自强不息。"(《乾·象》)《坤》卦六阴成象,阴主柔顺,代表大地。《象传》根据大地的平坦厚重赋予君子"厚德载物"的品格,故云:"地势坤,君子以厚德载物。"(《坤·象》)对于《乾》《坤》二卦典型的象征意义,王夫之因"象"所体之"德"十分深刻。他说:"六十四卦之变动,皆人生所必有之事,抑人心所必有之几,特用之不得其宜,则为恶。故虽乾坤之大德,而以刚健治物,则物之性违;柔顺处己,则己之道废。唯以乾自强,以坤治人,而内圣外王之道备矣。余卦之德,皆以此为宗。所谓'易简

---

① 王夫之:《周易内传》卷一,《船山全书》第一册,岳麓书社 2011 年版,第 54、55 页。

而天下之理得'矣。"①《乾》《坤》二卦的《象传》因"象"体"德"具有典型意义,其他各卦皆可以此类推。譬如,《蒙》卦有"山下出泉"之象,君子从涓涓细流中悟出循循善诱"果行育德"的道理。《讼》卦有"天与水违行"之象,君子从中体会出谨始慎初"以作事谋始"的道理。《师》卦有"地中有水"之象,君子效法此象,从中领悟出像水在大地上积聚力量那样"容民畜众"的道理。《小畜》卦有"风行天上"尚未成雨之象,君子从中领悟到不可急躁"以懿文德"的涵养。《履》卦有"上天下泽"尊卑有序之象,君子从中体会出"辨上下,安民志"的道理。诸如此类,六十四卦之象无不具有启发人文德性之象征意义。

《系辞传》也很注重从人文德性角度对《周易》古经卦爻辞的语义提升。譬如,《系辞上》对《周易》七句爻辞的解说。(1)《中孚》卦九二爻辞云:"鸣鹤在阴,其子和之,我有好爵,吾与尔靡之。"这本是一个普通的自然景观及引发的感兴,说一只鹤鸟在树荫下鸣叫,小鹤在一旁应和;我有美酒,愿与君分享。其并没有多少道德教训的含义。《易传》却假孔子的口吻对其进行了语义转化,引申出严肃的"谨言慎行"的道德教训说:"君子居其室,出其言善,则千里之外应之,况其迩者乎? 居其室,出其言不善,则千里之外违之,况其迩者乎? 言出乎身,加乎民;行发乎迩,见乎远。言行,君子之枢机。枢机之发,荣辱之主也。言行,君子之所以动天地也,可不慎乎?"(2)《同人》卦九五爻辞云:"同人,先号咷而后笑,大师克相遇。"依照李镜池的理解,《同人》卦原本是一个记载先民"军事"主题的专卦,爻辞说,一伙人集结在一起被打得溃不成军,呼号逃跑;大部队赶来转败为胜②。《易传》却将其语境转换提升为"同心同德"精诚合作的道德教言:"君子之道,或出或处,或默或语。二人同心,其利断金;同心之言,其臭如兰。"传文说,君子处世之道,无论是行动还是静处,是

① 王夫之:《周易内传》卷一,《船山全书》第一册,岳麓书社 2011 年版,第 78 页。
② 参见李镜池:《周易通义》,中华书局 1981 年版,第 30 页。

沉默还是议论,都要与人通力合作。二人同心同德,其锐利可以截断金石;心灵默契的言语,就像兰花一样的幽香。简言之"同心同德"是干成事业的基础。(3)《大过》卦初六爻辞云:"藉用白茅,无咎。"爻辞记载的本是一个简约的祭祀场景。《易传》赋予了谨慎做事则无过失的道德含义:"苟错诸地而可矣。藉之用茅,何咎之有?慎之至也。夫茅之为物薄而用可重也,慎斯术也以往,其无所失矣。"这是说,茅草虽说是微薄之物却能产生重大作用,遵循诚敬谨慎的原则行事,那就不会有大的过失了。(4)《谦》卦九三爻辞云:"劳谦,君子有终,吉。"《系辞传》解释说:"劳而不伐,有功而不德,厚之至也,语以其功下人者也。德言盛,礼言恭,谦也者,致恭以存其位者也。"《易传》对这句爻辞的解释则比较符合《周易》古经原意。(5)《乾》卦上九爻辞云:"亢龙有悔。"李镜池说原文属于"星占"语,《系辞传》从中引申出"蓄潜戒亢"的政治伦理含义,说:"贵而无位,高而无民,贤人在下位而无辅,是以动而有悔也。"(6)《节》卦初九爻辞云:"不出户庭,无咎。"爻辞是说要本分地待在家里,安于节制。《系辞传》则发挥解释为官场要严守机密,不可胡言乱语。传文说:"乱之所生也,则言语以为阶。君不密,则失臣;臣不密,则失身;几事不密,则害成;是以君子慎密而不出也。"强调祸从口出,病从口入。言语不慎,是招致祸患的阶梯,所以君子当深居简出而不多言妄语。这里《易传》与《周易》经文原意发生明显的语境转换。(7)《解》卦六三爻辞云:"负且乘,致寇至。"记载的是旅途被抢劫的事。《系辞传》解释说:"作《易》者其知盗乎?《易》曰:'负且乘,致寇至。'负也者,小人之事也;乘也者,君子之器也。小人而乘君子之器,盗思夺之矣!上慢下暴,盗思伐之矣!慢藏诲盗,冶容诲淫。《易》曰:'负且乘,致寇至。'盗之招也。"传文强调的是处位不当、行为失范会给自己带来灾祸,进一步赋予并提升了《周易》爻辞人文化成的思想意义。《系辞下》也有对《周易》爻辞的语义转换与提升,人文化成的道德意味也十分浓重,此不赘述。

六、原始思维神秘意象的消解

经过《易传》的语义转换和理论提升，《周易》古经象、数、辞的具体意象与特殊语境渐渐变得模糊起来，通过理论思维的抽象不断被类型化、形式化、德性化、哲理化，"八卦"提升转化为天地人和谐共生的生命宇宙的时空秩序，六十四卦仿佛成为人的生命存在境遇中的基本问题及解决问题的思维模式，三百八十四爻成为人们把握宇宙时空秩序、判断行为得失、随机应变的行为节度。这一切自然的、超自然的象、数、辞，都要通过"圣人"的德性智慧统摄起来并变为天下"百姓"安顿生命的实践理性。《系辞传下》云：

> 法象莫大乎天地，变通莫大乎四时，县(悬)象著明莫大乎日月，崇高莫大乎富贵。备物致用，立成器以为天下利，莫大乎圣人；探赜索隐，钩深致远，以定天下之吉凶，成天下之亹亹者，莫大乎蓍龟。是故天生神物，圣人则之；天地变化，圣人效之；天垂象，见吉凶，圣人象之；河出图，洛出书，圣人则之。易有四象，所以示也；系辞焉，所以告也；定之以吉凶，所以断也。

> 八卦成列，象在其中矣；因而重之，爻在其中矣；刚柔相推，变在其中矣；系辞焉而命之，动在其中矣。吉凶悔吝者，生乎动者也；刚柔者，立本者也；变通者，趣时者也。吉凶者，贞胜者也；天地之道，贞观者也；日月之道，贞明者也；天下之动，贞夫一者也。夫乾，确然示人易矣；夫坤，隤然示人简矣。爻也者，效此者也。象也者，像此者也。

> 爻象动乎内，吉凶见乎外；功业见乎变，圣人之情见乎辞。

传文中尽管还保留着"蓍占龟卜""天象吉凶""河图洛书"等上古巫术原始神秘思维的遗存，但其思想意义与"前《周易》"、《周易》古经时代先民意识中的"神秘意象"已大为不同。它们被悬置在天地、日月、四时自然变化的时空秩序中，不再具有"原逻辑"或"前逻辑"的绝对性，而降格为一种圣人"则之"

"效之""象之",经世致用"立成器以为天下利"的工具。有了这样的理解,《周易》文本中的"象""数""辞"不再具有原始思维的神秘性及先民占卜活动的具体性,被还原为天地自然的象征、日月运行、四时变化的节律及"圣人"思想意志的表达。依据传文的解释,"八卦"是事物的符号象征,八卦重叠为六十四卦,六十四卦展开为三百八十四爻,都是用来表征事物变化的,卦辞、爻辞则是用来解释卦爻象的变化并用以指导人的行动的。刚柔变化,是立卦之本;变中求通,方可以与时俱进。吉凶占语,是正义战胜邪恶的尺度;天地之道,是观察事物的准则;日月之道,是理解幽冥变化的原因。天地万物的变化都遵循着恒定不易的法则。《乾》卦示人的道理,刚健而平易;《坤》卦示人的道理,柔顺而简约。阴爻阳爻效法的是乾健坤顺的道理,八卦、六十四卦象征的也是这个道理。爻象在卦体之内变化,事理的吉凶在卦外显现出来;建功立业的关键在顺时而变,圣人之情就隐含在卦辞爻辞中。这样一来,《周易》卦爻辞中"象数互渗"的原始思维渐渐远去,卦爻辞原初的具体含义及特定语境逐渐被抽象提升为一般性的历史经验,进而被理解为表达"圣人"智慧的微言大义,于是"易之为书也不可远",一部占辞汇编的《周易》成为生活不可或缺的"群经之首"。

　　王弼易学对《周易》文本解读经典化、形式化、哲理化的理解最为精当。象、辞与义理的关系,在哲学史上可以归结为言象与义理之辨,简称"言意之辨"。王弼提出"得意忘象、忘言"说,最得《易传》圣人观物取象、观象制器、修辞立诚、明理达意之旨,对于巩固和阐扬《周易》的理性化,具有继往开来之功。王弼认为名言概念(卦辞、爻辞及"十翼"传文)是表达思想(先哲圣人作卦立辞之意)的工具,但工具不是目的,"言"可在一定程度上达"意"而不能尽意,所以得意在"忘象",得象在"忘言"。此处所谓"忘",指不受卦象、卦辞、爻辞经验表象和语言符号的限制。王弼并不主张绝对废言弃象、言,谓象、言乃得意之工具,而不是"意"本身。不可以工具为目的,若沾滞于象、言,则反失本意。如不沾滞于象、言,则象、言对于达意又有相当之价值。

王弼在《明象》中分三层意思全面阐述了这一观念。王弼首先强调,象是表意的手段,言为明象之工具。他说:"夫象者,出意者也。言者,明象者也。尽意莫若象,尽象莫若言。言生于象,故可寻言以观象。象生于意,故可寻象以观意。意以象尽,象以言著。"①这里意、象、言狭义上是指《周易》中的卦意、爻象、卦爻辞,广义上则借以指本体、现象与语言三者之间的关系。王弼认为,卦爻之象是用以表现《周易》思想义理(卦意)的符号,卦辞、爻辞是用以解释卦爻符号(明象),进而表达《周易》思想宗旨(出意)的语言形式。所以,理解了卦辞、爻辞,才能理解卦象、爻象的含义;而理解卦象、爻象的含义,又是把握《周易》思想宗旨的前提。其次,王弼继之指出,工具和手段不是目的,不可执著于工具而忘记了目的。故其言:"言者所以明象,得象而忘言。象者所以存意,得意而忘象。犹蹄者所以在兔,得兔而忘蹄;筌者所以在鱼,得鱼而忘筌也。然则言者象之蹄也,象者意之筌也。是故存言者,非得象者也。存象者,非得意者也。"②意思是说,语言是达意的工具,目的在于"得意",就像筌、蹄是捕鱼捉兔的工具,目的在于鱼兔一样。言、象是用来表达圣人之意的,一旦借助言、象而懂得了圣人之意,就不要再执著于语言与表象。筌蹄鱼兔之喻正是为了说明不要执著于工具而忽略了目的。最后,王弼指出:"象生于意而存象焉,则所存者乃非其象也。言生于象而存言焉,则所存者乃非其言也。然则忘象者乃得意者也,忘言者乃得象者也。得意在忘象,得象在忘言。故立象以尽意,而象可忘也。重画以尽情,而画可忘也。"③"忘"即不要执著拘泥。这一层意思重点强调的是,如果执著于言、象,则会使言、象丧失其价值;只有忘言、忘象,不被《周易》中具体的语言、表象所拘禁束缚,才能真正把握圣人观物取象以画卦中所蕴含的深奥哲理(变易之道)。

王弼提出的不拘言象贵在得意的玄学思维方法论,一方面肯定《周易》语

---

① 王弼:《周易略例》,《王弼集校释》,中华书局 1980 年版,第 609 页。
② 王弼:《周易略例》,《王弼集校释》,中华书局 1980 年版,第 609 页。
③ 王弼:《周易略例》,《王弼集校释》,中华书局 1980 年版,第 609 页。

言符号系统的相对价值,另一方面则汲取了老庄大道无名、言不尽意的怀疑精神。在易学研究上,王弼以"得意忘象""得象忘言"为方法,高屋建瓴,扫爻象而任心胸,锐意破除汉儒偏执象数、牵强附会、不求达识的旧易学,从而引发起一场在思想史上影响深远的易学革命。王弼新易学的方法即"忘象以求其意",故其言:"触类可为其象,合义可为其征。义苟在健,何必马乎?类苟在顺,何必牛乎?爻苟合顺,何必坤乃为牛?义苟应健,何必乾乃为马?而或者定马于乾,案文责卦,有马无乾,则伪说滋漫,难可纪矣。"①由于汉代易学(如京房、虞翻等)一味拘泥爻象,牵强附会,结果导致易学义理暗昧不通。王弼忘象、忘言以求其意,开后世义理易学之先河。

王弼《周易注》之后,唐代孔颖达的《周易正义》和北宋周敦颐的《太极图说》与《通书》、程颐的《伊川易传》、张载的《正蒙》、邵雍的《皇极经世》,还有南宋朱熹的《周易本义》、明末清初王船山的《周易内传》《周易外传》及现代新儒家熊十力的《新唯识论》《乾坤衍》等,对《周易》象数、义理之学各有创获,隐晦玄奥之"易道"大明于世。经过《易传》及易学哲学史的不断解释、积淀与提升,《周易》本质上成为一种天地人和谐共生的大生命哲学,亦即"天人之学"。此种天人之学既扬弃了老子、庄子"道法自然"与"以天合天"的自然主义,又综合了孔子仁学、思孟学派"尽心知性知天"及荀子"天人相分"合群参天的人文睿智,以象数为语言,以道德性命为实践,援天道以明人事,尽人事以俟天命,表达了一种"天人合德"——天地生生与人文化成和谐统一的大生命思维方式和价值理念。

七、易"数"与科学"大数据"

回过头来,再看《周易》筮法中"数"的原理。《周易》中"数"的原理,集中

---

①　王弼:《周易略例》,《王弼集校释》,中华书局 1980 年版,第 609 页。

见于《系辞上》有关"天地之数"和"大衍之数"的那段文献。《系辞上》云：

> 天一，地二，天三，地四，天五，地六，天七，地八，天九，地十。天数五，地数五，五位相得而各有合，天数二十有五，地数三十，凡天地之数五十有五，此所以成变化而行鬼神也。大衍之数五十①，其用四十有九。分而为二以象两，挂一以象三，揲之以四以象四时，归奇于扐以象闰，五岁再闰，故再扐而后挂。乾之策二百一十有六，坤之策百四十有四。凡三百有六十，当期之日。二篇之策，万有一千五百二十，当万物之数也。是故四营而成易，十有八变而成卦。八卦而小成，引而伸之，触类而长之，天下之能事毕矣。显道神德行，是故可与酬酢，可与佑神矣。子曰：知变化之道者，其知神之所为乎！

传文讲的是"天地之数""大衍之数"及揲筮求卦的方法。传文说，天有五个奇数一、三、五、七、九；地有五个偶数二、四、六、八、十。五个奇数，五个偶数，各自相加都有一个和数。天数相加得二十五，地数相加得三十，天地之数的总合为五十五，由此决定了卦爻象及阴阳二气屈伸往来的变化。《易》推衍占筮的蓍数共有五十策，实际操作起卦时只用四十九策。此四十九策混合在一起相当于天地未分时宇宙浑然一体的"太极"，信手将四十九策一分为二放在案前两边，象征"太极"生"两仪"，乾坤定位，天地分判；从左边那簇蓍策里取出一策，放在左手小指与无名指之间，叫作"挂一"，这个"一"象征着造生人类。有了天地两仪，再加上"人"，象征天、地、人"三才"之道的和谐共生；把左右两簇蓍策以四个为一组数之，即"揲之以四"，象征春夏秋冬四时运行；把

---

① "天地之数"与"大衍之数"的关系，历来易学家众说纷纭，莫衷一是。徐志锐取金景芳先生的看法，认为"大衍之数五十"有脱文，当作"大衍之数五十有五"。大衍之数也就是天地之数，换句话说，把天地之数用于筮法，就是大衍之数。从逻辑关系上说，有道理。因为《易传》作者认为"易与天地准"，大衍之数只能来自于天地之数，才具有"形而上"的根据。下面的问题是，"大衍之数五十有五"，又为何"其用四十有九"呢？徐志锐采取了姚信、董遇之说："天地之数五十有五，其六以象六画之数，故减之而用四十九。"（徐志锐：《周易大传新注》，齐鲁书社1986年版，第426页。）徐说可资参考，今仍从王弼、程颐、朱熹等传统经学的说法。

"揲四"之后一边剩余的蓍策放在左手的三、四指之间叫"归奇于扐",象征一年十二个月之外还有闰月;依照古代历法,五年之中有两个闰月,故而须将另一边剩余的蓍策再行"归奇",这就应验了"五岁再闰"的天时秩序。《乾》卦的蓍数为二百一十六策(36×6＝216),《坤》卦的蓍数为一百四十四策(24×6＝144),《乾》《坤》二卦之蓍数共有三百六十策(216+144＝360),这象征着日月运行一年三百六十天的周期数。《周易》上下篇六十四卦含三百八十四爻,其中一半阴爻,一半阳爻,各一百九十二爻。阳爻策数为192×36＝6912,阴爻策数为192×24＝4608,阴阳策数之和为6912+4608＝11520,此即"大衍之数"所设想的决定天地万物变化的数目,用今天话语叫作天地万物变化的"大数据"。所以"大衍"占筮完成一次推演要经过"分二""挂一""揲四""归奇"四个环节,这样每三次推衍变化才能画出一爻,所以要经十八次变化完成一卦,此即"四营而成易,十有八变而成卦"。由三画组成"八卦"属于"小成";八卦引申扩展,触类旁通,重叠组成六十四卦,谓之"大成",如此则天地间的一切变化都包罗其中了,故云"天下之能事毕矣"。《易传》作者假孔子之口说,掌握了《周易》阴阳变化之"道",也就懂得天地间出神入化的道理了。从《易传》上述揲蓍衍卦的"数"的运算原理来看,尽管"天地之数""大衍之数"还保留着"成变化而行鬼神"的神秘性,认为"天下之能事"都可以通过如此推衍来解决,然而一个不可忽略的细节是,"大衍之数"的作者一再有意识地将"揲蓍衍卦"的过程——"四营"中的分二、挂一、揲四、归奇,与"天地自然"中的"两仪"(阴阳)"三才"(天地人)"四时"(春夏秋冬)"闰月"对应起来,将《乾》《坤》二卦之策数(360策)与一年日月运行的周期数(360日)对应起来,并把六十四卦、三百八十四爻的策数(11520)当作"万物之数"。这样做,一方面固然强调了"大衍之数"准"天地之数",《易》"与天地准",《易》即"冒天地之道",所以能"成变化而行鬼神",范围天地之化而不过,曲成万物而不遗;另一方面,更具有时代挑战性的是《易传》"化神秘为自然"的哲学突破,不经意中将原始思维中神秘的"数"("筮者,数也")蜕变还原为天地自然的节律数度,这种思维意向对易学哲学史产生深远影响,成为"术数"思维走向"哲学"思维的逻辑中介。

早在大约公元前 530 年,古希腊智者、萨默斯人毕达哥拉斯就提出了"数是万物本原"的观念。亚里士多德在《形而上学》一书中保存了对这种观念的记忆。亚氏转述说:"素以数学领先的所谓毕达哥拉斯学派不但促进了数学研究,而且是沉浸在数学之中的,他们认为'数'乃万物之原。在自然诸原理中第一是'数'理,他们见到许多事物的生成与存在,与其归之于火,或土或水,毋宁归之于数。数值之变可以成'道义',可以成'灵魂',可以成'理性',可以成'机会'——相似地,万物皆可以数来说明。他们又见到了音律的变化与比例可以由数来计算,——因此,他们想到自然间万物似乎莫不可由数范成,数遂为自然间的第一义;他们认为数的要素即万物的要素,而全宇宙也是一数,并应是一个乐调。他们将事物之可以数与音律为表征者收集起来,加以编排,使宇宙的各部分符合于一个完整秩序;在那里发现有罅隙,他们就为之补缀,俾能自圆其说。例如,10 被认为是数之全终,宇宙的全数亦应为 10,天体之总数亦应为 10,但可见的天体只有 9 个,于是他们造为'对地'——第十个天体——来凑足成数。"①毕达哥拉斯学派十分看重构成一切"数"的基本因子"1"的重要意义,认为"一"是万物的本原:"万物的本原是一。从一产生出二,二是从属于一的不定的质料,一则是原因。从完满的一和不定的二中产生出各种数目;从数产生出点;从点产生出线;从线产生出面;从面产生出体;从体产生出感觉所及的一切形体,产生出四种元素:水、火、土、气。这四种元素以各种不同的方式互相转化,于是创造出有生命的、精神的、球形的世界,以地为中心,地是球形的,在地面上住着人。"②

"数"观念的形成对于人类理性思维发展和抽象思维能力的提升具有十

---

① [古希腊]亚里士多德:《形而上学》,吴寿彭译,商务印书馆 1959 年版,第 12—13 页。
② 北京大学哲学系外国哲学史教研室编译:《西方哲学原著选读》上,商务印书馆 1981 年版,第 20 页。

分重要的作用。囿于远古先民抽象思维的局限性，原初的"数"的观念往往与各种具体的意象杂糅粘连在一起，甚至赋予"数"以种种神秘的特性，这是布留尔所谓"原始思维"的"互渗律"留在"数"观念上的烙印，远古先民的"数"思维，就像文明时代儿童最初"识数"时那样，常常要把某"数"与该数所代表的具体物象联想在一起。随着理性成熟和抽象思维能力提高，"数"渐渐远去它的生活原型，变成抽象的"符号"和纯粹的思维形式。抽象化、类型化、形式化的"数"观念一经形成，便具有相对的稳定性，可以反作用于人类精神活动，成为人们认识世界、模拟物象、把握物象的"思维范式"，或人类认识之网的"网上纽结"，在指导人的生活实践中释放出巨大的理性力量。古代人不了解"数"观念形成由"殊相"到"共相"，由"个别"到"一般"的逻辑进程，源于自然数量关系被"抽象化"的"数"仿佛成为凌驾于自然事物之上"成变化而行鬼神"的"神物"，具有超自然的力量。"数"被"异化"的认识论根源正在于此！随着原始思维的哲学提升，"异化"了的"数"终究要回归其自然原型。《易传》中的"数"正处在"化神秘为自然"的认识阶段。《易传》关于"数"的两种来源的说法，就表明了这一点。譬如一方面说"天垂象，见吉凶"，"数"来自于"河出图，洛出书"的神启，这表明"数"观念在一定程度上还遗留着原始思维的神秘性。但即使这种"神启"，也离不开"河马"出"图"、"洛龟"见"书"的具体表象。后人继之发挥出种种"数"的图示及图说，以至于形成一种专门的学问"河洛学"，在神秘的形式下引申出不少天文、历算、音律等方面的古代自然科学知识。另一方面，《易传》又试图将"数"的根源还原于天地自然，从天地万物的"现象"（"象"）中寻找阴阳、八卦之"数"的原型。《系辞下》在解释圣人创作八卦的原理时说："古者庖羲氏之王天下也，仰则观象于天，俯则观法于地，观鸟兽之文，与地之宜，近取诸身，远取诸物，于是始作八卦，以通神明之德，以类万物之情。"这里虽然没有直说"数"来源于圣人"观物取象"，但"八卦"之"象"与奇偶之"数"密不可分，说"八卦"来源于圣人对天之象、地之宜、鸟兽之文及人的身体的仰观俯察、远近取譬，间接地也就供出了"数"的原型与自然现象("象")的关联。

2500年前,古希腊智者、数学家毕达哥拉斯发现了"完满数",他的定义是,如果一个数的因数之和减去本数正好是本数,这个数就称作"完满数"。其实,《易》数中代表老阴之数的"6"就是毕达哥拉斯所说的最小的完满数,少阳之数"7"所代表的策数"28"也是毕达哥拉斯说的"完满数"。《易》数中的老阴之数"6"与老阳之数"9",在中国传统文化和民俗中具有广泛影响。《周易》有"用六""用九"的说法,"九"为"老阳"之数,又代表阳、刚、健等性、德、势、能;"六"为"老阴之数",又代表阴、柔、顺等性、德、势、能。中国人讲空间之大称"六合",家族亲情有"六亲",相互祝福"六六大顺",都和"6"攸关。"9"为一位自然数中最大的数。《周易》遇到阳爻称"九",一卦六爻中最好的位相为"九五",古代称帝王为"九五之尊","王登九五",如今"九九重阳"为"敬老节",均与"9"攸关。说是巧合,还是其他什么神秘性,我们不去管它。人们日常说某某事是"巧合",通常意味着有些神秘或不可理喻。其实,对有些"巧合"的现象,如果加以深思或逻辑推理,就会发现"巧合"并非神秘,更不是不可理喻。譬如说《周易》中"大衍之数"揲蓍过程的分二、挂一、揲四、归奇等与天地、三才、四时、闰月、一年周期等自然现象的"巧合",究其原因,两者之所以"巧合"就在于《周易》原本是"天人之学",它的"大衍之数"的数字运算原本是依据"天地之数"所代表的"宇宙时空"秩序设想或虚拟出来的。《周易》这种"人谋鬼谋"相结合的占筮方式与殷商龟卜单一"鬼谋"相比,在思维能动性上不能不说是一种巨大进步和飞跃。

当今世界,已进入"互联互通""互联网+""云计算""大数据"的"数字化"时代。作为一种信息媒介的"数",渗透到社会的政治、经济、军事、文化及人们日常生活的方方面面,如"天网恢恢,疏而不失",从内政外交的国家大事到柴米油盐的百姓琐事,都与看似抽象迷离"寂然不动"却又"感而遂通天下之故"的"数"密不可分。"数"不仅是沟通"虚拟世界"与"现实世界"的信息传媒,而且是构成"现实生活"一切物质活动和精神活动的基础。所以,从小学教育开始,要培养儿童基本的知识及掌握知识的能力,先要"认字"和"识数"。"数"之所以具有如此神奇的魅力,就在于"数"本质上是"客观世界"时空秩序、因果联系、存在状态和变化规律的数量关系的"抽象",是天地万物生命存在与变化的"量"的"节度"。纵览古今,没有哪个时代像当今世界这样更切近或更看好《周易》"数"思维的能动作用和现实意义。《周易》中的"数"——如:"河图"蕴含的"天地之数"(55),"洛书"所蕴含的"洪范九畴"(9)与"五行"(5)相乘所得之积数(45),"天地之数"(55)减去1—10个自然数的"中数"(5)所得之"大衍之数"(50),"大衍之数"(50)减去作为十个自然数的基础数(1)所得"大衍之数"的"用数"(49),揲蓍所得老阴(6)少阳(7)少阴(8)老阳之数(9)及其所代表的策数(24、28、32、36),作为六十四卦开端的《乾》《坤》二卦的策数之和(216+144)所代表的日月运行的"期数"(360),六十四卦、三百八十四爻总策数所代表的"万物之数"(6912+4608=11520)——所有这一切"完满的""非完满"的"数",我们不妨用今天流行的网络语言说,即古代先民用以虚拟生命世界本质及指导人生实践的"大数据"。《周易》用这些"数目"说明天地阴阳变化的规律,幽冥变化的原因,命运吉凶的前兆,说这些"数"可以"成变化而行鬼神",穷尽了天地间的一切。这不免有些夸大和神秘,在今天看来,既不精准,也不科学。但是,把客观对象放在"数量关系"中去把握和认识,用"数"模拟和解释大生命世界的时空秩序、因果关系、存在状态及发展趋势,本质上是契合科学精神和理性思维的。长期以来,易学界围绕"象生数"还是"数生象"问题争论不休,如果大家不钻"牛角尖",像庄子所说不再"蜗角争国",其实问题并不那么复杂。从本体论维度看,"象"和"数"原本是混沌一体的自然存在;从认识论维度看,"象"是具体、特殊、殊相,属于"实体性"范畴;"数"是抽象、一般、共相,属于"本质性"范畴。前者是感性认识的对象,后者是理性认识的对象,是抽象思维的结晶。所以,就本体论说,象数圆融,体用不二;就认识论说,逻辑上"共殊有别",时间上没有先后。

　　毕达哥拉斯"万物皆数"与《易传》"数成万物"的思想曾被批判为"数的唯心主义"和封建迷信,其实,它与"大数据"时代"数物相生"的科学思维在原理上是相通的。老子说:"不出户,知天下;不窥牖,见天道。"(《老子》第四十七章)这位古代哲学家沉思的"玄之又玄"的问题,在今天"互联互通"的"大数据"时代已完全成为现实。自然界、社会生活方方面面的"海量信息"通过互联互通的网络技术及超大功能计算机生成"大数据",此即"万物皆数";根据"大数据",把"大数据"的信息转化为经济、政治、军事、科技、文化等方面科学运筹、实践决策的依据,从而产生巨大的"实践效果",此即"数成万物"。"万物皆数,数成万物"数物相生相成的现代"大数据"原理,理论渊源可以追溯到《周易》"参天两地而倚数"的"象数思维"。古代"天地之数"与今日海量信息相比不可同日而语,但其思维方式是灵犀相通的。

第二章　太极生生之道

"生"是儒道哲学的一个根本观念。孔子说:"天何言哉? 四时行焉,百物生焉。"(《论语·阳货》)孟子说:"苟得其养,无物不长。"(《孟子·告子上》)老子说:"道生之,德畜之,物形之,势成之。是以万物莫不尊道而贵德,道之尊,德之贵,夫莫之命而常自然。"(《老子》第五十一章)庄子更有"养生""达生"之说。《管子·内业》说:"天出其精,地出其形,合此以为人。和乃生,不和不生。"《荀子·礼论》说:"天地合而万物生,阴阳接而变化起。"这些因素汇集在《易传》中形成一套系统的生命哲学或大生命世界观。《易》曰:"天地之大德曰生","生生之谓易"。这里从天地"生生之德"所意涵的"太极"本体论说起。

一、《易》有"太极"

《系辞上》云:

《易》有太极,是生两仪,两仪生四象,四象生八卦,八卦定吉凶,吉凶生大业。是故法象莫大乎天地,变通莫大乎四时,县象著明莫大乎日月,崇高莫大乎富贵。备物致用,立成器以为天下利,莫大乎圣人。探赜索隐,钩深致远,以定天下之吉凶,成天下之亹亹者,莫大乎著龟。

这段话,从筮法说,可以理解为占筮的过程和方法;从哲理上说,可以将其理解为一种宇宙创生论原理。正因为如此,汉代以后关于这段话形成两种不同的诠释体例,一种解释,认为是讲宇宙的创生过程,即以太极为最高或最初的实体,两仪为阴阳或天地,四象为四时,八卦为八种自然现象。就易学系统说,此种解释始于汉易,孔颖达《周易正义》亦采此说。另一种解释,认为是讲揲蓍或画卦的过程,南宋朱熹、清毛奇龄和李塨都执这种见解,即不以此章中的太极为世界的本体。朱伯崑先生认为"后一种解释,符合《系辞》原意"①。朱先生认为,这段话可分做两层意思理解:一层从"《易》有太极"到"吉凶生大业",是讲揲蓍画卦的过程和原理;二层从"是故法象莫大乎天地"到"莫大乎蓍龟",是借"天地""四时""日月"的博大高明说明"蓍龟"的重要性。朱先生的论断单从这段话本身看自有道理。但是,如果联系《易传》的其他观念、命题,从《易传》思想的整体来看,我们也不妨作出不同的理解,也就是认同汉代人及汉代以后的另一种解释学传统,把"太极"理解为宇宙创生最高实体及天地万物的生命本体。这样说,理由可从两方面加以说明:

其一,从《易传》文本看,《易传》作者一再说"易与天地准,故能弥纶天地之道"(《系辞上》)、"范围天地之化而不过,曲成万物而不遗,通乎昼夜之道而知,故神无方而易无体"(《系辞上》)、"夫易,广矣,大矣!……广大配天地,变通配四时,阴阳之义配日月,易简之善配至德"(《系辞上》)、"参伍以变,错综其数。通其变,遂成天地之文;极其数,遂定天下之象"(《系辞上》)、"夫易开物成务,冒天下之道,如斯而已者也"(《系辞上》)、"古者庖羲氏之王天下也,仰则观象于天,俯则观法于地,观鸟兽之文,与地之宜,近取诸身,远取诸物,于是始作八卦,以通神明之德,以类万物之情"(《系辞下》)、"《易》之为书也,广大悉备。有天道焉,有人道焉,有地道焉"(《系辞下》)。《系辞传》是一篇通论《周易》性质、功能、易道起源、象数义理、天人关系、圣人智慧的哲学

① 朱伯崑:《易学哲学史》第一卷,蓝灯文化事业股份有限公司1991年版,第73—74页。

文献,上述引文集中体现了一个核心思想,即《周易》所表达的是宇宙万物亦即包含天道、地道、人道在内的大生命世界的普遍原理(冒天下之道),这种普遍原理的表现工具即"卦""爻""象""数""辞",其所表现的具体内容即"天地""日月""阴阳""四时""八卦""鬼神""吉凶"诸如此类的自然现象、宗教观念及人文化成中的生活、行为、命运等,构成宇宙大生命世界中这一切的一切,其终极根源、绝对依据或最高原理即"道"或"太极"。

其二,前面已说过,从"天地之数"所衍生的"大衍之数"的运算过程来看,也处处表现出揲蓍过程及方法(筮法)与宇宙生成的自然秩序(哲理)的内在关联和逻辑关系。《易传》论圣人作《易》的原理和意义说:"昔者圣人之作《易》也,幽赞于神明而生蓍,参天两地而倚数,观变于阴阳而立卦,发挥于刚柔而生爻,和顺于道德而理于义,穷理尽性以至于命。"(《说卦传》)继之论《易》之"天地之数""大衍之数"及揲蓍衍卦的筮法说:"大衍之数五十,其用四十有九。分而为二以象两,挂一以象三,揲之以四以象四时,归奇于扐以象闰,五岁再闰,故再扐而后挂。乾之策二百一十有六,坤之策百四十有四。凡三百有六十,当期之日。"(《系辞上》)可以看出,揲蓍衍卦的过程及方法与"太极"——宇宙生生之道创生天地、三才、四时、闰月、日月运行周期、八卦、六十四卦所象征的自然、社会人事的演进秩序息息相关。所以"《易》有太极"章不仅具有筮法的意义,也具有宇宙生成论意义。

从以上两个方面的分析看,把《系辞传》中的"太极"视作宇宙创生的根源,这样理解也不无道理。何况汉代以后作宇宙论解释的"太极说"的影响要远大于筮法说。诚如王夫之所说:"《易》之象数,天地之法象也。乾坤统其全,卦爻尽其变,其体与天地合也。"①又说:"《周易》者,准天地之神以御象数,而不但以象数测已然之迹者也。"②《系辞传》认为,宇宙生化的原理根源于"太极",由太极分化出天地阴阳"两仪",两仪继而演化出少阳、老阳、少阴、

---

① 王夫之:《周易内传》卷五,《船山全书》第一册,岳麓书社 2011 年版,第 519 页。
② 王夫之:《周易内传》卷五,《船山全书》第一册,岳麓书社 2011 年版,第 523 页。

老阴"四象",象征春、夏、秋、冬四时变化;四象复合衍生出《乾》《坤》《震》《巽》《坎》《离》《艮》《兑》"八卦",象征宇宙生命大时空赖以展演的八种自然现象,即天、地、雷、风、水、火、山、泽,由此构成了人类的生存环境。《周易》哲学认为宇宙的本性是"生"。《系辞上》云:"日新之谓盛德,生生之谓易。"《系辞下》云:"天地之大德曰生。"又说:"天地絪缊,万物化醇。男女构精,万物化生。"生命世界的原创力根源于"太极"内在的阴阳矛盾,故云"一阴一阳之谓道",又说《乾》《坤》二卦象征生命世界的两扇大门,"乾坤毁则无以见易,易不可见则乾坤或几乎息矣"(《系辞上》)。在这里,"太极"超越地说,可以叫作"道";内在地说,可以叫作"德";从实体上说,可以叫作"气";从秩序条理上说,可以叫作"理";从生机功能上说,可以叫作"生";从人对宇宙生命本体的禀赋上来说,可以叫作"性";从最高的价值本源上说,又可以叫作"中和"或"诚";把这些从不同侧面言说的"名相"加以综合,统而言之叫作"太极"。它既是宇宙万物的创生根源,也是天地健顺开阖、阴阳刚柔相推所遵循的普遍原理,更是人类与天地自然和谐共生"应然的"价值源泉。"太极"或"道"是人类与天地自然共同禀赋的生命本体,它不仅是人类生命的源泉,而且是人类创造自身历史、社会组织和人文化成的历史前提。人只有与天地合其德,把自己融化在天地自然中,才能找到生命的本原、生活的基础、道德的源泉。

二、汉易"太极"说

从易学哲学史来说,对"太极"生生之"德"的认知,有一个由浅入深的过程。先秦文献中"太极"一词始见于《庄子·大宗师》论"道"的语境中:"夫道,有情有信,无为无形;可传而不可受,可得而不可见;自本自根,未有天地,自古以固存;神鬼神帝,生天生地;在太极之先而不为高,在六极之下而不为深,先天地生而不为久,长于上古而不为老。"在这里,"太极"一词尚不具有实体意义,也不具有本体论意义,只是一个指称或形容"空间最高极限"的语词,说"在太极之先而不为高"意在用以衬托"道"之伟大宏阔。在庄子那里,天地万物的本体是在"太极"之先"自本自根"的"道"。

汉代哲学是古代宇宙论形成和发展的重要时期,其总体特征是用"气"解释宇宙的形成及天地万物的根源。从《淮南子》、扬雄、陆贾、董仲舒,到东汉王充、郑玄等,汉代思想家、哲学家在解释世界变化的原因时总是离不开"气"。孟喜、京房的"卦气"说,用阴阳消息解释八卦的形成及六十四卦的变化,继之用"卦气"解释天地、日月、四时、八节、二十四节气、七十二物候的变化节律,其理论基础都体现出以"气"为"太极"的特征。不过,从创生论视角用"气"解释宇宙万物的起源,总有一个不可回避的问题是:"气"又是从哪里来的?《淮南子·天文训》回答说:"道始于虚霩,虚霩生宇宙,宇宙生气。气有涯垠,清阳者薄靡而为天,重浊者凝滞而为地。清妙之合专易,重浊之凝竭难,故天先成而地后定。天地之袭精为阴阳,阴阳之专精为四时,四时之散精为万物。"①这里"道"即"虚霩",说"虚霩"生宇宙,宇宙生气,气分化出天地、阴阳、四时、万物,逻辑层次上虽然有些混乱,但基本上可以简化为"虚霩"(道)——"气"——"万物"三个层次。问题是"虚霩"是"有"还是"无"呢? 如果是"实有",那就与"气"无异,还需要"被创生",如果是"虚无",那么"无"中如何生"有"? 又如何据之界定宇宙本源?《易纬·乾凿度》提出"太易""太初""太始""太素"的宇宙论,也遇到同样的难题。《乾凿度》云:

　　昔者圣人因阴阳定消息、立乾坤以统天地也。夫有形生于无形,乾坤安从生? 故曰有太易,有太初,有太始,有太素也。太易者,未见气也;太初者,气之始也;太始者,形之始也;太素者,质之始也。气形质具而未离,故曰浑沦。浑沦者,言万物相浑成而未相离。视之不

————————
① 刘文典:《淮南鸿烈集解》卷三,中华书局 1989 年版,第 79—80 页。

见,听之不闻,循之不得,故曰易也。易无形畔,易变而为一,一变而
为七,七变而为九,九者气变之究也。乃复变而为一。一者形变之
始,清轻者上为天,浊重者下为地。物有始有壮有究,故三画而成乾。
乾坤相并俱生。物有阴阳,因而重之,故六画而成卦。[①]

《乾凿度》依据"气"之有无及其凝聚状态,把宇宙创生设定为四个阶段,即太
易、太初、太始、太素,这四个阶段又可以简化为"气"之"有"和"无"两个阶
段。一是"太易",当时还"未见气";二是"太易"之后的三个阶段,即"浑沦之
气"形成之后的状态。按郑玄的注释,漠然无形的"太易"变而为"一","一"
即"太初""主北方气渐生之始",此时阴气在凝聚;太初之"一"变而为"七",
"七"即"太始""主南方阳气壮盛之始",此时气有了征兆迹象;太始之"七"变
而为"九","九"即"太素""主西方阳气所终究之始",此时气有了形质。气有
了"形质",再往下自然也就有了世界万物。简言之,"太易"指还没有气的状
态,可以谓之"无";"太初""太始""太素"三者的"浑沦"状态,可以谓之
"有"。此种能分化出天地、日月、四时及八卦、六十四卦的"浑沦"之"有",即
"太极"。从没有气到生出气,即《系辞》所说的"易有太极"。生命世界就是
这样从"无"中生出来的。

《天文训》与《乾凿度》的宇宙创生论,显然来自老子"天下万物生于有,有
生于无"说。然而,老子说的能生出"有"的"无"及上述能生成"气"的"虚霩"
"太易",到底是物质的还是精神的,成为后来一再谈论的话题。直到北宋张
载提出"太虚即气",认为"太虚无形"为"气之本体",这个公案方算有了着
落。依照张载的理解,有形的是气,无形的"太虚"也是气,而且是"气"的本
然状态。有形之气属于气的暂时性存在状态,故谓之"客形","太虚"则属
于气的绝对状态,故谓之"本体"。"虚气"比"形气"更根本、更普遍、更重
要!这么说,"虚霩""太易"犹如老子的"无",看似无形,却可以生众形;看

---

① 郑玄注撰:《易纬乾凿度》卷上,《无求备斋易经集成》第 157 册,成文出版社有限公司
1976 年版,第 10—11 页。

似无物,却能够"物众物",此即庄子所说"物物者非物"。这是我们的理解。但是《天文训》的"虚霩"说,《乾凿度》及郑玄解释的"太易""太极"说,还没有达到张载"太虚"论的高度,还不能从理论上圆通地解释宇宙的"终极性根源"问题。

从生成论视角讲问题,总要追问世界的"第一因"(太极)或宇宙的终极边界在哪里,就像《庄子·齐物论》对世界开端是"有"是"无"的追问:"有始也者,有未始有始也者,有未始有夫未始有始也者;有有也者,有无也者,有未始有无也者,有未始有夫未始有无也者。俄而有无矣,而未知有无之果孰有孰无也。"以有限性经验追问无限世界的开端,这就必然陷入逻辑上的"无穷推理"或"循环论证"。譬如上面所说世界是"浑沦"之气所生,这样免不了还要问:"浑沦之气"或"太极"又是从哪里来的? 如此穷追不舍,思维就被自己逼到了语言道断、思维路绝、理屈词穷的境地,于是倒逼出个"无"来,因为"无"是不需要被产生的。老子说"有生于无",《天文训》说"道始于虚霩",《乾凿度》说"太素""太始""太初"浑沦之"有"生于"未见气"之"太易",逻辑上都属于"有生于无"。试问:"无"如何能生出"有"? 生成论无力回答,因为天地万物"第一因"是生成论解决不了的问题。这样说来,从生成论上说万物产生于"有",远不如说万物生于"无"或"有生于无"更为深刻彻底。说"有"意味着一种思维有限性的肯定,它所表达的有限性、相对性,总需要在某种关系中被规定;说"无",则意味着思维对"有限性"的否定和超越,它所表达的绝对性、无限性,再不需要被规定、被产生,只能自己定义自己、自己张开自己,这就接近了本体论的视角。既然"无"中不能生"有",从逻辑上也就意味着"有"之为"有"不需要"被产生",如果需要被产生,"有"就不是"有"了,这就回归了"本体论"。

继汉代以"浑沦之气"释太极的宇宙创生论之后,王弼派援老入易,以玄学的形式赋予"太极"以"无"和"静"的本体论意涵。关于"太极生两仪",韩康伯注:"夫有必始于无,故太极生两仪也。太极者,无称之称,不可得而名,取有之所极，况之太极者也。"①这是说"太极"是"无"，阴阳二仪是"有"，"无"是"有之所极"，也就是说本体之"无"是具体之"有"的存在依据和前提。王弼以"无"说"太极"，最典型的材料是其对《系辞传》"大衍义"的注释。《易·系辞上》有"大衍之数五十，其用四十有九"的话，韩康伯引王弼曰："演天地之数，所赖者五十也。其用四十有九，则其一不用也。不用而用以之通，非数而数以之成。斯易之太极也。四十有九，数之极也。夫无不可以无明，必因于有，故常于有物之极，而必明其所由之宗也。"②这是说，按照《周易》的筮法，在揲蓍衍卦时要用五十根蓍策，但五十根蓍策推衍不出代表老阴、少阳、少阴、老阳的六、七、八、九之数，只有用四十九根蓍策才能够推衍出这四个数中的一个数来。这就需要从五十策中取出一策放在边上，王弼说，这个放在边上不用的"一"，就是"太极"，它虽然不参加演算，却使数的演算成为可能；虽然无所可用，却使那四十九策成为有用之数。这里"不用之一"与"四十有九"的关系，就像老子说的"无"与"有"的关系。老子说："天下万物生于有，有生于无。"（《老子》第四十章）又说："三十辐共一毂，当其无，有车之用。埏埴以为器，当其无，有器之用。凿户牖以为室，当其无，有室之用。故有之以为利，无之以为用。"（《老子》第十一章）正是本体之"无"，担保并赋予了现象之"有"存在的可能性。所以超言绝象的"无"，比具体经验现象之"有"在逻辑上更根本、更重要、更可靠，正是在这个意义上王弼说"以无为本"。王弼又从动与静的角度说明本体与具体、太极与万物的关系，赋予本体之"无"以"静"的意义。在解释《复》卦《象传》"复其见天地之心乎"时，王弼解释说："复者，反本之谓也。天地以本为心者也。凡动息则静，静非对动者也；语息则默，默非对语者也。然则天地虽大，富有万物，雷动风行，运化万变，寂然至无是其本矣。故动息地中，乃天地之心见也。"③王弼认识到本体抽象、超越、绝对、永恒之一面，

---

① 韩康伯：《系辞上注》，《王弼集校释》，中华书局1980年版，第553页。
② 韩康伯：《系辞上注》，《王弼集校释》，中华书局1980年版，第547—548页。
③ 王弼：《周易注》，《王弼集校释》，中华书局1980年版，第336—337页。

但其说"无"是静止的,"有"是变化的,不动的"无"又如何能够成为变化之"有"的内在依据呢? 这就必然导致本体与具体、"有"与"无"的体用割裂。王弼"以无为本"的"太极"说不能周全解释宇宙终极根据的"生生"或生命本体论问题。

唐代孔颖达在《周易正义》中用汉代元气论释"太极",可以看作是对王弼"贵无论"太极说的一种校正或补充。在《周易正义》中,继王弼"易有太极"章注之后,孔颖达疏云:"太极谓天地未分之前,元气混而为一,即是太初、太一也。故老子云'道生一',即此太极是也。又谓混元既分,即有天地,故曰'太极生两仪',即老子云'一生二'也。不言天地而言两仪者,指其物体,下与四象相对,故曰两仪,谓两体容仪也。"①孔颖达的太极"疏"与王弼"注"之不同,就在于他用"混元之气"释太极,在一定意义上纠正了王弼"贵无""主静"的偏颇,但"太极"仍然不是最高范畴,"太极"之先似乎还悬浮着一个派生"一"或"混元之气"的"道",这又回到汉易的原点上。

三、"无极"与"太极"

《周易》"太极"说在周敦颐《太极图说》中上升为一种系统的宇宙论体系。《宋史·道学传》云:"道学之名,古无是也。三代盛时,天子以是道为政教,大臣百官有司以是道为职业,党、庠、术、序师弟子以是道为讲习,四方百姓日用是道而不知。是故盈覆载之间,无一民一物不被是道之泽,以遂其性。于斯时也,道学之名何自而立哉? 文王、周公既没,孔子有德无位,既不能使是道之用渐被斯世,退而与其徒定礼乐,明宪章,删《诗》,修《春秋》,赞《易》《象》,讨论《坟》《典》,期使五三圣人之道昭明于无穷。……孔子没,曾子独得其传,传之子思,以及孟子,孟子没而无传。两汉而下,儒者之论大道,察焉而弗精,

---

① 孔颖达:《周易正义》卷第七,《十三经注疏》整理本,北京大学出版社 2000 年版,第340 页。

语焉而弗详,异端邪说起而乘之,几至大坏。千有余载,至宋中叶,周敦颐出于春陵,乃得圣贤不传之学,作《太极图说》《通书》,推明阴阳五行之理,命于天而性于人者,了若指掌。张载作《西铭》,又极言理一分殊之旨,然后道之大原出于天者,灼然而无疑焉。"①周敦颐被后来的二程、朱熹及其他理学家公推为道学的奠基者,其最主要的理论贡献就在于他在《太极图说》《通书》中所提出的天地人一体贯通的宇宙创生原理及其"诚明合一"天人合德的精神境界与修养方法。学术界一向认为,周敦颐的《太极图》出自道教"先天太极图"或唐末宋初道士陈抟的《无极图》,它表达的是道教修炼内丹的功法与程式。周敦颐将其改造为一种宇宙创生图示,并根据儒家经典《易传》撰《太极图说》"明天理之根源,究万物之终始",又"著《通书》四十篇,发明太极之蕴"②。《太极图说》云:

> 无极而太极。太极动而生阳,动极而静,静而生阴,静极复动。一动一静,互为其根;分阴分阳,两仪立焉。阳变阴合而生水火木金土,五气顺布,四时行焉。五行一阴阳也,阴阳一太极也,太极本无极也。五行之生也,各一其性。无极之真,二五之精,妙合而凝。"乾道成男,坤道成女",二气交感,化生万物,万物生生而变化无穷焉。惟人也得其秀而最灵。形既生矣,神发知矣,五性感动而善恶分,万事出矣。圣人定之以中正仁义(自注:圣人之道,仁义中正而已矣)而主静(自注:无欲故静),立人极焉。故圣人"与天地合其德,与日月合其明,与四时合其序,与鬼神合其吉凶"。……大哉易也,斯其至矣。③

周敦颐的宇宙创生图式为:太极——阴阳——五行——万物——人类。宇宙的原初状态为"太极","无极"言太极无上无下,无始无终,超言绝象,自本自

---

① 脱脱等撰:《宋史》卷四百二十七,中华书局 2000 年版,第 9937 页。
② 脱脱等撰:《宋史》卷四百二十七,中华书局 2000 年版,第 9939 页。
③ 周敦颐:《周敦颐集》,中华书局 2009 年版,第 3—8 页。

根。太极动静而分化出阴阳二气，阴阳二气变化交合形成"五行"，即金、木、水、火、土五种物质元素，"各一其性"的五行又化合凝聚而产生万物，进而出现人类社会及人道伦理。此种宇宙创生原理源于《易传》，成为以后理学家特别是朱熹解释理气、道器及理与万物关系的思想基础；而《太极图说》所提出的"主静""无欲"而"立人极"（仁义中正）的人道原则，对以后理学家的修养方法及精神境界发生普遍的影响。《通书》顾名思义，即通《易》之书，其与《太极图说》一理相通。朱熹认为《通书》与《太极图》相表里，"诚"也就是"太极"。①《周易·说卦传》云："昔者圣人之作《易》也，将以顺性命之理。"《通书》再三置论的审察动静之"几"，"惩忿窒欲，迁善改过"，"君子乾乾不息于诚"的观念，以"诚"为核心，系统揭示了至诚不息的大易精神。他指出："诚者，圣人之本。'大哉乾元，万物资始'，诚之源也。'乾道变化，各正性命'，诚斯立焉。纯粹至善者也。故曰：'一阴一阳之谓道，继之者善也，成之者性也。'元亨，诚之通；利贞，诚之复。大哉易也，性命之源乎！"②这里以"乾元"为"诚"的根源，赋予了宇宙生命本体至善至美的本性。又云："圣，诚而已矣。诚，五常之本，百行之源也。静无而动有，至正而明达也。五常百行，非诚非也，邪暗塞也。故诚则无事矣。"③依照周敦颐的理解，"诚"，超越地说，即是"太极"或"乾元"生生之道；内在地说，则是"寂然不动"的心性本体。当心灵受到外物感发时，此"诚"的心体就会随感而应。成圣的根本就在慎察善恶之"几"，保持心体的纯正无邪。他说："诚无为，几善恶。德，爱曰仁，宜曰义，理曰礼，通曰智，守曰信。性焉、安焉之谓圣，复焉、执焉之谓贤，发微不可见，充周不可穷之谓神。"④"诚无为"是说"诚"的境界，自然而然，不假安排，没有任何功利性目的，这种纯粹至善的心理状态乃是成就理想人格的基础。当人心

① 参见周敦颐：《周敦颐集》，中华书局2009年版，第13页。
② 周敦颐：《周敦颐集》，中华书局2009年版，第13—14页。
③ 周敦颐：《周敦颐集》，中华书局2009年版，第15页。
④ 周敦颐：《周敦颐集》，中华书局2009年版，第16—17页。

受到外物影响产生某种念想的时候,尽管只是一种意念萌动,但已经有了善恶之分了,所以要慎微察几。周敦颐把《易传》大化流行、生生不息的宇宙论与《大学》《中庸》"诚"的理念打合为一,以建构新儒学道德形上学体系,开启了儒家人文精神与道家自然主义互补与综合之先河。此后,道家"无极""太极""道""阴阳""自然""静""无欲"诸观念与儒家"天命""尽性""中和""仁义""诚明""明德""止于至善"诸观念在宋明时期哲学家的思想中以不同的方式相互涵容在一起,实现了中国哲学的又一次理论整合与思维范式创新。对此,一代名儒张栻赞叹说:"嗟乎!自圣学不明,语道者不睹乎大全,卑则割裂而无统,高则汗漫而不精。是以性命之说,不参乎事物之际;而经世之务,仅出乎私意小智之为。岂不可叹哉!惟先生生乎千有余载之后,超然独得乎大《易》之传。所谓《太极图》乃其纲领也。推明动静之一源,以见生化之不穷,天命流行之体,无乎不在。文理密察,本末该贯,非阐微极幽,莫能识其指归也。"①

周敦颐的《太极图》是否脱胎于道士陈抟的《无极图》及道教的《太极先天图》等,历来有诸多争论,至今也难成定论。尽管如此,但有一点是毋庸置疑的,这就是《太极图说》的理论构架与《易传》天地人和谐共生的大生命哲学一样,是道家宇宙论与儒家人生价值论的综合创新。周敦颐对宋明新儒学的理论贡献在此,而其受到后人微词批评也恰恰在于他的援道入儒。哲学史上发生在朱熹与陆象山之间的"无极太极之辨"正是围绕这一问题,亦即周敦颐思想是儒还是道的学术归属问题展开的。

周敦颐《太极图说》有"无极而太极"的说法。陆象山家兄陆梭山曾致书朱熹,认为《太极图说》与《通书》中的观点不类,他怀疑《太极图说》是周敦颐所作,或者是周氏其学未成时所作。因为《通书》言"中"言"一",盖指太极,未尝于其上加"无极"二字。陆氏兄弟认为,圣人言"有",老氏言"无",周敦颐的观点不符合儒家圣人之义,倒似老子"有生于无"思想的再版。陆象山在

---

① 周敦颐:《周敦颐集》附录二,中华书局2009年版,第120页。

《与陶赞仲》的书信中也提到这件事。他说:"《太极图说》乃梭山兄辩其非是,大抵言无极而太极是老氏之学,与周子《通书》不类。《通书》言太极不言无极,《易大传》亦只言太极不言无极。若于太极上加无极二字,乃是蔽于老氏之学。又其《图说》本见于朱子发附录。朱子发明言,陈希夷无极图传在周茂叔,遂以传二程,则其来历为老氏之学明矣。周子《通书》与二程言论绝不见无极二字,以此知三公盖以皆知无极之说为非矣。"①朱熹当然不同意此种理解,因为那无疑等于否定了自己的学术源渊是儒家正传。为回护周敦颐的正统地位,朱熹答书圆到地解释说:"不言无极,则太极同于一物,而不足为万化根本;不言太极,则无极沦于空寂,而不能为万化根本。"又云:"无极即是无形,太极即是有理。周先生恐学者错认太极别为一物,故着无极二字以明之。"②在朱熹看来,无极是修饰太极的虚词,太极是实词,周所说的"无极而太极"实指"无形而有理",意思是说太极本体不为具体有形事象所限制。据此,朱熹批评陆梭山"急迫",看人文字未能尽彼之情。对此,陆象山反驳说:"夫太极者,实有是理,圣人从而发明之耳,非以空言立论,使后人簸弄于颊舌纸笔之间也。其为万化根本固自素定,其足不足,能不能,岂以人言不言之故耶?《易大传》曰:'易有太极。'圣人言有,今乃言无,何也?作《大传》时不言无极,太极何尝同于一物,而不足为万化根本耶?"③陆象山接着追问说,《易大传》曰"形而上者谓之道",又曰"一阴一阳之谓道",一阴一阳,已是形而上者,何况太极呢!自有《大传》至今,多少年来,未闻有错认太极别为一物者。何烦老先生特地于"太极"上加"无极"二字以晓之?况且"极"字训"中"而不训形,若言无极,犹言"无中"也,这又如何说得通呢?认为,朱熹的解释不能自圆其说,反使问题转加糊涂。朱熹看了陆象山的信,心中不能平静。认为象山致辞主观,曲解了自己的意思,把一阴一阳理解为形而上之道,是"昧于道器

---

① 陆九渊:《陆九渊集》卷十五,中华书局 1980 年版,第 192 页。
② 陆九渊:《陆九渊集》卷二,中华书局 1980 年版,第 23 页。
③ 陆九渊:《陆九渊集》卷二,中华书局 1980 年版,第 23 页。

之分",亦即对"形而上"与"形而下"的逻辑分界的理解是不准确的。朱熹致书,仍然坚持自己的立说,认为"无极"是太极的修饰词,用以说明太极真体(理本体)的超越性。陆象山不服,再致辩说:"来书本是主张'无极'二字,而以明理为说,其要则曰:'于此有以灼然实见太极之真体。'某窃谓尊兄未曾实见太极,若实见太极,上面必不更加'无极'字,下面必不更着'真体'字。"①陆象山讥刺朱熹以无极和真体说明太极,是叠床架屋。出现此种迁就牵合,不是朱子才力不及,而是为"无极"所累。陆象山劝朱熹百尺竿头更进一步,莫作孟子以下学术,省得气力为"无极"二字分疏。无极太极之辨,朱、陆在客套的文辞下各执己见,难能达成共识,朱熹无奈只好以时光紧迫为辞,决定不再讨论下去。

如果不囿于哲学史上的成见,我们当对朱陆"无极与太极之辨"的观点作出具体的评析。先看陆象山的观点。陆象山质疑周敦颐的"无极而太极"渊源于老子的"有生于无",仅仅从形式上看或外在地看不无道理。因为不仅周敦颐的《太极图》脱胎于道士陈抟的《无极图》,其中"主静""无欲"的观念也近于老子,而且"无极"一词则是直出于通行本《老子》第二十八章:"知其白,守其黑,为天下式;为天下式,常德不忒,复归于无极。"就此而论,陆象山看到了周敦颐《太极图说》的宇宙论与道家道教的联系,或者周敦颐的世界观对道家道教的吸收。但是,内在地看,本质地看,陆象山的看法又停留在问题的表面,没有看到周敦颐援道入儒对道家道教思想的扬弃与超越。周敦颐《太极图说》的宗旨是援"太极"以"立人极",援天道以明人事,尽人事以俟天命,体现的是儒家一贯持守的基本立场。何况《太极图说》中能够"动而生阳,静而生阴,一动一静,互为其根"的"太极"更接近物质实体的"气",而不是陆象山所执定的"无"。应该说,陆象山所说的"无"(空无),与老子"有生于无"的本义还是存在距离的。老子的"无"作为"道"的"异名",其本义并非空无,而

---

① 陆九渊:《陆九渊集》卷二,中华书局 1980 年版,第 27 页。

是形容"道"的视之不见、听之不闻、抟之不得的"夷""希""微"的超经验性。它是一种"无状之状""无象之象"若有若无、既有且无的存在,此种存在状态老子又形象地叫作"恍惚"。《老子》第二十一章云:"道之为物,惟恍惟惚。惚兮恍兮,其中有象;恍兮惚兮,其中有物。窈兮冥兮,其中有精;其精甚真,其中有信。自古及今,其名不去,以阅众甫。"老子所说的"惟恍惟惚"的"道"或"无",至今不好说它究竟是一种什么状态,但就其"有象""有物""有精""有信"来推测,我们不好说这样的状态是"空无"。周敦颐《太极图说》援道入儒,对道家道教思想的吸收统摄,正体现了宋明新儒学的开明包容性。对此,不应该像陆象山那样一笔勾销简单否定。陆象山指出《太极图说》的道家思想渊源,不无所见;但其对朱熹"无形而有理"的批评并以"一阴一阳"为"形而上"的说法,与朱熹理本论太极说在逻辑上并不相应,至少缺乏缜密分析和同情的理解。

与陆象山不同,朱熹极力呵护周敦颐《太极图说》的儒家归属,将"无极而太极"解释为"无形而有理"。朱熹《太极图说解》释"太极"云:

> 上天之载,无声无臭,而实造化之枢纽、品汇之根柢也。故曰:"无极而太极。"非太极之外,复有无极也。太极之有动静,是天命之流行也,所谓"一阴一阳之谓道"。……盖太极者,本然之妙也;动静者,所乘之机也。太极,形而上之道也;阴阳,形而下之器也。是以自其著者而观之,则动静不同时,阴阳不同位,而太极无不在焉。自其微者而观之,则冲漠无朕,而动静阴阳之理已悉具于其中矣。虽然,推之于前,而不见其始之合;引至于后,而不见其终之离。故程子曰:"动静无端,阴阳无始。"非知道者,孰能识之!①

《朱子语类》中更是反复以"理"释太极,如云:"太极只是天地万物之理。在天地言,则天地中有太极;在万物言,则万物中各有太极。未有天地之先,毕

---

① 朱熹:《太极图说解》,《朱子全书》第十三册,上海古籍出版社、安徽教育出版社 2010 年版,第 72—73 页。

竟是先有此理。动而生阳,亦只是理;静而生阴,亦只是理。""太极只是一个'理'字。"①"无极而太极,只是无形而有理。""周子所谓太极,是天地人物万善至好底表德。"②朱熹依照程颐"理一分殊"的逻辑,认为从本体上看,合而言之,万物统体一太极;从现象分殊处看,分而言之,一物各具一太极。本体之太极与万物中分殊的太极犹如"月印万川",故其言:"本只是一太极,而万物各有禀受,又自各全具一太极尔。如月在天,只一而已,及散在江湖,则随处可见,不可谓月已分也。"③可见,在理一分殊问题上,朱熹更为突出强调的是"理一"。如实说,周敦颐《太极图说》源于道教《无极图》虽是不争的事实,却也进行了理论改造,在道家、道教哲学的"无"或"静"中注入了"中正仁义""立人极"的儒学精神内核,《太极图说》因此成为宋明新儒家的宇宙生生本体论范式。朱熹以"无形而有理"释"无极而太极",理论上更圆通地助推并完成了此种援道入儒的转化。从突出"天理"至上性,构建绝对伦理主义的理论诉求上说,朱熹以"理"释"太极"的诠释学逻辑进路并无不妥,其"理"在"气"先、理主宰气的本质主义立场在朱熹理本论逻辑体系中实属必要。但是,从构建易学大生命哲学的宇宙生成论或生生本体论的视角看,朱熹逻辑在先的"理本论"对于解释宇宙生命本源及万物生生本体的内在性原理就显得捉襟见肘,苍白无力。

在朱熹之前,张载重"气",二程重"理"。朱熹将横渠、伊川的理论加以综合,认为理气结合构成宇宙万物。他在《答黄道夫》中指出:"天地之间,有理有气。理也者,形而上之道也,生物之本也;气也者,形而下之器也,生物之具也。是以人物之生,必禀此理然后有性;必禀此气然后有形。其性其形虽不外

① 黎靖德辑:《朱子语类》卷一,《朱子全书》第十四册,上海古籍出版社、安徽教育出版社2010年版,第113、114页。
② 黎靖德辑:《朱子语类》卷九十四,《朱子全书》第十七册,上海古籍出版社、安徽教育出版社2010年版,第3116、3122页。
③ 黎靖德辑:《朱子语类》卷九十四,《朱子全书》第十七册,上海古籍出版社、安徽教育出版社2010年版,第3167—3168页。

乎一身,然其道器之间分际甚明,不可乱也。"①依朱熹,"理"是宇宙万物存在的根据(本体),"气"是万物构成的质料(实体)。"理"无主意,无造作,只是一个"净洁空阔的世界",如果只有理而没有气,理便没有"挂搭处",只能存在于一个可能的世界中,这个可能的世界,冯友兰称之为"真际的存在"。所以,理必须驭于气而行。这样就有一个理气孰先孰后、孰主孰从的问题。朱熹的看法是理在气先,理主于气。在朱熹看来,"理"虽然只存有而不能动,须借助于气的变化流行造作万物,但"气"之所以能够变化运动及如何变化运动,又是由"理"决定的。在这个意义上说,理是本体,气是实体,而本体高于实体;理是目的,气是工具,目的支配工具。所以,理的地位优先于气。正是在这个意义上,朱熹讲理在气先。在《朱子语类》中学生问及理气先后的问题时,朱熹总是回答说:"理未尝离乎气。然理形而上者,气形而下者。自形而上下言,岂无先后?"②"此本无先后之可言。然必欲推其所从来,则须说先有是理。"③"理与气本无先后之可言。但推上去时,却如理在先,气在后相似。"④类似的话还有多处。朱熹认为,就理气而言,有理便有气,两者在时间关系上本无先后之可言。但一定要追根究底,问理气谁先谁后,则应说形而上的理(一般本质、目的)先于形而下的气(具体存在、工具)。这里的"先后"是指逻辑上的决定与被决定之义。因此,朱熹所言"理在气先",讲的是理为气本,或"理"在说明宇宙万物生成问题时其逻辑地位优先于气。在朱熹的道德形上学体系中,"理"既是万物所以然之故,又是万物所当然之则。通过思维抽象,朱熹确立了"理"相对于气及万物的逻辑先在性,从而论证了普遍理性原则高

---

①　朱熹:《晦庵先生朱文公文集》卷五十八,《朱子全书》第二十三册,上海古籍出版社、安徽教育出版社 2010 年版,第 2755 页。

②　黎靖德辑:《朱子语类》卷一,《朱子全书》第十四册,上海古籍出版社、安徽教育出版社 2010 年版,第 115 页。

③　黎靖德辑:《朱子语类》卷一,《朱子全书》第十四册,上海古籍出版社、安徽教育出版社 2010 年版,第 115 页。

④　黎靖德辑:《朱子语类》卷一,《朱子全书》第十四册,上海古籍出版社、安徽教育出版社 2010 年版,第 115—116 页。

于现实存在的本质优先性。

理先于气(本质决定存在)表现在动静关系上,朱熹的理解是理无动静,动静是气的功能(阴阳之机);"动静之理"虽然不能动静却能主宰控制气和万物的动静。在理气动静问题上,朱熹的一个形象的说法是理搭于气而行,或气发而理乘。周敦颐《太极图说》中有"太极动而生阳,静而生阴"的话,言太极动静而生阴阳,显然有把"太极"实体化的意向。朱熹《太极图说解》以"理"释太极的诠释原则显然消减了"太极"的实体性并弱化了"太极"的生生本体功能。因为"理"作为一个"净洁空阔的世界"自身没有能动性,只能"挂搭"在气上,又怎么能够成为宇宙生生的根源和生命世界的存在本体呢? 就此而论,他以人马之喻解释"气发理乘"的想法就有些牵强不通。朱熹说:"太极理也,动静气也。气行则理亦行,二者常相依而未尝相离也。太极犹人,动静犹马,马所以载人,人所以乘马。马之一出一入,人亦与之一出一入,盖一动一静,而太极之妙未尝不在焉。"①朱熹显然是希望让"理"随着气和万物的动静而呈现自身,借助于气的运动变化而实现自己的目的,但是客观世界的问题并不这么简单,把一个自身不能动静的抽象的"理"设定为现实世界运动和静止的前提,无论如何是难以理解的。值得注意的是,朱熹以人马之喻说明理气动静关系逻辑上是说不通的,因为人作为有主意、能造作的实体性和主体性存在,与抽象的"理"属于完全不同的两个世界,人骑在马上可以控制马,并不说明抽象的"理"能够控制具体能动的气。这在逻辑上违背了异类不比的类推原则。朱熹虽然也讲理气相依,但其"理在气先"本质主义所凸显的秩序条理(理)始终高居于生命世界(气)之上,宇宙生生的内在根据被"逻辑地"架空在一个"净洁空阔的世界"。然而,宇宙生生或生命世界的存在本体显然不是一个逻辑问题,而是一个自然历史演进中的现实问题。现实问题的解决需依据现实的前提。

---

① 黎靖德辑:《朱子语类》卷九十四,《朱子全书》第十七册,上海古籍出版社、安徽教育出版社 2010 年版,第 3128—3129 页。

四、"太虚"与"太和"

对于《周易》"太极"本体论,古今研究易学的学者有不少诠释,如汉人以元气释太极,王弼以"无"释太极,程颐、朱熹以"理"释太极,王阳明以"良知"释太极,佛家以"真如"释太极,虽不无所见,但均有其偏执处,宇宙生生的内在根据在义理上难以得到周备通洽的解释。对于"太极"生生之德的宇宙本体论意义,张载、王船山解释得最为通脱透彻,堪称正见。

张载在《正蒙·太和》中说:"太和所谓道,中涵浮沉、升降、动静、相感之性,是生絪缊、相荡、胜负、屈伸之始。其来也几微易简,其究也广大坚固。起知于易者乾乎!……散殊而可象为气,清通而不可象为神。不如野马絪缊,不足谓之太和。语道者知此,谓之知道;学《易》者见此,谓之见《易》。"①在宇宙本体论问题上,张载提出"太虚即气"说,其实质是以"太虚"释"太极"。依张载,从空旷无垠的太虚,到有形有象之万物,都是一气之变化。虚与物是气的两种不同的存在状态。无形之太虚是气的本然状态(虚即气,气即虚),有形之物是气凝聚而成的暂时状态,故谓之"客形"。气聚而有形,气散而无形,两种状态的转变,就像冰与水的转化一般,所以世界是实有而不是虚无。张载究本体而不离变化,明体察变,即变证体,是其气化论辩证法的根本体现。张载说:"由太虚,有天之名;由气化,有道之名。"②他认为"道"不是一抽象的原则,而是指气化的本体与过程。他将气化区分为两种形式,即变与化,故云:"变言其著,化言其渐。"③又云:"变则化,由粗入精也;化而裁之谓之变,以著显微也。"④用现代术语说,变属于质变,化属于量变,表明张载对事物发展变

①　张载:《正蒙·太和篇》,《张载集》,中华书局1978年版,第7页。
②　张载:《正蒙·太和篇》,《张载集》,中华书局1978年版,第9页。
③　张载:《横渠易说》,《张载集》,中华书局1978年版,第70页。
④　张载:《正蒙·神化篇》,《张载集》,中华书局1978年版,第16页。

化曲折性有了清晰的认识。

张载进而揭示了宇宙创生的内在性原理,认为太虚之气所固有的阴阳两种势能的矛盾性,是一切运动变化的内在原因。他指出:"一物两体,气也。一故神(自注:两在故不测),两故化(自注:推行于一)。此天之所以参也。"①"一物"指气,"两体"指阴阳两种势能。阴阳二气的对立统一,构成事物神妙的运动和无穷的变化。张载气本气化论提出"气""道""神""机""理""变""化"等一系列哲学范畴。"气"指变化之本体,"道"指变化的过程,"神"与"机"指变化的功能,"理"指变化的规律与法则,"变"指质变,"化"指量变。这些范畴在《易传》中已经提出,但比较零散,张载将其提炼出来并以"气化"思想一以贯之,使诸范畴形成一理论系统,深刻揭示了天地万物生生不息的辩证本性。

张载依据"太虚即气"的本体论批评了佛老异端的宗教世界观。他指出:"至诚,天性也;不息,天命也。人能至诚则性尽而神可穷矣,不息则命行而化可知矣。学未至知化,非真得也。"②《易·乾·象》曰:"天行健,君子以自强不息。"张载强调至诚不息乃天道必然之理,也理应是人道之所当然。如此本天道而立诚,尊天命而不息,即可进达于人生至善之境。相反,佛教以现实的世界为假象,"其语到实际,则以人生为幻妄,以有为为疣赘,以世界为荫浊,遂厌而不有,遗而弗存"③,此种虚无主义世界观和颓废的人生观正是由于不能穷神知化所致。由于不能洞明"太虚即气"妙应而神,所以不能知人,更不能知天。故其言:"释氏不知天命而以心法起灭天地,以小缘大,以末缘本,其不能穷而谓之幻妄,真所谓疑冰者与!"④夏虫疑冰,以不知也。佛氏以心法起灭天地,难免夏虫疑冰之讥。张载还从气化的立场批判了佛道二教的形而上

① 张载:《正蒙·参两篇》,《张载集》,中华书局1978年版,第10页。
② 张载:《正蒙·乾称篇》,《张载集》,中华书局1978年版,第63页。
③ 张载:《正蒙·乾称篇》,《张载集》,中华书局1978年版,第65页。
④ 张载:《正蒙·大心篇》,《张载集》,中华书局1978年版,第26页。

学。依张载,太和之气,虽聚散攻取百途,然其为理,顺而不妄;幽明出入,不失其常。佛、道二教不识气本气化的宇宙真理,或追求寂灭,或追求长生,皆悖于大生命世界的辩证本性而陷入形而上学,故其言:"彼语寂灭者,往而不反;徇生执有者,物而不化。二者虽有间矣,以言乎失道则均焉。"①佛、道异端之教的虚妄性就在于未能真正觉悟生命世界变化的辩证本性。

张载"太虚即气"的本体论在王夫之易学哲学中得到充分的阐扬。身处明末清初"天崩地解"之时代,王夫之匡时济世的政治抱负成为泡影,他以明遗民身份在学术上"希张横渠之正学",将全部心力倾注在张载"四为"理想中的"为往圣继绝学"一事上。王夫之著《张子正蒙注》《周易外传》《周易内传》等,以张载易学为渊薮,建立起恢宏博大的易学哲学体系,其哲学根基的显著特色是"气与神和"生生日新的"太和"本体论。

王夫之在《张子正蒙注》的《正蒙·太和》题解中说:"此篇首明道之所自出,物之所自生,性之所自受,而作圣之功,下学之事,必达于此而后不为异端所惑,盖即《太极图说》之旨而发其所函之蕴也。"②说张载《正蒙·太和》"即《太极图说》之旨而发其所函之蕴",王夫之敏锐地看到了张载"太虚即气"说与周敦颐"太极"说的内在关联,委婉表明周敦颐"太极"本体是"气"而不是静态的"理"。王夫之注"太和"云:"太和,和之至也。道者,天地人物之通理,即所谓太极也。阴阳异撰,而其絪缊于太虚之中,合同而不相悖害,浑沦无间,和之至矣。未有形器之先,本无不和,既有形器之后,其和不失,故曰太和。"③《正蒙·太和》云:"知虚空即气,则有无、隐显、神化、性命通一无二。"王夫之注:"虚空者,气之量。气弥纶无涯而希微不形,则人见虚空而不见气。凡虚空皆气也,聚则显,显则人谓之有;散则隐,隐则人谓之无。神化者,气之聚散不测之妙,然而有迹可见;性命者,气之健顺有常之理,主持神化而寓于神化之

① 张载:《正蒙·太和篇》,《张载集》,中华书局 1978 年版,第 7 页。
② 王夫之:《张子正蒙注》卷一,《船山全书》第十二册,岳麓书社 2011 年版,第 15 页。
③ 王夫之:《张子正蒙注》卷一,《船山全书》第十二册,岳麓书社 2011 年版,第 15 页。

中,无迹可见。若其实,则理在气中,气无非理,气在空中,空无非气,通一而无二者也。"①又云:"《易》之为道,乾坤而已。乾六阳以成健,坤六阴以成顺,而阴阳相摩,则生六子以生五十六卦,皆动之不容已者,或聚或散,或出或入,错综变化,要以动静夫阴阳。而阴阳一太极之实体,唯其富有充满于虚空,故变化日新,而六十四卦之吉凶大业生焉。阴阳之消长隐见不可测焉,天地人物屈伸往来之故尽于此。知此者,尽《易》之蕴矣。"②朱熹在《太极图说解》中以"理"释太极,并把"太极"动静之"理"解释为阴阳动静的根源,这就好像是说太极之动静在先,阴阳之动静在后,太极不包含阴阳,阴阳在太极之外。王夫之指出这是对"太极"与阴阳关系的割裂,也是对《太极图说》的曲解。他说:"误解《太极图说》者,谓太极本未有阴阳,因动而始生阳,静而始生阴。不知动静所生之阴阳乃固有之蕴,……动静者即此阴阳之动静,动则阴变于阳,静则阳凝于阴,一震、巽、坎、离、艮、兑之生于乾坤也;非动而后有阳,静而后有阴,本无二气,缊动静而生。"③这是说,太极与阴阳动静是一个有机整体,太极是阴阳动静的本体,阴阳动静是太极呈现的生机。张载曾用"一物两体"说明太极与阴阳的关系,王夫之注:"自太和一气而推之,阴阳之化自此而分,阴中有阳,阳中有阴,原本于太极之一,非阴阳判离,各自孳生其类。故独阴不成,孤阳不生,既生既成,而阴阳又各殊体。……自其神而言之则一,自其化而言之则两。神中有化,化不离乎神,则天一而已,而可谓之参。"④从本体上说,太极是"一";从化机上说,阴阳是"二"。太极分化为阴阳,阴阳又内含着太极。太极是阴阳之本体,阴阳乃太极之化机。太极之"一"包含着阴阳之"二",用象数语言说即此太极之"一"(天一而已)又可谓之"三"。在古代语境中"三"之数代表"多",说"天一"含"三",正说明太极本体与天地万物的关系。

① 王夫之:《张子正蒙注》卷一,《船山全书》第十二册,岳麓书社2011年版,第23页。
② 王夫之:《张子正蒙注》卷一,《船山全书》第十二册,岳麓书社2011年版,第23—24页。
③ 王夫之:《张子正蒙注》卷一,《船山全书》第十二册,岳麓书社2011年版,第24页。
④ 王夫之:《张子正蒙注》卷一,《船山全书》第十二册,岳麓书社2011年版,第47页。

依照王夫之气本气化的大生命易学观，宇宙创生原理根源于“太极”，“太极”赋予天地万物及人类的“生生日新”之“德”，其内在动能的自然生机是“一阴一阳”刚健与柔顺的最高和谐（太和）。阴阳和合之“太极”构成大生命世界的创生实体、存在本体，也是人安顿生命的价值依托，不如此便不能脱离低级品位而提升存在价值，获得有尊严的生活。他说：“太和本然之体，未有知也，未有能也，易简而已。而其所涵之性，有健有顺，故知于此起，法于此效，而大用行矣。”又说：“太和之中，有气有神。神者非他，二气清通之理也。不可象者，即在象中。阴与阳和，气与神和，是谓太和。”①人禀赋“太和”之本体而生存于天地之间，不可“役气遗神”迷失阴阳健顺之德，否则生命就会丧失其本然价值。圣人之所以为圣人，就在于善于学以聚之，问以辨之，宽以居之，仁以守之，气不为物欲所动，心不为名利所役，神不为生死所挠，做到了心性与“太和絪缊之本体相合无间”。他说：“使与太和絪缊之本体相合无间，则生以尽人道之无歉，死以返太虚而无累，全而生之，全而归之，斯圣人之至德矣。”②又说：“圣人知气之聚散无恒而神通于一，故存神以尽性，复健顺之本体，同于太虚，知周万物而仁覆天下矣。”③这就是气本气化的“太和”本体论所蕴含的人生哲学启迪。据此，王夫之批判了佛家“以真空为如来”宗教虚无主义的谬妄。他说，释氏以真空为如来藏，谓太虚之中本无一物，气从幻起以成诸恶，为障碍真如之根本，故斥乾健之德、坤顺之性为“流转污染之害源”。在王夫之看来，建立在这种宗教世界观上的解脱论对于消除世俗下愚贪瞋之心，矫正其狂悖之性虽然具有一定的意义，但是其于“太和”一气含神起化之显道，亦即宇宙万物的生命本相却了无所知。佛家不明宇宙生命本体，仁义无质，忠信无本，人生时命及生死大义必然暗昧，其人生哲学也必然荒谬不经，故其言：“昧其所以生，则不知其所以死，妄欲销陨世界以为大涅槃，彼亦恶能销陨之哉？

① 王夫之：《张子正蒙注》卷一，《船山全书》第十二册，岳麓书社 2011 年版，第 16 页。
② 王夫之：《张子正蒙注》卷一，《船山全书》第十二册，岳麓书社 2011 年版，第 20 页。
③ 王夫之：《张子正蒙注》卷一，《船山全书》第十二册，岳麓书社 2011 年版，第 31 页。

徒有此妄想以惑世诬民而已。"①

太极阴阳为一体的诠释原理自始至终贯穿于王夫之的易学哲学中,成为其解释世界统一性问题的根本立足点。王夫之在其早期著作《周易外传》中解释"太极"本体说:"太极之在两间,无初无终而不可间也,无彼无此而不可破也,自大至细而象皆其象,自一至万而数皆其数。故空不流而实不窒,灵不私而顽不遗,亦静不先而动不后矣。"②太极在时间上无始终之间隔,空间上无彼此之分界,贯通有无动静,统摄象数一多,所以为宇宙天地万物的生命本体。《周易内传》进一步发展了这一思想,其注"《易》有太极"云:"'太极'之名,始见于此,抑仅见于此,圣人之所难言也。'太'者极其大而无尚之辞。'极',至也。语道至此而尽也。其实阴阳之浑合者而已,而不可名之为阴阳,则但赞其极至而无以加,曰太极。太极者,无有不极也,无有一极也,唯无有一极,则无所不极。故周子又从而赞之曰:'无极而太极。'阴阳之本体,絪缊相得,合同而化,充塞于两间,此所谓太极也。张子谓之'太和'。"③王夫之以"太和"释"太极",意在强调阴阳和合之"气"乃宇宙之生命本体及生命万象发展变化的终极原因。王夫之认为《易传》"太极生两仪"的"生",从筮法上是在讲占筮起卦的原理,有"生起"之义,"非太极为父,两仪为子之谓也。阴阳,无始者也,太极非孤立于阴阳之上者也。"④依照王夫之的理解,动静之外无理数,阴阳之外无太极。说太极是阴阳之本体,同时也就意味着"太极"为宇宙万物之本体。这里要强调的一点是,说"太极"为宇宙万物之本体并不能体现出王夫之易学哲学的理论特质,因为二程、朱熹的"理本论"也可以这样说。王夫之太极本体论与程朱易学本体论的区别,首先在于其以"太和"之"气"释太极,从理论上克服了朱熹"理本论"易学哲学宇宙生机论的缺失,解决了宇宙生机

---

① 王夫之:《张子正蒙注》卷二,《船山全书》第十二册,岳麓书社 2011 年版,第 83 页。
② 王夫之:《周易外传》卷五,《船山全书》第一册,岳麓书社 2011 年版,第 1016 页。
③ 王夫之:《周易内传》卷五,《船山全书》第一册,岳麓书社 2011 年版,第 561 页。
④ 王夫之:《周易内传》卷五,《船山全书》第一册,岳麓书社 2011 年版,第 562 页。

的内在自足性问题;其次,又在于其以"道与器不相离"的道器同一性原理彰显太极本体的客观实在性立场。《易·系辞上》云:"形而上者谓之道,形而下者谓之器。"王夫之《周易内传》注解说:"'形而上'者,当其未形而隐然有不可踰之天则,天以之化,而人以为心之作用,形之所自生,隐而未见者也。及其形之既成而形可见,形之所可用以效其当然之能者,如车之所以可载、器之所以可盛,乃至父子之有孝慈、君臣之有忠礼,皆隐于形之中而不显。二者则所谓当然之道也,形而上者也。'形而下',即形之已成乎物而可见可循者也。形而上之道隐矣,乃必有其形,而后前乎所以成之者之良能著,后乎所以用之者之功效定,故谓之'形而上',而不离乎形。道与器不相离,故卦也、辞也、象也,皆书之所著也,器也;变通以成象辞者,道也。民用,器也;鼓舞以兴事业者,道也,圣人之意所藏也。合道、器而尽上下之理,则圣人之意可见矣。"①王夫之所说的"形而上"之"道"与"形而下"之"器"可以从两个方面来说。从筮法说,"道"指卦爻变通的原理及其所表达的圣人之意,"器"指六十四卦的卦爻象与卦爻辞。从哲理说,"道"指太和之气生生本体及其屈伸往来氤氲变化而贯通天道与人心的普遍法则(天则),它是具体事物"所以然"及人伦物理"所当然"的存在依据与价值尺度;"器"指有形有象可见可循的自然现象与人文现象。"形而上"之"道"作为"形而下"之"器"的存在依据和价值尺度内在于"形而下"之"器"中,并通过可见可循的"形而下"之"器"而实现其功能作用。此即"道与器不相离""合道器而尽上下之理"。

王夫之道器统一论与其《周易外传》的"天下惟器"说前后相承且又有所纠正。《周易外传》说:"'谓之'者,从其谓而立之名也。'上下'者,初无定界,从乎所拟议而施之谓也。然则上下无殊畛而道器无异体明矣。天下惟器而已矣。道者器之道,器者不可谓之道之器也。"②在王夫之看来,据器而道存,离器而道毁。本体之"道"不能离开具体之"器"而虚托孤立,此即"道在器

① 王夫之:《周易内传》卷五,《船山全书》第一册,岳麓书社2011年版,第568页。
② 王夫之:《周易外传》卷五,《船山全书》第一册,岳麓书社2011年版,第1027页。

中"。在批判佛家"破相显性"的虚幻本体观时,王夫之曾提出本体界的真实性借现象界的真实性而成立的观点,他说:"天下之用,皆其有者也。吾从其用而知其体之有,岂待疑哉!用有以为功效,体有以为性情,体用胥有而相需以实,故盈天下而皆持循之道。"①本体与具体是同一个生命世界,所以它们是统一的。尽管说"形而下"之"器"与"形而上"之"道"是同一个生命世界,但是在《周易外传》看来,在形上之"道"与形下之"器"的统一性中,形下之器是第一性的,具有更根本、更重要的逻辑先在性。所以,在逻辑上可以说"器"为"道"之前提,不可以说"道"是"器"的前提。在这里,"道"的"绝对至上性"的本体论意义被悬置,或者说被降解为认识论意义上的经验世界或现象界的本质属性。据此,王夫之认为圣人之所以高明就在于"善治器"而已矣。具体之"器"可以人为改造,内在本质之"道"虽不能人为改造,却可以为人所认知;人们一旦认知了道,便可以因道而变器,而器变则道亦变。依照王夫之"天下惟器"的逻辑,"道"在"器"中,"道"随"器"迁,"器"变则"道"亦变。问题是这样一来,关于世界统一性的本体论问题就被搁置起来了。易言之,"天下惟器"说把世界统一性的前提归结为"具体性"的"器",而具体性存在总是有限的、相对的、千差万别的,由"器"决定的"道"自然也是有限的、相对的,这就从根本上割裂了世界统一性的本体论依据。程朱理学用"理一分殊"解释"太极与万物"的关系,把"理"看成时间上先物而在,逻辑上先"气"而在的绝对依据,关注的逻辑重心在"理一",此种本体论意在确立人道伦理原则的绝对至上性,却难免走向伦理绝对主义独断论。对此,王夫之提出"天下惟器""道在器中""道随器迁"的命题,逻辑关注的重心在"分殊",虽然对"理"的绝对至上性进行了有力的批判矫正,但不免矫枉过正,无意中搁置了世界统一性的本体论问题。这一点使一向推崇王夫之哲学的熊十力认为"天下惟器"说是船山哲学不可思议的败笔或致命伤。"天下惟器"说的本体论缺失在《周易内

---

① 王夫之:《周易外传》卷二,《船山全书》第一册,岳麓书社 2011 年版,第 861 页。

传》中得到了纠正,王夫之提出"道与器不相离""合道器而尽上下之理"的道器统一性原理,既从"形而上"的向度揭示了本体的普遍性,又从"形而下"的向度凸显了本体的现实性,从而完成了太极本体论的逻辑建构。

在王夫之易学哲学体系中,本体的真实性是与变化的绝对性密不可分的。现象世界纷然杂陈,变化不息。如果一种理论只承认现象世界的变化而不认可本体之变化,就必然陷入用动而体静、器变而道不变的矛盾,这同样会导致体与用、道与器的割裂。老子讲"归根曰静",董中舒讲"天不变道亦不变",僧肇讲"物不迁",朱熹讲气有动静而"理"驭于气而行,这些观念在一定程度上都有"器变而道不变"的局限性。王夫之继承张载"动非自外"说,谈本体而不离变化,将太极本体与阴阳生机涵容为一,使他的哲学成为古代唯物论与辩证法有机结合的典范与高峰。朱伯崑先生在论及王夫之易学哲学的历史地位时说:"如果说,十二世纪的朱熹完成了理学本体论的体系,那么十七世纪的王夫之又继朱熹之后,完成了气学本体论的体系。从朱熹到王夫之,不仅是宋明道学历史发展的归宿,也是本体论学说从唯心论转化为唯物论的逻辑结论。虽然其中经历了许多环节,但终于结出了丰硕的果实。"①研究王夫之的易学哲学,对于推进易学大生命哲学的传承与创新具有十分重要的意义。

五、"乾元"即"太极"

易学太极说诠释传统中有王弼的贵无论、程朱的理本论、张载和王夫之的气本论等,此外还有一个"心本论"传统,其杰出代表是现代哲学家熊十力。熊十力以《易传》为宗本,出入佛老,进退百家,评章华梵学术,指点中西哲学,融会唯识学、阳明心学、船山易学为一体,成一家之学,名"新唯识"哲学。其学究天人,探本体,一体用,明变化,使汉唐宋明以来时隐时现、时明时暗的

---

① 朱伯崑:《易学哲学史》第四卷,蓝灯文化事业股份有限公司1991年版,第118页。

《周易》大化流行的生命哲学大放异彩，成为 20 世纪中国和世界最有理论原创性和实践穿透力的哲学弘铎巨擘。清末民初知名学者马一浮《〈新唯识论〉序》云："夫玄悟莫盛于知化，微言莫难于语变。穷变化之道者，其唯尽性之功乎！圣证所齐，极于一性。尽己则尽物，己外无物也；知性则知天，性外无天也。斯万物之本命，变化之大原，运乎无始，故不可息；周乎无方，故不可离。《易》曰：'乾道变化，各正性命。'性与天道，岂有二哉？"继之述及本体不囿言象，俗见似是而非，真际不离日用，盛赞熊十力"精察识，善名理，澄鉴冥会，语皆造微。……破集聚名心之说，立翕辟成变之义。……世之谈者，未能或之先也"。① 熊十力一贯坚持哲学即本体之学，哲学之极诣在"透悟本体"。而本体之为本体，其一是其绝对义，它不与"具体"（现象）相对待而言；其二是其内在义，本体内在于万象中，如海水与众沤的关系，海水是"体"，众沤是"用"，离开海水无众沤，众沤遍现一海水，故云"体用不二"；其三是其能变义，"变"是本体，具体现象是"变"的显现。这是本体的基本含义。落实在"心"与"物"的关系上，熊十力一贯坚持"心"是"体"，"物"是"用"；"心"的功能主"辟"，"物"的功能是"翕"。心主宰着物，物显发着心；"辟"运化着"翕"，"翕"顺承着"辟"。"翕辟恒转"谓之"变"，而能变的本体是"心"而不是"物"，变化的内力在"辟"而不在"翕"。所以《新唯识论》坚持的基本立场是"心"本体论。

熊十力在《读经示要》中反复申明"乾元"即"心"即"太极"说。他说："《系辞传》曰：'易有太极'，此言《易》之为书，建立太极，是为宇宙本体。太者，赞词。极有二义：曰中，曰至。至者，谓理之极至，即斥指万有本体而目之也。中者，屋栋，此本义也。引申之，曰不偏之谓中。不偏者，谓此极至之理，为万理所会归，万化所自出，是乃绝待而至圆满。"② 熊十力以大中至正之

---

① 参见萧萐父主编：《熊十力全集》第二卷，湖北教育出版社 2001 年版，第6—7页。

② 熊十力：《读经示要》，《熊十力全集》第三卷，湖北教育出版社 2001 年版，第918—919页。

"理"释"太极"与朱熹以"理"释太极,仅从形式上看并无不同,其实却有根本的差异。朱熹讲"理"在"气"先,是一个"净洁空阔的世界",它无主意,无造作,只能挂搭在"气"上随着气之动静而流行。这里,气"能动"却不至上,理"至上"却不能动。所以"理"与"气"、"道"与"器"、"太极"与"阴阳"只能是两个世界。熊十力说"太极"为"万理所汇归",其实实在的意思是"太极"为"万化所自出"。此"万化所自出"的宇宙生命本体,就是《周易》"万物资始"的"乾元"。故其言:"乾卦六画皆奇,奇者,表乾元无对也。太极寂然无形(自注:太极者,宇宙本体之名,亦云太易),而其显为作用,即说万物资始,故曰乾元。盖言此至神至健之作用,乃为万物所资之以始,故称之曰乾元也。乾元,即太极也。"①从体用不二的关系来看,熊十力说"乾元"是"用","太极"是"体"。说乾元即太极,是"即用显体";说太极即乾元,是"即体显用"。就"太极"与"万物"的关系看,熊十力常将其比作"大海水"与"众沤"的关系。他说:"易言之,即每一物皆具太极全体。(自注:譬如众沤,皆揽大海水而成。即每一沤,皆具全大海水)"②"大海水"是"体"或本体,"众沤"是"用"或势用,即体显用而用即体,即用显体而体在用,所以"本体"与"具体"是"一"而不是"二",故云"体用不二"。

熊十力以"乾元"释"太极"更深一层的微义是"乾元"即宇宙万物的生生本体,从人性之禀赋来说,此生生本体即"心灵"或"良知"。他说:"生生之本然,健动,而涵万理,备万善,是《易》所谓太极,宇宙之本体也。其在人则曰性。……夫性者,生生之本然。其存乎吾人者,即《大易》所谓'乾以易知'之知也。阳明子所谓'良知',吾《新论》所云之'性智'也。"③"良知""性智"熊十力又谓之"仁体",他在解释《乾·文言》"元者,善之长也"这句话时说:"夫

---

①　熊十力:《读经示要》,《熊十力全集》第三卷,湖北教育出版社 2001 年版,第 928 页。
②　熊十力:《读经示要》,《熊十力全集》第三卷,湖北教育出版社 2001 年版,第 928 页。
③　熊十力:《读经示要》,《熊十力全集》第三卷,湖北教育出版社 2001 年版,第 917—918 页。

生生之谓仁,生生者备万理,众善自此出,故是善之长。(自注:只是一个仁体,而万善由此发现,故说仁为长)"①继之说,宇宙生生之仁体"在人言之,则曰性。以其主乎吾身言之,则曰心(自注:此谓本心)"②。总而言之,在熊十力解释"太极"的语境中,"太一""太易""乾元""诚""仁体""本心"诸多名相概念,常常心随事转方便假说,看似繁乱,宗旨却十分明晰,均是为了凸显一个基本观念,即"生生不已,备万理,含万善,即太极也"③。在《新唯识论》"明心"一章中集中论述的就是"心体"为宇宙生命本体这一根本立场。晚年著《乾坤衍》,更是苦心孤诣阐发"乾阳"为"心灵"或"生命"本体,"坤阴"为"形体"或生命形迹的宇宙大生命原理。至此,《易传》中时隐时现的"洗心藏密"(心易)之生命哲学,如壮丽日出,大放光焰!熊十力"新易学"是现代中国哲学,也是当今世界哲学不可多得的精神财富。

六、从有机论视角看世界

方东美提出的中国形上学的"有机主义"有助于开示《周易》"太极"本体论的生命意涵。在方东美的解释系统中有两种"形上学"概念,一种是"超自然形上学",指把物质与精神、现实与理想、现象界与本体界割裂为两截的二元论世界观;另一种是"超越形上学",指与前一种形上学相对立的本体论观念。方东美习惯于用此种"超越形上学"诠释中国哲学的本体论形态。他说:"从此派形上学之眼光来看,宇宙与生活于其间之个人,雍容洽化,可视为一大完整立体式之统一结构。其中以种种互相密切关联之基本要素为基础,再据以缔造种种复杂缤纷之上层结构,由卑至高,直到盖顶石之落定为止。据一

---

① 熊十力:《读经示要》,《熊十力全集》第三卷,湖北教育出版社 2001 年版,第 930—931 页。

② 熊十力:《读经示要》,《熊十力全集》第三卷,湖北教育出版社 2001 年版,第 931 页。

③ 熊十力:《读经示要》,《熊十力全集》第三卷,湖北教育出版社 2001 年版,第 932 页。

切现实经验界之事实为起点,吾人得以拾级而攀,层层上跻,昂首云天,向往无上理境之极诣。同时,再据观照所得之理趣,居高临下,'提其神于太虚而俯之',使吾人遂得凭借逐渐清晰化之理念,以阐释宇宙存在之神奇奥妙,与人类生活之伟大成就,而曲尽其妙。"①"体用一如""常变不二""即现象即本体""即刹那即永恒"等是中国本体论之超越形上学常用的表达范式。中国本体论超越形上学思维模式的实质颇近于一种"机体主义"之观念。此种机体主义可从消极和积极两方面加以解释。从消极的层面说,此种机体主义,可以分解为三个要素:(1)否认将人与物对立起来,视作绝对孤立的存在;(2)否认将宇宙大千世界看作一意蕴呆板贫乏的机械秩序,或由几种物质元素拼凑而成;(3)否认将变动不居的宇宙看作一毫无生机和无限发展可能性的封闭系统。从积极的层面说,中国本体论所坚持的机体主义最根本的一点是把宇宙看作一生生和谐的生命整体:"当其观照万物也,无不自其丰富性与充实性之全貌着眼,故能'统之有宗,会之有元',而不落于抽象和空疏。宇宙万象,赜然纷呈,然克就吾人体验所得,发现处处皆有机体统一之迹象可寻,诸如本体之统一、存在之统一、生命之统一,乃至价值之统一等等。进而言之,此类披扮杂陈之统一体系,抑又感应交织,重重无尽,如光之相网,如水之浸润,相与洽而俱化,形成一在本质上彼是相因、交融互摄、旁通统贯之广大和谐系统。"②方东美强调,中国形上学体系有两个特点要特别加以关注,一是讨论"宇宙"或世界万象时,中国人向来不把世界看作一纯客观的实然状态,而是一个时时刻刻要对其加以超化的化实然为应然的带有价值意味的存在。所谓"超化","对儒家而言,超化之,成为道德宇宙;对道家言,超化之,成为艺术天地;对佛家言,超化之,成为宗教境界。自哲学眼光旷观宇宙,至少就其理想层面而言,世界应当是一个超化的世界。……超化之世界即是深具价值意蕴之目的论系

---

① 方东美:《生生之德:哲学论文集》,中华书局 2013 年版,第 235—236 页。
② 方东美:《生生之德:哲学论文集》,中华书局 2013 年版,第 236 页。

统。"①另一个特点是如何成就"个人"的问题。纵观中国思想史,除杨朱敢于大胆畅言"为我主义"外,绝大多数中国人心目中的"个人"均不是真善完美的存在,而是需要超化为宇宙中之一分子,或者说与宇宙之"大我"融为一体时,才可以说具有了个人的价值与尊严。"就儒家言,主张'立人极',视个人应当卓然自立于天壤间,而不断地、无止境地追求自我实现;就道家言,个人应当追求永恒之逍遥与解脱;就佛家言,个人应当不断地求净化、求超升,直至每派所企仰之人格理想在道德、懿美、宗教三方面,修养都能到达圆满无缺之境界为止。就此三派之眼光看来,凡个人之人格,欲其卓然有所自立而不此之图者,必其人之知能才性有所不足,而其思想发展犹未臻圆熟也。"②

方东美指出,从中国哲学家之眼光来看,现实世界之发展至乎究极本体境界,必须超越一切相对性差别,其全体大用始充分彰显。从严格意义哲学眼光看来,现实世界应当点化成为理想形态,纳于至善完美之最高价值统会。中国人恒向往此价值化理想化之世界,诸如象征精神自由空灵超脱之艺术境界、巍然崇高之道德境界以及虔敬肃穆之宗教境界。任何生活领域,如果达不到这种理想境界,中国文化所化育的中国人必感到痛苦忧郁,索然乏味而无生趣。"此儒家之所以向往天道生生不已、创进不息之乾元精神,以缔造一个广大和谐之道德宇宙秩序者也。此道家之所以宗尚重玄,一心怀抱'无'之理想,以超脱'有'界万物之相对性者也。此中国佛家之所以悲智双运,勇猛精进,锲而不舍,内参佛性,修菩提道,证一乘果者也。"③就个人与宇宙之关系,中国人无论其为个人小我或社会大我,均不以遗世独立为理想状态,其个人生命意向或人生抱负无不在于用全部身心意力充分领略全宇宙之丰富意蕴,切身体察圣贤人格之笃实光辉与高明博厚之气象。凡人生境界不克臻此者,必其内在秉彝有所不足,而其个人人格发展过程不幸中道摧折或遭遇斫伤,有以至此。

---

① 方东美:《生生之德:哲学论文集》,中华书局 2013 年版,第 239 页。
② 方东美:《生生之德:哲学论文集》,中华书局 2013 年版,第 239—240 页。
③ 方东美:《生生之德:哲学论文集》,中华书局 2013 年版,第 262 页。

所以,中国先哲无不孜孜致力于道德实践,注重人格修养,借以提升上达于"内圣外王"之理想境界。方东美说:"两者兼备,始足以圆成人之内在美善本性——此'个人'之所以终能成为'大人'者也。"①方东美所说的"生机主义"形而上学,其理论基石即《易传》阴阳和合"天人合德"的大生命宇宙观。

如果不囿于经学史传统的成见,当今易学学术界已毋庸讳言,《周易》是一部兼容了儒家、道家及阴阳家哲学观念而成的经典。道家的自然主义与儒家的人伦主义兼容互补,天地生生的自然法则与人文化成的实践理性交相辉映,构成《周易》大生命哲学的根本特色。儒、道哲学均重视"生生"或如何安顿"生命"的问题,不过,儒家重视人的社会群体生命,道家则侧重人的个体生命,因而两家的生命哲学智慧表现出来的精神格调也就有所不同。王振复先生说:"在《周易》中,这对立互补的两家并非各执一端、分庭抗礼,而是在基本具有儒学文化性格的生命美学智慧中熔铸了'道'的因素。同时,有阴阳智慧渗透其间,构成了一种非常美妙的生命美学智慧奇观。"②《周易》太极生生之本体论所涵藏孕育的生命智慧在中国哲学史、文化史上具有深远的影响。具有易学家学渊源的民国学者苏渊雷说:"综观古今中外之思想家,究心于宇宙本体之探讨、万有原理之发见者多矣。有言'有无'者,有言'始终'者,有言'一多'者,有言'同异'者,有言'心物'者,各以己见,斠玄阐秘,顾未有言'生'者,有之,自《周易》始。曰生,则举凡有无、始终、一多、同异、心物诸问题,尽摄其中矣。"又说:"故言'有无''始终''一多''同异''心物',而不言'生',则不明不备;言'生',则上述诸义足以兼赅。《易》不骋思于抽象之域呈理论之游戏,独揭'生'为天地之大德、万有之本原,实已摆脱一切文字名相之网罗,而直探宇宙之本体矣。《易》之所以极深而研几,冒天下之道者以此。"③苏渊雷认为,探究"宇宙本体"或天地万物存在之所以然的"万有原

---

① 方东美:《生生之德:哲学论文集》,中华书局 2013 年版,第 262 页。
② 王振复:《大易之美——周易的美学智慧》,北京大学出版社 2006 年版,第 143 页。
③ 苏渊雷:《易学会通》,中州古籍出版社 1985 年版,第 62、65 页。

理",如果偏离"生"的本性或生命原理,有与无、始与终、一与多、同与异、心与物等的差异、对立、矛盾就缺少统一、转化的基础,现象界与本体界也就得不到通贯融洽的理解,故云"不明不备",如此这般的本体之思辨无论多么玄奥,多么思辨,也属于文字游戏,只有立足于"生生之德"亦即宇宙万物生命的内在性原理说明世界存在的根据,现象界与本体界的矛盾、差异、对立才能找到统一性的逻辑前提或内在依据。《周易》哲学独步古今、超迈东西的理论魅力就在这个"生生"的哲学上。此种见解真可谓对大易之道的破荒之见。"生生之德"作为宇宙本体或万有的最高原理、绝对依据,也就是本章所说的"太极"。

第三章　阴阳化机论

《易》曰:"一阴一阳之谓道。""道"或"太极"与"阴阳"本不可分,借用张载的命题说为"一物两体","太极"是"一","阴阳"是"两"或"二气","一"表示"体",即生命本体之圆融无碍,"两"表示"用",即阴阳和合之微妙生机。张载说:"两不立则一不可见,一不可见则两之用息。"①没有"两"则没有"一",没有"一"也没有"两"。第二章"太极生生之道"重在探赜索隐而究"一",诠释《周易》大生命宇宙观关于天、地、人和谐共生的本根及生命世界万物统一性的根据,故名"太极"本体论;本章重在以著显微而明"阴阳",诠释《周易》万物生生不息创生变化的原理或生命活力,故名阴阳化机论。

一、《易》以道阴阳

《庄子·天下》评论"六艺"说:"《诗》以道志,《书》以道事,《礼》以道行,《乐》以道和,《易》以道阴阳,《春秋》以道名分。"在道家看来,《周易》是讲阴阳变化的经典。冯友兰在谈及《易传》阴阳观念时说:"阳字本是指日光,阴字本是指没有日光。到后来,阴阳发展成为指两种宇宙势力或原理,也就是阴阳

---

① 张载:《正蒙·太和篇》,《张载集》,中华书局 1978 年版,第 9 页。

之道。阳代表阳性、主动、热、明、干、刚等等,阴代表阴性、被动、冷、暗、湿、柔等等。阴阳二道互相作用,产生宇宙一切现象。这种思想,在中国人的宇宙起源论里直至近代依然盛行。"①冯先生所说"阴阳二道"是特指"道"(太极)的两种势能。"道"独一无二。扩张发散地说,为宇宙"大全";深根宁极地说,是万物"本根"。"大全"至大无外,无所不包;"本根"至小无内,涵化万有。所以"道"只可以说是"一"(绝对义、无限义、永恒义),不可以说是"二",一说是"二"便陷入有限和相对之域。但是,从本体上说"道"是"一",并不影响从功能或作用上说"道"内含着阴阳两种相辅相成的势能,也就是古人所说的"二气之良能",王夫之称之为"阴阳和合之气所必有之几"②。"几",先哲多训为"动之微"。王夫之认为,阴阳二气"氤氲相荡"之"理"与"势"构成生命世界"生生日新"的内在本性。

阴阳概念由来已久。以阴阳观念说明事物的性质和变化,始于西周末年的史官伯阳父。成书于公元前4—3世纪的《国语·周语上》载:"幽王二年,西周三川皆震。伯阳父曰:……阳伏而不能出,阴迫而不能烝,于是有地震。""幽王二年"指公元前780年。这里所说的阴阳指寒暖二气,属于天文学概念。又周景王二十三年,乐官周鸠用阴阳解释音乐的功能说:"于是乎气无滞阴,亦无散阳,阴阳序次,风雨时至,嘉生繁祉,人民和利,物备而乐成,上下不罢,故曰乐正。"(《国语·周语下》)这是说音乐可以调适阴阳节奏,使阴阳和谐,风调雨顺,万物繁盛,百姓和睦,上下齐心协力。这就是音乐感化万物的作用。春秋时期,掌管天文的史官亦以阴阳二气解释气候的变化。如《左传》僖公十六年,周内史叔兴解释"六鹢退飞过宋都"说:"是阴阳之事,非吉凶所生也。"这是以阴阳二气的变化解释风大,导致水鸟退飞,这种反常的自然现象与人事吉凶无关。《左传》昭公二十四年,鲁国梓慎评论旱灾的原因说:"日过

---

① 冯友兰:《中国哲学简史》,《三松堂全集》第六卷,河南人民出版社2001年版,第123页。
② 王夫之:《张子正蒙注》卷一,《船山全书》第十二册,岳麓书社2011年版,第15页。

分而阳犹不克,克必甚,能无旱乎?"这是以阴阳变化解释旱涝灾害,说节气已过春分阳气渐盛,但仍不能胜过阴气,日食过后,阳气大盛,必有旱灾。春秋末年越国范蠡解释阴阳变化的规律及用兵之道说:"天道皇皇,日月以为常。明者以为法,微者则是行。阳至而阴,阴至而阳。日困而还,月盈而匡。"(《国语·越语下》)范蠡将阴阳转化的规律用于兵法,以隐蔽退守为阴,以显露进攻为阳,认为将两者灵活运用,才能出奇制胜。范蠡此说似是对西周以来阴阳观念的发展和总结。

春秋末年,老子吸收并发展了春秋时代的阴阳说,创立道家学说,将阴阳观念提升为哲学范畴并用以解释天地万物的变化。《老子》第四十二章说:"道生一,一生二,二生三,三生万物。万物负阴而抱阳,冲气以为和。"按以往比较通行的解释,"道"作为宇宙万物的总根源,好似一个"唯恍唯惚"的"玄牝"。如此恍惚、幽深、虚寥的原始生命本源,老子谓之"无"。老子说"道生一"也就是"无生有",这个"一"或"有"即混沌未分之元气。混沌未分之元气分化为阴阳二气,即"一生二";阴阳二气相互冲动和合的状态谓之"三",天地万物归根结底是阴阳和合而生,故云"三生万物"。老子认为,天地万物均由阴与阳两个方面构成,故云"万物负阴抱阳",依据阴阳转化的原理,老子解释了有无、动静、生死、损益、强弱、成败、多少、得失、祸福、善恶、美丑、荣辱相互依存、相互转化、相互生成的辩证关系。

老子阴阳说在战国时代产生普遍影响。战国时期,阴阳观念在天文、历法、哲学、社会生活各方面的表现更加普遍。庄子、列子及稷下黄老道家均受其影响并以阴阳学说解释万物的变化。《庄子·大宗师》云:"父母于子,东西南北,唯命之从。阴阳于人,不翅于父母。"这是以阴阳解释万物的生成,认为人的生死也是出于阴阳造化。《庄子·秋水》云:"盖师是而无非,师治而无乱乎?是未明天地之理,万物之情者也。是犹师天而无地,师阴而无阳,其不可行明矣。"这是说阴阳不可偏废,阴阳相互依存、相互转化是天地万物变化的规律,是非治乱也是如此。战国中后期齐国稷下黄老道家也主阴阳说,《管子》书中保留了这一派的著作。《管子·枢言》说"万物阴阳两生而参视",似是对老子"负阴抱阳"说的发挥。《管子·乘马》云:"春秋冬夏,阴阳之推移也。时之长短,阴阳之利用也。日夜之易,阴阳之化也。然则阴阳正矣。虽不正,有余不可损,不足不可益也。天地莫之能损益也。"这是说四季交替、昼夜长短、日夜更迭都是阴阳二气决定的。天地阴阳变化固有的秩序或自然规律是人所不能随意损益改变的。大约与《管子》同时的《黄帝四经》更是把"阴阳"视作解释自然、人事的根本原则。《黄帝四经·称》篇云:"凡论必以阴阳□大义①。天阳地阴,春阳秋阴,夏阳冬阴,昼阳夜阴。大国阳,小国阴;重国阳,轻国阴。有事阳而无事阴,信者阳而屈者阴。主阳臣阴,上阳下阴,男阳女阴,父阳子阴,兄阳弟阴,长阳少阴,贵阳贱阴,达阳穷阴,取妇姓子阳,有丧阴。制人者阳,制于人者阴。……诸阳者法天,天贵正;过正曰诡,……诸阴者法地,地之德安徐正静,柔节先定,善予不争。"陈鼓应说:"在阴、阳这两个大范畴领属下,有若干小范畴;自然、社会的一切现象都被纳入这个庞大的阴阳体系中。它与《四经》中五行说、灾异论的滥觞一样,都被后来的邹衍所继承,并最终形成完整的阴阳五行理论。"②

稷下学者邹衍受黄老道家思想影响将阴阳与五行观念相结合,创立了阴阳五行学派,阴阳说在理论上得以进一步系统化。邹衍精通天文学,司马迁在《史记》中评论他"深观阴阳消息而作怪迁之变,《终始》《大圣》之篇,十余万言"③,被齐人称颂为"谈天衍"④。《管子》书中讲一年四时节气变化的《四时》《五行》篇,一说属于邹衍阴阳五行派的作品⑤。《管子·四时》云:"阴阳者,天地之大理也;四时者,阴阳之大经也;刑德者,四时之名也。刑德合于时,

---

① 陈鼓应注:"所缺之字,帛书小组经法本补为'明'。按:缺字也可能是'之'字。"(陈鼓应:《黄帝四经今注今译》,中华书局 2016 年版,第 446 页。)
② 陈鼓应:《黄帝四经今注今译》,中华书局 2016 年版,第 446、449 页。
③ 司马迁:《孟子荀卿列传》,《史记》卷七十四,中华书局 2000 年版,第 1839—1840 页。
④ 司马迁:《孟子荀卿列传》,《史记》卷七十四,中华书局 2000 年版,第 1842 页。
⑤ 参见朱伯崑:《易学哲学史》第一卷,蓝灯文化事业股份有限公司 1991 年版,第 41 页。

则生福,诡则生祸。"《五行》云:"通乎阳气,所以事天也,经纬日月,用之于民。通乎阴气,所以事地也,经纬星历,以视其离。"这是说,阳气主生,阴气主杀,阴阳有消长,万物有生死。天地之间的变化都遵循着阴阳变化的节律。道家和阴阳五行家的阴阳说有其共同点,即都以阴阳二气的消长解释事物变化的性质和过程。道家及阴阳五行家的阴阳消长说被《易传》吸收采纳,将其提升发展为一套系统的阴阳生机论。

朱伯崑先生说:"战国前期和中期,阴阳学说是由道家倡导起来的。而儒家的代表人物,从孔子到孟子都不讲阴阳说。"[1]《论语》中无阴阳辞句,《孟子》中亦无阴阳说。儒家的典籍《中庸》,据说是孔子的孙子子思的作品,其中亦无阴阳说。这说明春秋至战国中期鲁国的儒家学者并不以阴阳说解释事物的性质和变化。成书于战国中后期的《易传》的阴阳生机论哲学思想,主要受春秋至战国时期道家及阴阳五行家的影响。《易传》吸收了春秋战国时期道家及阴阳五行家的"阴阳"观念,将其纳入天地人三才和谐共生之道的整体框架中,并综合提升为一套宏阔的宇宙生机论世界观,破天荒地实现了大生命哲学的突破。《易传》的阴阳生机论集中表现在如下四组语境中:

1. 一阴一阳之谓道,继之者善也,成之者性也。仁者见之谓之仁,知者见之谓之知,百姓日用而不知,故君子之道鲜矣!显诸仁,藏诸用,鼓万物而不与圣人同忧,盛德大业至矣哉!富有之谓大业,日新之谓盛德,生生之谓易。成象之谓乾,效法之谓坤,极数知来之谓占,通变之谓事,阴阳不测之谓神。(《系辞上》)

2. 乾坤其易之门邪?乾阳物也,坤阴物也。阴阳合德,而刚柔有体,以体天地之撰,以通神明之德。(《系辞下》)

夫乾,其静也专,其动也直,是以大生焉。夫坤,其静也翕,其动也辟,是以广生焉。广大配天地,变通配四时,阴阳之义配日月,易简

①　朱伯崑:《易学哲学史》第一卷,蓝灯文化事业股份有限公司1991年版,第41页。

之善配至德。(《系辞上》)

天地绷缊,万物化醇。男女构精,万物化生。(《系辞下》)

3.乾坤其易之缊邪?乾坤成列,而易立乎其中矣。乾坤毁,则无以见易。易不可见,则乾坤或几乎息矣。是故形而上者谓之道,形而下者谓之器,化而裁之谓之变,推而行之谓之通,举而错之天下之民谓之事业。(《系辞上》)

4.夫乾,天下之至健也,德行恒易以知险。夫坤,天下之至顺也,德行恒简以知阻。能说诸心,能研诸虑,定天下之吉凶,成天下之亹亹者。是故,变化云为,吉事有祥。象事知器,占事知来。天地设位,圣人成能;人谋鬼谋,百姓与能。(《系辞下》)

以上引自《系辞传》四条有关"阴阳""乾坤"的文字,原本散见于《系辞传》上下篇中,彼此之间并没有形式上的逻辑层次,上述先后顺序是笔者根据叙述的需要而作出的编排,但是这样做并不意味着完全系作者先入为主的主观建构,而与《易传》大生命哲学"阴阳生机论"的客观逻辑毫无关系。在论及中国哲学之特色时,张岱年先生认为其特色之一是"重了悟而不重论证"。他说:"中国哲学不重视形式上的细密论证,亦无形式上的条理系统。中国思想家认为经验上的贯通与实践上的契合,就是真的证明。能解释生活经验,并在实践上使人得到一种受用,便已足够;而不必更作文字上细微的推敲。"①中国人或中国哲学只注重"生活上的实证"而不注重逻辑论证的思维习惯,表现在著作形式上喜欢用语录、警句、格言、寓言表达生命的感悟或意义的觉解,而不习惯用长篇大论表达思想。但是,如果由此认为中国哲学没有内在的条理系统,则属表面肤浅之见。就此而论,张岱年先生颇以冯友兰谓"中国哲学虽无形式上的系统,而有实质上的系统"之论断为知言。中国哲学的"实质的系统"也就是《易传》倡导并实践的"穷理尽性以至命""天人合德"的大生命原

---

① 张岱年:《中国哲学大纲》,《张岱年全集》第二卷,河北人民出版社1996年版,第8页。

理,周敦颐《太极图说》演绎为援"太极"而"立人极"。依此原理,天道与人事上下贯通,援天道以明人事,尽人事以俟天命,安顿生命于"天人之际","人事"上达天道,所以生命价值崇高而弘毅;"天命"下落于人事,所以生命实践沉稳而朴实。上面所引四条《系辞传》原文,逻辑编排的先后顺序,正是出于此种考虑。第一条主要讲"道"之作用、功能在"一阴一阳"之生机活力,此生机活力是生命世界的本性,也是一切真善至美的源头。第二条讲"阴阳"是生命世界的翕辟开阖的两扇大门,天地万物由此流淌出来,生生不息,源远流长,就像《老子》第五章所说:"天地之间,其犹橐籥乎。虚而不屈,动而愈出。"第三条讲阴阳和合之道,超越地说,无始终,无方所,涵万善,具众理;内在地说,道不远人,也不在物外,就在天地万物之中。第四条"天地设位,圣人成能"章讲圣人顺天道而立人极,因自然而骋人能,效法天地健顺之德,知险知阻,"保合太和"以化成天下。

　　宋代易学家杨万里长于以"史"证《易》,其对《易传》特别是《系辞传》中的乾坤阴阳生机论颇有同情之觉解。他这样解释天地"生生之德"说:"孰为天地之德乎? 一言以蔽之,曰'生'而已。'大哉乾元,万物资始。乾道变化,各正性命。云行雨施,品物流形。'此乾之所以示人以易者生也,其易确然也。'至哉坤元,万物资生,乃顺承天。'此坤之所以示人以简者生也,其简隤然也。确然者,确乎不可拔也。隤然者,隤乎其至也。三百八十四爻,其一百九十二之阳皆乾爻也,其一百九十二之阴皆坤爻也。阴阳之爻非它,皆效法天地生物之德而已。故曰'爻也者,效此者也。'至于六十四卦之象,非它也,皆形象天地生物之德而已。"①天地"生物之德"也就是内在于万物的"阴阳生机"。

二、阴阳与生殖崇拜

　　从阴阳生机论出发,《易传》十分突出至简至易"纯阴纯阳"之《乾》《坤》

---

① 杨万里:《诚斋易传》,九州出版社 2008 年版,第 264 页。

二卦在《周易》六十四卦体系中的地位及其生命哲学的象征意义。《系辞传》把《乾》《坤》二卦比喻为生命世界的两扇大门，这个比喻与原初先民的生殖崇拜不无关系。《系辞传》云："乾坤其易之门邪？乾阳物也，坤阴物也。阴阳合德，而刚柔有体，以体天地之撰，以通神明之德。"（《系辞下》）"夫乾，其静也专，其动也直，是以大生焉。夫坤，其静也翕，其动也辟，是以广生焉。广大配天地，变通配四时，阴阳之义配日月，易简之善配至德。"（《系辞上》）"天地絪缊，万物化醇。男女构精，万物化生。"（《系辞下》）中国先民的生殖崇拜意识在上述引文中得以毫不遮盖地直观表现。王振复先生认为，《系辞传》中《乾》《坤》二卦所象征的"阳物""阴物"，就是男性女性的生殖器官；《乾》卦的静"专"动"直"，《坤》卦的静"翕"动"辟"，描述的则是两性交媾。这里"其静也专"的"专"，陆德明《经典释文》作"抟"，通"团"；"其静也翕"的"翕"，李鼎祚《周易集解》引宋衷言"犹闭也"；"辟"，《经典释文》释作"开"。意思是说，阳物处静之时，其形团团；处动之时，直遂不挠，功能在于"大生"，亦即太生、原生。阴物处静之时是关闭的，处动之时是张开的，其功能是"广生"。"这里，《易传》以直率、淳朴无邪的语言所庄严地描述两性行为，在古人看来，决不是轻佻、油滑和淫邪，而是神圣无比的。"①它以极其原始的风貌记录了"近取诸身""远取诸物"仰观俯察的生命感悟。据此，"天地絪缊"与"男女构精"在生命"化醇""化生"的意义上，具有了同样的内涵和同等的地位。老子也曾把"道"视为宇宙万物从中化生出来的"众妙之门"，《老子》第一章说："道可道，非常道；名可名，非常名。无，名天地之始；有，名万物之母。故常无，欲以观其妙；常有，欲以观其徼。此两者同出而异名，同谓之玄，玄之又玄，众妙之门。"又说："万物负阴而抱阳，冲气以为和。"（《老子》第四十二章）可以看出，《易》与《老》对宇宙生命本源的体察确有灵犀相通处。《周易》《乾》《坤》二卦所体现的原始生殖原理，王夫之对其进行了宇宙生机论的诠释，其《周易内传》注

---

① 王振复：《大易之美——周易的美学智慧》，北京大学出版社 2006 年版，第 150 页。

云:"'静'者言其体,'动',其用也。'专'与抟、团通,圜而聚也,阳气浑沦团合而无间之谓。'直',行而无所诎也。'翕',收敛含藏,而所包者富。'辟',启户以受阳之施,顺而不拒也。'生',以化理言之,则万物之发生;以爻象言之,则六十二卦、三百八十四爻,皆一阴一阳之所生。……乾坤之生,广大如此,故《周易》并建以为首,而六十二卦之错综以备物化,而天道尽于此也。"①

　　基于原始生殖崇拜的生命意识,初民对生殖繁衍的炽烈诉求在《易传》中升华为对宇宙生命本源——乾元、坤元的不同凡响的赞美与讴歌。这在《乾》《坤》二卦的《彖传》中得以生动展示。《乾·彖》曰:"大哉乾元,万物资始,乃统天。云行雨施,品物流形。大明终始,六位时成,时乘六龙以御天。乾道变化,各正性命。保合大和,乃利贞。首出庶物,万国咸宁。"传文中的"大明"为日,天上的太阳光照万物,周而复始,永不熄灭,故云"大明终始";"六位"指构成六画卦的初、二、三、四、五、上六个爻位;"六龙",指《乾》卦的六爻,以龙取象,刚健以成体;六龙的时位变化,即下面爻辞所说的"潜""见""惕""跃""飞""亢"升降变化过程,隐喻"乾元之道"统摄整个宇宙大生命世界的变化节律,故云"时乘六龙以御天"。《系辞下》云:"彖者,材也。"材通裁。一卦的《彖传》是裁决论断该卦的基本思想。所以理解《彖传》对于理解某卦的基本卦义十分重要。《乾》卦《彖传》盛赞乾道崇高刚健的德性说,盛大无际的乾元,万物资取而生长繁息,是统领万物的初始和本原。天道变化行云施雨,众多的物类(品物)流行发育繁盛起来。《乾》卦象征太阳周而复始光照万物永不熄灭,六爻因时变化就像太阳驾乘六条神龙巡视宇宙变化的生命万象。天道变化赋予万物纯正的生命本性与命运,遵循天道规律,保持阴阳平衡达到高度的和谐,乃是生命世界的根本利益。乾道是生长万物的本原,人道效法生生和谐的天道法则,天下万国也就太平无事了。《坤·彖》曰:"至哉坤元,万物资生,乃顺承天。坤厚载物,德合无疆;含弘光大,品物咸亨。"《坤》卦代表大

---

　　① 王夫之:《周易内传》卷五,《船山全书》第一册,岳麓书社2011年版,第532—533页。

地。程颐解释说:"资生之道,可谓大矣。乾既称大,故坤称至。……万物资乾以始,资坤以生,父母之道也。顺承天施,以成其功,坤之厚德,持载万物,合于乾之无疆也。以含、弘、光、大四者形容坤道,犹乾之刚、健、中、正、纯、粹也。含,包容也。弘,宽裕也。光,昭明也。大,博厚也。有此四者,故能成承天之功,品物咸得亨遂。"①《象传》盛赞"坤元"包容、宽裕、昭明、博厚的德性,说广袤无疆的大地,顺承刚健不息的天道,使万物生长繁息。大地德性和顺,包容宽裕,广大至极,无穷无尽,故能承载万物,使生命世界繁育昌盛皆得亨通。

从先民生殖崇拜所蕴含的原始生命意识来看,《易传》所大为赞美的"乾元""坤元"犹如人的阴阳两性,刚健的"乾阳"与柔顺的"坤阴"构成宇宙大生命永恒的"生生"之"元"。对此,王夫之解释说:"物皆有本,事皆有始。所谓'元'也。《易》之言元者多矣,唯纯乾之为元,以太和清刚之气,动而不息";"自其资始而统天,为神化流通之宰者,则曰元"。② 又说:"阴非阳无以始,而阳藉阴之材以生万物,形质成而性即丽焉。相配而合,方始而即方生,坤之'元'所以与乾同也。'至'者,德极厚而尽其理之谓。乃其所以成'至哉'之美者,唯纯乎柔,顺天所始而即生之无违也。"③"刚"与"柔"依然流露出乾阳坤阴的原始生命意象。《竹书纪年》载,伏羲氏系统都是龙族,有长龙氏、潜龙氏、居龙氏、降龙氏、上龙氏、水龙氏、青龙氏、赤龙氏、白龙氏等等。后来"龙"的形象综合了各种动物的特征,《尔雅·翼·释龙》说龙其角似鹿,头似驼,眼似龟,项似蛇,腹似蜃,鳞似鱼,爪似鹰,掌似虎,耳似牛,这是后来形成的"龙"的形象。最早龙的形象像蜥蜴,甘肃甘谷县西坪出土的母系氏族社会晚期的文化遗存中,有一个彩陶瓶,上面绘的龙象即是蜥蜴形的,长沙马王堆出土的西汉帛画"龙凤导引升天图"中的龙,也是蜥蜴形的。"龙的文化原型,所以为蜥蜴形,关键是由于蜥蜴的头部可状男根之形象的缘故,寄托着中华古人对男

---

① 程颐:《周易程氏传》卷第一,《二程集》,中华书局 2004 年版,第 707 页。
② 王夫之:《周易内传》卷一,《船山全书》第一册,岳麓书社 2011 年版,第 50、52 页。
③ 王夫之:《周易内传》卷一,《船山全书》第一册,岳麓书社 2011 年版,第 76 页。

性生殖的崇拜。难怪在中华古代神话中,伏羲是什么'人首蛇身',原来这伏羲就是传说中具有伟大生殖力的东方华夏之祖。"①如果说《乾》卦的"龙"象征生命的阳刚雄健之美,那么《坤》卦取象以"牝马",则象征生命的阴柔雌顺之美。此种"柔顺"主要表现在对乾阳的包容承顺。王夫之解释"牝马地类,行地无疆"说:"马之行健,本乾之象。牝秉阴柔之性,则与地为类。地顺承天,则天气施于地之中,如牝马虽阴,而健行周乎四方,此地之利贞,以守一从阳为贞也。"②马是较早被人类驯服的动物之一,在先民看来马比野猪、狮、虎之类性情柔顺得多,牝马的性格就更加坚韧柔顺。所以《坤·象》就用它来形容大地的宽厚、包容与柔顺。正因为大地至为柔顺,所以能够顺承乾阳的变化,用含弘广大的胸怀接受乾阳的施与,使生命世界欣欣向荣,繁荣昌盛!

三、阴阳感通与天地交泰

《周易》赋予宇宙阴阳和合的生命意蕴在《咸》《泰》《否》诸卦中得以鲜明表露。下面加以具体分析。《咸》卦将乾阳坤阴的"生机"及其相互作用的形式直书为"感"。《咸》卦卦辞说:"亨,利贞,取女吉。"卦辞所记录的是占问男女婚嫁之事。《咸》卦爻辞记载的全是少男少女相遇交欢之事,六句爻辞自下而上,从脚趾到小腿、大腿、腰部,一直"感应"到牙床、面颊和舌头。六句爻辞依次是:初六"咸其拇",脚拇指有了感应;六二"咸其腓",腿肚子有了感应;九三"咸其股",大腿有了感应;九四"憧憧往来,朋从尔思",表明往来心意不定,并示以安慰;九五"咸其脢",脊背有了感应;上六"咸其辅,颊,舌",牙床、面颊、舌头有了感应。除去九四爻辞讲的是思想情绪及对占问者的安慰外,其他五句爻辞,除去吉凶悔吝之类的断语,记载或描述的都是肢体接触的感觉。上六处一卦之终,表征"咸道"完成。少男少女,同气相感,有情人终成眷属,结

① 王振复:《大易之美——周易的美学智慧》,北京大学出版社 2006 年版,第 147 页。
② 王夫之:《周易内传》卷一,《船山全书》第一册,岳麓书社 2011 年版,第 77 页。

为夫妻。所以上六《象辞传》说："咸其辅，颊，舌，滕口说也。""咸其辅，颊，舌"，表征亲昵；"滕口说"，即滔滔不绝地说话，表明夫妻恩爱。《咸·彖》曰："咸，感也。柔上而刚下，二气感应以相与，止而说，男下女，是以亨，利贞，取女吉也。"《咸》卦的基本意思是生命的感应。《咸》卦卦画兑上艮下，依照《说卦传》的说法，"兑"为阴卦，代表少女；"艮"为阳卦，代表少男。少男少女相遇，象征阳刚与阴柔二气感应。换个角度说，艮为男而主止，兑为女而主悦，少男停留下来，对少女谦谦有礼；少女则内心喜悦，情愿接受少男的礼遇，是"止而说(悦)，男下女"。《咸·彖》继之又从天人关系高度对《咸》卦所隐喻的生命世界阴阳感通之"道"加以赞美说："天地感而万物化生，圣人感人心而天下和平。观其所感，而天地万物之情可见矣！"

关于"天地感而万物化生"的阴阳生机论意义，王弼注："天地万物之情，见于所感也。凡感之为道，不能感非类者也，故引取女以明同类之义也。同类而不相感应，以其各亢所处也。故女虽应男之物，必下之而后取女乃吉也。"①王弼认为，并不是任何事情之间都可以互相感通，只有同类事物之间才可以相互感通，同类事物彼此之间隔膜不通的症结在于"以其各亢所处"，不能虚怀相容。要实现人与人之间的感通，就要戒"亢"处"下"，《咸·彖》所说"止而悦，男下女"就暗示了这一道理。这是以老子处下不争的思想解释《咸》卦的义理。程颐则从"天地之理、圣人之用"的角度加以解释说："既言男女相感之义，复推极感道，以尽天地之理、圣人之用。天地二气交感而化生万物，圣人至诚以感亿兆之心而天下和平。天下之心所以和平，由圣人感之也。观天地交感化生万物之理，与圣人感人心致和平之道，则天地万物之情可见矣。感通之理，知道者默而观之可也。"②朱熹《周易本义》解释得十分简约说："极言感通之理。"③虽然短

---

① 王弼：《周易注》，《王弼集校释》，中华书局 1980 年版，第 374 页。
② 程颐：《周易程氏传》卷第三，《二程集》，中华书局 2004 年版，第 855 页。
③ 朱熹：《周易本义》，《朱子全书》第一册，上海古籍出版社、安徽教育出版社 2010 年版，第 98 页。

短六个字,一个"极"字道尽了"天地感而万物化生"之"理"的普遍必然意义。

《咸》卦所表达的阴阳感通之生命原理,在《泰》《否》二卦中则表述为"交",亦即天地阴阳的交互作用。《泰》卦与《否》卦的卦画均由乾、坤构成,所不同的是《泰》卦为"坤上乾下",《否》卦是"乾上坤下"。这就决定了两卦具有完全不同的卦德意义。关于《泰》卦的基本卦义,王弼注:"泰者,物大通之时也。"①从《泰》卦的卦象看,上体是坤,下体是乾。天本来在上,地本来在下,这里来了个乾坤换位,在《易传》作者看来这意味着天地互动有"交感",象征着生命世界的繁育亨通。所以《泰》卦卦辞说:"小往大来,吉亨。"程颐解释说:"小谓阴,大谓阳。往,往之于外也。来,来之于内也。阳气下降,阴气上交也。阴阳和畅,则万物生遂,天地之泰也。"②《泰·彖》说:"天地交而万物通也,上下交而其志同也。"是说阳气上升,阴气下降,阴阳交感,故万物通泰。引申到人事上说,君臣和睦,上下一心,才可以齐家治国平天下。再看《否》卦,上体为乾天,下体为坤地,乾天和坤地一个静止于上,一个静止于下,在《易传》作者看来这意味着天地阴阳之间没有"交感",象征着生命世界的闭塞不通,所以《否》卦卦辞说:"否之匪人,不利君子贞。"《否·彖》解释说:"天地不交而万物不通也,上下不交而天下无邦也。"王夫之《周易内传》对《泰》《否》二卦的"通"与"不通"颇有心得。他注《泰·彖》说:"阴阳易位以相应,为天气下施,地气上应,君民志感之象,亨之道也。天以清刚之气,为生物之神,而妙其变化,下入地中,以鼓励地之形质上蒸,而品物流形,无不畅遂;若否则神气不流行于形质,而质且槁。"③又说,《泰》卦的特点是内阳外阴,内健外顺,如春气动于内,虽有寒气在上而生物之功必成,所以吉祥亨通;《否》卦则外阳内阴,色厉内荏,如秋日虽炎而肃杀暗行于物内,所以生机闭塞不通。联系《泰》《否》二卦的特点,王夫之又从天人合德的角度发挥了《泰》《否》二卦

---

①　王弼:《周易注》,《王弼集校释》,中华书局1980年版,第276页。

②　程颐:《周易程氏传》卷第一,《二程集》,中华书局2004年版,第753页。

③　王夫之:《周易内传》卷一,《船山全书》第一册,岳麓书社2011年版,第141—142页。

所蕴含的上下和合的人文精神。《泰》卦告诉人们,如果国君能够下体民情,则百姓就会上体君心,君民忧乐与共,则天下通泰和平。如果像《否》卦所示,上下隔膜,各具其是以相非,貌虽应而神相离,天下就不会通泰安宁。总之,"《象传》于此二卦,畅言天地万物消长通塞之机,在往来之际,所以示古今治乱道术邪正之大经,而戒人主之亲贤远奸,君子之持己以中,待物以和,至为深切。学《易》者当于此而审得失存亡之几,不可或忽。"①

阴阳和合感通的生生之道贯穿《周易》始终。一阴一阳,周流六虚;刚柔相推,上下无常。乾坤阴阳为宇宙大生命的一条主脉贯通于六十二卦、三百八十四爻的错综变化中。围绕阴阳和合感通生生之道与六十四卦象征的生命世界之关系,《系辞传》展开为道器之辨。《系辞上》云:"乾坤其易之缊邪?乾坤成列,而易立乎其中矣。乾坤毁,则无以见易。易不可见,则乾坤或几乎息矣。是故形而上者谓之道,形而下者谓之器,化而裁之谓之变,推而行之谓之通,举而错之天下之民谓之事业。"这段话的中心意思是讲《乾》《坤》二卦与《周易》六十二卦的关系,《系辞传》说《乾》《坤》二卦为《易》之"缊"。朱熹注:"缊,所包蓄者,犹衣之著也。《易》之所有,阴阳而已。凡阳皆乾,凡阴皆坤,画卦定位,则二者成列,而《易》之体立矣。"②王夫之注:"缊,衣内絮著也,充实于中之谓。"③是说《乾》《坤》二卦构成《周易》的全部内容,贯通六十二卦的全过程,《周易》阴阳和合之"道"就蕴含在《乾》《坤》二卦中。离开《乾》《坤》二卦,就没有办法理解《周易》六十二卦的变化;离开《周易》六十二卦的推衍变化,《乾》《坤》二卦的功能也就不能展现出来。就此而论,《乾》《坤》二卦阴阳和合感通之生命本体即浑沦无象的"形而上"之"道",《周易》六十四卦、三百八十四爻及其所象征的天地万物是有形可状的"形而下"之"器"。一阴一阳

---

① 王夫之:《周易内传》卷一,《船山全书》第一册,岳麓书社2011年版,第142页。
② 朱熹:《周易本义》,《朱子全书》第一册,上海古籍出版社、安徽教育出版社2010年版,第135页。
③ 王夫之:《周易内传》卷五,《船山全书》第一册,岳麓书社2011年版,第567页。

之"道"不在六十四卦、三百八十四爻之外。阴阳和合之"道"统摄着卦爻象之"器",卦爻象之"器"呈现着一阴一阳之"道"。

四、阴阳、体用、动静

《易·系辞传》曰:"形而上者谓之道,形而下者谓之器。"关于道器、体用、动静的关系,易学哲学史上多有释义。这里援引几家重要的注释,以示鉴别。王弼《周易注》开义理易学之先河,一向为研究易学哲学者所重。韩康伯易学宗王弼,他在解释"一阴一阳"与"道"的关系时说:"道者何? 无之称也,无不通也,无不由也。况之曰道,寂然无体,不可为象。必有之用极,而无之功显。故至乎神无方而易无体,而道可见矣。故穷变以尽神,因神以明道,阴阳虽殊,无一以待之。在阴为无阴,阴以之生;在阳为无阳,阳以之成。故曰'一阴一阳'也。"[1]在王弼派的解释系统中,《周易》的"道"就是老子说的"无",这个超言绝象的"无",却是"阴阳"及阴阳所化生之万物"有"之所以为"有"的根据和前提。从王弼所说的"无"与"有"关系看,"无"是本体,"有"是具体;本体之"无"是静态的,具体的"有"是动态的。"无"之本体并不在"有"之外,也不与"有"相对待,具体到"一阴一阳"来说,"道"在阳而不是阳,在阴而也不是阴,却是"阴"之所以"生"、"阳"之所以"成"的根据。这样说来,"道"作为"无"并不对"有"施加任何作用,阳生阴成,实际上是阴阳之自生自成。这体现了老子的"无为"精神。换个角度说,王弼虽然没有否认"现象界"的变化,但是认为现象界(有)的变化属于有限的、暂时的、表面的,它虽"有"而实"无",而"本体界"之"无"则是虚静的、永恒的、内在的,虽"无"而不无。说天地万物的本体是"无"、是"虚"、是"静",这就又从本体的角度否定了生命世界变化的真实性和可能性。王弼派将本体界定为"无",并赋予其"寂静"的含

---

[1]　韩康伯:《系辞上注》,《王弼集校释》,中华书局1980年版,第541页。

义,它对"现象界"(有)没有任何实质性的作用;同时,从贵无论出发,又不情愿肯定"现象界"(有)变化的内在自主性,这就使他在解释"阴阳"之"化"的本质时,既靠不住"有",又离不开"无",常陷入一种忽有忽无尴尬神秘的境地。如在解释"阴阳不测之为神"这个命题时,韩康伯说:"神也者,变化之极,妙万物而为言,不可以形诘者也,故曰'阴阳不测'。尝试论之曰:原夫两仪之运,万物之动,岂有使之然哉? 莫不独化于大虚,欻尔而自造矣。造之非我,理自玄应,化之无主,数自冥运,故不知所以然而况之神。"①说事物"独化"是"欻尔而自造",这就要求设定有一个自生自造的实体存在(有);又说"造之非我""化之无主",这就等于说事物不是自生自造。两者必居其一,说"自造"就不能贵无,说贵无(化之无主)就不是"自造"。正是在这个意义上裴頠撰《崇有论》,主张"自生而必体有"。王弼陷入"不知所以然"的非有非无的困境。这种有无困境表明贵无论不能圆满解决"一阴一阳"宇宙生机的问题。郭象既否定"有"也否定"无"的"独化论"模式,也难于超克这一理论困境。倒是大约同时的僧肇在《物不迁论》中通过遮拨有无、动静双谴的玄思,干脆说变化的本质就是不变不化,变化是假象,真如常寂静。僧肇说:"求向物于向,于向未尝无;责向物于今,于今未尝有。于今未尝有,以明物不来;于向未尝无,故知物不去。覆而求今,今亦不往。是谓昔物自在昔,不从今以至昔;今物自在今,不从昔以至今。……既无往返之微朕,有何物而可动乎? 然则旋风偃岳而常静,江河竞注而不流,野马飘鼓而不动,日月历天而不周,复何怪哉!"(《物不迁论》)在僧肇看来,事物在每一瞬间都滞住于某一静止的点上,过去的事物存在于过去,不是由现在走向过去;现在的事物存在于现在,不是从过去走向现在。由于时间被割裂为一连串相对静止的点,古与今自然不再有任何联系。所以四象风驰,璇玑电卷,现象世界中的天地万物看似瞬息万变,若从"性住"的角度看世界,现象世界中的一切都不具有时间的连续性,所以不

---

① 韩康伯:《系辞上注》,《王弼集校释》,中华书局1980年版,第543页。

存在一丝一毫的变化。

　　周敦颐《太极图说》提出"一动一静,互为其根"的阴阳论,重新唤醒了阴阳和合创生的宇宙生机论。程颐早年师从周敦颐,作为后学的他虽然没有留下专门解释《太极图说》的文字,但其易学思想与《太极图说》阴阳生机论却有着内在的逻辑关系。关于太极与阴阳的关系,他说:"太极者道也,两仪者阴阳也。阴阳一道也,太极无极也。万物之生,负阴而抱阳,莫不有太极,莫不有两仪,絪缊交感,变化不穷。"①又说:"道者,一阴一阳也。动静无端,阴阳无始。非知道者,孰能识之? 动静相因而成变化,顺继此道则为善也,成之在人则谓之性也。"②这里说的"道"指阴阳动静之本体,"一阴一阳"指"道"体之功能。阴阳动静,相互依存,相互流转,体现了"道"的内在能动性;"无端无始"指阴阳动静同时存在,既没有先后,也没有开端,体现了"道"的无限性。程颐讲阴阳变易,从筮法上说,指卦爻象的变化,卦有阴阳,爻有刚柔。刚柔爻象的相互推易,一卦则转化为另一卦,此即《系辞传》所谓"刚柔相推而生变化"。从哲理上说,卦爻刚柔变化的过程和法则象征天地万物变化的过程和法则。"动静无端,阴阳无始"成为程颐解释《周易》思想义理的一个重要原则。"动静无端,阴阳无始"说是对《周易》经传及汉唐以来易学中辩证思维的发展,其理论贡献在于肯定阴阳对立面的转化,个体事物有成有毁,构成宇宙万物的阴阳之气无穷无尽。所以,从阴阳二气运化不息的根本原理看,世界永远是一个"未济"。程颐解释《既济》与《未济》二卦的关系说:"既济矣,物之穷也。物穷而不变,则无不已之理。易者变易而不穷也。故既济之后,受之以未济而终焉。未济则未穷也,未穷则有生生之义。"③

　　朱熹撰《太极图说解》对周敦颐太极阴阳说进一步作出了理本论的解说。朱熹的基本观点是以"理"释"太极",认为"太极"是形而上之"道","阴阳"是

---

① 程颐:《周易程氏传·易序》,《二程集》,中华书局 2004 年版,第 690 页。
② 程颐:《河南程氏经说》卷第一,《二程集》,中华书局 2004 年版,第 1029 页。
③ 程颐:《周易程氏传》卷第四,《二程集》,中华书局 2004 年版,第 1022 页。

形而下之"器"。他说:"有太极,则一动一静而两仪分;有阴阳,则一变一合而五行具。……盖五行异质,四时异气,而皆不能外乎阴阳。阴阳异位,动静异时,而皆不能离乎太极。"①在《周易本义》中朱熹仍然坚持以理气关系解释"阴阳"与"道"的关系。对"一阴一阳之谓道",朱熹解释说:"阴阳迭运者,气也;其理则所谓道。"②"一阴一阳"指阴与阳的交互作用;"道"即"理",指阴阳交互作用之所以然。接着在解释"继善成性"时,朱熹提出一个值得注意的观念,即"阳"之作用在开发化育,"阴"之作用在具受成性。他说:"道具于阴而行乎阳。继言其发也,善谓化育之功,阳之事也。成言其具也,性谓物之所受,言物生则有性,而各具是道也,阴之事也。"③朱熹认为《周易》原本是卜筮之书,他在注释《周易》时用心关注在卦爻辞占筮的"本义",对宇宙论的发挥十分谨慎。朱熹在《答黄道夫》中说:"天地之间,有理有气。理也者,形而上之道也,生物之本也;气也者,形而下之器也,生物之具也。是以人物之生,必禀此理然后有性;必禀此气然后有形。其性其形虽不外乎一身,然其道器之间分际甚明,不可乱也。"④依朱熹,"理"是宇宙万物存在的根据,故为"形而上之道";"气"是万物构成的质料,故为"形而下之器"。虽然他认为"理"与"气"在"实际"中并无先后上下之可言,但从"真际"或从逻辑上说,理是本质,气是质料,而本质重于质料;理是目的,气是工具,目的支配工具。所以"理"的地位优先于"气",正是在这个意义上朱熹讲理在气先,道在器上,这就是理气、道器之"分际"。显然,朱熹"理本论"的道器观带有理尊气卑、尊道抑器的本质主义特征。

---

① 朱熹:《太极图说解》,《朱子全书》第十三册,上海古籍出版社、安徽教育出版社2010年版,第73页。

② 朱熹:《周易本义》,《朱子全书》第一册,上海古籍出版社、安徽教育出版社2010年版,第126页。

③ 朱熹:《周易本义》,《朱子全书》第一册,上海古籍出版社、安徽教育出版社2010年版,第126页。

④ 朱熹:《晦庵先生朱文公文集》卷五十八,《朱子全书》第二十三册,上海古籍出版社、安徽教育出版社2010年版,第2755页。

与朱熹的逻辑理路不同,王夫之则作出了另一种解释。他说:"'形而下',即形之已成乎物而可见可循者也。形而上之道隐矣,乃必有其形,而后前乎所以成之者之良能著,后乎所以用之者之功效定,故谓之'形而上',而不离乎形。……合道、器而尽上下之理,则圣人之意可见矣。"①值得注意的是,朱熹和王夫之都不否认"道"与"器"、"形而上"与"形而下"在现实中的统一性。朱熹也不否认"理在事中",只是从逻辑上强调理气、道器之"分际",说道在器上,理在气先。王夫之提出"天下惟器""道与器不相离",意在克服朱熹"理本论"本质优先的理论局限,将万物存在的根据(理、道)从"净洁空阔的世界"(冯友兰称之为"真际")落实在阴阳气化流行的"实际"的世界。王夫之道器观与朱熹最根本的不同在于,其所谓"形而上之道"不是一抽象的逻辑形式(理),而是一阴一阳"太和"之"气"变化的本体与势能,王夫之称其为万物"所以成之者之良能"。此"良能",我们不妨称之为"宇宙生机"。

五、乾坤并建与阴阳互函

王夫之对古代阴阳生机论作出了杰出贡献。他说:"静而阴之体见焉,非无阳也;动而阳之用章焉,非无阴也。犹嘘吸本有清温之气,因嘘吸而出入也。故可谓之静生阴,动生阳,而非本无而始生,尤非动之谓阳、静之谓阴也。合之则为太极,分之则为阴阳。不可强同而不相悖害,谓之太和。"②《周易》阴阳和合创生的思想,王夫之概括为"乾坤并建"幽明互函。这一点成为其易学哲学最重要的诠释体例之一。王夫之《周易内传发例》解释"乾坤并建"体例说:

> 乾坤并建,为《周易》之纲宗。篇中及《外传》广论之。盖所谓
> "易有太极"也。周子之图,准此而立。其第二图,阴阳互相交函之
> 象,亦无已而言其并著者如此尔。太极,大圆者也。图但取其一面,

---

① 王夫之:《周易内传》卷五,《船山全书》第一册,岳麓书社 2011 年版,第 568 页。
② 王夫之:《周易内传》卷五,《船山全书》第一册,岳麓书社 2011 年版,第 525 页。

而三阴三阳具焉。其所不能写于图中者,亦有三阴三阳,则六阴六阳
具足矣。特图但显三画卦之象,而《易》之乾坤并建,则以显六画卦
之理。乃能显者,爻之六阴六阳而为十二,所终不能显者,一卦之中,
向者背者,六幽六明,而位亦十二也。十二者,象天十二次之位,为大
圆之体。太极一浑天之全体,见者半,隐者半,阴阳寓于其位,故毂转
而恒见其六。乾明则坤处于幽,坤明则乾处于幽。《周易》并列之,
示不相离,实则一卦之向背而乾坤皆在焉。……乾极乎阳,坤极乎
阴,乾坤并建,而阴阳之极皆显;四象八卦三十六象六十四卦摩荡于
中,无所不极,故谓之太极。阴阳之外无理数,乾坤之外无太极,健顺
之外无德业。①

在王夫之的解释系统中,《易》与天地准,《易》道即天道。所以"乾坤并建"讲
的既是《周易》六十四卦、三百八十四爻以《乾》《坤》二卦为基础的推演原理,
也是在讲阴阳大化生生不已的"健顺之德"是宇宙生命活力的源头。《发例》
又具体说明了《乾》《坤》二卦及其他六十二卦阴阳互函的关系。按照王夫之
的理解,《乾》卦看似纯阳,实有六阴幽藏于内;《坤》卦看似纯阴,也有六阳幽
藏于内。其他六十二卦也是如此,只是阴阳氤氲错综变化比较复杂,表面看不
出而已。比如《屯》《蒙》与《鼎》《革》就是一种阴阳幽明互相包藏的关系。
《屯》《蒙》的阴阳爻象表现于外,《鼎》《革》的阴阳爻象幽藏于内,反之亦然,
故云"明为屯、蒙,则幽为鼎、革"②。其他如《坎》与《离》、《颐》与《大过》、《小
过》与《中孚》,也是阴阳幽明互相包含的关系,这种卦易学史上又称"错卦"或
"反卦"。《周易》另有一些卦叫作"综卦"或"覆卦",比如《泰》与《否》、《夬》
与《姤》、《剥》与《复》、《损》与《益》、《家人》与《睽》、《蹇》与《解》等,后一卦
都是由前卦上下颠倒翻转而来,反之亦然。王夫之说,《周易》"以综为用",要
在告诉"人事往复之报",所以"综卦"在六十四卦中就显得突出,"错卦"有些

① 王夫之:《周易内传发例》,《船山全书》第一册,岳麓书社 2011 年版,第 657—659 页。
② 王夫之:《周易内传发例》,《船山全书》第一册,岳麓书社 2011 年版,第 658 页。

被忽略,这就使阴阳幽明转化的深微义理未能彰显出来,他提出"乾坤并建"的解释体例,正是为了彰显此理,以示阴阳"错综并行之妙"。他说:"要之,絪缊升降,互相消长盈虚于大圆之中,则乾、坤尽之,故谓之'缊',言其充满无间,以爻之备阴阳者言也。又谓之'门',言其出入递用,以爻之十二位具于向背者言也。"①又说:"时隐而时见者,天也,太极之体不滞也。知明而知幽者,人也,太极之用无时而息也。屈伸相感,体用相资,则道义之门出入而不穷。呜呼!太极一图,所以开示乾坤并建之实,为人道之所自立,而知之者鲜矣!"②

　　"乾坤并建"阴阳互函幽明转化的原理在《周易内传》中比比皆是。《周易内传》上经开宗明义说:"易者,互相推移以摩荡之谓。《周易》之书,乾坤并建以为首,易之体也;六十二卦错综乎三十四象而交列焉,易之用也。……屯、蒙以下,或错而幽明易其位,或综而往复易其几,互相易于六位之中,则天道之变化、人事之通塞尽焉。"③王夫之认为,如果乾阳坤阴孤立存在,互相不发生作用,就不会有天地之间的变化,《周易》把纯阳之《乾》卦与纯阴之《坤》卦并立在六十二卦之首,并不意味存在着孤阴孤阳或纯乾纯坤,而是为了说明《周易》之"道"在阴阳,阴阳之象在乾坤,乾阳坤阴相互包含,幽明转化,构成《周易》六十四卦、三百八十四爻推演变化的基础,也象征着天地万物生生化化之根源。在解释《乾》卦卦辞时说:"《周易》并建乾、坤为太始,以阴阳至足者通六十二卦之变通。古今之遥,两间之大,一物之体性,一事之功能,无有阴而无阳,无有阳而无阴,无有地而无天,无有天而无地,不应立一纯阳无阴之卦;而此以纯阳为乾者,盖就阴阳合运之中,举其阳之盛大流行者言之也。六十二卦有时,而乾、坤无时。"④在解释《系辞传》"成象之谓乾,效法之谓坤"时,王夫

---

① 王夫之:《周易内传发例》,《船山全书》第一册,岳麓书社 2011 年版,第 658 页。
② 王夫之:《周易内传发例》,《船山全书》第一册,岳麓书社 2011 年版,第 659 页。
③ 王夫之:《周易内传》卷一,《船山全书》第一册,岳麓书社 2011 年版,第 41 页。
④ 王夫之:《周易内传》卷一,《船山全书》第一册,岳麓书社 2011 年版,第 43 页。

之说:"分言之,则乾阳坤阴;合言之,则乾以阴为体而起用,阴以乾为用而成体,知能并行,而不离一阴一阳之道;法象皆备,继之于人,所以合健顺而成善也。"①又其注"刚柔相推,变在其中"说:"'推'即所谓相摩相荡也。刚以承刚,柔以继柔,常也。其摩荡而相间者,天之化,人之事变所繇生也。六十四卦具,而中有阴阳互杂之爻,则物理人事之变,皆其所备著也。"②其解"天地之大德曰生"说:"万物之生,天之阴阳具而嘘吸以通,地之柔刚具而融结以成。阴以敛之而使固,阳以发之以使灵,刚以干之而使立,柔以濡之而使动。天地之为德,即立天立地之本德,于其生见之矣。"③其中所说的"相摩相荡""阳发阴敛""刚柔融结"均体现了阴阳生机在事物变通中的作用。

王夫之"乾坤并建"说的实质是以阴阳涵化解释宇宙生机。《系辞上》云:"阖户谓之坤,辟户谓之乾,一阖一辟谓之变,往来不穷谓之通。"王夫之解释说,这段话讲的是阴阳在事物变通中的作用。他从"乾坤并建"的体例出发,凡卦之阴爻皆体现了"坤顺之体",阳爻皆体现了"乾健之体",《周易》在《乾》《坤》两卦之外的其他六十二卦虽然"乾坤之象不全",阴阳错综参差不齐,但都蕴含着乾坤之体,所以卦与卦及其象征的天道、人事才可以转化变通。"阖户""辟户",只是对生命世界阳施阴受之宇宙生机的一种比喻。他说:"辟之也动,既辟而静;静以成体,动以发用。故六爻之有阴阳,皆具乾坤之德,而用不穷也。夫阖则必辟,辟则必阖,万象体乾坤而各自为体,阴阳有畸胜而无偏废。"④从具体卦画来说,一阴一阳之相间者,意味着阴阳纯和"纯之必变",所以《既济》《未济》二卦为"变之极";阴阳类聚上下升降者,意味着"变之必通",所以《夬》《姤》《剥》《复》诸卦为"通之盛"。从卦体看,《既济》卦坎上离下,爻象自下而上的初九为阳、六二为阴、九三为阳、六四为阴、九五为阳、上六

---

① 王夫之:《周易内传》卷五,《船山全书》第一册,岳麓书社 2011 年版,第 530 页。
② 王夫之:《周易内传》卷六,《船山全书》第一册,岳麓书社 2011 年版,第 576 页。
③ 王夫之:《周易内传》卷六,《船山全书》第一册,岳麓书社 2011 年版,第 579 页。
④ 王夫之:《周易内传》卷五,《船山全书》第一册,岳麓书社 2011 年版,第 560 页。

为阴,此卦一阴一阳相间交融,纯和有序,不杂不乱,爻皆当位,上下相应,表明生命世界的一个局部或变化的一个阶段上阴阳和合有序,变而必成,故卦名《既济》。《未济》卦离上坎下,爻象自下而上的初六为阴、九二为阳、六三为阴、九四为阳、六五为阴、上九为阳,此卦一阴一阳也是相间交融,纯和有序,不杂不乱,上下相应,但是上下六爻皆不当其位,表明阴阳和合中还存在不和谐因素,意味着生命世界的变化永无止境,故卦名《未济》。依照"乾坤并建"阴阳互函的原则,《既济》与《未济》二卦是互相包含的,正面看《既济》卦的六爻为"显"为"明",反面看,背后则为"隐"为"幽",潜藏着《未济》卦的六爻。"既济"象征大生命世界事物变化的有限性、相对性,"未济"象征大生命世界事物变化的无限性、绝对性。有限性展开为无限性,相对性蕴含着绝对性。所以王夫之把此二卦看成是"变之极",亦即阴阳"纯而必变"的典型卦例。又如《夬》卦五阳类聚于下,一阴居上,象征阳势旺盛,阴气消退;《姤》卦五阳类聚于上,一阴邂近于下,象征阳势盛极,阴气滋长;《剥》卦一阳居上,五阴类聚于下,象征阴气旺盛,阳势消退;《复》卦五阴类聚于上,一阳来复,象征阴气盛极,阳势复苏。同样依照"乾坤并建"幽明互函的体例,《夬》卦幽藏着它的反卦《剥》,《姤》卦幽藏着它的反卦《复》,充分体现了阴阳幽明涵化的微妙生机。据此,王夫之将此四卦看成是阴阳变通之"盛"的典型卦例。

王夫之以"乾坤并建"解释《周易》六十四卦、三百八十四爻的变化及其所象征的生命世界的化生原理,其宇宙论、生机论涵万化,备众理,弥纶天地,纵横捭阖,寥廓无垠的生命世界或"宇宙生机"的宏观场景被充分打开,彰显无余。但是,基于"天下惟器"的客观实在论立场,此种"宇宙生成论"表达方式对于展现"宇宙生机"的本体论意涵,尚存一间之地。易言之,《周易》天地生生之"德"在"物化"层面得到了解释,而其"性神"层面的微妙精义尚未得到玄通圆明的理会。熊十力《新唯识论》的"新易学"之得力处在此。

六、从"翕辟"说生机

《周易》之"道"的本质在"生生",此生生之德,熊十力早已定名立说为"大生命",以有别于生物包括人类个体所执着的"小生命"。一再强调研究《周易》不能不谈"阴阳生机"问题,因为易道"太极"之大用在"阴阳",阴阳之势能谓之"生机"。古今《周易》注疏繁多,对"阴阳生机"论的解说多流于"皮相"之见,亦即生命形迹的描述,而对生命之所以为生命的内在本性(生生之德)少有鞭辟入里的证解。对《周易》哲学的生命意蕴,王阳明、王夫之有独到的体会和诠释,单是这一点就很了不起,使二人成为经学时代一流的哲学家。然而,毋庸讳言,阳明心易,精而不宏;船山气易,宏而未精。王阳明不仅学《易》,而且占《易》,虽对《易》道体察精深,却没有专门的《易》学撰著,其"良知"即太极的心易说,生命本体之"灵明""化机"散见于诗歌、游记、论学书中,东鳞西爪,时隐时现,故云精而不宏;王夫之在《易》学撰著上颇费心力,《内传》《外传》《稗疏》结构宏大,义理浩瀚,但其"乾坤并建"幽明涵化的气本论宇宙观虽然博大,本体论却相对有些松散,甚至被熊十力批评为"二元论",故云宏而未精。王弼援老入易,贵无立体,从本体上主静,在现象上说动,体用两截,不得圆融,生命活力不足;程颐以"理"说"易",其《易传》长于解释人文化成的人道伦理价值,对天地生生之德的自然生机(阴阳)照察不透,"天理"流于形式,难得彰显生命内力。朱熹视占筮为《周易》"本义",其理本论易学生命意力之匮乏与程氏易传同。邵雍《皇极经世》立"先天之学",以"象数"发"天机",以"人智"规"天行",阴阳化机囿于先天神秘乖巧的"数","生生之道"很难在人的后天生命实践中"肉身化",故一再遭到王夫之的批评。如果说有谁对"大易生生之道"有真得正解,熊十力一人而已。这一点使他成为世界级的一代奇哲,20 世纪最有创见的哲学家!

关于宇宙的生命活力,熊十力在《新唯识论》中说:"宇宙原是大用流行,不妨说为一大动力。一者,绝对义。大者,无所不包义。动者,神变无穷义。此动非与静为对待之词。力者,言乎神变无穷之势用也。此力字,勿作物理学上所谓能力来理会。只此动力,无别实在的物质。动力不凝摄,则空荡无物,将何所藉以自表现耶?其凝摄也,则分为众多之点滴然。由此点滴,渐渐转粗,而形成所谓原子电子,乃至辗转形成物质宇宙。"①关于宇宙的本质是"心"还是"物"的问题,在熊十力"新唯识论"哲学体系中自立一说,且逻辑严密,自成体系,此不赘言。重要的是熊先生对"宇宙大动力"所做的本体论解析,对于诠释易学大生命哲学颇有深意。熊十力认为,生命本体,湛然虚寂,超言绝象;发为功用,恒转如流。"恒转"作为本体之发用,表现为两种"势用"(势能与作用),曰"翕"与"辟"。"翕"的势用是收摄凝聚,"辟"之势用是刚健主动。就其收摄凝聚,假名为"物";就其刚健主动,假名为"心"。他说:"翕和辟本非异体,只是势用而有分殊而已。辟必待翕而后有所运用,翕必待辟而后见为流行,识有主宰。如果只有辟而没有翕,那便是茫茫荡荡,无复有物。如此,则辟的势用将浮游靡寄而无运用之具,易言之,即无所依据以显发辟的德用。……又应复知,如果只有翕没有辟,那便是完全物化,宇宙只是顽固坚凝的死物。"②熊十力认为,宇宙不是一个机械物理的世界,而是一"流行无碍"的生命整体,我们把宇宙万象分割成片片断断的东西来看,把这些片片断断的东西叫作"物质"或"客观存在",不过是依托"翕的势用"偏执误起分别的幻象,其实弥漫于翕之中并主宰运用翕者,只是"辟的势用"。"辟"有相而无形,非虚无故,所以有相;非有方所,所以无形。它是一种向上的、伸张的、猛进的、与其本体相向一致的势用;"翕"是下沉的、有形的、收凝的、退缩的、与本体相反的势用。换句话说,生命本体至刚至健,是永远不会向下堕落或"物化的","翕"虽说也是本体的显现,但其下沉物化的用向是与本体或生命本性相反

①　熊十力:《新唯识论》,《熊十力全集》第三卷,湖北教育出版社2001年版,第9—10页。
②　熊十力:《新唯识论》,《熊十力全集》第三卷,湖北教育出版社2001年版,第102—103页。

的;相反,"辟"作为本体的显现,虽然不可以直说为本体,但它向上猛进、永不物化的用向正是"本体自性"的显发,熊十力谓之"举体成用",亦即本体举其全体悉成为一切功用,此种无量大用流行无碍,故能运用"翕"并为之主宰而不被物化。在这个意义说:"辟名为心,翕名为物。今如吾心为吾身之主,而交乎一切物,能裁断不爽焉,即此而知辟为主宰。"①

"翕"与"辟"同体异用。此说源自《周易》乾坤同元,乾健而坤顺,所以生命本体不会物化。熊十力说:

> 乾卦,三爻皆奇数,吾借以表示辟。坤卦,三爻皆偶数,吾借以表示翕。翕即成物,物界是有待的,故用偶数。辟者神也,神无形而不可分割,故用奇数。……从来讲《易》学的人,或以为乾卦三爻纯阳而无阴,坤卦三爻纯阴而无阳,这是极大的错误。其实乾坤是互相错的(自注:错者,对待义),而亦是互相综的(自注:综者,融和义)。不可把乾、坤当做二元论去理会。说乾便涵者坤,说坤便涵者乾,其妙如此。②

乾健坤顺,以"乾元"为"宇宙之心"统摄主宰万物,是熊十力新易学的根本特质。依熊十力"体用不二"来说,"乾"为刚健生生之"体","坤"为承载显发"乾元"刚健之德的"用"或"资具"。乾健主宰万物,坤顺承载万物。乾涵化坤,坤顺承乾,所以世界不是一团呆板僵死"物",而是不断向上冲进的生命化的宇宙。同理,其翕辟成变说也是如此。才说到"翕",便蕴含着"辟";才说到"辟",便蕴含着"翕"。然而,说翕辟是一个整体,此整体不可以理解成"一合相",亦即各种东西的杂乱混同,而是基于"内在矛盾"有条理、可分化的有机整体。此有条理、可分化的内在矛盾或生机即"翕辟"。熊十力认为,人们通常说的"自然"或"物质宇宙",虽然不可说是有个"造物主"在支配创作,内

---

① 熊十力:《新唯识论》,《熊十力全集》第三卷,湖北教育出版社 2001 年版,第 103—104 页。

② 熊十力:《新唯识论》,《熊十力全集》第三卷,湖北教育出版社 2001 年版,第 108 页。

部确有一种"向上的不物化的势用"存在着。此种生命进化的势用,熊十力称作"辟",又叫"宇宙的心"。他说:"一一物各具之心,即是宇宙的心;宇宙的心,即是一一物各具之心。譬如大海水遍现为一一沤,此一一沤,皆涵有大海水全量。"①"宇宙的心"即"宇宙"的生命本体。不过,"宇宙的心"要冲破呆板暗昧的物质束缚而呈现出来,非常困难,且有一个漫长的进化过程。有机物出现之前,宇宙生机好像潜伏在万丈深渊,隐而不显,甚至就像毫无生机的样子。但不能说无机界就不存在生命的潜能或"宇宙的心"向上冲进的"辟"之势用。譬如一颗电子的振动,并不是死呆呆地在一个轨道上运转,"电子总是在许多轨道上跳来跳去,它一忽儿在此一轨道上消失,一忽儿在另一轨道上产生,也不是有外力使之然的,这就是由它内部具有辟或心这种势用为之主宰"②。只是这种势用潜存乎一切物中不易觉察罢了。有机物出现,生命活力微露,到了动植物,宇宙"向上冲进而不物化"的生机活力更为明显。人类出现,人类的"灵明之心"即"宇宙的心",宇宙的生机活力透过人的"灵明之心"获得最通透、最朝彻的显发。在《新唯识论》的《恒转》《功能》《成物》《明心》诸篇中,反复论说的都是"宇宙的心"一翕一辟由隐至显所呈现的"生生化化"的宇宙生机论原理。

熊十力翕辟成变的宇宙生机论源于乾坤同体异用的《大易》之道和王阳明"良知"即万化根源的心易说,与佛家大乘空有二宗的体用说也不无关系。熊十力认为,空有二宗对世界真如本相虽有深解,但却对世界真实本体并没有见到真实处。空宗破相显性的"遮诠"法,虽然参透了"现象界"的非真实性,然而其离"有"说"空"的性空理论不免"眈空滞寂",陷入虚无主义;有宗标新立异,破"空"立"有",虽然与空宗对宇宙本相的理解有所不同,但其"种子为有"和"真如常住"说不仅有"二元论"或"多元论"的谬妄,而且离开"生生化化"而谈"真实",本身就陷入更大的谬误,这与空宗理论并没有什么不同。据

①　熊十力:《新唯识论》,《熊十力全集》第三卷,湖北教育出版社 2001 年版,第 110 页。
②　熊十力:《新唯识论》,《熊十力全集》第三卷,湖北教育出版社 2001 年版,第 109 页。

此,熊十力别开生面,另立新论,他针对有宗"本体绝对真实"遮拨说:"本体是绝对的真实,有宗云然,本论亦云然。但在本论,所谓真实者并不是凝然坚住的物事,而是个恒在生生化化的物事。唯其至真至实,所以生生化化自不容已。亦唯生生化化不容已,才是至真至实。"①熊十力认为,不可以离变化而谈本体,若世界无生无化,一切现象无有起作,无有显现,这个世界就是"顽空",那个本体又在何处安立?又何以验证"此体真极而非无"?总之,体用不二,现象与本体不可分,即用说体而体即用,即体显用而用即体。谈本体清寂不染而体不离用,故虽虚渺而不空无;谈功用万化有象而用即涵体,故虽有象而不物化。这样宇宙生生化化的本相得以体用圆融的表达。宇宙生机论经王夫之得以大开阖,至熊十力万化统摄于翕辟,翕辟复深根宁极于"宇宙之心",至真至实、超言绝象、非常非断、寂仁合一的生命本体得以活灵活现。

---

① 熊十力:《新唯识论》,《熊十力全集》第三卷,湖北教育出版社 2001 年版,第 210 页。

第四章　八卦、时空与万物一体

众所周知,《周易》是一部讲"卦"(八卦、六十四卦)的书。"八卦"作为《周易》最基本的范畴之一,就像"太极""阴阳"一样,讲《周易》哲学时时处处都离不开它。但是《周易》本经卦爻辞中并没有"八卦"概念,"八卦"在《易传》的《系辞传》《说卦传》中得以系统展现。所以要理解"八卦"的丰富内涵,必须联系《系辞传》来读《说卦传》。《系辞下》云:"古者庖羲氏之王天下也,仰则观象于天,俯则观法于地,观鸟兽之文,与地之宜,近取诸身,远取诸物,于是始作八卦,以通神明之德,以类万物之情。"庖羲氏即伏羲氏,是远古先民智慧的一个象征。取象于天地自然的"八卦"图式源于远古先民的生产和生活经验,"八卦"用简易的符号演绎了生命世界的时空秩序及与此时空秩序息息相通的阴阳生机和生命万象,此即"通神明之德""类万物之情"。本章依据《说卦传》从天象变化、地理方位的时空秩序解释"八卦"及其象征意义,申说易道的普遍性及天、地、人和谐共生的生命整体性。

一、八卦与宇宙时空秩序

先说"八卦"(经卦)与"六十四卦"(重卦)的关系。《系辞下》云:"八卦成列,象在其中矣。因而重之,爻在其中矣。刚柔相推,变在其中矣。系辞焉而命之,动在其中矣。"

这段话包含三层义理:一是"八卦"与"六十四卦"的关系;二是阴阳爻与变化的关系;三是卦爻辞与人的行为的关系。王夫之对此做过独到的解释,他说:"'成列'谓三画具而已成乎卦体,乾、坤、震、巽、坎、离、艮、兑交错以并列也。'象'者,天、地、雷、风、水、火、山、泽之法象;八卦具而天地之化迹具其中矣。'因而重之'者,因八卦之体,仍而不改,每画演而为二,以具阴阳、柔刚、仁义之道也。'爻'者,效也。重三为六,则天地之化理,人物之情事,所以成万变而酬酢之道皆呈效于其中矣。"①王夫之认为,三画卦为"固然之体",亦即构成生命世界的八种自然法象,六画卦为"当然而必然之用",亦即人在天地自然时空秩序或生命存在境遇中"法天而应物"的作为。他说,阴阳具而后天效其"神";柔刚具而后地效其"化";仁义具而后人效其"德"。人之效法自然、顺应物势、随时应变的主动性,就来自对"八卦"所展开的六十四卦、三百八十四爻变化之道的认识。可以看出,八卦是六十四卦之根脉,六十四卦是八卦之枝叶。没有八卦,就没有六十四卦,不了解《说卦传》所展示的八卦的象征意义,也就不能准确把握六十四卦的象征意义及其所表达的"时""时义""时用"。因此,要准确把握六十四卦的卦德,最基本的是要掌握《说卦传》所述的八卦之"象",此即比类取象。为了便于记忆八卦的卦画,古人有顺口语:"乾三连,坤六断,震仰盂,艮覆碗,离中虚,坎中满,兑上缺,巽下断。"这就是通常所说的"八卦取象歌"。据此即可画得八卦之象,由八卦两两相重即可画出六十四卦之卦画。

《说卦传》又告诉我们《周易》八卦所象征的生命世界的八种自然物象——天、地、雷、风、水、火、山、泽——的性状及八卦与动物、植物、人体、家庭诸多方面的比类连属关系。《说卦传》云:"天地定位,山泽通气,雷风相薄,水火不相射,八卦相错。"此言八卦所取象的天、地、山、泽、雷、风、水、火的相互

---

① 王夫之:《周易内传》卷六,《船山全书》第一册,岳麓书社 2011 年版,第 573 页。

关系,北宋邵雍所说的"伏羲先天八卦"即源于此(详见本书第四章的"伏羲八卦方位图")。又云:"雷以动之,风以散之,雨以润之,日以烜之,艮以止之,兑以说之,乾以君之,坤以藏之。"此言八卦所代表的八种自然物象的具体功能属性。传文说,《震》取象于雷,其特性是振作推动;《巽》取象于风,其特性是扩散传播;《坎》取象于雨,其特性是滋润万物;《离》取象于日,其特性是光照万物;《艮》取象于山,其特性是静止不动;《兑》取象于泽,其特性是欣喜愉悦;《乾》取象于天,其特性是创生统领;《坤》取象于地,其特性是包容承载。又说:"乾,健也;坤,顺也;震,动也;巽,入也;坎,陷也;离,丽也;艮,止也;兑,说也。"此言八卦之德或八卦的基本性格,即《乾》主刚健,《坤》主柔顺,《震》主振动,《巽》主融入,《坎》主险陷,《离》主明丽,《艮》主静止,《兑》主欢悦。从八卦所代表的动物看:"乾为马,坤为牛,震为龙,巽为鸡,坎为豕,离为雉,艮为狗,兑为羊。"从八卦所代表的人的机体生理看:"乾为首,坤为腹,震为足,巽为股,坎为耳,离为目,艮为手,兑为口。"《说卦传》还分别归结了八卦所取象的动物、植物、人、颜色、器具、土质等诸多方面。以上内容原是从卦爻辞中归纳出来的,属于先民生活经验的总结,也为后来占者解释六十四卦卦爻辞提供了依据。

下面重点阐释的是"八卦"所构成的宇宙时空秩序及天地万物生命整体性观念。关于"八卦"所代表的宇宙时空秩序,《说卦传》云:

> 帝出乎震,齐乎巽,相见乎离,致役乎坤,说言乎兑,战乎乾,劳乎坎,成言乎艮。万物出乎震,震东方也。齐乎巽,巽东南也。齐也者,言万物之絜齐也。离也者,明也,万物皆相见,南方之卦也。圣人南面而听天下,向明而治,盖取诸此也。坤也者,地也,万物皆致养焉,故曰致役乎坤。兑,正秋也,万物之所说也,故曰说言乎兑。战乎乾,乾西北之卦也,言阴阳相薄也。坎者水也,正北方之卦也,劳卦也,万物之所归也,故曰劳乎坎。艮东北之卦也,万物之所成终而所成始也,故曰成言乎艮。

此处述及八卦方位的话文字并不考究,邵雍称其为文王所作的"后天八卦"方位。这段话可分两个层次来看。先说"八卦"的运行,后面的话像是对前面八卦文字的注释,似乎并不完整,但其以八卦方位说明宇宙时空秩序的意思还是明白的。传文将"八卦"配以东、南、西、北、东南、西南、西北、东北四方八维;立春、春分、立夏、夏至、立秋、秋分、立冬、冬至四时八节,演绎生命世界自然造物之空间方位与时间节律。朱熹注:"帝者,天之主宰。邵子曰,此卦位乃文王所定,所谓后天之学也。"[1]《震》,东方;《巽》,东南;《离》,南方;《坤》,西南;《兑》,西方;《乾》,西北;《坎》,北方;《艮》,东北。于此,八卦之方位备矣。依照《说卦传》的理解,《震》属东方,代表万物萌生的春分时节;《巽》属东南,代表万物茁壮发育的夏初时节;《离》属南方,代表万物争相展现的夏至时节;《坤》属西南,代表万物都得到护养的立秋时节;《兑》属西方,代表万物硕果累累赏心悦目的秋分时节;《乾》属西北,代表阴阳相互逼迫的立冬时节;《坎》属北方,代表万物劳倦归藏的冬至时节;《艮》属东北,代表万物终结于此而又重新开始的立春时节。传文演绎的四方八维、四时八节、原始反终、循环无端的大生命时空秩序,构成《周易》大生命哲学最基本、最显著的思想底色和逻辑框架。令人惊叹的是,古人构建的完备而和谐的生命世界及其时空秩序,其"时间"和"空间"性状,既不同于牛顿设定的机械的、物理的时空观,视"时间"为一维的、直线的、机械的流逝,视"空间"为三维的、立体的、凝固的框架,也不似康德所设想的两种彼此毫不相干的用来整合杂乱经验的"先验的"感性形式。《周易》此种与生命世界休戚相关的时间与空间,两者是相互支撑、相互蕴含、圆融无碍的。时间是流动的空间,空间是广延的时间;时间是生命的绵延,空间是生命的展演。时间中有空间,所以时间不是终始两端之间的一条直线,而是"循环无端"的"圆"和"反",故云"圆而神";空间中有时间,所以空间不是"用以搁置"物体之僵硬凝固的架构,而是"上下无常""周流六虚"

---

① 朱熹:《周易本义》,《朱子全书》第一册,上海古籍出版社、安徽教育出版社2010年版,第154页。

的"方"和"变",故云"方以知"。时间和空间的圆融,即一阴一阳之"道"统摄天地、化育万有、生生不息、循环往复的"时空秩序"。《周易》哲学认为,人类生活在生命世界的宇宙大时空中,不仅物质生产要与其保持共同的节律,诸如春种、夏耘、秋收、冬藏之类,就是社会活动、精神生活,诸如战争、商旅、祭祀、婚姻、教育等也是如此。天人合德的实质是天地自然规律与人类社会实践方式的耦合,此种思维方式在《周易》援天道以明人事,尽人事以俟天命的生命哲学中得到充分的发挥。

恩格斯在《自然辩证法》中谈及宇宙的时空无限性时指出:"诸天体在无限时间内永恒重复的先后相继,不过是无数天体在无限空间内同时并存的逻辑补充。""在这个循环中,最高发展的时间,即有机生命的时间,尤其是具有自我意识和自然界意识的人的生命的时间,如同生命和自我意识的活动空间一样,是极为有限的;在这个循环中,物质的每一有限的存在方式,不论是太阳或星云,个别动物或动物种属,化学的化合或分解,都同样是暂时的,而且除了永恒变化着的、永恒运动着的物质及其运动和变化的规律以外,再没有什么永恒的东西了。但是,不论这个循环在时间和空间中如何经常地和如何无情地完成着,不论有多少亿个太阳和地球产生和灭亡,不论要经历多长时间才能在一个太阳系内而且只在一个行星上形成有机生命的条件,不论有多么多的数也数不尽的有机物必定先产生和灭亡,然后具有能思维的脑子的动物才从它们中间发展出来,并在一个很短的时间内找到适于生存的条件,而后又被残酷地毁灭,我们还是确信:物质在其一切变化中仍永远是物质,它的任何一个属性任何时候都不会丧失,因此,物质虽然必将以铁的必然性在地球上再次毁灭物质的最高的精华——思维着的精神,但在另外的地方和另外一个时候又一定以同样的铁的必然性把它重新产生出来。"①《周易》"原始反终"无限循环的大生命时空观与恩格斯所阐述的时空无限性辩证的自然观颇为一致。

---

① 中共中央马克思恩格斯列宁斯大林著作编译局编译:《马克思恩格斯文集》第九卷,人民出版社 2009 年版,第 426 页。

二、孟喜"卦气说"的时空观

八卦象数的自然哲学意义在汉代孟喜卦气说中得以最早的系统发挥。朱伯崑先生曾将汉代易学(汉易)研究风格归结为三种倾向:一是以孟喜、京房为代表的官方易学。宋人称其为象数之学,注重以奇偶之数和八卦所象征的物象解说《周易》经传,以卦气说解释《周易》原理,利用《周易》宣扬阴阳灾变。二是以费直为代表的费氏易学。费氏易传虽已失传,但从班固所述及其对后世的影响看,此派易学不讲卦气说和阴阳灾变,注重《周易》经传的义理,是汉初陆贾《新语》、韩婴《子夏传》《韩诗外传》中零散发挥的人文易学精神的继承发扬。三是将易学与黄老思想相结合来讲阴阳变易学说的道家易学。《淮南子·天文训》、西汉后期严君平援《易》入《老》的《道德经指归》及其弟子扬雄易老合一的《太玄》是其代表。这三种倾向的易学并非截然对立的。朱先生认为,汉代易学的主流是孟喜和京房的易学,"他们是汉易象数学派的创始者,汉易作为易学史上的一大阶段,可以以孟京易学为代表"①。

《汉书·儒林传》载,孟喜曾参加汉宣帝甘露三年在石渠阁举行的经学论辩,是当时有名的今文经学家,也是汉易卦气说的倡导者。其易学著作,虽已失传,但其易说的一部分保存在唐代天文学家、高僧一行的《卦议》中。一行《卦议》引孟喜卦气说云:

> 自冬至初,中孚用事。一月之策,九六七八,是为三十。而卦以地六,候以天五。五六相乘,消息一变,十有二变而岁复初。坎、震、离、兑,二十四气,次主一爻,其初则二至、二分也。坎以阴包阳,故自北正,微阳动于下,升而未达,极于二月,凝固之气消,坎运终焉。春分出于震,始据万物之元,为主于内,则群阴化而从之,极于正南,而

---

① 朱伯崑:《易学哲学史》第一卷,蓝灯文化事业股份有限公司1991年版,第130页。

丰大之变穷,震功究焉。离以阳包阴,故自正南,微阴生于地下,积而
未章,至于八月,文明之质衰,离运终焉。仲秋阴形于兑,始循万物之
末,为主于内,群阳降而承之,极于北正,而天泽之施穷,兑功究焉。
故阳七之静始于坎,阳九之动始于震,阴八之静始于离,阴六之动始
于兑。故四象之变,皆兼六爻,而中节之应备矣。①

这段完整表达孟喜卦气说的文献,对于缺少易学基础和古代天文历算知识的
现代人来说,不易读懂。然而,朱伯崑先生的解读却十分明白,使人茅塞顿开。
孟喜卦气说从根本上说,讲的是生命世界四时变化与《周易》中《坎》《震》
《离》《兑》(四正卦)所表征的阴阳卦气之关系。依朱先生的诠释,孟喜的卦
气说可分三个层面加以理解:首先讲的是一年四时二十四节气的变化与卦气
的分配。一年二十四节气、七十二候的变化,从代表冬至初候的《中孚》卦开
始,此即"中孚用事"。一个月三十天,正好是《周易》筮法中老阳、老阴、少阳、
少阴之数九、六、七、八四个数之和,这种巧合以神秘的形式表达的却是天地大
生命世界自然秩序与《周易》卦气同源同构的内在关系。按照一个月配置五
卦来计算,每卦代表或主管六日许,此即"卦以地六";"候以天五"的"候",泛
指七十二候,是说二十四节气所包含的七十二候中的每两候之间约五日有余。
"五六相乘,消息一变"是说代表天地阴阳之中数的阳数"五"和阴数"六"相
乘为三十日,代表一个月中的节气或一年气候变化的一个阶段。一年为十二
个月,其节气的变化有十二个阶段,依次循环往复,故云"十有二变而岁复
初"。"坎、震、离、兑,二十四气,次主一爻",是说《坎》《震》《离》《兑》(四正
卦)分别主管二十四节气中的六个节气,即从冬至到惊蛰属于《坎》卦用事,从
春分到芒种属于《震》卦用事,从夏至到白露属于《离》卦用事,从秋分到大雪
属于《兑》卦用事。四正卦每卦六爻,每一爻又分管一个节气,如《坎》卦初六
为冬至,九二为小寒,六三为大寒,六四为立春,九五为雨水,上六为惊蛰。

---

① 欧阳修、宋祁:《志》第十七,《新唐书》卷二十七,中华书局 2000 年版,第 399 页。

《震》《离》《兑》三卦以此类推,二十四节气各有所主。其中四正卦的初爻分别代表冬至、春分、夏至、秋分,此即"其初则二至、二分"。

其次,以阴阳卦气解释四时变化的时空关系。《坎》卦二阴包一阳,代表冬至时令所至的寒冷的北方;此时阳气微弱萌动,还不充分,到了二月,凝固的阴气渐渐消散,《坎》卦用事的寒冷气候结束,于是迎来春天。《震》卦为雷,为卦一阳生于二阴之下,是生命万象复苏的开端和元始,代表春分时令所至的东方;此时阳气渐壮,群阴化而从之,由东向南运行,阳气渐渐强盛,于是《震》卦用事的春天气候结束,进入夏天。《离》卦二阳包一阴,代表夏至时令所在的南方;此时阳气强盛,阴气"积而未章",潜伏于内,到了八月,阴气渐长,阳气渐衰,《离》卦所主光明热烈的气候结束,秋天来到。《兑》卦一阴为主在上,二阳伏承于下,此即"群阳降而承之",代表秋分时令所至的西方;此时卦气北运,阴气渐渐强劲,至正北方而极盛,"天泽之施穷",《兑》卦所主的秋高气爽、果实成熟的气候结束,严酷寒冷的冬天降临。于是天地大生命世界的时空秩序又开始循环往复的新的轮回。

最后,以六十卦配七十二候说。据《新唐书》律历志载,孟喜卦气说以四正卦配二十四节气,每一节气又分初、中、末三候,共七十二候,分别以四正卦之外的其他六十卦主之,此即以六十卦配七十二候说。其配置方法和原则是:先将六十卦按辟、公、侯、卿、大夫五等级,分为五组,每组各十二卦。诸如十二辟卦为《复》《临》《泰》《大壮》《夬》《乾》《姤》《遁》《否》《观》《剥》《坤》十二卦,又称十二月卦;十二公卦为《中孚》《升》《渐》《解》《革》《小畜》《咸》《履》《损》《贲》《困》《大过》;十二侯卦为《屯》《小过》《需》《豫》《旅》《大有》《鼎》《恒》《巽》《归妹》《艮》《未济》;十二卿卦为《睽》《益》《晋》《蛊》《比》《井》《涣》《同人》《大畜》《明夷》《噬嗑》《颐》;十二大夫卦为《谦》《蒙》《随》《讼》《师》《家人》《丰》《节》《萃》《无妄》《既济》《蹇》。然后,再将不同等级的卦配置到七十二候中。配置原则是,凡初候二十四,配以公卦和侯卦;次候二十四,配以辟卦和大夫卦;末候二十四,配以侯卦和卿卦。六十卦配七十二候,缺十二卦,则以侯卦补之。所以候卦又分内外,初候为外,末候为内。又将每月的月首称"节",月中称"中",二十四节气又分成了十二节气和十二中气。这样就形成了一年四时、十二月、二十四节、七十二候的时间秩序。就一年气候变化说,从十一月中冬至开始,初候为公卦《中孚》,次候为辟卦《复》,末候为候卦《屯》内,到次年十一月节大雪末候卿卦《颐》,为一年节气变化的终结。此即孟喜卦气说所说的"四象之变,皆兼六爻,而中、节之应备矣"。唐高僧一行依据孟喜的"卦气说"制一"卦气图",具体表列了"卦气"与一年四时、十二月、二十四节气、七十二物候的变化节律的关系。朱伯崑先生说:"以上图式,未必都是孟喜的说法。但四正卦说,十二月卦说,六十卦配以七十二候,皆出于孟喜易学,这是可以肯定的。"[①]

关于孟喜的卦气说,牟宗三在《周易的自然哲学与道德函义》一书中曾指出:"卦气者即以 64 卦匹配一岁之时序或气候也。每一时每一气必有一卦之性以应之,换言之即用卦表象时序之谓。这也是一种宇宙条理观。"又说:"卦气说实是天人感应的一个很好的根本原理。时序气候人事阶级一切的一切皆配成一个大条理,以表示其间的征应。"[②]回顾古代人的天文律历观念,前面已经说过,古人构建的完备而和谐的生命世界及其时空秩序,其"时间"和"空间"性状,既不是牛顿设定的一维的、直线的、机械的流逝性和三维的、立体的、凝固的框架性,也不似康德所设想的两种彼此毫不相干的用来整合杂乱经验的"先验的"感性形式。此种与生命本体休戚相关、体用不二的时间与空间,两者是相互支撑、相互蕴含、圆融无碍的。时间和空间的圆融,即一阴一阳所呈现的"道"。在本质上说,孟喜卦气说构想的大生命时空观是生命本体之"道"的绵延与呈现。更为不可思议的是至真、至善、至美的生命世界及其完整而和谐的时空秩序,这一切,既不是万能"上帝"的安排,也无须任何外力的推动,而是一种貌似神秘的"数"之动静,即"阳九之动""阳七之静""阴六之

---

① 朱伯崑:《易学哲学史》第一卷,蓝灯文化事业股份有限公司 1991 年版,第 135 页。
② 牟宗三:《周易的自然哲学与道德函义》,《牟宗三先生全集》第一册,联经出版公司 2003 年版,第 32、33 页。

动""阴八之静"所赋予的貌似神秘的"卦"(《坎》《震》《离》《兑》)所象征的天地阴阳之气自然而然变化的结果。我们不妨说,孟喜卦气说用以表达宇宙生命的神秘形式中蕴含着一种深刻的自然辩证法则和生命意识。

孟喜卦气说又蕴含了一种今天人们正在唤醒的生态人文精神。唐一行根据孟喜卦气说制定的《卦气图》中表列的七十二种物候,其中有鸿雁、玄鸟、鹰、鸠、鹗、鹊、雀、仓庚、野鸡等飞禽的往来,有虎、豹、麋鹿、水獭、田鼠等走兽的活动,有蝼蛄、蝈蝈、蟋蟀、蚯蚓、寒蝉、萤火虫、螳螂等昆虫的蛰伏出没,有桃花、黄瓜、苦菜、靡草、菊花、浮萍等植物的盛衰枯荣。万类长天竞自由!这些生命存在的物类不分大小、没有美丑,更没有等级贵贱,伴随着大自然中天地、阴阳、风雨、霜露、雷电的周期性变化,用各自生命的律动共同展演着大生命世界的时空秩序和大自然生命力的完美与和谐。这种万物平等、竞相自由,与天地共在,与阴阳周行的自然物类、自然过程、自然规律、自然本性,构成人类生产、生存、生活、生命活动的自然基础和生态环境,是当今正在唤醒的环境保护意识和生态人文精神之源泉。孟喜卦气说源于《礼记·月令》《吕氏春秋·十二纪》《淮南子·时则训》。秦汉之际的这几篇文献都讲一年四季气候的变化,其中二十四节气、七十二候说大体都已具备。特别是在《礼记·月令》中,生命世界是一个自然天道、宗教神灵、人文政令井然有序的多层次结构。从孟春"日在营室"到季冬的"日在婺女"(营室、婺女均为星宿名),太阳运行而成四时。每时分三月,每月两个节气,每个节气各有三候。与四时相对应,每时都有一班帝神主事,每个月各有相应的祭祀礼制。五行与四时的运转相配合,春、夏、秋、冬对应木、火、金、水,土则在夏秋之交,位居中央。四时变化受阴阳和五行的制约。再下一个层次是各种人事活动,从天子到万民,政令、民事、农事、刑狱等等。这些人事政令都要受到阴阳、四时、五行等各种自然力的制约。所以,人要遵循自然律或宇宙时空秩序,抗拒或违背自然律,逆反宇宙时空秩序,就要受到惩罚。从这个角度说,《礼记·月令》称得上是古人一部"自然法"。孟喜卦气说不过是将其配以六十四卦来解释一年四季气候的变化而已。

孟喜以爻象解释卦气变化，其最简明也最有影响的理论模式是其"十二辟卦说"。其顺序如下：《复》《临》《泰》《大壮》《夬》《乾》《姤》《遁》《否》《观》《剥》《坤》。前六卦，从《复》到《乾》，阳爻自下而上渐渐上升，表示阳气不断增强。《复》卦一阳生，《临》卦二阳生，《泰》卦三阳生，《大壮》卦四阳生，《夬》卦五阳生，《乾》卦六爻皆阳，象征阳气极盛。此为阳息阴消的过程。后六卦，从《姤》至《坤》，阴爻自下而上渐渐上升，表示阴气不断增强。《姤》卦一阴生，《遁》卦二阴生，《否》卦三阴生，《观》卦四阴生，《剥》卦五阴生，《坤》卦六爻皆阴，象征阴气极盛。此为阴息阳消的过程。在这里，《易·系辞传》中作为宇宙生命本体或其最根本的变化原理（一阴一阳之谓道）以象数的形式，被简约、明晰地演绎出来。十二辟卦又称为"十二消息卦"，根据《易传》天尊地卑、贵阳贱阴的原则，具体就爻象变化说，前六卦的本质是阳息阴消，称"息"卦；后六卦的本质是阴息阳消，称"消"卦。十二消息卦的理论根据是《易·象传》中的爻位说，如《剥》卦的实质是"柔变刚"，《夬》卦的实质是"刚决柔"，所谓"消息盈虚，天行也"。清代经学家惠栋在《易汉学》中依据孟喜卦气说制有卦气图，朱伯崑先生取其义，绘制《十二消息图》①。

图形由内而外，由四个同心圆构成，内圈为上《离》（夏），下《坎》（冬），左《震》（春），右《兑》（秋），表示四时；第二圈为《震》《离》《兑》《坎》四正卦的六爻之象，表示四时变化的阴阳之数；第三圈为二十四节气，表示一年四季气候的变化；最外层一圈为下《复》左行至《乾》的六息卦，上《姤》右行至《坤》的六消卦，由此表示一年四季二十四节气卦气的变化。此图带有极强烈的宇宙时空"天地交泰"的大生命感，以直观的形式、丰厚的蕴涵，展演并揭示了宇宙大生命世界的本质——阴阳矛盾循环无端的"道"。观看此图，给人的心灵以强烈的震撼，《易传》所表达的"一阴一阳之谓道"（《系辞上》）"天地之大德曰生"（《系辞下》）"大哉乾元，万物资始"（《乾·象》）"至哉坤元，万物资生"

---

① 朱伯崑：《易学哲学史》第一卷，蓝灯文化事业股份有限公司 1991 年版，第 139 页。

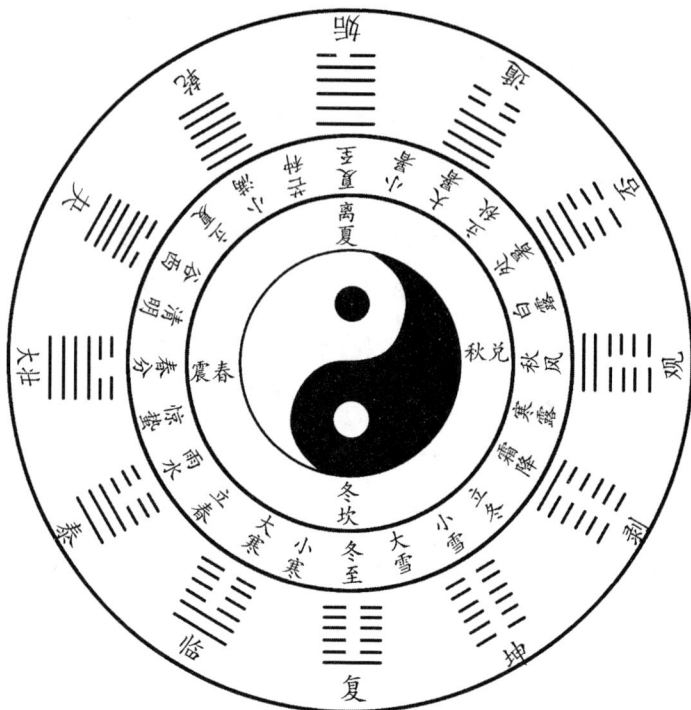

附图一　《十二消息图》

(《坤·象》)"保合太和乃利贞"(《乾·象》)的大生命哲学的宇宙真理和时空秩序得以生动直观的表现。

孟喜卦气说对汉代易学产生较大的影响。此种影响主要有两个方面:一是间接影响到《易纬·稽览图》的天文观念;二是成为京房易学的直接来源。《稽览图》中的卦气观念与孟喜卦气说大同小异。问题是孟喜卦气说取之于《稽览图》,还是《稽览图》取之于孟喜卦气说。对此,朱伯崑先生推断认为《稽览图》在后,间接取之于孟喜卦气说。其理据是:"孟喜于宣帝甘露三年,参加石渠阁经学会议,当时纬书尚未流行。纬书成于哀平之际。孟喜卦气说,据一行所引孟喜章句,未配十二支,《稽览图》则是增益其说。"①朱先生推断《稽览

_____

① 朱伯崑:《易学哲学史》第一卷,蓝灯文化事业股份有限公司1991年版,第142页。

图》当出于京房之后，间接受孟喜卦气说之影响。

三、京房"八宫卦"阴阳节律

京房"八宫卦"说是孟喜卦气说的丰富与发展。西汉时期有两个京房，都治易学。一个是杨何弟子，梁丘贺的老师；另一个是焦延寿的弟子京君明。流传下来的《京氏易传》是京君明的易学著作，在汉易系统中占有重要地位。朱伯崑先生称京房为汉易的代表人物，对其易学的总体评价是："他把《周易》看成是占算吉凶的典籍，从而创造了许多占算的体例，以讲占候之术而闻名。但其在占算体例的解释中，进一步发展了孟喜的卦气说，并且吸收了当时阴阳五行学说。京氏易学实际上是以六十四卦卦象和卦爻辞为资料，讲他自己的易学体系，所以被刘向视为'异党'。但从易学史上看，其内容富有创造性，实际上是汉代官方哲学在易学中的表现。"[1]朱伯崑先生研究易学哲学史始终坚持或一以贯之的逻辑理路是分两步说，即对每一个有理论贡献的易学家的学说，先梳理其易学体例，再挖掘其易学体例中所蕴含的哲学思想。朱先生曾将京氏易学归结为五个体例，即八宫卦说、纳甲说、五行说、卦气说、阴阳二气说，并一一进行了系统的诠释。在这五个体例中，纳甲说、五行说把六十四卦配以天干地支，继而配之以五行元素，为的是更方便地利用《周易》推断天人灾异感应，占筮人事吉凶祸福，此种迷信思想与大生命哲学没有多大关系，这里将解释重点放在其他三个体例上，用以说明京氏易学的生命哲学意义。这里从"八宫卦说"谈起。

京氏易学"八宫卦"利用阴阳爻变原理重新编排了《周易》六十四卦的卦序，以解释宇宙生命万象的变化。此说的根据是《周易·说卦传》"乾父坤母"章关于《乾》《坤》二卦创生《震》《坎》《艮》三男与《巽》《离》《兑》三女的八卦

---

① 朱伯崑:《易学哲学史》第一卷，蓝灯文化事业股份有限公司1991年版，第142页。

说。据此,京氏易传对六十四卦的排列顺序作出了自己的安排。他将八卦上下重叠而成的八纯卦命名为"八宫",代表八个卦氏谱系,依次是乾宫、震宫、坎宫、艮宫;坤宫、巽宫、离宫、兑宫。以乾、坤二宫为父母宫,各统领三男三女。前四宫为阳宫,后四宫为阴宫。然后又根据他所设计的卦爻变化规则,把六十四卦中的其他五十六卦依序分配到八宫中,于是形成了不同于《易传》卦序说的京氏易学的六十四卦排列顺序:始于《乾》卦,终于《归妹》卦。八宫卦谱系中每宫八个卦,共六十四卦。各宫中所属之卦又有自己的名分地位,此种名分地位称为"世"和"魂"。依照京房的排列,八纯卦代表上世卦,又称"宗庙",下面的五卦分别为一世卦、二世卦、三世卦、四世卦、五世卦;第六卦称"游魂卦",第七卦称"归魂卦"。依照京房的说法,一世二世为"地易",三世四世为"人易",五世八纯为"天易",游魂归魂为"鬼易"[1]。将《周易》六十四卦依据卦爻的变化,构成一个天、地、人、鬼神四位一体完整统一的生命世界图景。清人惠栋的《汉易学》依据京房八宫说制《八宫卦次图》,朱伯崑先生对其加以补充,表列了八宫六十四卦的世魂秩序[2]。

八宫卦编排次序的逻辑规则是:八宫卦的上爻皆不变,称上世,又称"宗庙"。所属各卦,初爻变者,阳爻变为阴爻,或阴爻变为阳爻,称一世卦;二爻变者,称二世卦;三爻变者,称三世卦;四爻变者,称四世卦;五爻变者,称五世卦。要注意,此处说"二爻变""三爻变"等,指初爻、二爻两爻皆变,或初爻、二爻、三爻皆变,四爻变、五爻变,类此。"游魂卦"指五世卦中的第四爻变为本宫卦中的第四爻,或五世卦的第四爻,阳爻变为阴爻,阴爻变为阳爻。比如乾宫五世卦《剥》的六四阴爻变为九四阳爻,此即乾宫游魂卦《晋》。"归魂卦"指游魂卦的下体三爻恢复本宫卦的下卦,或游魂卦的下卦变为相反的卦。比如乾宫游魂卦《晋》下体为三阴之坤,变为三阳之乾,即为归魂卦《大有》。其他以此类推。"游魂""归魂"的说法,本于《系辞传》"精气为物,游魂为变,是

---

① 参见朱伯崑:《易学哲学史》第一卷,蓝灯文化事业股份有限公司 1991 年版,第 143 页。
② 参见朱伯崑:《易学哲学史》第一卷,蓝灯文化事业股份有限公司 1991 年版,第 144 页。

世、游、归	八宫卦							
八纯上世	乾 ䷀	震 ䷲	坎 ䷜	艮 ䷳	坤 ䷁	巽 ䷸	离 ䷝	兑 ䷹
一世	姤 ䷫	豫 ䷏	节 ䷻	贲 ䷕	复 ䷗	小畜 ䷈	旅 ䷷	困 ䷮
二世	遁 ䷠	解 ䷧	屯 ䷂	大畜 ䷙	临 ䷒	家人 ䷤	鼎 ䷱	萃 ䷬
三世	否 ䷋	恒 ䷟	既济 ䷾	损 ䷨	泰 ䷊	益 ䷩	未济 ䷿	咸 ䷞
四世	观 ䷓	升 ䷭	革 ䷰	睽 ䷥	大壮 ䷡	无妄 ䷘	蒙 ䷃	蹇 ䷦
五世	剥 ䷖	井 ䷯	丰 ䷶	履 ䷉	夬 ䷪	噬嗑 ䷔	涣 ䷺	谦 ䷎
游魂	晋 ䷢	大过 ䷛	明夷 ䷣	中孚 ䷚	需 ䷄	颐 ䷚	讼 ䷅	小过 ䷽
归魂	大有 ䷍	随 ䷐	师 ䷆	渐 ䷴	比 ䷇	蛊 ䷑	同人 ䷌	归妹 ䷵

附图二　《八宫卦次图》

故知鬼神之情状",以卦爻的消息盈虚和屈伸往来象征生命的游散与回归,所以京房将游魂卦、归魂卦两类简称为"鬼易"。

京氏"八宫卦说"的理论意义可以归结为如下三方面:其一,京房这样排列六十四卦的秩序,其本质或目的是借助卦爻象的变化或阴阳卦气的消息盈虚,揭示天地万物变动不居的生命本相。以《乾》《坤》二宫卦爻变化为例,《乾》卦六爻皆阳,表示阳气极盛。继之,依次一阴生于下,为一世卦《姤》,表示阳极而阴生;二阴生而浸阳,为二世卦《遁》;三阴生而浸阳,为三世卦《否》;四阴生而浸阳,为四世卦《观》;五阴生而浸阳,为五世卦《剥》。下面是乾宫游魂卦《晋》,由五世卦《剥》的六四阴爻变为九四阳爻而来,表示阳终不可以为阴剥尽。此卦阳气虽来转机,但并没有回归于内卦之初位,却像游魂一样在外卦第四位上游荡,故称"游魂卦"。乾宫最后一卦为归魂卦《大有》,游魂卦《晋》下体三爻皆变为阳爻,复归乾宫本位,故云"归魂卦"。再看坤宫的变化:

《坤》卦六爻皆阴,意味着阴气极盛。继之,依次一阳生于下,为一世卦《复》,表示阴极而阳来复;二阳生而浸阴,为二世卦《临》;三阳生而浸阴,为三世卦《泰》;四阳生而浸阴,为四世卦《大壮》;五阳生而浸阴,为五世卦《夬》。下面是坤宫游魂卦《需》,由五世卦《夬》的九四阳爻变为六四阴爻而来,表示阴也不可以为阳夬绝。此卦阴气虽然出现转机,但却没有回归内卦的初位,而是像游魂一样在外卦第四位上游荡。坤宫最后一卦是归魂卦《比》,游魂卦《需》下体三阳爻皆变为阴爻,象征《坤》卦的回归。其他六宫卦系的变化,虽然不像《乾》《坤》二宫阴阳卦爻变化那样规整,那样明晰,规则完全一样。《周易·系辞上》云:"天尊地卑,乾坤定矣。卑高以陈,贵贱位矣。动静有常,刚柔断矣。方以类聚,物以群分,吉凶生矣。在天成象,在地成形,变化见矣。"《系辞下》云:"《易》之为书也不可远,为道也屡迁。变动不居,周流六虚;上下无常,刚柔相易;不可为典要,唯变所适。"八宫卦用象数的形式演绎了《系辞传》中生生不息的"变"的哲理,鲜活而生动地再现了宇宙大生命世界"一阴一阳之谓道"和"阴阳不测之谓神"的本质与奥妙。值得注意的是"游魂""归魂"的设定,前者显示了生命世界中阴阳变化的某种偶然性,后者展现了阴阳转化回归本位的必然性。在京房看来,六十四卦借以演绎的生命世界的"象"和"数"既不是杂乱无章的,也不是一成不变毫无误差的。天地阴阳矛盾之必然性与偶然性之间的张力显示了生命世界的复杂性与神秘性。

其二,八宫卦说的又一特点是"世应说"。此说是《周易》的《彖传》《象传》中应位说的发展。京房将八宫卦谱系中的每一卦的六爻加以区分,给予不同的名分地位,初爻代表元士,二爻代表大夫,三爻代表三公,四爻代表诸侯,五爻代表天子,上爻代表宗庙,此即《系辞上》所说的"列贵贱者存乎位"。根据应世说,六爻之位的关系是,初爻元士与四爻诸侯相应,二爻大夫与五爻天子相应,三爻三公与上爻宗庙相应。应世说的目的是利用一卦上下二体爻与爻的相互关系来揭示该卦的性格或事物的吉凶。依照京房的说法,每一卦皆有一个主爻来决定该卦的吉凶。如一世卦由初爻元士为主,二世卦由第二爻大夫为主,三世卦由第三爻三公为主,四世卦以诸侯为主,五世卦以天子为主,其上世八纯卦由宗庙为主。某爻为主又称某爻"居世""临世"等。如乾宫一世卦《姤》为元士居世,则与四世卦《观》的诸侯构成"世应"关系,二世卦《遁》为大夫居世,则与五世卦《剥》之天子构成"世应"关系。依此类推,于是就形成卦与卦之间微妙的感应关系。这样一来,六十四卦就形成一个庞大的关系网,某卦所暗示的吉凶祸福,就是由此种"世应"关系决定的。人们常说"伦理学"在中国就是一种"人情本位的关系学",此话听起来有些不够严谨,低头静思又觉得不无道理。中国古代政治伦理文化的这一特点,梁漱溟先生在其名著《中国文化要义》中概括为"伦理本位"说。撇开八宫卦的筮法意义,从哲学思维方式的角度来看,"世应说"不把事物看作孤立的存在,而是把生命世界视为一种"关系性"存在,看到了事物之间的普遍联系,特别是洞察到事物内部的细微结构关系,并把它运用于对生存世界的认知,继而指导人们的生活实践,不能不说是对《周易》道性思维的实践理性与生存智慧的演绎和运用。《周易》道性思维所表达的"生命的辩证法"不同于西方黑格尔式的逻辑思维所表达的"概念的辩证法",前者注重揭示大生命世界天地万物的相互支撑、相互蕴含、和谐共生的本质与关系,后者关注逻辑思维中概念与概念之间的分析与综合。京房的"世应说"以它特有的形式体现了《周易》六十四卦所彰显的生命世界及生命实践的辩证本性。

其三,八宫卦所蕴含的飞伏说。此说强调卦象、爻象都有飞有伏:看得见,表现于外者称"飞";看不见,隐藏于内者称"伏"。飞和伏表达的是对立的卦象、爻象之间相互涵化的关系。比如,《乾》《坤》两卦即为飞伏关系,《乾》卦三阳表现于外叫"飞";《坤》卦三阴伏藏于内称"伏";反过来说也是一样,《坤》卦的三阴背后,也隐伏着《乾》卦的三阳。前者称飞卦,后者为伏卦。八卦中的其他六卦,如《震》与《巽》、《坎》与《离》、《艮》与《兑》,彼此也是相互飞伏的关系。进而八卦生成的六十四卦也可组合为三十二对飞伏关系。譬如乾宫与坤宫两宫中的《姤》与《复》、《遁》与《临》、《否》与《泰》、《观》与《大壮》《剥》与《夬》《晋》与《需》《大有》与《比》,诸卦就是典型的飞伏关系。其他六宫卦系也都是或飞或伏,彼飞此伏,相互涵化的关系。朱震《汉上易传》解释飞伏卦说:"乾坤、坎离、震巽、艮兑,相伏者也。见者为飞,不见者为伏。飞方来也,伏既往也。《说卦》巽其究为躁,卦例飞伏也。"①看来朱震认为京房飞伏卦说的经学依据是《周易·说卦传》。依《说卦传》,巽主顺,又说《巽》卦终归于急躁,这原属于文本的杂乱,经学家提出飞伏说,文本中这种说法的矛盾似乎也就解决了。《巽》卦代表风,有柔顺和融入的属性,从卦象看,一阴爻在下,二阳爻在上,巽风飞于外,却又有性格刚烈主动的对立卦震雷阴伏于内,所以外表巽顺的风又隐藏着刚烈躁动的性格。用飞伏说解释六十四卦的卦爻辞,进而借助六十四卦此飞彼伏或隐或现的矛盾体系灵活地解释生命世界千姿百态、千变万化的复杂性,构成京氏易学思维方式的又一特点。这不仅丰富了易学解释学的体例和内容,对于指导人们生活实践的灵活性也具有一定的现实意义。

京氏易学的纳甲说和五行说,一则是把古代天干地支的时间观念与六十四卦关联起来,另一则是把汉代十分流行的五行生克观念引入六十四卦的解释体系,实用目的很明确,就是更加灵活地解释天人灾变,占筮吉凶祸福。此两种解释体例在京氏易学中不可说不重要,但是其浓重的实用目的、迷信色彩扭曲或遮蔽了其大生命哲学意义,此处不论。其卦气说尽管在孟喜的基础上做了一些补充修订,但与孟喜卦气说大同小异,也不再赘述。下面主要解释京氏易学的阴阳二气观念及其生命哲学意义。

阴阳家的自然哲学对京氏易学影响甚大。朱伯崑先生指出:"京房易学,就对《周易》原理的理解说,发展了《易传》中的阴阳说,鲜明地提出阴阳二气说。其在《易传》中所说的阴阳,不仅是其易学的最高范畴,也是其哲学的最高范畴。就其易学范畴说,阴阳指卦爻的性质;就其哲学范畴说,指阴阳二

---

① 朱震:《汉上易传》卷一,《无求备斋易经集成》第20册,成文出版社有限公司1976年版,第15页。

气。……他认为,《周易》是讲变化的,所谓变化,就是阴阳变易。"①阴阳二气说贯穿于京氏易学所有体例中,既是其易学哲学的理论基础,也是京房对《周易》哲学的一种根本性理解。《京氏易传》说,积算随卦起宫,《乾》《坤》《震》《巽》《坎》《离》《艮》《兑》八卦相荡,二气阳入阴,阴入阳,交互不停,故曰"生生之谓易",此是以八卦和阴阳观念解释生生不息的易道。以阴阳二气解释卦爻辞及其与人的关系是《京氏易传》的显著特点。譬如,京氏解释《坤》卦时说:"阴阳二气,天地相接,人事吉凶,见乎其象,六位适变,八卦分焉。阴虽虚,纳于阳位称实,升降反复,不能久处,千变万化,故称乎易。易者变也,阴极则阳来,阴消则阳长。"②这是以阴阳二气解释天地变化及人事吉凶原理,并以阴爻阳位说解释《坤》卦六爻升降反复的"变"的本质。其解释《解》卦说:"阴阳积气,聚散以时,内险外动,必散。《易》云:解者,散也、解也。品汇甲拆,雷雨交作,积气运动,天地剖判。"③此卦坎下震上,坎为水而主险,震为雷而主动,是"内险外动",京房以此解释《解》卦有"散"的意思。阴阳二气聚散有时,此卦处于内险外动之时,积气必散。就像雷雨交作的春天,草木破土而出;又像阴阳二气分散而形成天和地。又其解《离》卦说:"本于纯阳,阴气贯中;禀于刚健,见乎文明。故《易》曰:'君子以继明照于四方'。阳为阴主,阳伏于阴也。是以体离为日,为火。始于阳象而假以阴气,纯用刚健不能明照。故以阴气入阳,柔于刚,健而能顺;柔中虚,见火象也。"④《离》卦取象为火为日,有光明的意思。日和火所以能发光照明,是由于阴阳的相互作用。具体表现在《离》卦上下二体皆是一阴居二阳之中,此即"本于纯阳,而阴伏于中",如果

---

① 朱伯崑:《易学哲学史》第一卷,蓝灯文化事业股份有限公司1991年版,第162页。

② 徐昂:《京氏易传笺》卷二,《无求备斋易经集成》第173册,成文出版社有限公司1976年版,第76—77页。

③ 徐昂:《京氏易传笺》卷一,《无求备斋易经集成》第173册,成文出版社有限公司1976年版,第29页。

④ 徐昂:《京氏易传笺》卷二,《无求备斋易经集成》第173册,成文出版社有限公司1976年版,第109页。

"纯阳用事",只有阳刚而无阴柔相助,那么就会爆热刚燥而伤物。朱伯崑评价说:"按此说法,筮法中的阳爻代表阳气,阴爻代表阴气。刚柔二爻在一卦中的地位和关系,即自然界中阴阳二气的关系。他认为纯阳之体,无阴的一面,不能发光照物,这种见解是深刻的。因此,他认为事物的存在和变易,总是一阴一阳。"①

关于阴阳二气变易的形式,京房发挥《易传》的说法,提出相交、相荡、相争、相合、升降、消长等。如解释《泰》卦说:"乾坤二象,合为一运,天入地交泰,万物生焉。小往大来,阳长阴危,金土二气交合。《易》云:泰者,通也。通于天地,长于品汇,阳气内进,阴气升降,升降之道,成于泰象。"②此中所说"金土二气",金指乾,土指坤。《泰》卦乾下坤上,即所谓"金土交合"。又其解释《屯》卦说:"内外刚长,阴阳升降,动而险。凡为物之始,皆出先难后易。今屯,则阴阳交争,天地始分,万物萌兆,在于动难,故曰屯。"③这是用阴阳交争解释《屯》卦坎上震下,震为雷而主动,坎为水而主险,初九、九五上下二阳刚长,事物刚刚萌发便动于险中,所以为难。又其解释《井》卦说:"阴生阳消,阳生阴灭,二气交互,万物生焉。"④这是用阴阳的交互作用解释《井》卦的生命意味。值得注意的是,京氏易学讲阴阳二气作用时十分肯定阴阳转化观念中的"物极必反"原理。其解释《升》卦说:"自下升高,以至于极,至极而反,以修善道而成其体。"⑤这是用物极必反的道理强调在事物的升进途中要适可而止,不可以一直升高下去,一味追求高升就会适得其反。又其解释《大壮》卦

---

① 朱伯崑:《易学哲学史》第一卷,蓝灯文化事业股份有限公司1991年版,第164页。
② 徐昂:《京氏易传笺》卷二,《无求备斋易经集成》第173册,成文出版社有限公司1976年版,第82页。
③ 徐昂:《京氏易传笺》卷一,《无求备斋易经集成》第173册,成文出版社有限公司1976年版,第46页。
④ 徐昂:《京氏易传笺》卷一,《无求备斋易经集成》第173册,成文出版社有限公司1976年版,第38页。
⑤ 徐昂:《京氏易传笺》卷一,《无求备斋易经集成》第173册,成文出版社有限公司1976年版,第35页。

说:"内外二象动而健,阳胜阴而为壮。《易》曰:'羝羊触藩,羸其角。'进退难也。壮不可极,极则败。物不可极,极则反。故曰:'君子用罔,小人用壮。'"①这是用物极必反说明不可以一味逞强用壮,否则就会像那只公羊自恃犄角强壮而被藩篱所困。朱伯崑总结说:"其物极则反说,同气候的变化,阳极生阴,阴极生阳,寒极则暖,暑极则凉,所谓'阴阳代谢'是联系在一起的。'物极则反'这一命题,就《周易》的系统说,始于京房的'物不可极,极则反'说。"②朱先生肯定京房易学的某些创见,并不回避其借阴阳五行讲天人灾异的迷信色彩,指出:"京房的阴阳二气说,还有一方面的内容,即通过对《周易》的解释,讲灾异或灾变。此又京房易学一大特征,也是汉易的特征之一。"③

京氏易学体例的理论基础和思维方式皆源自孟喜的卦气说。由于孟喜易学与京氏易学不可分割的渊源关系,朱伯崑把两家易学归结为一个体系,称为"孟京易学",并将其视为汉易的主流。孟喜、京房都以卦气说作为其易学诠释的理论基础,其理论差异主要表现在对待阴阳灾异的看法上。孟喜只以卦气说演绎天地生命万象的时空秩序,不讲阴阳灾变;京房易学在利用卦气、阴阳、五行说讲天地万物相互生克的自然本质的同时,却喜欢把《周易》引向"占候之术",大讲阴阳灾变天人感应的观念。朱伯崑《易学哲学史》在引用大量史料论证了孟喜、京房卦气说在汉易系统中的影响后,这样肯定其在易学哲学史上的地位:"从哲学史上看,易学,特别是京房易学,通过其卦气说建立起一个以阴阳五行为世界间架的哲学体系。这个体系是汉代阴阳五行学说的发展。京房将八卦和六十四卦看成是世界的模式,认为《周易》既是自然界又是人类社会的缩影,作为世界变易的基本法则即阴阳二气的运行和五行之气的生克,即表现在八卦和六十四卦及三百八十四爻之中。这样,便将西汉以来的

---

①　徐昂:《京氏易传笺》卷二,《无求备斋易经集成》第 173 册,成文出版社有限公司 1976年版,第 84 页。

②　朱伯崑:《易学哲学史》第一卷,蓝灯文化事业股份有限公司 1991 年版,第 167 页。

③　朱伯崑:《易学哲学史》第一卷,蓝灯文化事业股份有限公司 1991 年版,第 167 页。

自然哲学更加系统化了。"①尽管京房将《周易》中的筮法引向占候之术,宣扬了天人感应论,但他提出的世界图示对后来的哲学家们探讨生命世界的普遍联系是富有启发意义的。特别是他以阴阳二气解释《周易》的原理,借助当时天文学的知识和理论阐述《周易》经传中关于事物变化的学说,这是对先秦易学的一大发展,对汉代哲学及思想文化的发展发生很大影响。

四、天地生命共同体

天地生命共同体思想是《周易》大生命哲学又一重要方面。这一思想见于《周易·说卦传》"乾父坤母"八卦大家庭一节。《说卦传》云:"乾天也,故称乎父;坤地也,故称乎母;震一索而得男,故谓之长男;巽一索而得女,故谓之长女;坎再索而得男,故谓之中男;离再索而得女,故谓之中女;艮三索而得男,故谓之少男;兑三索而得女,故谓之少女。"传文告诉我们,天地自然是一个和谐共生的生命整体。《说卦传》将人类的家庭伦理关系扩展"移情"到整个宇宙生命世界,认为宇宙不是一个冷冰冰的机械的物理世界,而是一个有情有义的生命世界。从八卦所代表的法象看:《乾》卦代表"天"(太空),谓之"父";《坤》卦代表"地"(大地),谓之"母"。天父地母相互作用——"索"——而产生三男三女:《震》卦"雷",谓之"长男";《巽》卦"风",谓之"长女";《坎》卦"水",谓之"中男";《离》卦"火",谓之"中女";《艮》卦"山",谓之"少男";《兑》卦"泽",谓之"少女"。这样还不够,《说卦传》又赋予八卦所代表的八种自然物象以性格各异又彼此互补的八种人文特性,如《乾》卦天的性格主"健"(刚健),《坤》卦地的性格主"顺"(柔顺),《震》卦雷的性格主"动"(振动),《巽》卦风的性格主"入"(融入),《坎》卦水的性格主"险"(险陷),《离》卦火的性格主"明"(明丽),《艮》卦山的性格主"止"(静止),《兑》卦泽的性格主

---

① 朱伯崑:《易学哲学史》第一卷,蓝灯文化事业股份有限公司1991年版,第174页。

"悦"（欢悦）。这样一来，八卦所代表的自然就不是一个僵硬呆板的"物理
的"自然，而是一个承载着浓厚的人文情感的自然，一个与"人"的生活息息相
通的生命的自然。此即本章所说的"生命宇宙"与"万物一体"，亦即"天地生
命共同体"。《说卦传》中的天地大家庭虽然不包括"人"，却是人类生存的环
境，人与天地大家庭是一种潜在的关系。《周易》八经卦均由三爻构成，此三
爻中上爻代表"天"，下爻代表"地"，中爻代表"人"，人居天地之中，反映和体
现的正是天道、地道和人道的和谐共生。《周易》六十四卦则由八卦重叠而
成。故《说卦传》云："昔者圣人之作《易》也，将以顺性命之理，是以立天之道
曰阴与阳，立地之道曰柔与刚，立人之道曰仁与义。兼三才而两之，故易六画
而成卦。分阴分阳，迭用柔刚，故易六位而成章。"在这里，从六十四个重卦之
卦画看，初、二爻一组，代表地道；三、四爻一组，代表人道；五六爻一组，代表天
道。综合起来象征天、地、人"三才之道"所构成的生命共同体。从义理看，天
道、地道与人道组成一个可以相互影响的生命整体。人借以安身立命的"性
命之理"源自天地自然阴阳和合的大生命原理。所以《说卦传》说，圣人作
《易》的功用，就在于运用阴阳变化、刚柔交替和三才互动的矛盾运动和转化
原理，顺应天时，和洽地利，敬事人和，以此崇德广业，安身立命，其人生命运和
行为自然吉无不利。《说卦传》对八卦的解释，对于人们从整体上认识和体会
《周易》卦爻辞的原理具有非常重要的意义。

《周易》的天地共同体观念深深影响了中国哲学。北宋哲学家张载在《正
蒙》中提出的"民胞物与"的大生命伦理精神，是《周易》这一观念最杰出的表
达。《正蒙·乾称篇》云：

> 乾称父，坤称母；予兹藐焉，乃混然中处。故天地之塞，吾其体；
> 天地之帅，吾其性。民吾同胞，物吾与也。大君者，吾父母宗子；其大
> 臣，宗子之家相也。尊高年，所以长其长；慈孤弱，所以幼吾幼。圣其
> 合德，贤其秀也。凡天下疲癃残疾、惸独鳏寡，皆吾兄弟之颠连而无
> 告者也。于时保之，子之翼也；乐且不忧，纯乎孝者也。违曰悖德，害

仁曰贼；济恶者不才，其践形，唯肖者也。知化则善述其事，穷神则善
继其志。不愧屋漏为无忝，存心养性为匪懈。恶旨酒，崇伯子之顾
养；育英才，颖封人之锡类。不弛劳而底豫，舜其功也；无所逃而待
烹，申生其恭也。体其受而归全者，参乎！勇于从而顺令者，伯奇也。
富贵福泽，将厚吾之生也；贫贱忧戚，庸玉女于成也。存，吾顺事；没，
吾宁也。①

这段文字，张载曾书于自己书房西牖以警示学者，原名《订顽》，程颐担心引起
争端或误解，将其更名为《西铭》，历来被视为关学之为"正学"的标志性成果。
其思想内容可分为三个方面：一是天地一体"民胞物与"的大生命精神境界；
二是从君、臣、圣、贤到平民百姓"理一分殊"的人道生命伦理责任；三是安身
立命的原则，即"存，吾顺事；没，吾宁也"，生尽其事死而后已的生死大义。依
据张载的理解，天地万物是一个有情有义的生命整体，从君臣圣贤，到平民百
姓，无论是富贵福泽的人，还是鳏寡孤独的贫贱忧戚者，都是血脉相连的同胞
兄弟；生命共同体中的天地万物、一草一木与人类都是一体感通的朋友。所
以，人类对天地共同体中的每一个个体生命都负有不可推卸的仁爱责任，这种
责任是一生的担当，直到生命的最后一刻。有了这种宇宙大生命的觉解，人生
活在天地之间就不再是一个孤立的个体，而是全宇宙的一部分，人的个体生命
活动与气化流行的宇宙生命本体息息相通。于是在精神上就实现了对小我的
超越，进入天地为父母、人类为同胞、万物为朋友（民吾同胞，物吾与也）大公
至诚的天地境界。人的生命是属于宇宙的，每一个人对他人，对万物，都应尽
一分责任，献一分爱心。这样一来，人的个体生命就获得全新的意义："富贵
福泽，将厚吾之生也；贫贱忧戚，庸玉汝于成也。存，吾顺事；没，吾宁也。"既
然美好的生活是天地父母对人的厚爱，不幸的命运则是天地对人的考验和锻
炼，所以活着就要替天行道，死后方可永恒安息。二程、王夫之等哲学家认为，

① 张载：《正蒙·乾称篇》，《张载集》，中华书局 1978 年版，第 62—63 页。

张载乾坤父母"民胞物与"的思想,是孟子之后儒家对宇宙人生问题最杰出的见解。

程颐的弟子杨时对《西铭》曾存有误解。他在《寄伊川先生》的信中质疑说:"某窃谓道之不明,智者过之。《西铭》之书,其几于此乎?……且墨氏兼爱,固仁者之事也,其流卒至于无父。岂墨子之罪耶?孟子力攻之,必归罪于墨子者,正其本也。故君子言必虑其所终,行必稽其所弊,正谓此也。《西铭》之书,发明圣人微意至深,然而言体而不及用,恐其流遂至于兼爱,则后世有圣贤者出,推本而论之,未免归罪于横渠也。"①杨时认为,圣人之学贵在"体用兼举",孔子给弟子讲学,当时向孔子问"仁"者多矣,即使对颜渊、仲弓这样的高足弟子,孔子所以告之者不过是从"用"的层面讲些"为仁之方"而已,并没有讲多少高深玄妙的道理。孟子讲"仁,人心也",言仁体最为亲切,然亦须兼体用而两言之。对于高深玄妙的道体,不是孔孟不能言或故意隐而不言,而是不敢过之,以免引起学子好高骛远之弊。相比之下,张载《西铭》所论虽"造极天人之蕴",却有体无用,近于墨子。也就是说,《西铭》以天地为父母"民胞物与"的观念与墨子"兼爱"思想一样,忽略了具体运用中的人道伦理不同于天地自然的爱有差等的礼制原则。杨时所质疑的不是一个小问题,它关涉儒学天人一体而理一分殊的根本原则。对此,程颐不能不作出理论上的纠正和解答。程颐在给杨时的书信中说:

> 《西铭》之论,则未然。横渠立言,诚有过者,乃在《正蒙》。《西铭》之为书,推理以存义,扩前圣所未发,与孟子性善养气之论同功。岂墨氏之比哉?《西铭》名理一而分殊,墨氏则二本而无分。分殊之蔽,私胜而失仁;无分之罪,兼爱而无义。分立而推理一,以止私胜之流,仁之方也。无别而迷兼爱,至于无父之极,义之贼也。子比而同之,过矣。且谓言体而不及用。彼欲使人推而行之,本为用也,反谓

---

① 杨时:《书》一,《杨时集》卷十六,中华书局 2018 年版,第 450 页。

不及,不亦异乎?①

所谓"二本而无分",指人有天地、父母两个生命本原,将天地自然与父母人伦混为一谈。所谓"理一分殊",指同一生生之理在天道、地道、人道具体分位上的差异性、特殊性。程颐认为,张载《西铭》在天人一体的基础上将普遍必然的生生之理具体贯彻落实在人伦物理的差异性行为中,这种"理一分殊"的原则既可以"止私胜之流",克服狭隘的家族主义,又可以杜绝"兼爱无父之极",在理论上解决普遍伦理原则(理一)与具体伦理规范(分殊)的矛盾纠葛,在理论上是一大贡献。

王夫之对《西铭》"乾父坤母"万物一体的大生命观有深刻且独到的见解。王夫之说:"张子《西铭》'理一分殊'之旨,盖本诸此。父母者,吾之所生成者也,因之而推其体,则为天地;因此而推其德,则为乾坤。天地大而父母专,天地疏而父母亲,故知父母而不知乾坤者有矣,未有不知父母而知乾坤者也。思吾气之所自生,至健之理在焉;思吾形之所自成,至顺之理在焉;气固父之所临也,形固母之所授也。故敬爱行,而健顺之实、知能之良,于此凝承以流行于万理,则见乾于父,见坤于母,而天地之道不违矣。"②王夫之十分看重张载《西铭》天地父母、民胞物与、万物一体的大生命观,他在《张子正蒙注》卷九《乾称篇》注中集中发挥论述了人与天地万物生命一体性的问题。王夫之说:

> 此篇张子书于西牖示学者,题曰《订顽》;伊川程子以启争为疑,改曰《西铭》。龟山杨氏疑其有体无用,近于墨氏,程子为辨明其理一分殊之义,论之详矣。抑考君子之道,自汉以后,皆涉猎故迹,而不知圣学为人道之本。然濂溪周子首为《太极图说》,以究天人合一之原,所以明夫人之生也,皆天命流行之实,而以其神化之粹精为性,乃以为日用事物当然之理,无非阴阳变化自然之秩叙而不可违。然所

---

① 程颐:《河南程氏文集》卷第九,《二程集》,中华书局2004年版,第609页。
② 王夫之:《周易内传》卷六,《船山全书》第一册,岳麓书社2011年版,第631页。

疑者,自太极分为两仪,运为五行,而乾道成男,坤道成女,皆乾、坤之大德资生资始,则人皆天地之生,而父母特其所禅之几,则人可以不父其父而父天,不母其母而母地,与《六经》《语》《孟》之言相为跖盭,而与释氏真如缘起之说虽异而且同。则濂溪之旨,必有为推本天亲合一者,而后可以合乎人心,顺乎天理而无敝;故张子此篇不容不作,而程子一本之说,诚得其立言之奥而释学者之疑。①

王夫之认为,两汉至唐圣人之学、君子之道晦暗不明,原因在于学人惑于佛老异端之教,虽涉猎故迹却不知圣学为人道之根本。周敦颐的《太极图说》本天道以立人极的大生命宇宙论"究天人合一之原",正是为了从宇宙大生命本体论高度解决这一时代课题。然而王夫之认为,周敦颐《太极图说》虽然作出了理论贡献,但是却存在着一个问题,即过度强调天地化生万物的自然之功,对人道伦理或圣人之学人文化成的意义照察不足,这就有可能划不清圣人之学与佛老异端思想的界限,只知道尊天地而不知恩父母。王夫之认为,张载的《西铭》天人一本、理一分殊的宇宙论既找到了天地大生命之本源,又从天地本源的高度提升了人们孝顺父母的伦理意识。这在理论上较之《太极图说》更为完备。王夫之对《西铭》推崇备至,故能沉潜体玩于其中而得其精要。王夫之说:"其曰'乾称父,坤称母',初不曰'天吾父,地吾母'也,从其大者而言之,则乾坤为父母,人物之胥生,生于天地之德也固然矣;从其切者而言之,则别无所谓乾,父即生我之乾;别无所谓坤,母即生我之坤。惟生我者其德统天以流形,故称之曰父,惟成我者其德顺天而厚载,故称之曰母。故《书》曰'惟天地万物父母',统万物而言之也;《诗》曰'欲报之德,昊天罔极',德者健顺之德,则就人之生而切言之也。"②这里,王夫之既贯彻了天人一体的生命整体性,又突出强调了人道亲情伦理的特殊性,体现了王夫之生命哲学中天道生

---

① 王夫之:《张子正蒙注》卷九,《船山全书》第十二册,岳麓书社 2011 年版,第 351—352 页。

② 王夫之:《张子正蒙注》卷九,《船山全书》第十二册,岳麓书社 2011 年版,第 352 页。

生与人文化成相辅相成的辩证法。根据此种辩证的大生命原理,尽敬以事父,也就意味着在替天行道;尽爱以事母,也就是在感恩大地的养育之情。一句话,恪尽人道伦理义务与敬畏天地自然是宇宙大生命哲学的根本要求。所以,既要从敬畏天地的高度孝敬父母,同时也要从孝敬父母的亲切处关爱天地自然中的一山一水、一草一木。这样天人一体的大生命原理才不是一种空洞的口号、抽象的概念,而是活生生的情理交融的生命境界。

王夫之对张载《西铭》的历史地位评价极高,他说:"张子此篇,补周子天人相继之理,以孝道尽穷神知化之致,使学者不舍闺庭之爱敬,而尽致中和以位天地、育万物之大用,诚本理之至一者以立言,而辟佛、老之邪迷,挽人心之横流,真孟子以后所未有也。惜乎程朱二子引而不发,未能洞示来兹也!"①

五、心物合一的生命境界

生命宇宙"万物一体"在程颢和王阳明的思想中升华为一种心物合一的境界。程颢启学于周敦颐,十分重视圣贤精神境界的培养。他的《秋日偶成》诗表达的正是这种精神境界:"闲来无事不从容,睡觉东窗日已红。万物静观皆自得,四时佳兴与人同。道通天地有形外,思入风云变态中。富贵不淫贫贱乐,男儿到此是豪雄。"②这种在"静观万物"洞明宇宙至理后获得的万物同体、悠然自得的精神体验,即理学家所乐道的"圣贤气象",它表达的是一种极高明的哲学人生智慧,此种哲学在其"识仁""定性"说中获得进一步表达。程颢在哲学上提出"识仁"说,他指出:"医书言手足痿痹为不仁,此言最善名状。仁者,以天地万物为一体,莫非己也。认得为己,何所不至?若不有诸己,自不与己相干。如手足不仁,气已不贯。"③又说:

① 王夫之:《张子正蒙注》卷九,《船山全书》第十二册,岳麓书社2011年版,第353页。
② 程颢:《河南程氏文集》卷第三,《二程集》,中华书局2004年版,第482页。
③ 程颢:《河南程氏遗书》卷第二,《二程集》,中华书局2004年版,第15页。

> 学者须先识仁,仁者浑然与物同体,义礼智信皆仁也。识得此理
> 以诚敬存之而已,不须防检,不须穷索。若心懈则有防,心苟不懈,何
> 防之有?理有未得,故须穷索;久存自明,安得穷索?此道与物无对,
> 大不足以名之。天地之用,皆我之用。孟子言万物皆备于我,须反身
> 而诚,乃为大乐。①

"识仁"就是在内心体验万物一体,此种生命体验是一切伦理行为(义礼智信)的心理情感基础。获得万物一体的生命体验,关键在于内心"诚敬"真实自然,主一无适,而不是用一种意念把捉控制另一种意念,也不是刻意地执定某种意念而苦思冥想,那样做就是"防检"或"穷索",而不是"主一无适"自然真实的诚敬。

程颢的又一哲学观念是"定性"说。程颢的远亲朋友张载来信说自己"定性"时未能使心灵不动,仍然受到外物的干扰。程颢认为,把"定性"理解为止息一切意识活动是不恰当的。于是撰《答横渠先生定性书》表明自己对定性的理解。程颢认为,所谓"定性",也就是上述"识得此理(仁),以诚敬存之",让万物一体的境界(仁)自然而然地呈现出来,而不是用意念把捉心灵或窒息一切意识活动以排除外物的干扰。故其言:

> 所谓定者,动亦定,静亦定,无将迎,无内外。苟以外物为外,牵
> 己以从之,是以己性为有内外也。且以性为随物于外,则当其在外
> 时,何者为在内?是有意于绝外诱,而不知性之无内外也。既以内外
> 为二本,则又乌可遽语定哉!夫天地之常,以其心普万物而无心;圣
> 人之常,以其情顺万物而无情。故君子之学,莫若廓然而大公,物来
> 而顺应。……苟规规于外诱之除,将见灭于东而生于西也,非惟日之
> 不足,顾其端无穷,不可得而除也。②

这段话与上面所说的"万物一体"是相通的,核心是"性"无内外。程颢认为,

---

① 程颢:《河南程氏遗书》卷第二,《二程集》,中华书局 2004 年版,第 16—17 页。
② 程颢:《河南程氏文集》卷第二,《二程集》,中华书局 2004 年版,第 460 页。

人性或"仁"与天地万物之生命本体是浑然无间的。如果以"性"为内,以"物"为外,那就割裂了生命本体的统一性,也就是没有体认到"仁"。只要心灵廓然而大公,不存任何偏见和私心杂念,当事物到来时便从容应对,那么无论意识活跃时,还是意识平静时,都叫做"定"。定性的实质是定心,性定与不定,不在于心体是否活动,而在于是否从容中道,廓然大公。所以程颢讲定性时不可以"自私用智",指出:"人之情各有所蔽,故不能适道,大率患在于自私而用智。自私则不能以有为为应迹,用智则不能以明觉为自然。今以恶外物之心而求照无物之地,是反鉴而索照也。"①"自私"意味着存在"物"与"我"的对立,"用智"则意味着有内与外的隔膜,这样心体向外活动时固然不是"定",勉强抑制意念活动,把捉心体不使其向外走作,同样不是"定"。所以,"定性"意味着内外两忘,喜怒不系于心而系于物,喜物之当喜,怒物之当怒,应物而不累于物。有了如是"动亦定,静亦定,无将迎,无内外"的定性功夫,才能进入或直觉万物一体"廓然大公"的生命境界。

冯友兰曾经说二程之学虽然同属于"洛学",哲学立足点或思想色彩却有差异。大程明道先生为人随和豁达,其道学注重心体的扩充与显豁;小程伊川先生性格不苟言笑,其道学注重性理之辨析与精神之收摄。故前者启心学之端,后者开理学之源。在这个意义上说,王阳明《大学问》中以"良知"为本原所集中表达的万物一体之境与程颢的"仁者浑然与物同体"说,不仅如出一辙,而且相得益彰。

在《大学问》中,王阳明从万化归心的"良知"本体论出发,集中阐释了其万物一体的大生命观念。据钱德洪说,阳明先生在接收门生时,"必借《学》《庸》首章以指示圣学之全功,使知从入之路"②。《大学》首章即"大学之道,在明明德,在亲民,在止于至善";《中庸》首章即"天命之谓性,率性之谓道,修道之谓教"云云。在王阳明看来,此所谓"三纲领"和性道教上下一体贯通的

---

① 程颢:《河南程氏文集》卷第二,《二程集》,中华书局 2004 年版,第 460—461 页。
② 参见王守仁:《王文成公全书》,中华书局 2015 年版,第 1113 页。

道德形上学原理体现了"圣学之全功",是引领后学走进圣人之境的基本理路。在王阳明晚年出征思、田前夕,应弟子请求,王阳明以自设问答的形式口授《大学》要义,钱德洪受而录之,此即《大学问》,是一篇最能体现阳明心学"以天地万物为一体"的生命哲学精神特质的标志性文献。在《大学问》中,王阳明万物一体的生命精神正是围绕《大学》首章所谓"三纲领"——明德、亲民、止于至善三个逻辑环节展开的。

首先,王阳明从"天地万物一体"意义上阐述了"明德"之先验性。《大学问》开章便说:

> 大学者,昔儒所为大人之学矣。敢问大人之学何以在于"明明德"乎? 阳明子曰:大人者,以天地万物为一体者也,其视天下犹一家,中国犹一人焉。若夫间形骸而分尔我者,小人矣。大人之能以天地万物为一体也,非意之也,其心之仁本若是,其与天地万物而为一也。岂惟大人,虽小人之心亦莫不然,彼顾自小之耳。是故见孺子之入井,而必有怵惕恻隐之心焉,是其仁之与孺子而为一体也;孺子犹同类者也,见鸟兽之哀鸣觳觫,而必有不忍之心焉,是其仁之与鸟兽而为一体也;鸟兽犹有知觉者也,见草木之摧折而必有悯恤之心焉,是其仁之与草木而为一体也;草木犹有生意者也,见瓦石之毁坏而必有顾惜之心焉,是其仁之与瓦石而为一体也。是其一体之仁也,虽小人之心亦必有之。是乃根于天命之性,而自然灵昭不昧者也,是故谓之"明德"。①

在王阳明看来,儒家所谓"大学",不是指的有多么渊博的学问或知识技能,那不是儒家大学所重。"大学"之所以为"大"者,在于培养和提升人的高尚的道德理想和精神品格。在这个意义上说,"大学"也就是往昔先哲,譬如《乾·文言》所说的"大人者与天地合其德"的"大人之学"。可知所谓"大人"既不是

---

① 王守仁:《王文成公全书》,中华书局 2015 年版,第 1113 页。

指官爵大,也不是指家业大。官爵大可以称作"贵人",家业大可以称作"富人",这些都不是王阳明所诉求的"大人"。王阳明所诉求的"大人"是指有宏大胸怀和博爱境界的人。这种胸怀境界,也就是上文所说的"能以天地万物为一体"之"仁"的德性(明德),此种德性境界要通过"明明德"的功夫来实现。王阳明说,人人皆有"明德",即使小人在其"未动于欲,未蔽于私"之时,其"一体之仁"犹能不昧于心,及其"动于欲,蔽于私",就会陷入利害相攻,忿怒相激,戕物圮类,无所不为甚至骨肉相残的境地,于是"一体之仁"荡然无存。所以"明明德"的关键在于去"私",正是这个"私"的欲望造成天地万物之间的隔阂不通,阻隔了生命世界天地万物一体之"仁"。王阳明说:"是故苟无私欲之蔽,则虽小人之心,而其一体之仁犹大人也;一有私欲之蔽,则虽大人之心,而其分隔隘陋犹小人矣。故夫为大人之学者,亦惟去其私欲之蔽,以自明其明德,复其天地万物一体之本然而已耳,非能于本体之外而有所增益之也。"[1]

其次,从体用圆融的逻辑向度诠释了"明德"与"亲民"的一体性。王阳明说:"然则何以在'亲民'乎?"曰:"明明德者,立其天地万物一体之体也;亲民者,达其天地万物一体之用也。故明明德必在于亲民,而亲民乃所以明其明德也。是故亲吾之父,以及人之父,以及天下人之父,而后吾之仁实与吾之父、人之父与天下人之父而为一体矣;实与之为一体,而后孝之明德始明矣!亲吾之兄,以及人之兄,以及天下人之兄,而后吾之仁实与吾之兄、人之兄与天下人之兄而为一体矣;实与之为一体,而后弟之明德始明矣!君臣也,夫妇也,朋友也,以至于山川鬼神鸟兽草木也,莫不实有以亲之,以达吾一体之仁,然后吾之明德始无不明,而真能以天地万物为一体矣。夫是之谓明明德于天下,是之谓家齐国治而天下平,是之谓尽性。"[2]依王阳明的理解,"明德"即人之所以为人的天命之性,明德为体,亲民为用,在"亲民"实践中呈现"明德"之体,明其

---

① 王守仁:《王文成公全书》,中华书局 2015 年版,第 1114 页。
② 王守仁:《王文成公全书》,中华书局 2015 年版,第 1114 页。

明德于天下,实现天地万物一体之仁,也就是"尽性"。

最后,明德、亲民体用圆融达到极致谓之"至善"。王阳明说:"至善者,明德、亲民之极则也。天命之性,粹然至善,其灵昭不昧者,此其至善之发见,是乃明德之本体,而即所谓良知者也。至善之发见,是而是焉,非而非焉,轻重厚薄,随感随应,变动不居,而亦莫不自有天然之中,是乃民彝物则之极,而不容少有议拟增损于其间也。"①在王阳明的话语体系中,明德、天命之性、良知属于同一序列的价值范畴,即可以说"明德"即良知、即天命之性,又可以说"良知"即天命之性、即明德。天地万物一体之"仁"作为宇宙生命本体,就其绝对永恒纯粹至善而言,谓之"天命";就其内在于人为其灵昭不昧之生命本性而言,谓之"明德";就其知善知恶且好善恶恶而言,谓之"良知"。此处王阳明说"良知"为"明德之本体",意在强调要明明德之体,达亲民之用,或者用王阳明自己的话说,立天地万物一体之体,达天地万物一体之用,关键在于"致良知",也就是从良知本心中体证"天地万物一体之仁",找到生命世界"止于至善"的意义和根据。在这个意义上可以说"止于至善"也就是"致良知"。王阳明说:"后之人惟其不知至善之在吾心,而用其私智以揣摸测度于其外,以为事事物物各有定理也,是以昧其是非之则,支离决裂,人欲肆而天理亡,明德、亲民之学遂大乱于天下。"②这里显然有微言讥刺朱熹格物致知即物穷理的意思。王阳明认为,心外无理,外心以格物穷理属于"私智揣摸测度",这样从事事物物上得来的"支离决裂"的知识不足以安顿生命的意义,反而遮蔽了生命主体自觉自愿裁定是非善恶的准则,使生命实践不能止于至善,天地万物一体之"仁"的生命直觉也因此被隔膜、被肢解。据此,王阳明依据止于至善的原则对佛老二氏、五伯权谋进行了批判。指出,佛老之徒虽然对"明德"之学也颇有体认,但由于"骛其私心于过高"而不能止于至善,结果失之于虚妄空寂,无有乎家国天下亲民之施;五伯之术对亲民之用也不无关注,但由于"溺其私

① 王守仁:《王文成公全书》,中华书局 2015 年版,第 1114—1115 页。
② 王守仁:《王文成公全书》,中华书局 2015 年版,第 1115 页。

心于卑琐"而不能止于至善,结果失之于权谋智术,无有乎仁爱恻怛明德之诚。这些都不足以为"大人之学"。王阳明得出结论说:"故止至善之于明德、亲民也,犹之规矩之于方圆也,尺度之于长短也,权衡之于轻重也。故方圆而不止于规矩,爽其则矣;长短而不止于尺度,乖其剂矣;轻重而不止于权衡,失其准矣;明明德、亲民而不止于至善,亡其本矣。故止于至善以亲民,而明其明德,是之谓大人之学。"①《周易》天地生命共同体思想于此算是落在了实地。

六、东西"时空意识"的差异

方东美在其表达生命美学的标志性论文《生命情调与美感》中依据不同的"时空范式"和生命情调演绎出三种不同类型的宇宙观,此种生命美学的诠释可作为理解《周易》大生命时空观的一种颇有意义的参照系。方东美认为,各民族之美感常系于生命情调,而生命情调又规模其民族所托身之宇宙,这三者之关系构成一相互支撑的有机的逻辑结构,得其一即可推知其余。不同民族各有其文化,每种文化形态各异,要抓住不同民族文化艺术的根本特色或精神特质,关键在于把握其文化艺术所呈现的空间范型。他说:"空间者,文化之基本符号也,吾人苟于一民族之空间观念彻底了悟,则其文化之意义可思过半矣。"②据此,方东美对希腊、欧洲近代文艺复兴及中国人的生命情调与宇宙观进行了规约性比较分析。

希腊人的时空意识。方东美指出:"希腊人之宇宙,一质实圆融之形体也。语其空间,则上下四方,其大有垠;语其时历,则往来今古,其序有尽;语其物类,则地、水、气、火,垒集如环。"③这种有限的、具体而微的宇宙观,方东美称之为一种"拟物宇宙观"。他说:"希腊人的宇宙之质,既具体而微,故其宇

① 王守仁:《王文成公全书》,中华书局2015年版,第1115页。
② 方东美:《生生之德:哲学论文集》,中华书局2013年版,第93页。
③ 方东美:《生生之德:哲学论文集》,中华书局2013年版,第92页。

宙之形,亦随之而局促有限。盖空间赅藏万物者也,万物之封域已属狭小,而空间之广袤,即阛阓易满,斯二者体合无违而后宇宙始臻和谐之妙境也。"①希腊民族窥探宇宙之奥秘,往往挟具体空间以衡之,所以希腊人和希腊艺术所描摹的宇宙是一个有限而真实的生命世界。与有限空间意识相关联,希腊人的时间意识则尤为淡漠,或者说希腊人缺乏悠远的历史感。方东美颇感诧异的是,夫以文化创获如此丰赡之民族,竟于其本身生命活动所经历之时序淡漠无深切了解,宁非怪事耶? 说希腊人时间或历史意识淡漠,不是说希腊人没有历史,而是说他们的文献载籍中对历史事实的记述,注重片段的完整性,而不重视事件与事件之间的时间关联性或历时因果性。总之,"希腊宇宙之底蕴具见于有限之形体,溯厥原由,盖因其构造单位为具体之物质,其纵横格局为有垠之空间,其历史途程为当前之时间,其组织原理为综合之数学"②。

近代西洋人的时空意识。方东美认为,建立在希腊人有限性时空意识的宇宙观与近代欧洲人的宇宙观迥然不同。他写道:"前者之成分,质亦一有限,空亦一有限,时亦一有限,数亦一有限;后者之含素,质亦一无穷,空亦一无穷,时亦一无穷,数亦一无穷。近代西洋宇宙观,应乎无穷者也。"③在方东美看来,纵览西洋近代科学史之发展,一个鲜明的现象是,其物质结构、时空观念、数论模型几经变更,但每次变革的趋势都是科学范式越来越趋向于抽象化,由具体而抽象成为近代科学史所追求的理想。"准是以谭,近代科学所谓物质者,无量数微尘之抽象系统也;空间者,无量数空点或几何条件之抽象系统也;时序者,无量数刹那或事变关系之抽象系统也。物质、空时、数量之精义,均有待于无穷分析之发挥,而后宇宙之玄秘,始稍稍耀露于外,吾人握智符以言宇宙之常与变,舍数学其谁与归耶?"④

---

① 方东美:《生生之德:哲学论文集》,中华书局 2013 年版,第 93 页。
② 方东美:《生生之德:哲学论文集》,中华书局 2013 年版,第 96 页。
③ 方东美:《生生之德:哲学论文集》,中华书局 2013 年版,第 96 页。
④ 方东美:《生生之德:哲学论文集》,中华书局 2013 年版,第 100 页。

中国人的时空意识。中国人时空意识中的宇宙观似介乎希腊人与近代西洋人宇宙观之间,既不似希腊人宇宙观之质实且具体,又不像近代西洋人宇宙观之空阔而抽象。方东美指出:

> 希腊人与欧洲人文化生活之极诣,舍科学难言矣,哲学准于此,艺术依于此,典章制度莫能违乎此,是知"科学家"(义取叙述,非赞美)者,希腊人与欧洲人之类型也。……中国人之类型,要而言之,可得三种:道家其一也,儒家其二也,杂家其三也。此三者生活之理想,均非遵循于科学之一途,执科学之理趣,以衡中国人,其真实价值,终无由得见也。吾人对影自鉴,自觉其懿德,不寄于科学理趣,而寓诸艺术境界。中国人之宇宙观念,盖胎息于宇宙之妙悟,而略露其朕兆者也。①

依方东美的品鉴,希腊人与近代西洋人依据科学原理来思量测度宇宙,故其宇宙论构造常呈现"形体著明之理路"或"定律严肃之系统","中国人播艺术之神思以经纶宇宙,故其宇宙之景象顿显芳菲蓊勃之意境。质言之,希腊人之宇宙,一有限之体质也;近代西洋人之宇宙,一无穷之体统也;中国人之宇宙,一有限之体质而兼无穷之'势用'也。体质寓于形迹,体统寄于玄象,势用融于神思。"②在方东美的审美意识中,希腊人与近代西洋人之宇宙属于科学之理境;中国人之宇宙,属于艺术之意境。在他看来,科学理趣之完成,不必违碍艺术之意境;艺术意境之具足,亦不必损削科学之理境。各民族心性所禀赋积淀的历史意识及文化心理殊异,所以他们的科学与艺术观念也就有畸重畸轻之不同。方东美先生虽把道家、儒家、杂家(主要指阴阳五行家)均看作中国人宇宙论的代表,然而对此三派殊非等量齐观,而是认为道儒二家为正论,阴阳五行为余音:"中国思想系统中如有科学,其理境乃若独为杂家所专有,

---

① 方东美:《生生之德:哲学论文集》,中华书局2013年版,第100页。
② 方东美:《生生之德:哲学论文集》,中华书局2013年版,第100—101页。

然举以与儒道两宗之睿智大慧相较,殊觉浅近庸俗,已非第一义矣。"①道家的物质及时空观念貌似具体而实玄虚,故其发用流行"遣有尽而趣于无穷",老子致虚守静、恍惚道物、有无相生、虚实相含之论,就体现了此种艺术情调的宇宙观。儒家圣人仰观俯察,设卦陈爻以应天地雷风水火山泽之形,日月四时之态,立象以尽意,援爻以通情,玩占以观变,究其要义,无非借宇宙之形迹以开显生命世界大化流行之势用。儒道两家观察宇宙,皆去迹存象,故能官天地、府万物而洞见妙用。准此以言宇宙,则一切滞碍之体隐而弗彰,只余艺术空灵胜境,照烛三才,晖丽万有。古语云:上下四方曰宇,往古来今曰宙。"宇宙"在中国人的哲学和文化意识中与生命息息相关,这个生命绵延与拓展的宇宙时空,方东美称之为"绵络天地之大象"。他说:"中国人空间之形迹,虽颇近似希腊人之有限,然其势用乃酷似近代西洋人之无穷,其故盖因中国人向不迷执宇宙之实体,而视空间为一种冲虚绵渺之意境。"②《老子》第四章说:"道冲而用之或不盈,渊兮似万物之宗。"第十一章说:"三十辐共一毂,当其无,有车之用;埏埴以为器,当其无,有器之用;凿户牖以为室,当其无,有室之用。故有之以为利,无之以为用。"方东美认为这些话最好不过地表达了中国人的空间意识,此种空间意识"体形于实,而用寄于无,无也者,乃妙道之行相,非寂然无有之谓也,举此以喻空间,但觉渊然而深,幽然而远,一虚无缥缈之景象也"③。中国人的空间意识不是一个位置万物的纯客观的框架,而仿佛是心灵感通宇宙生命的一方明镜,"空间譬如莹鉴,其积形虽若甚小,及其流光照烛,则举天地以总收之,揽括无余矣。空间宛如心源,其积气虽若甚微,及其灵境显现,则赅万象而统摄之,障覆尽断矣"④。方东美认为,超形去迹而实者虚之最为中国民族心智之特性,借此艺术心灵玄览万有,寄情天地之间,则空间与

---

① 方东美:《生生之德:哲学论文集》,中华书局 2013 年版,第 101 页。
② 方东美:《生生之德:哲学论文集》,中华书局 2013 年版,第 103 页。
③ 方东美:《生生之德:哲学论文集》,中华书局 2013 年版,第 103 页。
④ 方东美:《生生之德:哲学论文集》,中华书局 2013 年版,第 103—104 页。

心灵圆融为一,四方上下,万绪萦心,雁鸣鸿影,笙歌散梦,万象盎然,处处展现出中国人空间意识的无限丰富性。如此充满生命情调的空间意识,方东美颇有真切的感受,他回忆说:"尝忆春日踽踽独行西湖九溪十八涧中,目染花痕,耳阗莺声,心满情愁,神滋意想,自觉穷天地之极际,亦不足以位我一人,然身在两山深处,又不觉其境之狭小,盖当是时吾所寄托者,非物质之界限,乃情愁意想所行之境耳。是知中国人之空间,萦情寄意之所也,是亦一无穷矣。"①借此真情实感,方东美愈发感到希腊人、近代西洋人与中国人借以表达生命情调的空间意识之根本差异:"希腊人之空间,主藏物体之界限也,近代西洋人之空间,'坐标'储聚之系统也,犹有迹象可求。中国人之空间,意绪之化境也,心情之灵府也,如空中音、相中色、水中月、镜中相,形有尽而意无穷。"②此种"流动的空间",实质是"时间化"了的空间,或空间的"时间化",是心灵在某一瞬间、某一场地与永恒宇宙生命的碰撞或感通,顿时瞬间化作永恒,方寸涵容了整个宇宙,有限的空间不再狭隘局促,成为庄子所说的"是"亦"一无穷","彼"亦"一无穷","天地一指也,万物一马也",空间的"有"与"无",外部存在的有限与无限,藉时间的永恒流动缓解了隔膜,柔化了对峙,消除了界限,成为生命自适其适无拘无碍自由展现的"太虚灵境"。

中国人生生不息的时间意识蕴藉着空间的三维延展的特性,此种与生命绵延始终纠结在一起的时间观念,在《周易》中得以生动演示。《易》云:"易与天地准,故能弥纶天地之道。"又云:"天地之大德曰生。"方东美认为,《周易》的"生生之道"最能代表中国人与生命密不可分的时间观念。他说:"天地之大德悉备于生生不已之易。举易以言天之经、地之义、人之纪,则智慧之门可得而入也。易之卦爻,存时以示变;易之精义,趣时而应变者也。故言天地演化之道、生命创进之理,必取象于易。"③《易》曰:"穷则变,变则通,通则久。"

① 方东美:《生生之德:哲学论文集》,中华书局2013年版,第105—106页。
② 方东美:《生生之德:哲学论文集》,中华书局2013年版,第104—105页。
③ 方东美:《生生之德:哲学论文集》,中华书局2013年版,第106页。

（《系辞下》）方东美认为这句话最能代表中国圣人"趣时以言易"之要妙。他具体诠释说："时间之真性寓诸变，时间之条理会于通，时间之效能存乎久。生化无已，行健不息，谓之变；变之为言革也，革也者，丧故取新也。转运无穷，往来相接，谓之通；通之为言交也，交也者，绵延赓续也。丧而复得，存存不消，谓之久；久之为言积也，积也者，更迭恒益也。"①中国人的时间观念不似一条经由过去到现在继而走向未来的直线，而是一阴一阳循环周流的圆。对此，方东美也有所见。他说："生命之创进，其营育成化、前后交奏，其进退得丧、更迭相酬，其动静辟翕、辗转比合，其蕤痿盛衰、错综互变，皆有周期，协然中律，正若循环，穷则返本。据生命之进程以言时间，则其纪序妙肖音律，深合符节矣。是故善言天施地化及人事之纪者，必取象乎律吕。"②《汉书·律历志》云："阴阳登降运行，列为十二，而律吕和矣。"③此说正代表中国人时间观念循环往复的特性。能够周而复始循环往复的"时间"，或者说时间的周而复始"循环往复"，体现了时间的"空间化"。"时间"的绵延藉"空间"的延展使中国人的时间观念不再是一种"抽象的流逝性"，或像钟表一样摆动的机械运动的矢量，而是生机勃勃，万象森然，上下无常，周流六虚，阴阳斡旋，创化生命的"太和化境"。

由于希腊人、近代西洋人与中国人生命情调所寄托的时空观念有别，所以希腊人、近代西洋人与中国人的宇宙观迥然不同，方东美由此得出结论说：

旷观中国人之宇宙，其底蕴多属虚象灵境，颇乏实迹繁理。迹之著，理之成，均有赖于数而其纲纪始显，故希腊与近代西洋人宇宙之基础，舍数学观念，即末由确立。返观中国人之宇宙，乃大异乎是。……中国人之灵性不寄于科学理趣，而寓诸艺术神思。科学之精义，贵在几微密察，必有数焉以为之阶梯，而后宇宙之奥妙，乃可得

① 方东美：《生生之德：哲学论文集》，中华书局2013年版，第106页。
② 方东美：《生生之德：哲学论文集》，中华书局2013年版，第107页。
③ 班固：《汉书》卷二十一，中华书局2000年版，第837页。

而详说也。艺术之妙机,常托之冥想,冥想行径,窅然空纵,苟有浓情,顿成深解。"真力弥满,万象在旁",毋劳推步演算以求迹象之极际,而其中蕴蓄之理致,已盎然充满。①

以上所述,即方东美所感悟的东西文化不同的时空观念所蕴含的生命意识,其中所说的"中国艺术精神"的生命意识,诚源自《周易》时间与空间相互交融、圆融无碍的大生命时空观的影响。

七、仁学传统的现代释义

陈来教授在近作《仁学本体论》中对近代科学技术革命所引发的"人与自然的疏离"进行了反思。他指出,近代科学革命深刻影响了近代哲学的发展,伽利略、牛顿对自然规律的探求,以数学真理探求自然现象的关系,万有引力成为世界的普遍法则,这一切颠覆了古代到中世纪的有机论宇宙观,形成一种新的机械论世界观。近代西方哲学正是在这样的基础上形成的。于是,人们不再关心事物的整体和本质,更关心现象的可观察的特质。"古代和中世纪的人们把宇宙看成是一个活生生的有机体,而现在,宇宙成了一架按照力学定律运转的巨大的机器。"②人与世界相分离、相对立,人对自然界越来越疏离,人与世界之间,人与自然之间,有了一道不可逾越的鸿沟。陈来认为,近代所依赖的科学是不断发展的,近代哲学的主题和基本观念也不断被挑战、被批评。无论近代哲学也好,还是现代哲学也好,它们虽然都各有所见,但在哲学上却不一定代表了永恒的真理,也不能说就可以全部取代古典的世界观。相对而言,"中国古典哲学作为传统世界观的一支虽然为近代以来的哲学成见所贬损,但其中未必没有包含远见与真理。如近代哲学的本体论以近代世界观所主张的心物二元论或主体客体二元论为基本特征,而古代本体论中没有

---

① 方东美:《生生之德:哲学论文集》,中华书局 2013 年版,第 107—108 页。
② 张汝伦:《海德格尔与现代哲学》,复旦大学出版社 1995 年版,第 2 页。

这种二元的分离,没有统一的世界变为二元的分裂"①。在西方哲学中一开始就追求超越性的存在,追求不变的实在或存在的原形,逐步形成所谓主观性、真理性、对象性、超越性的观念。而中国哲学的本体也是真实的存在,但此本体不是外在的、对象化的、静止的存在,而是一种整体的存在、动态的存在、过程的存在,是人在与天地万物和谐共生的生命体验中建立的真实。西方把"现象"化约为某些规则或元素,中国哲学的"本体是生生不已、有生命性的"②整体,是包含一切实体要素与变化过程的整体。

　　近代科学技术视域中的机械论宇宙观把物质看成时空中——孤立的单元,彼此之间没有联系,而物质的运动则受机械论法则的支配,在这种世界观观照下的宇宙是一封闭的、静态的、靠机械因果性决定的物理的世界。怀特海从有机主义立场认为,生命不是——孤立、静止的片段的堆积,而是一个有机整体,此整体展现为过去、现在、未来的连续性。生命世界的关系是一种"共在"关系,现实的存在物如果脱离了宇宙整体,即使其身处宇宙之中也不能存在,所以"各种存在物都是通过这些方法而共在于任何一种实际场合之中"③。怀特海的形上学"重建"的基本原则是要用"动态的存在"代替传统哲学静态的实体,以相互关联的存在物代替传统的孤立的实体,以相互交融的复杂体系和整体宇宙论代替孤立的宇宙观。如果说连续是时间的属性,相关性、整体性则是空间的属性,那么过程哲学与连续性、相关性、整体性不可分割,由此构成一种有机的宇宙论,认为过程论哲学所面对的世界不是抽象的,而是具体的;不是呆板静止的,而是由活生生的生命构成的。陈来的"仁学本体论"及其所认同的怀特海过程哲学所诉求的有机主义宇宙论,与本书所坚持的和谐共生的大生命哲学是基本吻合的。

　　《易·复·彖》云:"复,其见天地之心乎!"这句话对后世儒家、道家的宇

---

①　陈来:《仁学本体论》,生活·读书·新知三联书店 2014 年版,第 6 页。
②　陈来:《仁学本体论》,生活·读书·新知三联书店 2014 年版,第 13 页。
③　[英]怀特海著,杨富斌译:《过程与实在》,中国城市出版社 2003 年版,第 36 页。

宙论或生命本体论影响十分广泛且深远。此后,"天地之心"成为中国古代文献中常见的术语。在中国哲学史上,天地有没有"心"及如何理解"天地之心"也成为宋明时期理学家讨论的一个重要问题。对此,陈来依据其"仁学本体论"作出了自己的解释。他说:"天地之心即是宇宙之心,指宇宙具有的主导的性质、内在的倾向、指向,是它决定了宇宙万象的发展,又是宇宙万象及其运动的根源和依据,它也是宇宙动能和生命力的中心,所以称为宇宙的心灵、天地之心。"①据此说来,"天地之心"的逻辑指向是一个宇宙本体论的问题。依据陈来的理解,中国哲学说"天地之心",这个概念并不意味着天地有意识、有情感、有意志,或者具有直觉、思维能力。"天地之心"只是天地、宇宙或自然界运行变化的一种内在的主导方向,一种深微的主导性势能,就像人心主导着人的身体行为一样。可以把这种内在倾向或势能理解为宇宙生生不已的生机活力。后世儒家常说"人之心"即"天地之心",是说人的灵明之心是从天地之心发展演变而来,是天地之心的发端处。所以,人的精神和思维活动,人的思想、意识、情感、意志都不仅不可以违背天地生化万物的主导倾向,而且要自觉担当体现这种倾向,最大限度地参赞天地化育万物生生不已的生命活力,如此才可以说是"为天地立心"。陈来说:"从儒家对《周易》复卦的讨论来看,一阳来复所见到的天地之心,必然或只能和万物生长的本性有关,此天地之心必然和天地的生生本性有关,这是天地生育万物的根本。如果说天地有心,那么天地之心就是宇宙的繁盛生育万物的内在导向,是宇宙的生命本性,是所有生命生长的根源。"②天地之心既然是所有生命生长的根源,也就由此确立了每一个生命个体与宇宙生命本体的一体共生性。此共生的倾向也就是陈来说的"仁体"或"仁学本体"。

陈来教授在述及"仁学本体论"与古代仁学传统的关系时说:"仁体对人的精神的展开是历史性的,仁体的显现也是历史性的。从而我们的仁体论建

---

① 陈来:《仁学本体论》,生活·读书·新知三联书店 2014 年版,第 17 页。
② 陈来:《仁学本体论》,生活·读书·新知三联书店 2014 年版,第 18 页。

构也必须以展现这一显现的历史作为重要部分,以便使我们在积极地'重演'历史性传统中来充分占有对仁体的领会。"①当然,这种重演不是消极地对待仁学,而是把历史上具有代表性的显现都聚拢在一起,使之在今天得到全面的展示,使源头与当代沟通。换句话说,由于仁学是儒学长久的一个传统,今天提出仁学本体论的建构,不可能脱离历史上儒学关于仁学的讨论;反而,必须贯通历史上的那些讨论。所以《仁学本体论》不是一部"儒学思想史",而是以历史上的论述作为"重建仁学"的必要的论证方式。因此,仁体是自洽的,仁的精神是发展的,因而仁体对精神的显现也有一个过程。重建仁学的历史论证也同时表现出仁体显现的过程。今天的仁学本体论是古来仁本体思想的一个阶段性完成。简言之,没有对原仁的显现,就没有当代仁学建构的伦理基础。在中国现当代哲学史上,由于受古代传统仁学及西方现代伯格森、叔本华、尼采等生命哲学的影响,梁漱溟、熊十力都有"以生论仁"的生命论诠释路径。他们都把中国哲学史上"生"的概念解释为"生命"的意思,并把此生命引申扩展为宇宙生命,而生命、宇宙生命在他们看来即宇宙精神、心灵的另一种形态。对此,陈来从仁学本体论立场辩证说:"生命不即是精神,生命不即是心灵,生命可为全体,这是仁体论的立场。"②陈来所追溯的"仁学"传统及其秉持的"仁学本体论"与本书所坚持的大生命哲学,从根本上说,其生命整体性理论视域是相一致的。

---

① 陈来:《仁学本体论》,生活·读书·新知三联书店 2014 年版,第 25—26 页。
② 陈来:《仁学本体论》,生活·读书·新知三联书店 2014 年版,第 54 页。

第五章 先天数图的自然观

北宋著名的易学家邵雍,其易学的根本特色是用"数"解说《周易》阴阳变易的原理。程颢在《邵尧夫先生墓志铭》中说:"先生少时,自雄其材,慷慨有大志,既学,力慕高远,谓先王之事为可必致。及其学益老,德益邵,玩心高明,观于天地之运化,阴阳之消长,以达乎万物之变,然后颓然其顺,浩然其归。……独先生之学为有传也。先生得之于李挺之,挺之得之于穆伯长,推其源流,远有端绪。"①此即朱震所说的陈抟先天图传授系统。邵雍哲学以探讨天地万物变化的阴阳消长原理(数)为宗旨,其理论渊源虽出自道教系统,但其思想与周敦颐相似,都带有儒道汇融的特色。本章着重阐述邵雍"先天数图"所表达的阴阳消长的大生命自然观。

一、八卦、六十四卦次序图

邵雍易学所谓"先天学",指以《乾》《坤》《坎》《离》为四正卦的八卦宇宙论图式及解释此图式的学问。邵雍认为,以《乾》《坤》《坎》《离》为四正卦的八卦图式为伏羲所画,此类图式为"先天图",其学为"先天学";汉易中以

---

① 程颢:《河南程氏文集》卷第四,《二程集》,中华书局 2004 年版,第 503 页。

《离》《坎》《巽》《兑》为四正卦的八卦图式,乃文王易所演之"后天图",是伏羲易的推演或运用,属于"后天学"。邵雍对此两种图式均有解说,但更推崇前者。邵雍《先天吟》云:"先天事业有谁为,为者如何告者谁?"①其《天意吟》云:"天意无他只自然,自然之外更无天。"②认为先天图式所蕴含的《周易》的基本原理,先《周易》而有,不是人为构想造作出来的,而是宇宙本有的时空秩序和变化原理,故称"先天"。邵雍所说的"先天图",究竟有哪些?其特点如何?朱伯崑先生依邵氏《皇极经世》、邵门弟子张行成、朱熹《周易本义》《易学启蒙》等,将其归纳概括为两类四种:即《八卦卦序图》《六十四卦卦序图》《八卦卦位图》《六十四卦卦位图》。这里从八卦、六十四卦卦序图说起,它是构成八卦卦位图的前提,也是其先天数图的基础。

关于八卦和六十四卦的形成,《易传》中有五种说法,即《系辞传》观物取象立卦说、大衍之数说、易有太极说、《说卦传》中的"参天两地而倚数"说、乾坤父母说。朱伯崑先生认为邵雍先天易学所依据的是"大衍之数"和"参天两地而倚数"说,他说:"以奇偶之数及其变易观察《周易》的象和数,这是邵雍易学的出发点。他把揲蓍求卦的过程,看成是八卦和六十四卦形成的过程,不取圣人观象立卦说,而主极数以定象说,这正是数学派解易的特征。"③此种"数生象"的释易体例在象数易学中又被称作"数派"。《观物外篇》云:

> 太极既分,两仪立矣。阳下交于阴,阴上交于阳,四象生矣。阳交于阴,阴交于阳,而生天之四象;刚交于柔,柔交于刚,而生地之四象,于是八卦成矣。八卦相错,然后万物生焉。是故一分为二,二分为四,四分为八,八分为十六,十六分为三十二,三十二分为六十四,犹根之有干,干之有枝,枝之有叶,愈大则愈小,愈细则愈繁。④

① 邵雍:《邵雍全集》第四册,上海古籍出版社 2015 年版,第 400 页。
② 邵雍:《邵雍全集》第四册,上海古籍出版社 2015 年版,第 182 页。
③ 朱伯崑:《易学哲学史》第二卷,蓝灯文化事业股份有限公司 1991 年版,第 137 页。
④ 邵雍:《邵雍全集》第三册,上海古籍出版社 2015 年版,第 1459 页。

这段话可以看作是邵氏易学的宗旨或纲领,其核心意思是讲八卦、六十四卦的形成。八卦的形成过程,即"太极"分化为"两仪"(阴阳),两仪分化为"四象"(太阳、少阴、少阳、太阴),四象分化为"八卦"(《乾》《兑》《离》《震》《巽》《坎》《艮》《坤》)。此即"一分为二,二分为四,四分为八"的具体所指。八卦从右到左依次排列为《乾》一、《兑》二、《离》三、《震》四、《巽》五、《坎》六、《艮》七、《坤》八,此即先天八卦的次序,据此形成易学史上的《八卦次序图》①。

附图三 《八卦次序图》

朱熹《周易本义》中的八卦次序图,由下而上共四层:第一层为"太极";第二层一分为二成"两仪",右阳为白框,左阴为黑框;第三层二分为四成"四象",从右至左依次是太阳,少阴,少阳,太阴;第四层四分为八成"八卦",从右至左依次是《乾》一,《兑》二,《离》三,《震》四,《巽》五,《坎》六,《艮》七,《坤》八。以上图式又称"小横图",朱熹依邵雍称作"伏羲八卦序图"。

如上八卦次序图式,经学依据是《易·系辞传》"易有太极"章。朱熹《易学启蒙》解释说:"太极者,象数未形而其理已具之称,形器已具而其理无朕之目。在《河图》《洛书》,皆虚中之象也。周子曰'无极而太极',邵子曰'道为太极',又曰'心为太极',此之谓也。太极之判,始生一奇一偶,而为一画者

---

① 参见朱伯崑:《易学哲学史》第二卷,蓝灯文化事业股份有限公司 1991 年版,第 140 页。

二,是为两仪。其数则阳一而阴二。……周子所谓'太极动而生阳,动极而
静,静而生阴,静极复动,一动一静,互为其根,分阴分阳,两仪立焉',邵子所
谓'一分为二'者,皆谓此也。两仪之上各生一奇一偶,而为二画者四,是谓四
象。其位则太阳一,少阴二,少阳三,太阴四;其数则太阳九,少阴八,少阳七,
太阴六。……邵子所谓'二分为四'者,皆谓此也。四象之上各生一奇一偶,
而为三画者八,于是三才略具,而有八卦之名矣。其位则乾一、兑二、离三、震
四、巽五、坎六、艮七、坤八。……《大传》所谓'八卦成列',邵子所谓'四分为
八',皆指此而言也。"①

　　蔡元定《经世衍易》八卦次序图也是四个层次:第一层为"一动一静之间"
的"太极";第二层是阳动、阴静之"两仪";第三层是从右至左排列的阳、阴、
刚、柔"四象";第四层从右至左依次展开为太阳、太阴、少阳、少阴、少刚、少
柔、太刚、太柔"八卦"。蔡元定所记,本于邵雍太极动静而生阴阳刚柔说。
《观物内篇》云:

　　　　天生于动者也,地生于静者也。一动一静交,而天地之道尽之
　　矣。动之始则阳生焉,动之极则阴生焉。一阴一阳交,而天之用尽之
　　矣。静之始则柔生焉,静之极则刚生焉,一刚一柔交,而地之用尽之
　　矣。动之大者谓之太阳,动之小者谓之少阳,静之大者谓之太阴,静
　　之小者谓之少阴。②

此是以阴阳动静浑然一体的状态为"太极",以阳动、阴静为"两仪",以阴、阳、
刚、柔为四象,以太阳、太阴、少阳、少阴、少刚、少柔、太刚、太柔为八卦。蔡元
定《经世衍易》的八卦次序图式与朱熹《周易本义》《易学启蒙》的图式尽管有
所不同,但一分为二、二分为四、四分为八的基本逻辑程式是一样的。

　　《八卦次序图》沿着"八分为十六,十六分为三十二,三十二分为六十四"

____

　　① 朱熹:《易学启蒙》,《朱子全书》第一册,上海古籍出版社、安徽教育出版社 2010 年版,
第 218—220 页。
　　② 邵雍:《邵雍全集》第三册,上海古籍出版社 2015 年版,第 1452 页。

的逻辑加以推衍,就构成或推导出所谓"伏羲先天六十四卦次序横图",又称"大横图"。图式见于《周易本义》和《宋元学案》之百源学案。图式依次是,继八卦之后的第五层为阴阳交错黑白相间的四画的十六卦;第六层为五画的三十二卦,最上层为六画的六十四卦。朱熹《易学启蒙》解释此图说:"八卦之上各生一奇一偶而为四画者十六,于经无见,邵子所谓'八分为十六'者是也。又为两仪之上各加八卦,又为八卦之上各加两仪也。"[1]"四画之上各生一奇一偶,而为五画者三十二。邵子所谓'十六分为三十二'者是也。又为四象之上各加八卦,又为八卦之上各加四象也。"[2]"五画之上各生一奇一偶,而为六画者六十四,则兼三才而两之,而八卦之乘八卦亦周。于是六十四卦之名立,而《易》道大成矣。《周礼》所谓'三易之别各有六十四',《大传》所谓'因而重之,爻在其中矣',邵子所谓'三十二分为六十四'者,是也。"[3]

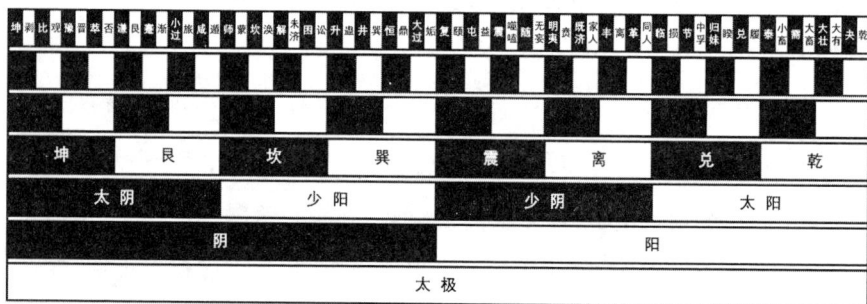

附图四　《六十四卦次序图》

《六十四卦次序图》从右至左依次排列为:《乾》1、《夬》2、《大有》3、《大壮》4、《大畜》5、《需》6、《小畜》7、《泰》8、《履》9、《兑》10、《睽》11、《归妹》12、

① 朱熹:《易学启蒙》,《朱子全书》第一册,上海古籍出版社、安徽教育出版社2010年版,第222页。

② 朱熹:《易学启蒙》,《朱子全书》第一册,上海古籍出版社、安徽教育出版社2010年版,第224页。

③ 朱熹:《易学启蒙》,《朱子全书》第一册,上海古籍出版社、安徽教育出版社2010年版,第228页。

《中孚》13、《节》14、《损》15、《临》16、《同人》17、《革》18、《离》19、《丰》20、《家人》21、《既济》22、《贲》23、《明夷》24、《无妄》25、《随》26、《噬嗑》27、《震》28、《益》29、《屯》30、《颐》31、《复》32、《姤》33、《大过》34、《鼎》35、《恒》36、《巽》37、《井》38、《蛊》39、《升》40、《讼》41、《困》42、《未济》43、《解》44、《涣》45、《坎》46、《蒙》47、《师》48、《遁》49、《咸》50、《旅》51、《小过》52、《渐》53、《蹇》54、《艮》55、《谦》56、《否》57、《萃》58、《晋》59、《豫》60、《观》61、《比》62、《剥》63、《坤》64。

此图式十分隐秘的是从《乾》卦至《坤》卦,《乾》卦经过六变而成为《坤》卦,蕴含着阳消阴长的原理。其变化规则即《观物外篇》所谓"一变而二",指《乾》卦上九变为阴爻成《夬》卦,居第二位;"二变而四",指《夬》卦九五爻变为阴爻成《大壮》卦,居第四位;"三变而八",指《大壮》卦九四变为阴爻成《泰》卦,居第八位;"四变而十六",指《泰》卦九三变为阴爻成《临》卦,居第十六位;"五变而三十二",指《临》卦九二变为阴爻成《复》卦,居第三十二位;"六变而六十四",指《复》卦初九变为阴爻成《坤》卦,居第六十四位。邵雍关于八卦、六十四卦形成的原理在易学史上自成一家,其基本演绎法则是"一分为二,二分为四,四分为八,八分为十六……"此种推演法则程颢称其为"加一倍法",朱熹称其为"一分为二"法。按照上述逐级加倍的方法,六十四卦还可以推演为七画的一百二十八卦,七画之上再生一奇一偶,生成八画的二百五十六卦。如此推演,以致无穷。此即邵雍所说的"合之则为一,衍之则为万"。"一"犹如"根",指"太极";"万"犹如"叶",指太极所衍生的生命万象。

回顾易学史上对《易传》"易有太极"章(八卦、六十四卦形成原理)的诠释学传统,虞翻以卦变说解释之,韩康伯以有生于无说解释之,孔颖达疏以太极元气说、五行说解释之,而邵雍则取"一分为二"的数学方法解释之。朱伯崑先生指出,此种"数生象"的解释原则既排除了"有生于无"说,又排除了汉唐易学中的取象说,由此创立了易学史上"以数解易"的新流派,即数学派,在易学史上是一种理论创新。① 邵雍不仅用奇偶之"数"的原理推衍八卦、六十四卦的形成,而且用之解释宇宙生命万象的形成。《观物外篇》云:"阴阳生而分两仪,二仪交而生四象,四象交而生八卦,八卦交而生万物。"②依邵雍的解释,《观物内篇》云:"太阳为日,太阴为月,少阳为星,少阴为辰,日月星辰交而天之体尽之矣。太柔为水,太刚为火,少柔为土,少刚为石,水火土石交而地之体尽之矣。"③在如此解释了日月星辰、水火土石、飞潜动植后,当然还要解释万物之灵的人类。《观物内篇》云:"夫人也者,暑寒昼夜无不变,雨风露雷无不化,性情形体无不感,飞走草木无不应。所以,目善万物之色,耳善万物之声,鼻善万物之气,口善万物之味。灵于万物不亦宜乎?"④从天地自然,到人类社会,生命世界的一切均为一阴一阳的交互作用所化。故《观物外篇》云:"阳不能独立,必得阴而后立,故阳以阴为基。阴不能自见,必待阳而后见,故阴以阳为唱。阳知其始而享其成,阴效其法而终其劳。"⑤

邵雍以"一分为二"的法则解释八卦、六十四卦的形成,其哲学意义则象征天地万物的形成,此法则既有发生论意义,也有结构论的意义。在邵雍看来,阴阳刚柔互渗互移的矛盾是宇宙生命世界形成、发展、演变的内在原因。宇宙形成和发展的过程,其顺序既是自然的,又是逻辑的,这是邵雍宇宙论的一大特色。朱伯崑先生说:"邵雍关于宇宙的形成及其结构的论述,是对汉唐以来以阴阳学说为中心的宇宙论的发展。此种宇宙论同周敦颐的《太极图说》相比,着眼于层次和类属关系,在古代哲学史上是少见的。他以数学上的加一倍法,观察宇宙形成的层次和类别,认为其过程是从一到二,从二到四,从四到八……这是一种机械的排比,其分类也不是科学的。但是,他承认宇宙中

---

① 参见朱伯崑:《易学哲学史》第二卷,蓝灯文化事业股份有限公司1991年版,第144—145页。

② 邵雍:《邵雍全集》第三册,上海古籍出版社2015年版,第1333页。

③ 邵雍:《邵雍全集》第三册,上海古籍出版社2015年版,第1452页。

④ 邵雍:《邵雍全集》第三册,上海古籍出版社2015年版,第1454页。

⑤ 邵雍:《邵雍全集》第三册,上海古籍出版社2015年版,第1460页。

个体事物的发展,是从一到多,从单纯到复杂,而且没有穷尽,所谓'愈大则愈小,愈细则愈繁',形成一个互相联系的整体,并且以对立面的互相依存,说明世界的普遍联系,这无疑是一种辩证思维,有力地打击了创世说。"①

二、先天八卦方位图、六十四卦圆图

《周易·说卦传》云:"天地定位,山泽通气,雷风相薄,水火不相射,八卦相错。数往者顺,知来者逆。是故《易》逆数也。"邵雍认为,这是伏羲先天八卦方位说的经学依据。他以八卦小圆图的结构顺序解释了此章之义:《乾》一居上为南,《坤》八居下为北,是为"乾坤定位";《离》三居左为东,《坎》六居右为西,是为"水火不相射";由此形成以乾南、坤北、离东、坎西为"四正"的"先天八卦方位"图式。八卦方位依次是《乾》一居南,《兑》二居东南,《离》三居东,《震》四居东北;《巽》五居西南,《坎》六居西,《艮》七居西北,《坤》八居北。简言之,即乾南坤北,离东坎西,兑东南,震东北,巽西南,艮西北。此图见于朱熹《易学启蒙》。

朱熹援引邵雍的话说:"邵子曰:此一节明伏羲八卦也。八卦相错者明交相错,而成六十四卦也。数往者顺,若顺天而行,是左旋也,皆已生之卦也,故云数往也。知来者逆,若逆天而行,是右行也,皆未生之卦也。故云知来也。夫《易》之数,由逆而成矣。此一节直解图意,若逆知四时之谓也。"朱熹据此解释说:"以横图观之,有乾一而后有兑二,有兑二之后有离三,有离三而后有震四,有震四而巽五、坎六、艮七、坤八亦以次而生焉。此《易》之所以成也。而圆图之左方,自震之初为冬至,离、兑之中为春分,以至于乾之末而交夏至焉,皆进而得其已生之卦,犹自今日而追数昨日也,故曰'数往者顺'。其右方,自巽之初为夏至,坎、艮之中为秋分,以至于坤之末而交冬至焉,皆进而得

---

① 朱伯崑:《易学哲学史》第二卷,蓝灯文化事业股份有限公司 1991 年版,第 151 页。

附图五 《先天八卦方位图》

其未生之卦,犹自今日而逆计来日也,故曰'知来者逆'。然本《易》之所以成,则其先后始终如横图及圆图右方之序而已,故曰'《易》逆数也'。"①朱熹以自《震》四至《乾》一为顺,取《震》为一阳生于下,《离》《兑》为二阳生,至《乾》为三阳生,表示阳气上升的过程。此阳气生息过程,仿天左行,故云"顺";由《巽》五至《坤》八,为阳消阴息的过程,此为右行,即逆天而行,故云"逆"。朱熹此种说法在易学史上颇有影响。所谓"左旋",指圆图左半圈四卦,从《乾》一至《震》四;"右行",指圆图右半圈四卦,从《巽》五到《坤》八。"天左旋"而"地右转"的说法出自《易纬》。关于卦之"已生""未生"及"数往""知来",朱伯崑先生解释得很清楚。他说:"天为阳,地为阴,故左半圈为阳,右半圈为

---

① 朱熹:《易学启蒙》,《朱子全书》第一册,上海古籍出版社、安徽教育出版社 2010 年版,第 238 页。

阴。已生之卦,是说已有《乾》三爻为阳,至《兑》《离》为二阳,《震》为一阳。追数其往,即由《震》一数到《乾》三。此即'数往者顺'。未生之卦,是说从《巽》五到《坤》八,《巽》为一阴,《坎》《艮》为二阴,至《坤》方为三阴,有《巽》一阴时,尚无二阴,亦无三阴。从《巽》一阴推测未来,此即'知来者逆'。其运行虽有顺有逆,但就八卦的形成说,如小横图的顺序,皆从右到左,即逆天而行。就四时运行说,总是阳消而后阴生,由冬天推知有春夏。所以说《易》之数由逆而成。"[1]邵雍《先天八卦方位图》的理论意义在于用阴阳消息解释一年四季时空秩序的变化。《观物外篇》云:

> 震始交阴而阳生,巽始消阳而阴生。兑阳长也,艮阴长也。震、兑在天之阴也,巽、艮在地之阳也。……天以始言之,故阴上而阳下,交泰之义也。地以既成言之,故阳上而阴下,尊卑之位也。乾坤定上下之位,离坎列左右之门。天地之所阖辟,日月之所出入。是以春夏秋冬,晦朔弦望,昼夜长短,行度盈缩,莫不由乎此矣。[2]

依照邵雍对八卦所表征的宇宙阴阳变化时空秩序的解释,《震》为一阳生,表征阴消而阳生;《巽》为一阴生,表征阳消而阴生。《兑》为二阳生,表征阳长;《艮》为二阴生,表征阴长。《震》《兑》居左半圈,《震》为少阴,《兑》为太阴,此即"在天之阴";《巽》《艮》居右半圈,《巽》为少刚,《艮》为太刚,此即"在地之阳"。左半圈表征天始生万物,有交泰之义,所以《震》《兑》的卦象都是阴爻在上,阳爻在下,有天地交泰之义。右半圈表征地顺成万物,所以《巽》《艮》两卦都是阳爻在上,阴爻在下,有阳尊阴卑,阳唱阴和之义。又从四正卦的方位及阴阳消息看,《乾》上《坤》下,《离》左《坎》右,构成南北东西空间方位关系,《乾》为天、为阳,左半圈由下而上,表征阳气增长,辟户始生万物;《坤》为地、为阴,右半圈由上而下,表征阴气增长,阖户而收藏万物。此即"天地之所阖辟"。《离》为日,起于东方;《坎》为月,生于西方。此即"日月之所

---

①　朱伯崑:《易学哲学史》第二卷,蓝灯文化事业股份有限公司1991年版,第154—155页。
②　邵雍:《邵雍全集》第三册,上海古籍出版社2015年版,第1459—1460页。

出入"。易言之,天地阖辟,阴阳消息,形成春夏秋冬四时变化;月之盈缩,形成晦朔弦望;日之出入,形成昼夜长短。宇宙间这一切天文地理的阴阳时空秩序、自然变化的信息,都含藏在这个八卦方位图式中,"可以看出,所谓伏羲八卦方位图,是将八卦的方位同四时变化联系起来,以此说明万物的变化,特别是天时和节气变化的规律性"①。

依照邵雍的数理逻辑设定,将八卦方位图加以推衍,就会得出《伏羲六十四卦圆图》,又称《大圆图》②,此即所谓八卦相错而成六十四卦。

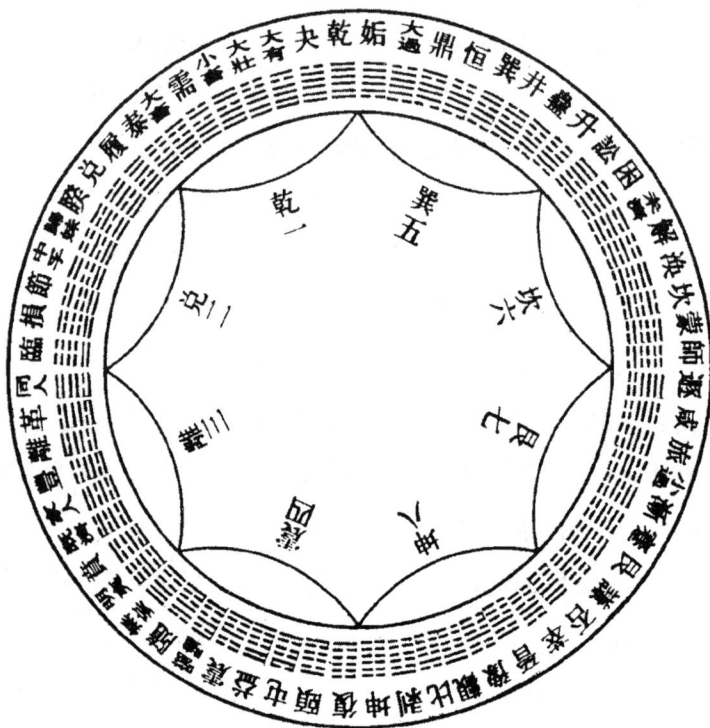

附图六 《六十四卦圆图》

邵雍在《观物外篇》解释六十四卦圆图中的阴阳消长规律说:

---

① 朱伯崑:《易学哲学史》第二卷,蓝灯文化事业股份有限公司1991年版,第156页。

② 朱伯崑:《易学哲学史》第二卷,蓝灯文化事业股份有限公司1991年版,第159页。

复至乾凡百有十二阳,姤至坤凡八十阳。姤至坤凡百有十二阴,
复至乾凡八十阴。① 乾三十六,坤十二,离兑巽二十八,坎艮震二
十。② 夫《易》根于乾坤而生于姤复。盖刚交柔而为复,柔交刚而为
姤。自兹而无穷矣。③ 阳在阴中,阳逆行。阴在阳中,阴逆行。阳在
阳中,阴在阴中则皆顺行。此真至之理,按图可见之矣。④

上述引文散见于《皇极经世·观物外篇》的各处,合在一起有助于完整理解邵
雍所揭示的《伏羲六十四卦圆图》阴阳变化的信息。此图原见于朱熹《周易本
义》,朱伯崑先生依邵雍义,圈内补以八卦方位顺序,遂成本图。大圆图也是
以《乾》《坤》《离》《坎》为南北东西"四正",亦即"乾坤定上下之位,离坎列左
右之门"。左半圈主阳,从《复》至《乾》共 32 卦,其中阳爻 112,阴爻 80;右半
圈主阴,从《姤》至《坤》,也是 32 卦,其中阴爻 112,阳爻 80。依《说卦传》,
《乾》《坤》在八卦中代表父母,当然也是六十四卦之宗,乾坤相交而生《复》
《姤》二卦,即"刚交柔而为复,柔交刚而为姤"。其他卦皆生于《复》《姤》之
后,所以《复》《姤》又称为"小父母"卦。《复》卦为一阳生于下,左行至《临》卦
为二阳生,至《泰》卦为三阳生,至《大壮》卦为四阳生,至《夬》卦为五阳生,至
《乾》为六阳生,至此阳至极盛。根据物极必反的原理,自然要向阴转化,如图
右半圈所示,《姤》卦为一阴生于下,右行至《遁》卦为二阴生,至《否》卦为三
阴生,至《观》卦为四阴生,至《剥》卦为五阴生,至《坤》卦为六阴生,至此阴极
盛,自然要向阳转化,于是又开始由《复》卦向《乾》卦的运行。阴阳变化,循环
无端,构成宇宙基本的时空秩序。此即邵雍所说"自兹而无穷矣"。图中还有
一个信息,即六十四卦平均分配于八卦中。从圆图左半圈看,从《乾》卦至
《泰》卦共 8 卦,各卦下体皆三阳之乾,分属于"乾一";从《履》卦到《临》卦共 8

① 邵雍:《邵雍全集》第三册,上海古籍出版社 2015 年版,第 1321 页。
② 邵雍:《邵雍全集》第三册,上海古籍出版社 2015 年版,第 1294 页。
③ 邵雍:《邵雍全集》第三册,上海古籍出版社 2015 年版,第 1220 页。
④ 邵雍:《邵雍全集》第三册,上海古籍出版社 2015 年版,第 1211 页。

卦,下体皆为二阳居下一阴在上之兑,分属于"兑二";从《同人》卦到《明夷》卦共8卦,下体皆为一阴居中之离,分属于"离三";从《无妄》卦至《复》卦共8卦,下体皆为一阳居下二阴在上之震,分属于"震四"。这是自下而上左半圈的分布。从圆图右半圈看,从《姤》卦到《升》卦共8卦,下体皆为一阴居下二阳在上的巽,分属于"巽五";从《讼》卦至《师》卦共8卦,下体皆为一阴居中之坎,分属于"坎六";从《遁》卦至《谦》卦共8卦,下体皆为一阳居上二阴在下之艮,分属于"艮七";从《否》卦至《坤》卦共8卦,下体皆三阴之坤,分属于"坤八"。这是自上而下右半圈的分布。值得注意的是,分属"乾一"中的8卦,阳爻共36;"坤八"中的8卦,阳爻共12;分属"离三""兑二""巽五"的8卦,其阳爻各为28;分属"坎六""艮七""震四"的8卦,其阳爻各20。此即邵雍所说的"乾三十六,坤十二,离兑巽二十八,坎艮震二十"。这些数目加起来即192阳;同理,阴爻自然也是192。这些讲的都是伏羲六十四卦圆图中阴阳消息的数理依据。

再看《六十四卦圆图》左右两边阴阳消息的过程。左半圈,从《复》卦至《乾》卦,为阳生过程。就《乾》《兑》《离》《震》四类卦的阴阳信息看,《震》类卦阳爻为20,至《离》《兑》类卦阳爻各28,至《乾》类卦阳爻升至36。阳爻由下而上,由少增多,逐步上升。此即"阳在阳中阳顺行"。右半圈,从《姤》卦至《坤》卦,为阳消或阴长的过程。就《巽》《坎》《艮》《坤》四类卦的阴阳信息看,《巽》类卦阳爻共28,至《坎》《艮》两类卦阳爻各为20,至《坤》类卦阳爻为12。阳爻由上而下,由多变少,逐步下降。此即"阳在阴中阳逆行"。同理,右半圈,阴爻逐步增长,此即"阴在阴中阴顺行";左半圈,阴爻逐渐减少,此即"阴在阳中阴逆行"。所谓顺逆,指阴阳消息的情势。阳在阳中增长,阴在阴中增长,都叫作"顺";阳在阴中消退,阴在阳中消退,都叫作"逆"。

《六十四卦圆图》中的阴阳变化又体现为一种"含"与"分"的关系。《观物外篇》解释此图中信息说:"无极之前,阴含阳也;有象之后,阳分阴也。阴为阳之母,阳为阴之父。故母孕长男而为复,父生长女而为姤。是以阳始于复,阴始于姤也。"①"无极"指《坤》《复》二卦之间阴极阳复之际。此时既非阴,也非阳,即此非阴非阳谓之"无极"。"无极之前",指图中自《坤》返《姤》的右半圈;"有象之后",指从《复》至《乾》,亦即图的左半圈。"分"谓分出,"含"谓吸收。左半圈分出或消失的阳,为右半圈的阴所吸收,也就是"阴含阳",反之亦然。邵雍上文虽然没有说"阴分阳""阳含阴",但从图式完整的阴阳消息的逻辑关系类推,理当如此!朱伯崑先生解释得很清楚,他说:"左半圈为阳,从复至乾,阳气增长,即乾逐渐分出而为阴的过程。如复卦为一阳生,即乾分出五阳而为阴;临卦二阳长,即乾分出四阳而为阴。此表示万象成长。此即'有象之后,阳分阴也。'右半圈为阴,从坤反姤,左方分出的阳为右方所吸收,如夬卦分出的一阳,为坤卦所吸收,则为剥卦;泰卦分出的三阳为坤卦所吸收,则为否卦。此即'无极之前,阴含阳也。'"②"阴含阳",所以"阴为阳之母";"阳分阴",所以"阳为阴之父"。据此,顺理成章地推导出坤为母,复为子,复居坤左为长男,所以阳从《复》卦始生;乾为父,姤为女,姤居乾右为长女,所以阴从《姤》卦开始,此即"阳始于复"而"阴始于姤"。

三、"天根月窟"说

邵雍还提出"天根月窟"说,用以解释《伏羲六十四卦方位图》的阴阳消息原理。邵雍《伊川击壤集》卷十六有《观物吟》云:"耳目聪明男子身,洪钧赋与不为贫。因探月窟方知物,未蹑天根岂识人。乾遇巽时观月窟,地逢雷处看天根。天根月窟闲来往,三十六宫都是春。"③卷十七有《月窟吟》云:"月窟与天根,中间来往频。所居皆绰绰,何往不申申。投足自有定,满怀都是春。若无

---

① 邵雍:《邵雍全集》第三册,上海古籍出版社 2015 年版,第 1460 页。
② 朱伯崑:《易学哲学史》第二卷,蓝灯文化事业股份有限公司 1991 年版,第 161—162 页。
③ 邵雍:《邵雍全集》第四册,上海古籍出版社 2015 年版,第 315 页。

诗与酒,又似太亏人。"①元代易学家俞琰《易外别传》中有《天根月窟图》。

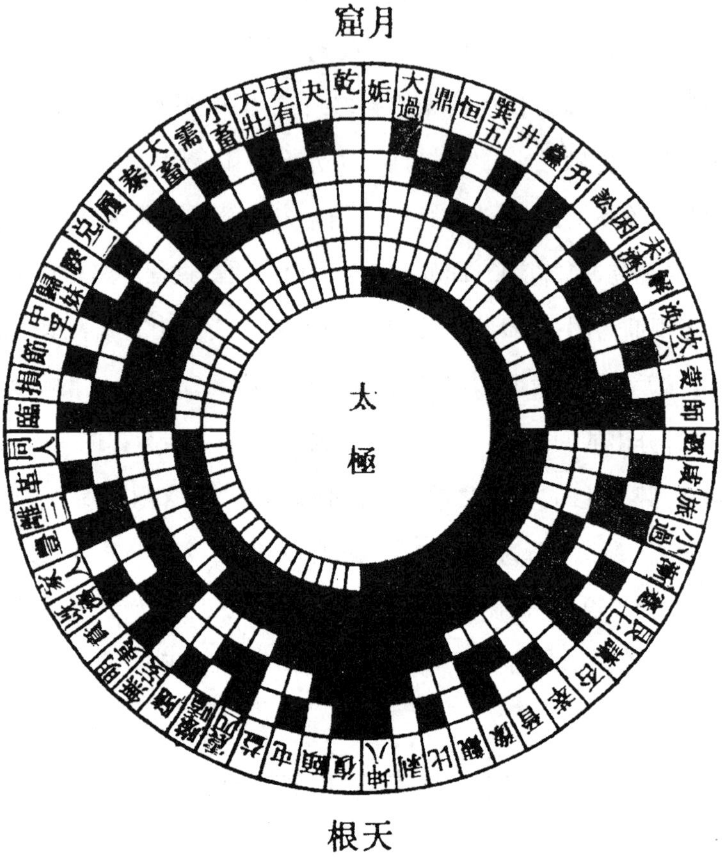

附图七 《天根月窟图》

此图表明,邵雍的《伏羲六十四卦圆图》的主要意图是用来表达阴阳互相消长的过程的。此图中心的白圈为"太极",由内及外的六圈代表六爻,黑地为阴或阴爻,白地为阳或阳爻。排列次序左半圈从《复》至《乾》,代表阳势;右半圈自《姤》至《坤》,代表阴势。每一圈中的阴阳各为三十二,上下左右,黑白相间,错落有致,表征天地万物,一阴一阳,彼消此长,异常生动而完美地演绎

---

① 邵雍:《邵雍全集》第四册,上海古籍出版社2015年版,第345页。

着宇宙时空秩序的均衡和谐。回过头来再看邵雍的《观物吟》，便感到其先天数理直透天机，惟妙惟肖！所谓"月窟"，指《乾》《巽》二卦之间，一阴将生未生之处，故云"乾遇巽时观月窟"；"天根"，指《坤》《震》二卦之间，一阳将生未生之际，坤为地，震为雷，此即"地逢雷处看天根"。关于"三十六宫"，朱伯崑先生说："就小圆图说，指乾一兑二离三震四巽五坎六艮七坤八之数的综合为三十六。就大圆图说，其中的八个不易之卦（乾、坤、坎、离、颐、中孚、大过、小过）与二十八个可易之卦（夬、姤、剥、复等）的总合，亦为三十六。阴阳周流于八卦和六十四卦之中，此即'三十六宫都是春'。"[1]

邵雍所谓《伏羲六十四卦圆图》也可以看作是邵雍自己的先天卦气说，主要用以说明一年四季节气时令的变化。依照邵雍《观物外篇》的解释，《复》卦为冬至子之半，《无妄》《明夷》之际为立春寅之初，《同人》《临》之际为春分卯之半，《履》《泰》之际为立夏巳之初，至《乾》末为夏至午之半，《升》《讼》之际为立秋申之初，《师》《遁》之际为秋分酉之半，《谦》《否》之际为立冬亥之初，至《坤》末交冬至为子之半。这就完成了一年四时、十二月、二十四节气的一个轮回。邵雍有《冬至吟》云："冬至子之半，天心无改移。一阳初起处，万物未生时。玄酒味方淡，大音声正希。此言如不信，更请问庖牺。"[2]又吟云："何者谓之几？天根理极微。今年初尽处，明日未来时。此际易得意，其间难下辞。人能知此意，何事不能知？"[3]是说，"天根"为《复》卦所主的冬至将至而未至之时，"月窟"为《姤》卦所主夏至将至未至之时。阴阳变化之理，微妙难知，就像大道恍惚无形，玄酒冲淡无味。人能把握阴阳化机之数，世界的一些变化便可以了如指掌，洞若观火。另外，图中的阳爻192为"昼"之数，阴爻192为"夜"之数。左半圈阳爻112，阴爻80，表示春夏阳气盛，昼长夜短；右半圈阴爻112，阳爻80，表示秋冬阴气盛，昼短夜长。朱伯崑认为，邵雍先天学卦

① 朱伯崑：《易学哲学史》第二卷，蓝灯文化事业股份有限公司1991年版，第162页。
② 邵雍：《邵雍全集》第四册，上海古籍出版社2015年版，第380页。
③ 邵雍：《邵雍全集》第四册，上海古籍出版社2015年版，第360页。

气说与汉易卦气说之不同有二:"其一,邵雍以乾坤坎离为四正卦,认为冬至夜半子时阳气始于复卦,不是起于中孚卦,就卦象的变化说,其比坎离震兑四正卦说,更加逻辑化、系统化了。其二,汉易以十二辟卦代表一年中阴阳二气消长的过程,每卦之间配四杂卦,共六十卦。消息卦之间的间隔是相等的。可是邵雍的卦气说,消息卦之间的距离并不相等。"①譬如,从《复》卦到《临》卦,经历十六卦;从《临》卦到《泰》卦,经历七卦;从《泰》卦到《大壮》卦,经历三卦;从《大壮》卦到《夬》卦,只经历一卦;而《夬》卦之后即《乾》卦。右半圈的情况也是这样。之所以造成这种情况,以往的种种说法不免牵强,最直接的原因是邵雍不以十二消息卦代表十二月,却又以消息卦代表阴阳消长的过程,这就难以自圆其说了。

邵雍不仅用《六十四卦圆图》解释一年四时节气的变化,而且用之解释从自然界到人类社会的兴衰治乱。他在《击壤集》中用大家喜闻乐见通俗易懂的诗歌吟唱着世界的终始、万物的枯荣、人事的兴衰。其《首尾吟》云:"尧夫非是爱吟诗,诗是尧夫语物时。物盛物衰随气候,人荣人瘁逐推移。天边新月有时待,水上落花何处追?"②《四道吟》云:"天道有消长,地道有险夷,人道有兴废,物道有盛衰。"③他在《观物外篇》分析说,复次剥,明治生于乱乎!姤次夬,明乱生于治乎!时哉!时哉!未有剥而不复,未有夬而不姤者。这是以《剥》《姤》卦为乱,以《复》《夬》卦为治。邵雍强调,剥尽复来,姤反成夬,物极则反,盛衰循环,是宇宙万物乃至人类社会变化的普遍法则,其中都有不可逃脱的"数"。可以看出"六十四卦方位图的哲学意义,是用来说明事物变化的规律性,认为宇宙中的事物总是处于阴阳推移的过程,没有永恒不变的东西"④。同汉易一样,邵雍认为,宇宙变化的时空秩序不是一条直线,而是一阴

---

① 朱伯崑:《易学哲学史》第二卷,蓝灯文化事业股份有限公司1991年版,第164—165页。
② 邵雍:《邵雍全集》第四册,上海古籍出版社2015年版,第412页。
③ 邵雍:《邵雍全集》第四册,上海古籍出版社2015年版,第183页。
④ 朱伯崑:《易学哲学史》第二卷,蓝灯文化事业股份有限公司1991年版,第166页。

一阳循环无端的过程,故以圆图示之。这个"圆",其实也就是老子所说的"独
立不改,周行而不殆"的"道"。依邵雍的体悟,在阴阳循环无端的宇宙大时空
中,除了永恒的变化之外,一切的一切,似乎都不再是固定的、凝固的、绝对的,
而是暂时的、相对的、流动的。所以花开终会凋谢,冬去还会春来;兴衰枯荣随
风月,云卷云舒皆自然。生逢盛时当懂得忧患,生当乱世又何必悲叹! 暂时拥
有的要知道珍惜,失去的也不必留恋。他在《人生长有两般愁》诗中讥笑被捆
缚在名利场中的生命之局促、狭隘与尴尬说:"人生长有两般愁,愁死愁生未
易休。或向利中穷力取,或于名上尽心求。多思唯恐晚得手,未老已闻先白
头。我有何功居彼上,其间攘臂独无忧。"①邵雍晚年名其居曰"安乐窝",自称
"安乐先生",其赋《安乐吟》云:"安乐先生,不显姓氏。垂三十年,居洛之涘。风
月情怀,江湖性气。色斯其举,翔而后至。无贱无贫,无富无贵。无将无迎,无拘
无忌。窅未尝忧,饮不至醉。收天下春,归之肝肺。盆池资吟,瓮牖荐睡。小车
赏心,大笔快志。或戴接篱,或著半臂。或坐林间,或行水际。乐见善人,乐闻善
事。乐道善言,乐行善意。闻人之恶,若负芒刺。闻人之善,如佩兰蕙。不佞禅
伯,不谀方士。不出户庭,直际天地。三军莫凌,万钟莫致。为快活人,六十五
岁。"②又《安乐窝前蒲柳吟》云:"安乐窝前小江曲,新蒲细柳年年绿。眼前随分
好光阴,谁道人生多不足。"③《安乐窝铭》云:"安莫安于王政平,乐莫乐于年谷
登。王政不平年不登,窝中何由得康宁。"④邵雍晚年在"安乐窝"中所涵养体会
的风月情怀和慧见定力,深深植根于《周易》阴阳大化的生命哲学中。

四、圆方合一图的时空架构

　　邵雍先天学谈论《伏羲六十四卦方位图》时,除圆图外,还推导出个方图

①　邵雍:《邵雍全集》第四册,上海古籍出版社 2015 年版,第 266 页。
②　邵雍:《邵雍全集》第四册,上海古籍出版社 2015 年版,第 286 页。
③　邵雍:《邵雍全集》第四册,上海古籍出版社 2015 年版,第 265 页。
④　邵雍:《邵雍全集》第四册,上海古籍出版社 2015 年版,第 254 页。

来。方图也是对《说卦传》"天地定位,山泽通气"章的图解。其图式见于朱熹《周易本义》,置于大圆图之内,便构成天圆地方的宇宙时空构架。

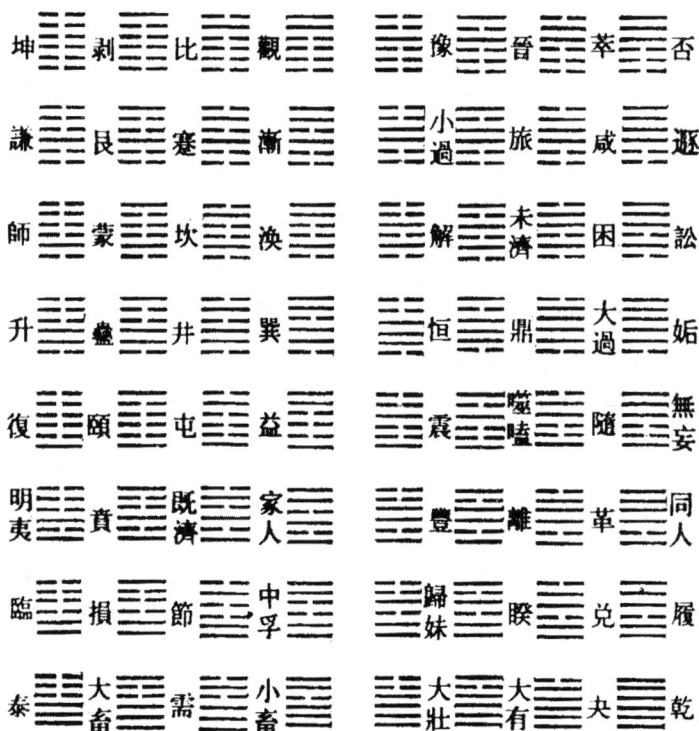

附图八 《六十四卦方图》

邵雍《大易吟》解释《六十四卦方图》说:"天地定位,否泰反类。山泽通气,损咸见义。雷风相薄,恒益起意。水火相射,既济未济。四象相交,成十六事。八卦相荡,为六十四。"①这段话扼要透露了六十四卦方图的逻辑架构及相互关系的全部信息。此图由八八六十四卦纵横排列组成一个卦式方阵,由内及外,可以从四个层次加以说明。第一层为居于方阵中心的《巽》《震》《恒》《益》四卦;其外为第二层,即以《坎》《离》《既济》《未济》为四隅的十二卦;十二卦外为第三层,即以《艮》《兑》《损》《咸》为四隅的二十卦;最外边为

---

① 邵雍:《邵雍全集》第四册,上海古籍出版社 2015 年版,第 350 页。

第四层,即以《乾》《坤》《泰》《否》为四隅的二十八卦。内外四层共六十四卦。依照上南下北左东右西的方位看,外第四层,乾居西北,坤居东南,泰居东北,否居西南。乾为天,坤为地,《乾》《坤》《泰》《否》对角排列,卦象正相反对,此即"天地定位,否泰反类"。第三层四隅之《艮》《兑》《损》《咸》对角排列,艮为山,兑为泽,卦象正相反对,此即"山泽通气,损咸见义"。第二层四隅之《坎》《离》《既济》《未济》对角排列,坎为水,离为火,卦象正相反对,此即"水火相射,既济未济"。最里面的第一层,《巽》《震》《恒》《益》分居四隅,对角排列,卦象正相反对,巽为风,震为雷,故云"雷风相薄,恒益起意"。换个角度,从方阵对角线看,从西北角的《乾》斜行至东南角的《坤》,斜线上共有八个卦,依次是《乾》一、《兑》二、《离》三、《震》四、《巽》五、《坎》六、《艮》七、《坤》八,即八经卦;从西南角的《否》斜行至东北角的《泰》,对角线上共有八个卦,依次是《否》《咸》《未济》《恒》《益》《既济》《损》《泰》;四隅对角线上的卦合在一起共十六卦,故云"四象相交,成十六事"。四象即《乾》《坤》《泰》《否》所表征的阴阳刚柔。再换个角度,从下层向上看,共为八层。第一层为《乾》一宫八卦,第二层为《兑》二宫八卦,第三层为《离》三宫八卦,第四层为《震》四宫八卦,第五层为《巽》五宫八卦,第六层为《坎》六宫八卦,第七层为《艮》七宫八卦,第八层为《坤》八宫八卦。外四层的二十八卦,从《乾》至《泰》横向看,《乾》《夬》《大有》《大壮》《小畜》《需》《大畜》《泰》诸卦的下体皆为三阳之乾;从《乾》至《否》纵向看,《乾》《履》《同人》《无妄》《姤》《讼》《遁》《否》诸卦的上体皆为三阳乾;从《坤》至《否》横向看,《坤》《剥》《比》《观》《豫》《晋》《萃》《否》诸卦的下体皆三阴坤;从《坤》至《泰》纵向看,《坤》《谦》《师》《升》《复》《明夷》《临》《泰》诸卦的上体皆为三阴坤。此即"天地定位"。第三层的二十卦,从《兑》至《损》横向看,《兑》《睽》《归妹》《中孚》《节》《损》诸卦的下体皆为兑;从《艮》至《咸》横向看,《艮》《蹇》《渐》《小过》《旅》《咸》诸卦下体皆为艮;从《艮》至《损》纵向看,《艮》《蒙》《蛊》《颐》《贲》《损》诸卦上体皆为艮;从《兑》至《咸》纵向看,《兑》《革》《随》《大过》《困》《咸》诸卦上体皆为兑。此即"山泽通气"。第二层的十二卦,从《离》至《既济》横向看,《离》《丰》《家人》《既济》诸卦下体皆为离;从《坎》至《未济》横向看,《坎》《涣》《解》《未济》诸卦下体皆为坎;从《离》至《未济》纵向看,《离》《噬嗑》《鼎》《未济》诸卦上体皆为离;从《坎》至《既济》纵向看,《坎》《井》《屯》《既济》诸卦上体皆为坎。此即"水火相射"。最里面的内一层四卦,从《震》至《益》,下体皆为震;从《巽》至《益》,上体皆为巽;从《震》至《恒》,上体皆为震;从《巽》至《恒》,下体皆为巽。此即"雷风相薄"。总之,此六十四卦方图是以《震》《巽》二卦为中心推衍展开的,《震》为一阳生,《巽》为一阴生;其次为《坎》《离》《艮》《兑》二阴二阳生;再次为《乾》《坤》三阳三阴生。所以说"雷风相薄,恒益起意"。这一顺序源自《说卦传》:"雷以动之,风以散之,雨以润之,日以煊之,艮以止之,兑以说之,乾以君之,坤以藏之。"以上说法,意在说明八经卦交错生成六十四卦,故云"八卦相荡,为六十四"。

朱熹解释六十四卦方图的理论意义说:"康节'天地定位,否泰反类'诗八句,是说方图中两交股底。且如西北角乾,东南角坤,是天地定位,便对东北角泰,西南角否。次乾是兑,次坤是艮,便对次否之咸,次泰之损。后四卦亦如是,共十六卦。"[1]朱熹认为方图主要用意是讲空间定位的。如《乾》居西北,《坤》居东南;《泰》居东北,《否》居西南。阴阳对应,刚柔均衡。其他各卦也是依次各有定位,而且构成相反相成的关系。譬如《乾》与《坤》对,《泰》与《否》对,《兑》与《艮》对,《震》与《巽》对,《剥》与《夬》对,《复》与《姤》对,《比》与《大有》对,《观》与《大壮》对,《萃》与《大畜》对,等等。总之,三十二个对立面相反相成构成生命世界的空间结构。

以上所说为六十四卦方图的信息。其实,此方图的排列结构层次,是《大横图》《大圆图》的另一种排列形式所构成的。将《大横图》从中折开,拼以圆形,即构成《大圆图》。将横图、圆图分为八段,自下而上叠成八层,即为方图。

---

① 黎靖德辑:《朱子语类》卷六十五,《朱子全书》第十六册,上海古籍出版社、安徽教育出版社 2010 年版,第 2173—2174 页。

第一层即横图、圆图的自《乾》至《泰》;第二层即横图、圆图的自《履》至《临》;第三层即横图、圆图的自《同人》至《明夷》;第四层即横图、圆图的自《无妄》至《复》;第五层即横图、圆图的自《姤》至《升》;第六层即横图、圆图的自《讼》至《师》;第七层即横图、圆图的自《遁》至《谦》;第八层即横图、圆图的自《否》至《坤》。这说明横图、圆图、方图原本是相通的。邵雍依照"一分为二"或"加一倍法"的数理逻辑,先推演出横图,又将横图从中一分为二折开,拼成圆图,又将圆图左半圈一分为四,构成方图的一至四层;右半圈一分为四,构成方图的五至八层。方图既然源自横图、圆图,那么象征天圆地方宇宙时空架构的《六十四卦圆方合一图》就呼之欲出了。

下面说邵雍六十四卦天圆地方图式。邵雍认为,圆图像天,方图像地,天圆而地方,乾坤本相涵。于是将《六十四卦方图》置于《六十四卦大圆图》中,构成外圆内方的圆方合一图式。见朱熹《周易本义》所附。(附图九:《六十四卦圆方合一图》)

《观物外篇》云:

> 圆者六变,六六而进之,故六十变而三百六十矣。方者八变,故八八而成六十四矣。阳主进,是以进之为六十也。圆者星也,历纪之数,其肇于此乎! 方者土也,画州井地之法,其仿于此乎! 盖圆者河图之数,方者洛书之文。故羲、文因之而造《易》,禹、箕叙之而作《范》也。……圆者径一围三,重之则六。方者径一围四,重之则八也。裁方而为圆,天之所以运行。分大而为小,地所生化。故天用六变,地用四变也。[1]

上文是说,圆图象征天圆,代表天体运行的周期,即一年三百六十日,历纪之数出于此;方图象征地方,代表东西南北四方,九州方地之数本此。易言之,圆图源自《河图》之数,代表时间;方图出于《洛书》之文,代表空间。方圆合一,将生命世界的天文地理及宇宙时空秩序尽纳其中。总之,此图渊源于

---

[1]　邵雍:《邵雍全集》第三册,上海古籍出版社 2015 年版,第 1189—1190 页。

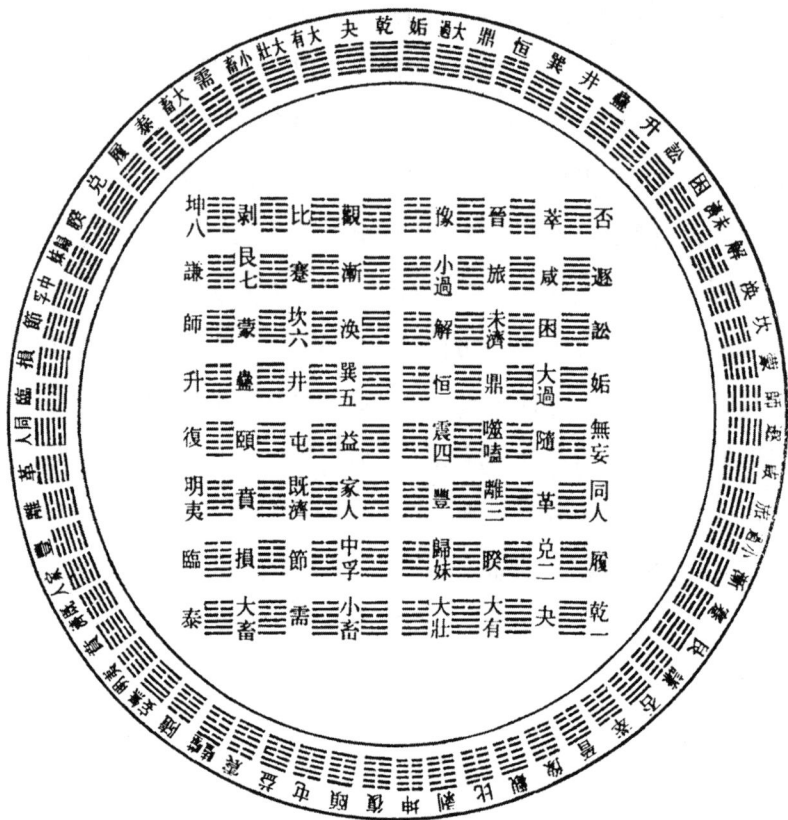

附图九　《六十四卦圆方合一图》

《河图》《洛书》,伏羲画卦、文王演《易》、大禹治水、箕子叙《范》,均与此图攸关。朱熹解释方圆合一图的理论意义说:"此图圆布者,乾尽午中,坤尽子中,离尽卯中,坎尽酉中。阳生于子中,极于午中;阴生于午中,极于子中。其阳在南,其阴在北。方布者,乾始于西北,坤尽于东南。其阳在北,其阴在南。此二者,阴阳对待之数。圆于外者为阳,方于中者为阴。圆者动而为天,方者静而为地者也。"①依照朱熹的理解,圆图的逻辑向度在时间,重点在于讲阴阳流行;方图的逻辑向度在空间,重点在于讲刚柔定位。前者演绎生命世界的时间

---

①　朱熹:《周易本义》易图,《朱子全书》第一册,上海古籍出版社、安徽教育出版社 2010 年版,第 20 页。

过程,后者展现生命世界的空间方位。诚如朱伯崑先生所说:"邵雍的方圆合一图,可以说是宇宙的时间和空间的间架或模式,用来表示天地万物和人类生活都处于此空间和时间的模式中,这就是邵雍先天图的哲学意义。邵雍关于时空间架的理论,同秦汉以来的阴阳五行流派相比,其特点是讲阴阳不讲五行,将时间的过程和空间的方位皆归之于阴阳配合,以变化为阴阳推移,以方位为阴阳对峙。这种一分为二的宇宙论对宋明哲学起了很大的影响。"①

邵雍依据《六十四卦圆图》又编制了一个宇宙历史年表,用以说明宇宙历史演变的历程。此宇宙年表又称为元会运世皇极经世图。邵伯温在《皇极经世系述》中解释"皇极经世"说:"至大之谓皇,至中之谓极,至正之谓经,至变之谓世。大中至正,应变无方之谓道。"②这是用大中至正应变无方之"道"解说"皇极经世"。邵雍《经世吟》云:"羲轩尧舜,汤武桓文。皇王帝伯,父子君臣。四者之道,理限于秦。降及两汉,又历三分。东西傲扰,南北纷纭。五胡十姓,天纪几焚。非唐不济,非宋不存。千世万世,中原有人。"③也是以"皇"为三皇,以考察三皇五帝以来的世道变化为"经世"。据此可知,"皇"即羲皇,"极"即最高法则或"道","经"即治理,"世"通"事",也就是天下国家百姓之事。"皇极经世"也就是以三皇之道为最高法则,观察推理天道人事之变化以经国治世。具体说来,邵雍认为羲皇之道,也就是羲皇所立的先天八卦之理,所以又称其易学著作为《皇极经世书》。邵雍曾用通俗易懂的诗歌描述三皇、五帝、三王及春秋、战国社会人文历史的变化,其诗云:

　　三皇之世正熙熙,乌鹊之巢俯可窥。当日一般情味切,初春天气早晨时。(《三皇吟》)五帝之时似日中,声明文物正融融。古今世盛无如此,过此其来便不同。(《五帝》)三王之世正如秋,权重

---

① 朱伯崑:《易学哲学史》第二卷,蓝灯文化事业股份有限公司1991年版,第171页。

② 邵伯温:《皇极经世系述》,见《邵雍全集》第三册,上海古籍出版社2015年版,第1247页。

③ 邵雍:《邵雍全集》第四册,上海古籍出版社2015年版,第353页。

权轻事有由。深谷为陵岸为谷,陵迁谷变不知休。(《三王》)五伯之时正似冬,虽然三代莫同风。当初管晏权轻重,父子君臣尚且宗。(《五伯》)①

这是把三皇之世比作温暖和煦的春天,把五帝之世比作融融夏日,把夏、商、周三王之世比作渐渐凄凉的秋天,把春秋五霸之世比作凋零肃杀的寒冬。《观物外篇》云:"所谓皇帝王伯者,非独三皇五帝三王五伯而已。但用无为则皇也,用恩信则帝也,用公正则王也,用知力则伯也。"②七雄争霸苏秦、张仪当道的战国就更加等而下之了,其赋《七国》云:"七国纵横事可明,苏张得路信非平。当初天下如何尔,市井之人为正卿。"③秦灭六国一统天下的局面更不容乐观,其《始皇吟》云:"并吞天下九千日,一统寰中十五年。坑血未干高祖至,骊山丘垄已萧然。"④汉唐至宋,文化渐渐复苏,他寄希望于中原羲皇周孔之道的复兴,天下归于太平,故其《扫地吟》云:"管晏治时犹有体,苏张用处更无名。三皇五帝从何出?扫地中原俟太平。"《天人吟》又云:"牺轩尧舜虽难复,汤武桓文尚可循。事既不同时又异,也由天道也由人。"⑤邵雍认为,这种文化复兴的使命究竟能否实现,那就要尽人事以俟天命了。

邵雍关于宇宙年表具体的数理推演十分烦琐,近乎数字游戏,此不赘言。

五、"先天学"为"心法"

邵雍先天易学的主要内容已如上所述,下面谈先天之"数"的根源问题。依邵雍的逻辑,"数"是天地万物的本质,所谓"形"生于象,"象"生于数,那么

① 邵雍:《邵雍全集》第四册,上海古籍出版社 2015 年版,第 258—259 页。
② 邵雍:《邵雍全集》第三册,上海古籍出版社 2015 年版,第 1419 页。
③ 邵雍:《邵雍全集》第四册,上海古籍出版社 2015 年版,第 259 页。
④ 邵雍:《邵雍全集》第四册,上海古籍出版社 2015 年版,第 261 页。
⑤ 邵雍:《邵雍全集》第四册,上海古籍出版社 2015 年版,第 259 页。

"数"的根源又何在? 这就要讨论"先天学"与"心"的关系。邵雍的看法或结论是心为太极,"数"由心生,所以"先天学"属于"心法"。

邵雍易学哲学的基本问题,即象、数、理、心的关系。邵雍在解释八卦、六十四卦横图及万物生成的过程时,提出"数""象""器""神"诸概念。"数"是指奇偶二数、天地之数(55)、大衍之数(50)、一分为二、二分为四等;"象"是指阴阳两仪、太阴、太阳、少阴、少阳、八卦、六十四卦的卦爻符号;"器"是指易象所代表的具体有形的事物,如日月、雷风、水火、土石等;"神"则指变化的性能和根源。关于四者的关系,《观物外篇》在解释八卦次序图时说:"太极一也,不动生二,二者神也。神生数,数生象,象生器。"①又说:"太极不动,性也。发则神,神则数,数则象,象则器。器则变,复归于神也。"②邵雍认为,"太极"为"一","一"是一切数的基础。"太极"本体是不动的,所以"一"是众数的基础,但它本身却不可以看作数。"太极"动而生"二",二则具有变化的性能,故云"二则神"。邵雍在《观物外篇》对"一者数之始而非数也"加以分析说,二二为四,四四为十六,五五为二十五,六六为三十六,这些数都可以"变",但一乘以一还是一,"一"是不变的,所以"一"是一切数的基础,但其本身不属于数。邵雍说"二则神""神生数",有了奇偶二数,于是产生了"四象""八卦"等,此即"数生象",有了爻象、卦象"符号",便可以用它们来象征各种各样的事物,此即"象生器"。"器"是有限的,有生故有灭,最后还要复归于"神",也就是回归于阴阳变化中。这里在逻辑上似乎有个矛盾,"太极"寂然不动,又如何能"生二"? 对此矛盾,邵雍并没有解释。但他有时又说"一动一静之间者"为"太极",这样"数生象"才可以在逻辑上说得通。

"象数"与"理"的关系。《观物外篇》云:"易有内象,理致是也。有外象,指定一物而不变者是也。"③"自然而然不得而更者,内象内数也。他皆

---

①　邵雍:《邵雍全集》第三册,上海古籍出版社 2015 年版,第 1424 页。
②　邵雍:《邵雍全集》第三册,上海古籍出版社 2015 年版,第 1425 页。
③　邵雍:《邵雍全集》第三册,上海古籍出版社 2015 年版,第 1420 页。

外象外数也。"①所谓"内象"即事物的内在结构,"内数"指事物内在结构
(内象)所蕴含的"理数",亦即事物的本质联系和规律性;"外象"指事物外
部特征或变化的形迹,其变化的数据为"外数",诸如事物在外部时空关系
中表现的大小、快慢等量的属性。事物变化的本质是由"内数"决定的。
"理数"不是人的主观意志能够改变的,故云"自然而然而不得更"。邵雍强
调认识事物关键在于把握事物的"理数",如果离开"理"来讲"象数",则
"象数"就会流于"术数",亦即占卜之类的主观猜测。这表现了邵雍先天学
不同于汉易象数学的理性特质,朱伯崑先生肯定说:"这些论点表明,其所谓
数是同理结合在一起的,所谓'理数',用现代的话说就是,即数理,指数的变
化所具有的逻辑性。"②

　　邵雍还从意、言、象、数的关联推论圣人之心为《易》数的本源。《观物外
篇》说:"有意必有言,有言必有象,有象必有数。数立则象生,象生则言著彰,
言著彰则意显。象数则筌蹄也,言意则鱼兔也。得鱼兔而忘筌蹄可也,舍筌蹄
而求鱼兔,则未见其得也。"③这里,"意"指圣人之心,"言"指卦爻辞,"象"
指卦爻符号,"数"指卦爻的奇偶之数。圣人之意须待卦爻辞来表达,故云"有
意必有言";卦爻辞须待卦爻象为其说明的对象,故云"有言必有象";卦爻象
须待奇偶之数加以规定,故云"有象必有数"。所谓"必有"指逻辑上的"前
提"或"条件",没有时间上的先后。下文"数立则象生",是说"数"是"象"的
前提条件,有数才有象;"象生则言彰",是说"象"是"言"的前提条件,有了卦
象卦爻辞才有所表达;"言著彰则意显",是说"言"是"意"的前提条件,有了
卦爻辞圣人之意才能显现出来。筌蹄鱼兔之喻起于王弼,王弼主张"得象在
忘言""得言在忘象"。邵雍不完全同意王弼说,认为言象虽然是工具,但是离
开此工具圣人之意就没有着落,更无从显现,故云"舍筌蹄而求鱼兔,则未见

---

① 邵雍:《邵雍全集》第三册,上海古籍出版社 2015 年版,第 1398 页。
② 朱伯崑:《易学哲学史》第二卷,蓝灯文化事业股份有限公司 1991 年版,第 183 页。
③ 邵雍:《邵雍全集》第三册,上海古籍出版社 2015 年版,第 1393 页。

其得也"。《易·系辞传》有"言不尽意"章,王弼在《周易略例·明象》中提出
"言""象""意"三者的关系,邵雍解释此章则加上了"数",提出"数生象"的原
则,认为《周易》的变化起于"数",而"数"的法则密藏在"圣人之心"。要洞明
圣人之意,既离不开象,更离不开数。这体现了邵雍先天象数易学的特点。朱
伯崑先生说:"(邵雍)这种观点,一方面驳斥了王弼派对象数的否定,另一方
面又论述了圣人之意是言象数的总根子。其同王弼派的区别有二:一是王弼
以'意'为义理,而邵雍以其为心中的数理;一是王弼主张废弃象数以显意,邵
雍主张借象数以显意。"①沿着上述逻辑理路,邵雍最终得出"先天学为心法"
的结论。《观物外篇》说:"先天学,心法也。故图皆自中起,万化万事生于心
也。"②邵雍常津津乐道说:"图虽无文,吾终日言而未尝离乎是。盖天地万物
之理尽在其中"③。洞明了先天心法,便会像庄子所说,得其环中,乘乎道枢,
运乎天钧,以不变应万变而游无穷。先天学之乐在此! 邵雍在《伊川击壤集》
中一再用诗歌表达此种快乐。其《先几吟》云:"先几能识是吾侪,慎勿轻为世
俗哈。把似众中呈丑拙,争如静里且诙谐。奇花万状皆输眼,明月一轮长入
怀。似此光阴岂虚过,也知快活作人来。"④《逍遥吟》云:"吾道本来平,人多
不肯行。得心无厚味,失脚有深坑。若未通天地,焉能了死生。向其间一事,
须是自诚明。"⑤《天意吟》云:"天意无他只自然,自然之外更无天。不欺谁怕
居暗室,绝利须求在一源。未吃力时犹有说,到收功处更何言。圣人能事人难
继,无价明珠正在渊。"⑥

　　邵雍喜欢说"先天图者环中也",所谓"环中"即"太极",即"天地之心"。
《观物外篇》说:"天地之本,其起于中乎! 是以乾坤屡变而不离乎中。人居天

---

①　朱伯崑:《易学哲学史》第二卷,蓝灯文化事业股份有限公司 1991 年版,第 187 页。
②　邵雍:《邵雍全集》第三册,上海古籍出版社 2015 年版,第 1418 页。
③　邵雍:《邵雍全集》第三册,上海古籍出版社 2015 年版,第 1402 页。
④　邵雍:《邵雍全集》第四册,上海古籍出版社 2015 年版,第 108 页。
⑤　邵雍:《邵雍全集》第四册,上海古籍出版社 2015 年版,第 114 页。
⑥　邵雍:《邵雍全集》第四册,上海古籍出版社 2015 年版,第 182 页。

地之中,心居人之中,日中则盛,月中则盈,故君子贵中。"①这里的"中",就先天图式说,指大圆图的中心;就义理说,指太极。《易·系辞传》说"大衍之数五十",《说卦传》说"参天两地而倚数",邵雍认为,大衍之数是"五"的十倍,参天两地之和数也是"五",《河图》之数五十五,《洛书》之数四十五,其中宫之数也都是"五"。可知"五"即天地万物之"中数",也就是"太极"之数。太极居天地之中,"心"居人身之中,所以"心"即"太极"。此又是邵雍先天学为"心法"的一种说法。

"心法"即圣人之心中先验的数理逻辑法则。诸如一分为二、二分为四、天圆经一围三、地方经一围四等。依据此先验数理形成的先天图式,虽无文字,但天地万物之理尽收其中,从天之圆、地之方、阴阳消长、四时变化的宇宙时空秩序,到皇、帝、王、霸历史治乱之推移,都可以通过此图式加以推导解释。其《观易吟》云:"一物其来有一身,一身还有一乾坤。能知万物备于我,肯把三才别立根。天向一中分体用,人于心上起经纶。天人焉有两般义,道不虚行只在人。"②在邵雍看来,天人本无两样,天地变化的自然法则即人心的思维逻辑法则。据此说来,宇宙阴阳消长的生命原理先于《周易》八卦、六十四卦及其卦爻辞而存在,所谓"画前元有易"。先天"心法"包罗万象,犹天网恢恢,疏而不失,邵雍《皇极经世》中说的"物理""化机",《击壤集》中所咏所吟的自然万象、风月情怀,生命世界中一切自然的、超自然的现象都可从"数理"或"心法"中推导出来。邵雍说先天学即心法,它是《周易》先验的数理本体,《周易》一书则是此先验数理的运用。《观物外篇》说:"先天之学,心也;后天之学,迹也。"③统摄宇宙万象的易道数理先验存在于圣人心中,故称"先天之学"。关于邵雍先天学的先验主义,朱伯崑总体评价说:"邵雍认为其先天图及其变化的法则出于心的法则,此种观点实际上是将数学的法则归之于人心的产物。

① 邵雍:《邵雍全集》第三册,上海古籍出版社 2015 年版,第 1391—1392 页。
② 邵雍:《邵雍全集》第四册,上海古籍出版社 2015 年版,第 290 页。
③ 邵雍:《邵雍全集》第三册,上海古籍出版社 2015 年版,第 1407 页。

他所以得出这一结论,就其理论思维说,是将数学的法则,如他所说的一分为二、方圆之数的演算等,看成是头脑自生的、先验的东西。总之,认为数的变化和演算的规律性存在于思维之中,是从思维自身的活动中引出来的。这种先验论的数学观,使他的先天图终于成为一种先验模式。他以此解释宇宙的形成和时空的结构,不能不陷入唯心论和先验论。其先天学关于事物变化法则的论述,虽然含有不少辩证法的因素,但对易理和哲学基本问题的回答则是唯心主义的。"[1]

邵雍"心为太极"说中的"心"究竟属于贝克莱式的主观精神,还是黑格尔式的绝对精神,学术界看法并不一致,邵雍本人的说法也不一致。他有时说"生万物之本者"为"天地之心",有时又说是"圣人之心"。其实,这些不同的说法只是邵雍"先天心法"在不同语境中的具体表达而已,两者是相互兼容的,既不是纯粹的主观精神,也不是纯粹的客观精神。如其《自余吟》所云:"身生天地后,心在天地前。天地自我出,自余何足言。"[2]这里说"在天地前"的"心",当是指"绝对精神",按此说法,邵雍的先天学哲学体系当属于所谓"客观唯心主义";又说"天地自我出","我"显然又指"主观精神",按此说法,邵雍先天哲学体系当属于所谓"主观唯心主义"。其实,这两种评价都不符合邵雍思想的本义。邵雍要真切表达的是"理数"与"心法"体用不二。"数理"在天地之前,当然更在人之前,原本存在,故谓之"先天";但"数理"又内在于"人",为人之思维活动的逻辑本原(心法)。绝对的宇宙精神(理数)要通过"我"即"圣人之心"的主体精神活动(逻辑推理)呈现出来。没有先天数理,固然不会有圣人之心;但离开圣人之心,先天数理也就如一片混沌,鲜为人知。邵雍的"心"或"太极"可以归结为一"数理逻辑本体",此逻辑本体"近似"却又不同于王阳明"心理合一"的良知本体。王阳明的"良知"是"天理"与至诚恻怛之"情"的合一,是伦理本位的;邵雍的"心法"是"数理"与"心"的合一,

---

① 朱伯崑:《易学哲学史》第二卷,蓝灯文化事业股份有限公司 1991 年版,第 189 页。
② 邵雍:《邵雍全集》第四册,上海古籍出版社 2015 年版,第 393 页。

是逻辑本位的。前者指向道德实践,后者指向数理认知。

总之,"邵雍的易学哲学的特色,是以数为最高的范畴,认为宇宙中的一切事物都按数学的法则演变,而数学的法则为心法,乃先验的东西。正因为如此,方具有普遍的规律性,为世界的本源"①。"数"的观念和"逻辑法则"的根源究竟是来自后天形成的,还是先验的,是近代以来西方哲学史唯理论和经验论长期争论不休的问题。经验论认为,"数"和"逻辑法则"是思维对客观对象数量关系和普遍联系的"反映",心灵就像一面镜子,观念是外部现象映照在心灵明镜中的映像。唯理论说"数""时空""因果性""必然性"等观念是理性整理外部经验对象的先验形式。唯理论批评经验论是理性的僭越,因为"反映"只能是感性的相似,"数"是抽象的观念,不能形成"反映"。经验论批评唯理论的"先验形式"是无源之水,没法解释"共相"或"普遍必然性"的来源,因而不符合理性精神。两者不无所见,又各有所偏,不能辩证地解释"数"和"数理逻辑法则"的形成。"数"和"数理逻辑法则"作为"共相",其原型就在外部事物的数量关系和普遍联系中,是经过思维的归纳、概括、抽象,排除经验现象的多样性(殊相)而得到的观念形式和思维范式。"数""数理逻辑法则"一旦形成,又会以先入为主的能动性反作用于人的心理或思维活动,成为人们认识事物、整理经验、整合观念的"先验形式"。所以,从思维与存在统一性的本体论角度说,"数"和"数理逻辑法则"的原型即外部事物的数量关系和普遍联系;从其认识论根源说,是思维抽象的结果;从其能动作用说,又是思维活动的先验前提。人们在经验活动中一步步认识了事物的数量关系和普遍联系,继而形成"数"的观念和"数理逻辑法则";"数"的观念和"数理逻辑法则"一经形成又以先验的形式发挥其逻辑思维主导性作用,引导、制约、规范着人的思维活动与实践过程。此即"数""数理逻辑"思维的辩证法。

宋明以来对邵雍先天易学或肯定,或否定,褒贬不一。肯定者以朱熹为代

---

① 朱伯崑:《易学哲学史》第二卷,蓝灯文化事业股份有限公司1991年版,第190—191页。

表。朱熹在与袁机仲几通书信中,批评了袁机仲对邵雍易学的误解,充分肯定了邵雍易学的理论意义。朱熹在《答袁机仲》中说:

> 数之为数,虽各主于一义,然其参伍错综,无所不通,则有非人之所能为者。其所不合,固不容以强合;其所必合,则纵横反复,如合符契,亦非人所能强离也。若于此见得自然契合,不假安排底道理,方知造化功夫神妙巧密,直是好笑,说不得也。[①]

> 若要见得圣人作《易》根原直截分明,却不如且看卷首横图,自始初只有两画时渐次看起,以至生满六画之后。其先后多寡既有次第而位置分明,不费词说。于此看得,方见六十四卦全是天理自然挨排出来,圣人只是见得分明,便只依本画出,元不曾用一毫智力添助。盖本不烦智力之助,亦不容智力得以助于其间也。[②]

朱熹强调,邵雍一分为二法揭示了八卦形成的数理逻辑根源,“正是前所谓自然契合,不假安排之妙。孔子而后,千载不传,至康节先生始得其说。然犹不肯大段说破,盖《易》之心髓全在此处,不敢容易轻说,其意非偶然也”[③]。对于袁机仲不静心理会先哲之心,动辄轻加评议的浅薄轻浮,朱子规劝并矫正说:“邵氏先天之说,则有推本伏羲画卦次第生生之妙,乃是《易》之宗祖,尤不当率尔妄议。或未深晓,且当置而不论,以谨阙疑。”[④]朱熹是宋代理学的集大成者,他推崇或肯定邵雍的先天数图,肯定其在易学史上的地位,实质是肯定“数”与“理”的内在联系,认为先天数图具有高度的逻辑性,从自然科学或“数理”角度揭示了宇宙之理的绝对性、普遍性。

[①]　朱熹:《晦庵先生朱文公文集》卷三十八,《朱子全书》第二十一册,上海古籍出版社、安徽教育出版社 2010 年版,第 1660 页。

[②]　朱熹:《晦庵先生朱文公文集》卷三十八,《朱子全书》第二十一册,上海古籍出版社、安徽教育出版社 2010 年版,第 1663 页。

[③]　朱熹:《晦庵先生朱文公文集》卷三十八,《朱子全书》第二十一册,上海古籍出版社、安徽教育出版社 2010 年版,第 1661 页。

[④]　朱熹:《晦庵先生朱文公文集》卷三十八,《朱子全书》第二十一册,上海古籍出版社、安徽教育出版社 2010 年版,第 1681 页。

黄宗羲、黄宗炎、毛奇龄、胡渭等清代学者,认为邵雍先天数图是道教《周易参同契》的发展,据此否定其在易学史上的地位,甚至予以激烈批评。如黄宗炎在其《〈先天八卦方位图〉解说》中说:

> 其云乾南坤北也,实养生家之大旨,谓人身本具天地,但因水润火炎,阴阳交易,变其本体。故令乾之中画损而成离,坤之中画塞而成坎,是后天使然。今有取坎填离之法,挹坎水一画之奇,归离火一画之偶,如炼精化气,炼气化神之类,益其所不足,离得固有也。如凿窍丧魄,五色五声之类,损其所有余,坎去本无也。离复返为乾,坎复返为坤,乃天地之南北也。养生所重,专在水火,比之为天地,既以南北置乾、坤,坎、离不得不就东西。坎,月也,水也,生于西方;离,日也,火也,出自东方。丹家沙火能伏濆木铅水,结成金液,所谓火中木,水中金,混合结聚。……兑居东南,艮居西北,巽居西南,震居东北,直是无可差排,勉强塞责,竟无义理可寻。缘此四卦,不过为丹鼎备员,非要道也。①

黄氏此说,认为邵雍“乾南坤北离东坎西”的方位说源自道教《周易参同契》,故而以其先天数图为道教炼丹术的翻版。他囿于传统经学立场,以《周易》经传为依据,指责先天易学不符合《周易》原意,甚至是对《周易》本来历史面目的歪曲。这种评价反映了经学时代儒家学者的门户之见。毛奇龄、胡渭的评论,大体也是如此。对于一正一反的评价,朱伯崑说:“从易学哲学角度看,邵氏先天学的历史意义正在于不因袭传统的意见,从而在理论上作出了新的阐发。朱熹的评论就是从这种观点出发的。但是,他从肯定伏羲八卦说先于文王八卦说,认为历史的事实,即是如此,不肯承认先天易学乃邵雍的创建,这也是封建时代易学家的一种偏见。”②

---

① 黄宗炎:《〈先天八卦方位图〉解说》,施维主编:《周易八卦图解》,巴蜀书社 2005 年版,第 502 页。

② 朱伯崑:《易学哲学史》第二卷,蓝灯文化事业股份有限公司 1991 年版,第 197 页。

第六章　中和价值论

《易·乾·彖》云:"乾道变化,各正性命。保合太和,乃利贞。"天道变化赋予万物纯正的本性与生命,遵循天道规律,保持阴阳平衡达到高度的和谐,乃是包含人类在内的生命世界的根本利益。"和"是"生"的基础,"中"是"和"的尺度。《中庸》说:"致中和,天地位焉,万物育焉。"《易传》一方面从宇宙论的高度把"致中和"提升为一种"保合太和"的大生命价值观;另一方面,又结合爻位说将其向下落实为一种蓄潜戒亢、中正为吉的实践价值尺度。本章依据《文言传》《彖辞传》《象辞传》集中探讨《周易》"保合太和"的中和价值论。

一、《易传》中和价值论的思想渊源

这里先追溯一下《论语》《中庸》的中和论,因为它是《易传》"保合太和乃利贞"的大生命价值观的思想渊源。

"中庸"一词在《论语》中只一见,但"中庸"的精神在《论语》中却处处表现出来。中庸是孔子教人成德达仁的重要方法论原则。《论语·雍也》说:"中庸之为德也,其至矣乎! 民鲜久矣。"这里把"中庸"看作是一种崇高的德性、智慧或实践理性。孔子在《论语》中并未解释"中庸"的含义,但后儒根据孔子在《论语》中的言行和其他经典文献，明确将"中庸"解释为"用中"之道，亦即在生活实践中恪守不偏不倚、无过不及的中正之理。如东汉郑玄在《中庸解题》中说："名曰中庸者，以其记其中和之为用也。庸，用也。"①认为"中庸"即用中之义。宋代理学家对"中庸"的含义作了进一步的阐发。程颐说："不偏之谓中，不易之谓庸。中者天下之正道，庸者天下之定理。"朱熹在《中庸章句》题解中援引程子这句话并发挥说："此篇乃孔门传授心法，子思恐其久而差也，故笔之于书，以授孟子。……其味无穷，皆实学也。"②关于"中庸"一词，朱熹解释说："中者，不偏不倚、无过不及之名。庸，平常也。"③在《中庸章句》中又说："中庸者，不偏不倚，无过不及，而平常之理，乃天命之所当然，精微之极致也。"④综上可知，"中庸"即"用中"以为常道，也就是在日用常行中坚持适度适中的原则，使天地万物及人生百行归于和谐。故《中庸》首章继性、道、教一体贯通和戒慎恐惧的慎独工夫后归结说："喜怒哀乐之未发，谓之中；发而皆中节，谓之和。中也者，天下之大本也；和也者，天下之达道也。致中和，天地位焉，万物育焉。"

《论语·先进》载："柴也愚，参也鲁，师也辟，由也喭。"旧注云：愚，愚直；鲁，迟钝；辟，偏激；喭：鲁莽。是说高柴愚直，曾参迟钝，颛孙师偏激，仲由鲁莽。表明孔门弟子的气质个性多有所偏，不合中行，故而孔子十分注重因材施教，教以中行，目的在于纠正气质之偏，确立义理之正。《论语·先进》又载，子贡问："师与商也孰贤？"子曰："师也过，商也不及。"子贡又问："然则师愈与？"子曰："过犹不及。""师"即颛孙师，字子张；"商"即卜商，字子夏。前者做事爱过头，后者做事常不及。孔子认为"过"与"不及"一样，均不符合中道。《论语》中孔子"过犹不及"的思想，又见于《中庸》第四章中的一段话，可以相

---

① 孔颖达:《礼记正义》卷第五十二，《十三经注疏》整理本，北京大学出版社 2000 年版，第 1661 页。
② 朱熹:《四书章句集注》，中华书局 1983 年版，第 17 页。
③ 朱熹:《四书章句集注》，中华书局 1983 年版，第 17 页。
④ 朱熹:《四书章句集注》，中华书局 1983 年版，第 18—19 页。

互参证,子曰:"道之不行也,我知之矣。知者过之,愚者不及也;道之不明也,我知之矣。贤者过之,不肖者不及也。"此所谓"道"即"人道"所当行之理,这段话是说"中庸"是"行道""明道"的方法。《论语·子路》中孔子又提出"中行"说,并与"狂"和"狷"相对待。子曰:"不得中行而与之,必也狂狷乎! 狂者进取,狷者有所不为也。"联系上文,子张近狂,卜商近狷,均不符合"中行"。孟子有一段话可以看作是对此处"中行"及"狂"与"狷"的发挥,《孟子·尽心下》说:"孔子岂不欲中道哉? 不可必得,故思其次也。"孟子的弟子万章问:"敢问何如斯可谓之狂?"孟子曰:"如琴张、曾皙、牧皮者,孔子之所谓狂矣。"万章又问:"何以谓之狂也?"孟子曰:"其志嘐嘐然,曰:古之人! 古之人! 夷考其行而不掩焉者也。狂者又不可得,欲得不屑不洁之士而与之,是獧也,是又其次也。""獧"同"狷"。按照孟子的理解,孔子所说的"中行"即"中道",或循"中道"而行者;狂者属于志向仰慕古人而又不掩形迹的人;狂和狷都次于中道,但狷者又次于狂者。孟子的话虽然未必尽合孔子之意,却可资参考。

关于如何来把握"中道"以克服"过之"和"不及"的问题,孔子提出"叩其两端"求其"中"的原则。《论语·子罕》载,"子曰:'吾有知乎哉? 无知也。有鄙夫问于我,空空如也,我叩其两端而竭焉。'"叩,即叩问;两端,即事物的两头。朱熹注:"孔子谦言己无知识,但其告人,虽于至愚,不敢不尽耳。叩,发动也。两端,犹言两头。言终始、本末、上下、精粗,无所不尽。"朱熹注复引尹氏曰:"圣人之言,上下兼尽。即其近,众人皆可与知;极其至,则虽圣人亦无以加焉,是之谓两端。……若夫语上而遗下,语理而遗物,则岂圣人之言哉?"①朱熹、尹焞的解释意在突出强调圣人有谦德及圣人之言有本有末、上下皆尽的全面性,却忽略了其中的方法论意义。从文本的原生语境看,这段话的实质并不在于孔子的谦虚,也不在于孔子的诲人不倦,孔子所要表达的意思在

---

①　朱熹:《四书章句集注》,中华书局 1983 年版,第 111 页。

于获得知识或解决问题的方法。关于"鄙夫"（至愚之人）所"问"的内容，我们已无从知道，但孔子对其所问在心理上毫无准备，甚至一无所知是真实的。这使孔子感到自己知识不足，孔子也无意掩饰个人知识的有限性。值得深思的是，孔子通过"叩其两端"的方式获得了"两端"的"中道"，于是问题有了适中的答案。这则叙事一则表明孔子的不耻下问，再则表明孔子的智慧。《论语》中"叩其两端而竭焉"的方法，《中庸》概括为"执两用中"，认为此种思维方法体现了古代圣王（舜）治国安民的大智慧。《中庸》第六章载："子曰：舜其大知也与！舜好问而好察迩言，隐恶而扬善，执其两端，用其中于民，其斯以为舜乎？"关于"执两用中"，朱熹注得很详尽。朱熹注："两端，谓众论不同之极致。盖凡物皆有两端，如小大厚薄之类，于善之中又执其两端，而量度以取中，然后用之，则其择之审而行之至矣。然非在我之权度精切不差，何以与此。此知之所以无过不及，而道之所行也。"①"执两用中"的原则在《论语》中得以广泛应用。见诸政事，便是"尊五美，屏四恶"——"五美"指"惠而不费，劳而不怨，欲而不贪，泰而不骄，威而不猛"；所谓"四恶"指违背中道的四种政令，即不教而杀（虐）、不戒视成（暴）、慢令致期（贼）、出纳之吝（有司）（参见《论语·尧曰》）。表现在道德修养上，"执两用中"的要求是以"六言"克"六蔽"，使人做到好仁而不蔽于愚，好知而不蔽于荡，好信而不蔽于贼，好直而不蔽于绞（尖刻），好勇而不蔽于乱，好刚而不蔽于狂（参见《论语·阳货》）。表现在君子的仪表风度上，孔子认为过分的质朴则粗俗（野），过分的文饰则妖冶（史），文与质要适中，这样才符合君子文雅大方的身份。故《论语·雍也》言："质胜文则野，文胜质则史，文质彬彬，然后君子。"表现在学习方法上，孔子根据用中原则，提出学思并重的要求："学而不思则罔，思而不学则殆。"（《论语·为政》）只学习而不思考则迷惑而无见；只思考而不学习则徒劳而无得。学与思适度结合，才能有所长进。表现在因材施教上，冉求和子路同样是问

---

① 朱熹：《四书章句集注》，中华书局 1983 年版，第 20 页。

"闻斯行诸",孔子却给予不同的回答。孔子说:"求也退,故进之;由也兼人,故退之。"(《论语·先进》)这都体现了"用中"的原则。

孔子提倡"中行",反对极端,而中道的标准或依据是"礼"。所以,在孔子思想体系中,"中庸"原则与其礼治原则又具有内在的一致性。孔子说:"礼乐不兴,则刑罚不中"(《论语·子路》);"不学礼,无以立"(《论语·季氏》);"恭而无礼则劳,慎而无礼则葸,勇而无礼则乱,直而无礼则绞"(《论语·泰伯》)。在孔子看来,"礼"不仅是刑罚的依据和尺度,而且是人奉身处世的基本原则,生活中不可以须臾离开礼。譬如说,过度恭顺则劳顿,过度谨慎则拘谨,过度好勇则生乱,过度率直则刻薄。要做到恭而不劳、慎而不葸、勇而不乱、直而不绞,就需要用"礼"加以节制。可知"礼"是"中"的客观尺度,执"礼"行"中"才可以"和谐",所以孔子的学生有子说:"礼之用,和为贵;先王之道,斯为美。小大由之。"(《论语·学而》)越礼和不及礼,均不符合"中行",而依礼而行,各正其名,各尽其分,则大事小事才能做得恰当适中。执礼求中是孔子的基本倾向,但求中之度又是不大容易掌握和达到的。在不能保证(或没有把握)达到恰到好处的时候,孔子的原则是要因时因事而变通,力求接近于中道。他对祭礼和丧礼的解释就体现了这一点。林放问礼之本。子曰:"大哉问! 礼,与其奢也,宁俭;丧,与其易也,宁戚。"(《论语·八佾》)在孔子看来,"礼之本"在"质"(内容)而不在"文"(形式),所以,对于一般性的礼来说,与其过于文饰铺张(奢),不如俭约朴素;对于丧礼来说,与其大事操办(易),不如心尽其哀(戚)。换一个角度说,礼治的规定是具体的,而不是抽象的。依礼求中,要具体情况具体分析。

上面已说,在生活中执"礼"行"中"不可过于拘泥,有时离不开一定的灵活性,要具体情况具体分析,这就有一个因"时"权"变"的问题,《中庸》表述为"时中"之义。《中庸》援引孔子的话说:"君子之中庸也,君子而时中。"关于"时中",朱熹解释为"随时以处中"。他说:"君子之所以为中庸者,以其有君子之德,而又能随时以处中也。……盖中无定体,随时而在,是乃平常之理也。君子知其在我,故能戒谨不睹,恐惧不闻,而无时不中。"①这里朱熹把"时中"与"慎独"相结合,强调君子要时时处处而处其中。其实,"时中"更有因时权变而求其中之义。按照后来儒者的理解,"执中"属于常则,叫作"经";因时变通属于变例,叫作"权"。对此,孟子有过很好的解释。他在批评子莫时说:"子莫执中,执中为近之。执中无权,犹执一也。"(《孟子·尽心上》)孟子认为,杨子"为我"(绝对的利己主义),墨子"兼爱"(绝对的至公主义),各属偏执一端;子莫"执中"而近于道。但子莫固执于"中道"而不知权宜变通,这同杨、墨偏执一端一样,也是一种片面性。可见"时中"之关键在于"权"。孟子这一思想是对孔子"时中"之义的引申。

《论语》中孔子对史鱼与蘧伯玉处世方式的一段评论也与"君子时中"相关。《论语》载,孔子曾将史鱼的"直"与君子蘧伯玉的处世方式加以比较。孔子说:"直哉史鱼! 邦有道,如矢;邦无道,如矢。君子哉蘧伯玉! 邦有道,则仕;邦无道,则可卷而怀之。"(《论语·卫灵公》)史鱼是卫国的大夫,名鳅,字子鱼。"如矢",形容像箭一样正直。据说史鱼曾多次向卫灵公推荐蘧伯玉,他临死的时候嘱咐儿子不要为他"治丧正室",以"尸谏"的方式劝告卫灵公进用君子蘧伯玉,斥退弥子瑕,这从一个侧面表现了他的"直"。事见《韩诗外传》卷七。从文中所述看,史鱼的"直"与蘧伯玉的处世方式是有所不同的。史鱼无论国家有道还是无道,其言行都一样"如矢"般的正直,甚至以尸相谏。如此处世,直则直矣,似乎有些过度地"直",不知因时权宜变通。朱熹注引杨氏曰:"史鱼之直,未尽君子之道。若蘧伯玉,然后可免于乱世。"②蘧伯玉做到了国家有道则仕进,国家无道则"卷而怀之"。"卷"有收藏起来之意。这种知进知退、外圆内方的处世方式,不但不违背"直",而且超越了"直",不言其直而直自在其中,这同样体现了"君子时中"之义。所以,孔子说史鱼是"直",蘧伯玉是"君子"。

---

① 朱熹:《四书章句集注》,中华书局1983年版,第19页。
② 朱熹:《四书章句集注》,中华书局1983年版,第163页。

　　孔子所提倡的"中庸"实践理性精神,与折中主义、调和论有本质区别。孔子批评"巧言令色,鲜矣仁"(《论语·阳货》),认为只有真正的仁者才能关怀好人,憎恶坏人。对于八面玲珑的好好先生,孔子批评说:"乡原,德之贼也。"(《论语·阳货》)何以这么说呢? 孟子做过很好的说明。他说"乡愿"指阉然媚于世者。这样的人,"非之无举也,刺之无刺也,同乎流俗,合乎污世。居之似忠信,行之似廉洁,众皆悦之,自以为是,而不与入尧舜之道,故曰德之贼也。"(《孟子·尽心下》)孔子贵"中"尚"和",但他所提倡的"中和"思想不是无原则的折中调和,故其言:"君子和而不同,小人同而不和。"(《论语·子路》)朱熹注:"和者,无乖戾之心;同者,有阿比之意。"朱注复引尹氏曰:"君子尚义,故有不同。小人尚利,安得而和。"[1]"和"与"同"是春秋时代两个常用的术语,《左传》昭公二十年载有晏子关于和同之辨的一段话说,"和"如五味的调和,八音的和谐,"同"如以水济水[2]。《国语·郑语》载西周末年的史伯也有类似的话,史伯说:"夫和实生物,同则不继。以他平他谓之和,故能丰长而物归之;若以同裨同,尽乃弃矣。"可见,"和"是多样性的同一,"同"是抽象的同一性。孔子的"和而不同"说,是对西周末年和同之辨的继承发展,将"和而不同"提升到了做人准则的高度。

　　这里谈谈"中庸"思想与《中庸》一书的关系。上面已讲,《论语》中孔子提及"中庸"时说"其至矣乎",它是孔子所推崇的一种崇高的德性、智慧和方法,亦即我们所说的儒家实践理性精神。此种实践理性精神在《中庸》中得到系统诠释。《中庸》原本是《礼记》中的一篇文字或论文,系统地阐发了孔子的"中庸"思想。这篇文字在汉唐时期哲学、经学史上并没有特别的地位和影响;到了宋代,由于二程、朱熹等理学家的推崇并对其进行系统化、哲理性地阐发,《中庸》遂成为一篇对中国思想文化史影响深远的经典文献。朱熹把《中庸》《大学》从《礼记》中独立出来,与《论语》《孟子》合编为《四书》,并花费大半生精

① 朱熹:《四书章句集注》,中华书局1983年版,第147页。
② 参见杨伯峻:《论语译注》,中华书局1980年版,第142页。

力逐篇逐章为之作"章句集注",此后《四书》的地位与《五经》同列,甚至超越《五经》之上。关于《中庸》的思想渊源和地位,朱熹在《中庸章句序》中说:

> 《中庸》何为而作也?子思子忧道学之失其传而作也。盖自上古圣神继天立极,而道统之传有自来矣。其见于经,则"允执厥中"者,尧之所以授舜也;"人心惟危,道心惟微。惟精惟一,允执厥中"者,舜之所以授禹也。……夫尧、舜、禹,天下之大圣也。以天下相传,天下之大事也。以天下之大圣,行天下之大事,而其授受之际,丁宁告戒,不过如此。则天下之理,岂有以加于此哉?①

关于《中庸》的微言大义和逻辑结构,朱熹《中庸章句》题解说:"此篇乃孔门传授心法……,其书始言一理,中散为万事,末复合为一理,放之则弥六合,卷之则退藏于密,其味无穷,皆实学也。善读者玩索而有得焉,则终身用之,有不能尽者矣。"②所谓"传授心法",是说"中庸"是尧、舜、禹、汤、文、武、周、孔圣人道统的骨血精髓和古今圣王治国平天下的心传密意。所谓"始言一理",是指《中庸》首章开宗明义的道德形上学原理,它包括"天命之谓性,率性之谓道,修道之谓教"所蕴含的天人一体、性、道、教上下贯通、"道不远人"的道德本体论,君子慎独、未发之中、已发之和的修养工夫论及"致中和,天地位焉,万物育焉"的天地境界说,乃《中庸》一篇之体要。所谓"中散为万事",指《中庸》第二章至第三十二章,子思反复援引孔子的话,间或加入自己的话,从"天道"与"人道"两个方面、多个角度来解释"中庸"的内涵、意义、作用及如何获得和实践"中庸"的方法,强调并反复推明"自诚明,谓之道;自明诚,谓之教。诚则明矣,明则诚矣"——"诚"与"明"交融、本体与工夫合一的"诚"的境界及入道要津。这可以看作是《中庸》首章的引申与展开。所谓"末复合为一理",指《中庸》终篇的第三十三章,再三引《诗》强调下学而上达,即经由博学、审问、慎思、明辨、笃行等下学工夫,人一己百,人十己千,千回百转,终于上达"上天之

① 朱熹:《四书章句集注》,中华书局1983年版,第14页。
② 朱熹:《四书章句集注》,中华书局1983年版,第17页。

载,无声无臭"致广大而尽精微的至诚之境。关于此章,朱熹点评说:"盖举一篇之要而约言之,其反复丁宁示人之意,至深切矣,学者其可不尽心乎!"①

二、"乾元"蓄潜戒亢的和生之道

《论语》《中庸》中的"中""和"观念及"用中""时中"的方法论,对《易传》的思维方式深有影响。按照以往易学解释学的看法,"时"和"中"是把握《易》学思维最重要的两个范畴。学《易》不可不知"时"执"中":一部《周易》从《乾》卦到《未济》卦的六十四卦无非是天、地、人"三才之道"中的纷纭万象在宇宙大时空中变化流转的具象呈现。人生的主观能动性就在于察"时"知"几",把握事物运动变化的具体机遇,妥善地运筹应变,因天时,居地利,致人和。圣人或智者明通"易"之"时义"及六十四卦阴阳和合、刚柔转化、循环无端的"时用",故能够"范围天地之化而不过,曲成万物而不遗"(《系辞上》),"与天地合其德,与日月合其明,与四时合其序,与鬼神合其吉凶。先天而天弗违,后天而逢天时"(《乾·文言》),援天道以明人事,尽人事以俟天命,获得人生实践"保合太和乃利贞"的理想结局。如果说"时"体现了事物"变动不居、周流六虚"的动态之维,"中"则要求因"时"制宜以确立或选择不偏不倚的位相和恰当适度的行为方式,不卑不亢,能静能动,上下呼应,进退自如。如此思维,如此行事,便是"居中"或"用中"。《易传》"中"或"用中"的观念,多集中表现在六十四卦二爻、五爻的《象辞传》中。一般性地说,在六爻构成的卦体格局中,初爻、四爻居于上下两体的下位,有似"不及";三爻、上爻居于上下两体的上位,有似"过之",均不是好的位相,故而这些位相常伴随凶、咎、悔、吝之辞;二爻、五爻分别居下体、上体之"中"位,象征处事得"中",无过之也无不及,所以与其他爻相比,多得吉言、吉辞。这均体现了《易传》"时中""用

---

① 朱熹:《四书章句集注》,中华书局 1983 年版,第 40 页。

中"的思维方式和价值观。此种思维方式和价值观与《论语》《中庸》的"中道"思想是一脉相承的。下面以《乾》卦经、传为宗纲,诠释其"保合太和乃利贞"的大生命价值观及蓄潜戒亢、中正为吉的实践价值尺度。

《乾》卦辞说:"元亨,利贞。"《彖》曰:"大哉乾元,万物资始,乃统天。云行雨施,品物流形。大明终始,六位时成,时乘六龙以御天。乾道变化,各正性命。保合太和,乃利贞。首出庶物,万国咸宁。"传文中的"大明"为日,象征天上的太阳光照万物,周而复始,永不熄灭,故云"大明终始";六位,构成六画卦的初、二、三、四、五、上六个爻位;六龙,指《乾》卦的六爻,取象于龙,象征乾阳刚健以成体,六龙以时位变化,呈现出下面爻辞所说的"潜""见""惕""跃""飞""亢"升降变化过程,隐喻乾元之道统摄整个生命宇宙的变化,故云"时乘六龙以御天"。《乾》卦辞"元亨,利贞"与其他卦辞中的"亨""利贞""利涉大川"等,并无不同,原本只是普通的占语,意思是"大为亨通,占问有利"。《彖传》则作出了非同一般的解释,将其提升为一种乾元创生万物、天人合一的大生命宇宙论原理,表现了《易传》作者努力将经文哲理化的倾向。《系辞下》云:"彖者,材也。"材通裁。一卦的彖辞是裁决论断该卦的基本思想,所以理解《彖辞传》对于理解某卦的基本卦义十分重要。程颐解释说:

> 大哉乾元,赞乾元始万物之道大也。四德之元,犹五常之仁,偏言则一事,专言则包四者。万物资始乃统天,言元也。乾元统言天之道也。天道始万物,物资始于天也。云行雨施,品物流形,言亨也。天道运行,生育万物也。大明天道之终始,则见卦之六位,各以时成。卦之初终,乃天道终始。乘此六爻之时,乃天运也。以御天,谓以当天运。乾道变化,生育万物,洪纤高下,各以其类,各正性命也。天所赋为命,物所受为性。保合太和乃利贞,保谓常存,合谓常和,保合太和,是以利且贞也。天地之道,常久而不已者,保合太和也。[①]

---

① 程颐:《周易程氏传》卷第一,《二程集》,中华书局 2004 年版,第 697—698 页。

　　《乾·彖》盛赞乾道崇高刚健的德性说,盛大无际的乾元,万物资取而生长繁息,是统领万物的初始和本原。天道变化行云施雨,众多的物类(品物)流行发育繁盛起来。《乾》卦象征太阳周而复始光照万物永不熄灭,六爻因时变化就像太阳驾乘六条神龙巡视宇宙变化的生命万象。天道变化赋予万物纯正的生命本性与命运,遵循天道规律,保持阴阳平衡达到高度的和谐,乃是生命世界的根本利益。自然天道是生长万物的本原,人道效法生生和谐的天道规律,天下万国也就太平无事了。以上是《彖传》对《乾》卦卦辞"元亨利贞"所作的发挥。《彖传》中"乾道变化,各正性命",是讲天道生生之自然;"首出庶物,万国咸宁",是讲人道法天而治、继善成性之当然。中间"保合太和乃利贞",是讲天人合一、天地人和谐共生的价值理想。经过《彖传》的提升,"元亨利贞"不再是一般的占语,而成为天之"四德",亦即天道生生变化的四个阶段,依照程颐的解释,"元"指万物之始,"亨"指万物之长,"利"指万物之遂,"贞"指万物之成。他认为上古圣人始画八卦代表天地人三才之道,六十四卦可以尽天下之变,"乾"作为万物之始,以形体谓之"天",以主宰谓之"帝",以妙用谓之"神",以性情谓之"健",所以元、亨、利、贞"四德"之义,广大至极,具有非同一般的意义①。这样一来,《乾》卦就不再是普通的一卦,而成为生命世界的本源或本体,故谓之"元"。朱熹据此作《仁说》,以"天地生物之心"释乾元,进一步将"乾元"生命本体化。《仁说》云:

　　　　天地以生物为心者也,而人物之生,又各得夫天地之心以为心者也。故语心之德,虽其总摄贯通无所不备,然一言以蔽之,则曰仁而已矣。请试详之。盖天地之心,其德有四,曰元亨利贞,而元无不统。其运行焉,则为春夏秋冬之序,而春生之气无所不通。故人之为心,其德亦有四,曰仁义礼智,而仁无不包。其发用焉,则为爱恭宜别之

　　①　程颐:《周易程氏传》卷第一,《二程集》,中华书局 2004 年版,第 695 页。

情,而恻隐之心无所不贯。故论天地之心者,则曰乾元、坤元,则四德之体用不待悉数而足。论人心之妙者,则曰"仁,人心也",则四德之体用亦不待遍举而该。盖仁之为道,乃天地生物之心,即物而在,情之未发而此体已具,情之既发而其用不穷。诚能体而存之,则众善之源、百行之本,莫不在是。此孔门之教所以必使学者汲汲于求仁也。①

朱熹继承了北宋儒者程颢、程颐、邵雍等"天地生物之心"的思想并有所发展,从天人一体的高度强调了"天地生物之心"与人心之"仁"的内在统一性,天地生物之心是人道仁爱之心的生生之源,人道仁爱之心是天地生物之心的灵应妙用。天地之心内涵元、亨、利、贞四德,展开为春、夏、秋、冬四气;人道仁爱之心也统摄仁、义、礼、智四德,展开为爱、恭、宜、别之四情。所以,天地万物与人体现了同一个生命本体——"仁"。对此,陈来从仁学本体论的角度给予了高度评价,认为朱熹的"仁说"对于构建当代仁学本体论具有十分重要的意义。他说:"朱子仁体思想在这里得到了相当的表达。在朱子,并不是简单地回到董仲舒的'仁天心'的思想,而是把北宋儒学对《周易》的讨论中的天地以生物为心、以生物为天地之心的思想和'仁'联系起来,用'仁'去规定易学讨论中的天地之心的意义。"②依据仁体论对生活世界的理解,认为我们生活的世界本质上是一个活生生的生命世界,一个包含无数关联、变化的世界,一个内在地含有和谐共生价值意义的世界。生活的意义,世界的意义,人生的价值,不是生活之外、世界之外或人性之外一个什么东西赋予的,而是天地生生不息之生命本体亦即"仁体"圆满自足的呈现。所以,"仁体生生,天道生生,人生亦乾乾不已,所以这与海德格尔那种向死而生完全不同,仁学把人的存在看成与这一生生大流融合的一体,是不断生生向生的;也与海德格尔此在的孤立个体

---

① 朱熹:《晦庵先生朱文公文集》卷六十七,《朱子全书》第二十三册,上海古籍出版社、安徽教育出版社 2010 年版,第 3279—3280 页。

② 陈来:《仁学本体论》,生活·读书·新知三联书店 2014 年版,第 239 页。

不同,是把人生看成与万物一体,在与万物共生中获得伦理意义,也在生命的继承和延续中获得生命的意义。"①生活或生命世界的本质不是孤独和焦虑,而是指向一种活泼自然的生命境界。此种境界也就是儒家生命体验中生生不息的"乾元"与"太和"。

与《乾·彖》的致思路径相近,《文言传》复从《乾》卦之"四德"引申转换为人道之"四德"或"四理",即体仁、嘉会、利物、贞固四种纯美至善的人文性格。这种性格原本来自万物资始之"乾元"。《乾·文言》曰:"元者,善之长也;亨者,嘉之会也;利者,义之和也;贞者,事之干也。君子体仁,足以长人;嘉会,足以合礼;利物,足以和义;贞固,足以干事。君子行此四德者,故曰:乾:元、亨、利、贞。"王夫之注:"元、亨、利、贞者,乾之德,天道也。君子则为仁、义、礼、信,人道也。理通而功用自殊,通其理则人道合天矣。"②依照王夫之的理解,"善之长",指乾元"纯备之气"赋予万物以生命本性,为一切"善"的源头;"嘉之会",指生命世界的四时百物不相悖害"互相济以成其美";"义之和",指物情各"和顺于适然之数",生命万象各得其宜;"事之干",指乾元贞固"成终成始",贯通生命世界的始终。"四德"充分展现了乾元生生之道的崇高伟大,故其言:"四德尽万善,而所以行之者一也,乾也。故曰'乾,元亨利贞',唯乾而后大亨至正以无不利也。"③值得注意的是,在《周易》六十四卦中,独有《乾》《坤》二卦附有《文言传》,其他各卦则无,这表明《乾》《坤》二卦在《周易》哲学体系中与众不同的地位。有了这种与众不同的崇高地位,"保合太和"的价值观也就有了宇宙论的根据,"体仁""嘉会""利物""贞固"之人文精神也就有了形而上的"根源性"价值依托。关于"形而上学"本体意识的必要性,康德在其《未来形而上学导论》中说:"人类精神一劳永逸地放弃形而上学研究,这是一种因噎废食的办法,这种办法是不能采取的。世界上无论什么时

---

① 陈来:《仁学本体论》,生活·读书·新知三联书店2014年版,第47页。
② 王夫之:《周易内传》卷一,《船山全书》第一册,岳麓书社2011年版,第59页。
③ 王夫之:《周易内传》卷一,《船山全书》第一册,岳麓书社2011年版,第59页。

候都要有形而上学。"①黑格尔则说:"科学和常识这样携手协作,导致了形而上学的崩溃,于是便出现了一个很奇特的景象,即一个有文化的民族竟没有形而上学——就像一座庙,其他各方面都装饰得富丽堂皇,却没有至圣的神那样。"②关于"乾元"形上价值本源的意义,《文言传》赞美说:"乾元者,始而亨者也。利贞者,性情也。乾始能以美利利天下,不言所利,大矣哉! 大哉乾乎! 刚健中正,纯粹精也。六爻发挥,旁通情也。时乘六龙,以御天也。云行雨施,天下平也。"王夫之解释说:"五行已结之体,百物已成之实,皆造化之粗迹。其太和清明之元气,推荡鼓舞,无迹而运以神,则其精者也。乾之为德,一以神用,入乎万有之中,运行不息,纯粹者皆其精,是以作大始而美利咸亨,物无不正。在人为性,在德为仁,以一心而周万理,无所懈,则无所滞。君子体之,自强不息,积精以启道义之门,无一念利欲之间,而天德王道于斯备矣。"③这是从天人合一的宇宙论高度讲"保合太和"的价值原理及其中所蕴含的天道生生与人文化成的统一性。"大哉",赞美乾元之崇高,刚、健、中、正表明乾元生生之德的美善精纯,乾元六爻变化,发挥旁通,时乘六爻以当天运,就像乘驾六条神龙遨游宇宙,巡御着阴阳和畅千变万化的生命世界。即此神游,无限崇高的价值原理又向下落实在《乾》卦六爻之义中,具体化为"蓄潜戒亢,中正为吉"的价值规范。

下面结合《乾》卦六爻之义来谈这个问题。《乾》卦爻辞说:

初九:潜龙勿用。九二:见龙在田,利见大人。九三:君子终日乾乾,夕惕若,厉,无咎。九四:或跃在渊,无咎。九五:飞龙在天,利见大人。上九:亢龙有悔。用九:见群龙无首,吉。

爻辞取象以"龙",象征宇宙生元的刚健灵动;六爻之动历经"潜""见""惕"

---

① [德]康德著,庞景仁译:《任何一种能够作为科学出现的未来形而上学导论》,商务印书馆 1978 年版,第 163 页。
② [德]黑格尔著,杨一之译:《逻辑学》上卷,商务印书馆 1966 年版,第 2 页。
③ 王夫之:《周易内传》卷一,《船山全书》第一册,岳麓书社 2011 年版,第 69—70 页。

"跃""飞""亢"之起落曲折,隐喻通向"保合太和"生命境界的路不是一条直线,宇宙生命活力在充满挑战与曲折中更能显现其"刚健"与"不息"。这既是对乾元生生之"健"的表诠,又是对君子"自强不息"之德的期许。联系《象传》的补充,六爻之辞中所载生命世界的丰富性、曲折性就更加生动浅显。《乾·象传》曰:"天行健,君子以自强不息。潜龙勿用,阳在下也。见龙在田,德施普也。终日乾乾,反复道也。或跃在渊,进无咎也。飞龙在天,大人造也。亢龙有悔,盈不可久也。用九,天德不可为首也。"按照传统的说法《象传》分为《大象》与《小象》,从一卦整体解释卦象及其象征意义的谓《大象》,一一对应解释六句爻辞的谓《小象》。关于《象传》的意义,王夫之说:"所谓《大象》也,孔子就伏羲所画之卦,因其象以体其德,盖为学《易》者示择善于阴阳,而斟酌以求肖,远其所不足,而效法其所优也。"[1]"所谓《小象》,释周公之爻辞也。取一爻之画,刚柔升降、应违得失之象,与爻下之辞相拟,见辞皆因象而立也。其例有阴有阳,有中有不中,有当位有不当位,有应有不应,有承有乘,有进有退。画与位合,而乘乎其时,取义不一。所谓'周流六虚,不可为典要',《易》道之所以尽变化也。"[2]值得注意的是初九"潜龙勿用"和上九"亢龙有悔"两句爻辞,确然引示出"蓄潜戒亢"之义。《象传》解释说:"潜龙勿用"是由于初阳居下,势能不足有为,还需要蓄潜待时;"亢龙有悔"则是说过于盈满就不会长久下去。《文言传》对初九、上九二爻的解释,其所蕴含的畜"潜"戒"亢"之义更为详实。《传》曰:"初九曰:'潜龙勿用。'何谓也? 子曰:'龙德而隐者也。不易乎世,不成乎名;遁世而无闷,不见是而无闷;乐则行之,忧则违之;确乎其不可拔,潜龙也。'"初九爻居下位,虽有"龙德"高飞之志,然而势能不足以用事有为,此时要紧的是既不要随波逐流,也不要羡慕浮名,更不可烦恼苦闷,要守住自己的内心,淡定自若,自解其忧,自得其乐,涵养其德性,历练其品节,蓄潜待时。初九阳居微潜之时,象征贤人之在微贱之位。程颐对此颇

---

①　王夫之:《周易内传》卷一,《船山全书》第一册,岳麓书社 2011 年版,第 54 页。
②　王夫之:《周易内传》卷一,《船山全书》第一册,岳麓书社 2011 年版,第 56 页。

有心得体会,他说:"初九阳之微,龙德之潜隐,乃圣贤之在侧陋也。守其道,不随世而变;晦其行,不求知于时。自信自乐,见可而动,知难而避,其守坚不可夺,潜龙之德也。"①王夫之则从阴阳消息之理势加以解释说:"以道在潜伏,不可以遽见,故一阳兴于地下,物荣其根,为反己退藏、固本定基、居易俟命之道,位使然也。"②此即"畜潜"。关于"戒亢",上九爻辞说:"亢龙有悔。"《象》曰:"亢龙有悔,盈不可久也。"《文言传》解释得更为详实,说:"上九曰:'亢龙有悔。'何谓也? 子曰:'贵而无位,高而无民,贤人在下而无辅,是以动而有悔也。'"又说:"亢之为言也,知进而不知退,知存而不知亡,知得而不知丧。""亢龙有悔,穷之灾也。"一味追慕高贵,不能适度合理地理解对待进退、存亡、得失,不仅会使自己失去正当的位势,而且更为有害的是会失去民心和贤能之人的辅助,这样就会动辄有悔,甚至招致途穷之灾。处"亢"之位,关键在于要能够"与时偕极",调整心态,舍得放下,甘于遁退,给生命实践留下更多余地,这样方可以融入新的存在境遇。对此,程颐解释说:"九居上而不当尊位,是以无民无辅,动则有悔也。"③王夫之则从不可违背物极则反的天道自然法则角度强调了"盈不可久",他说:"以位言之,至上而已盈,成功者退之候。天体之运,出地之极。至百八十二度半强而复入于地。行已极而必倾,不可久之象也。……象数之自然,天不能违,况圣人乎? 然圣人知其不可久,虽有悔而不息其刚健,则于龙德无损也。"④面对有限人生在天道自然法则面前的无助,王夫之强调"虽有悔而不息其刚健",赋予了畜潜戒亢以特别的人文价值意义。

再说"中正为吉"。"潜"与"亢"从爻位看都属于"不中",所以蓄潜戒亢方可以中正为吉。反之,中正为吉恰在于蓄潜戒亢。九二、九五之位相及爻辞、象辞显示的正是"中正为吉"的价值原理。九二爻辞说:"见龙在田,利见

① 程颐:《周易程氏传》卷第一,《二程集》,中华书局 2004 年版,第 700 页。
② 王夫之:《周易内传》卷一,《船山全书》第一册,岳麓书社 2011 年版,第 56 页。
③ 程颐:《周易程氏传》卷第一,《二程集》,中华书局 2004 年版,第 701 页。
④ 王夫之:《周易内传》卷一,《船山全书》第一册,岳麓书社 2011 年版,第 57—58 页。

大人。"《象》曰："见龙在田,德施普也。"《文言传》曰："九二曰:'见龙在田,利见大人。'何谓也? 子曰:'龙德而正中者也。庸言之信,庸行之谨,闲邪存其诚,善世而不伐,德博而化。'"又说:"见龙在田,时舍也。""见龙在田,天下文明。"所言都是一些积极的评价,关键在于"龙德而正中"的这个"中"字上。程颐强调说:"以龙德而处正中者也。在卦之正中,为得正中之义。庸信庸谨,造次必于是也。既处无过之地,则唯在闲邪。邪既闲,则诚存矣。善世而不伐,不有其善也。德博而化,正己而物正也。皆大人之事,虽非君位,君之德也。"①王夫之进一步从天道生生与人文化成的统一性上解释了"九二"中正之吉。从天道生生的角度看,九二象征"阳出地上,草木嘉谷皆载天之德,以发生而利于物,此造化德施之普也";从人文化成的意义说,又象征"大人藏密之功已至,因而见诸行事,即人情物理以行仁义象之,故为天下所利见"②。征诸历史,则大舜之"历试"、文王之"康功田功"似之。从九二爻的位相看,阳爻居下体之中位,象征有阳刚之德且能恪守中道,此时经过"阳气潜藏"的蓄养,历练了遁世无闷、确乎不拔的性格,学以聚之,问以辨之,宽以居之,仁以行之,终于由"潜"而"见",成己成物,德博而化,内在的"龙德"普见于世,从隐而未见、行而未成的"潜龙"成为德施普化之吉人或众人利见之"大人"。吉人之所以"吉",大人之所以"大",就在于其德性美善而恪守中道,平时说话言而有信,日用之间做事谨慎,谨防邪僻而明德存诚,虽有荣名广誉于世,却能谦虚随和,不骄不矜,所以德性广博普化,天下闻风而动,文明吉庆。

再说九五"飞龙"之吉。从《周易》"唯变所适"的一贯立场看,《乾》卦及其他卦的"中吉",不可理解为一蹴而就呆板僵死的范式,而毋宁说是一个以"时"适"中"不断完美的动态平衡的过程。从《乾》卦九二"见龙在田"到九五"飞龙在天"的提升正表明了这一点。这里可将九二、九五联系起来看。从卦

① 程颐:《周易程氏传》卷第一,《二程集》,中华书局 2004 年版,第 700 页。
② 王夫之:《周易内传》卷一,《船山全书》第一册,岳麓书社 2011 年版,第 56 页。

爻位相看,九二之"中"位在下体,且爻不当位,这意味着君子进德修业由"潜"之"见",虽有了良好开端,但尚没有进达于"保合太和"的完美境界,还要在健行实践中砥砺磨炼。九三、九四爻辞、象辞所描述的生命存在境遇正说明以"时"求"中"砥砺磨炼的艰难过程。《文言传》解释说:"九三曰:'君子终日乾乾,夕惕若厉,无咎。'何谓也? 子曰:'君子进德修业。忠信,所以进德也;修辞立其诚,所以居业也。知至至之,可与几也;知终终之,可与存义也。是故,居上位而不骄,在下位而不忧。故乾乾,因其时而惕,虽危无咎矣。'九四曰:'或跃在渊,无咎。'何谓也? 子曰:'上下无常,非为邪也。进退无恒,非离群也。君子进德修业,欲及时也,故无咎。'"九二爻至九三爻,刚爻阳位,克服了爻不当位的问题,却又来到上下徘徊、进退无定的关卡上,随时都可能偏离中道而遭遇"厉"咎。经过日乾夕惕的精进,尽忠守信以立德,修辞立诚以居业,从下体升之上体;又经历九四"或跃在渊"进退反复的求索,终于进达"位乎天德"之"飞龙"境地。《乾》卦九五爻辞说:"飞龙在天,利见大人。"《象》曰:"飞龙在天,大人造也。"《文言传》曰:"九五曰:'飞龙在天,利见大人。'何谓也? 子曰:'同声相应,同气相求。水流湿,火就燥;云从龙,风从虎。圣人作而万物睹,本乎天者亲上,本乎地者亲下,则各从其类也。'"王夫之解释说:"大人积刚健之德,至五而履乎天位,天德以凝,天命以受矣。董仲舒曰'天积众精以自刚。'积之既盛,则有不期而自至者,故曰'飞'。"①从卦爻位相看,九五阳爻阳位,当位居中,处上体之"尊",是极佳的位相。此时经历了"潜""见""惕""跃""飞",终于圆满呈现了"大中至正"的乾元之德,此时此境,水火声应气求,龙虎风云际会,天地、日月、四时、鬼神与人,生命世界的一切无不"保合太和",正是大人顺天应运大有作为之"时"。这一切都来自宇宙生命本源"大哉乾元"的健行而得"中"且"正"。《文言传》曰:"夫大人者,与天地合其德,与日月合其明,与四时合其序,与鬼神合其吉凶。先天而天弗违,后天而奉

---

① 王夫之:《周易内传》卷一,《船山全书》第一册,岳麓书社 2011 年版,第 57 页。

天时。天且弗违,而况于人乎? 况于鬼神乎? 亢之为言也,知进而不知退,知存而不知亡,知得而不知丧。其唯圣人乎! 知进退存亡而不失其正者,其唯圣人乎!"这段话的关键词或中心思想是天人合德。程颐注云:"大人与天地日月四时鬼神合者,合乎道也。天地者道也,鬼神者造化之迹也。圣人先于天而天同之,后于天而能顺天者,合于道而已。合于道,则人与鬼神岂能违乎?"①程颐认为"道"即"理",天人合德的形上依据是"合于道","道"在天谓之"理","理"在人谓之"性",所以天人合德的本质是天人同理。圣人性与道合,明理而动,知进退之时,明存亡之义,达得失之要,所以位尊九五而无悔。朱熹也以天人本无二理为前提,从存理灭欲的角度强调"无私"则体道,认为圣人"默与道契"在于大公无私。朱熹解释说:"人与天地鬼神本无二理,特蔽于有我之私,是以梏于形体而不能相通。大人无私,以道为体,曾何彼此先后之可言哉! 先天不违,默与道契。后天奉天,谓知理如是,奉而行之。"②程颐、朱熹解释《周易》的易学体例虽有差异,但以"理"解易、存理灭欲以体道的逻辑理路是相同的。这是程朱"理本论"易学哲学的特点。与程朱派以理解易的路径不同,关于"大人与天地合其德",王夫之则从气化论立场突出"大人"之德"刚健中正以应天行"的人生主动性。他说:"九五履天位,而刚健中正以应天行,故其德之盛如此。天地以主宰言。日月、四时、鬼神,皆天地之德,以纯粹之精,而健行得中。明不息,序不紊,刑赏不妄,人而天矣。"③依王夫之的理解,"先天而天弗违"指天所未有之时,大人开物成务,气应物化而功就;"后天而奉天时"指天已垂象,因而行之,时至功兴,不爽其则。这就充分体现了圣人顺天行以骋人能,化天地之自然为人生之当然,援天道以明人事,尽人事以俟天命之生命实践的主动性。

---

① 程颐:《周易程氏传》卷第一,《二程集》,中华书局 2004 年版,第 705 页。
② 朱熹:《周易本义》,《朱子全书》第一册,上海古籍出版社、安徽教育出版社 2010 年版,第 150 页。
③ 王夫之:《周易内传》卷一,《船山全书》第一册,岳麓书社 2011 年版,第 72 页。

三、含弘光大"万物资生"

中正为吉的价值原理在《坤》卦中表现得也很突出。《坤》卦卦辞云:"元亨,利牝马之贞。君子有攸往,先迷后得,主利。西南得朋,东北丧朋。安贞,吉。"《坤》卦的基本卦义是柔顺。《乾》卦以刚健为中正之道,《坤》卦以柔顺为中正之道。牝马温顺,故以牝马喻坤厚载物之德。卦辞说,大亨,占问乘牝马而行则吉利。君子可以前行,先行会迷失,跟随其后则得当,卦主吉利。往西南会得到钱财或朋友,往东北方则会失去钱财或朋友。占问安稳吉利。《坤·彖》曰:

> 至哉坤元,万物资生,乃顺承天。坤厚载物,德合无疆;含弘光大,品物咸亨。牝马地类,行地无疆。柔顺利贞,君子攸行。先迷失道,后顺得常。西南得朋,乃与类行;东北丧朋,乃终有庆。安贞之吉,应地无疆。

《坤》卦代表大地。乾元既已称"大",坤元则称"至"。程颐注:"含,包容也;弘,宽裕也;光,昭明也;大,博厚也。有此四者,故能成承天之功,品物咸得亨遂。"[1]《彖传》盛赞坤道说,广袤无疆的大地,顺承刚健不息的天道,使万物生长繁息。大地包容承载万物,德性和合无穷无尽;包容宽裕广大至极,使万物繁育皆得亨通。牝马像大地一样柔顺,行进无疆。《坤》卦柔顺利物而坚贞,贸然先行则易迷失正道,承顺乾元之后则亨通。《彖传》引申说:"地势坤,君子以厚德载物。"大地稳健厚重,君子效法此象以宽厚的德性承载万物。《坤·文言》曰:"坤至柔而动也刚,至静而德方,后得主而有常,含万物而化光。坤道其顺乎!承天而时行。"程颐注:"坤道其顺乎,承天而时行,承天之施,行不违时,赞坤道之顺也。"[2]传文说,坤道至柔顺承刚健的天道而运行不

---

① 程颐:《周易程氏传》卷第一,《二程集》,中华书局 2004 年版,第 707 页。
② 程颐:《周易程氏传》卷第一,《二程集》,中华书局 2004 年版,第 711 页。

息,至为安静而德性方正,顺承乾阳,恒定守常,包容万物,化育广大。坤道真
是柔顺之极！顺承乾阳而随时变化。《坤》卦六爻之义则具体演绎了中正为
吉的生命价值原则。

《坤》卦初六爻辞说:"履霜,坚冰至。"《象》曰:"履霜坚冰,阴始凝也。驯
致其道,至坚冰也。"象传显然具有谨初慎始、防微杜渐之义。初六始生于下,
处至微之位。圣人以阴之始生,以其将长,则为之设戒说,脚踏寒霜,坚冰不久
将至。《象传》解释说,脚踏露霜寒于坚冰,表明阴气刚刚凝结;随着时令变
化,冰封大地的隆冬就会来到。引申到人事,则勿以恶小而为之,勿以善小而
不为,防微杜渐,亦爻辞、象辞题中之意。《坤·文言》进一步明确提示说:"积
善之家,必有余庆;积不善之家,必有余殃。臣弑其君,子弑其父,非一朝一夕
之故,其所由来者渐矣,由辩之不早辩也。《易》曰:'履霜坚冰至。'盖言顺
也。"程颐发挥说:"天下之事,未有不由积而成。家之所积者善,则福庆及于
子孙;所积不善,则灾殃流于后世。其大至于弑逆之祸,皆因积累而至,非朝夕
所能成也。明者则知渐不可长,小积成大,辩之于早,不使顺长,故天下之恶无
由而成,乃知霜冰之戒也。"①这是以"渐""积"为诫发挥爻、象谨初慎始、防微
杜渐之义。朱熹认为古字"顺"与"慎"互通,训"顺"为"慎",言当辩之于微②,
与程颐的意思相近。

六二爻辞说:"直,方,大,不习无不利。"《象》曰:"六二之动,直以方也。
不习无不利,地道光也。"《文言传》曰:"直其正也,方其义也。君子敬以直内,
义以方外,敬义立而德不孤。'直,方,大,不习无不利。'则不疑其所行也。"从
二爻的位相看,阴爻阴位,当位居中,柔顺而有中正之德。爻辞说,大地平直、
方正、博大,不熟悉也没有不利的。象辞解释说,六二之动,端方正直,不熟悉
也没有不利的,体现了坤顺之道的光大宽厚。爻辞、象传、文言传皆隐喻了中

---

① 程颐:《周易程氏传》卷第一,《二程集》,中华书局2004年版,第712页。
② 朱熹:《周易本义》,《朱子全书》第一册,上海古籍出版社、安徽教育出版社2010年版,
第151页。

正为吉,但表达得有些含蓄。程颐、朱熹的注解明显点破了这一重要的价值原理。程颐说:"以直方大三者形容其德用,尽地之道矣。……不习,谓其自然,在坤道则莫之为而为也,在圣人则从容中道也。"①朱熹说:"柔顺正固,坤之直也。赋形有定,坤之方也。德合无疆,坤之大也。六二柔顺而中正,又得坤道之纯者,故其德内直外方,而又盛大,不待学习而无不利。占者有其德,则其占如是也。"②

六三爻辞说:"含章可贞,或从王事,无成有终。"《象》曰:"含章可贞,以时发也。或从王事,知光大也。"六四爻辞说:"括囊无咎,无誉。"《象》曰:"括囊无咎,慎不害也。"从三爻、四爻的位相看,其共同点是居位不"中"。六三阴爻阳位,且居下体之上,不中不正,朱熹认为这意味着"不终含藏",有些急于表现含章之美,这就有违于坤顺之义。所以爻辞说,随从大王做事,不计较功名(无成)才会有好的结局。《象传》发挥说,内含章美之德要适时发挥,而不应一味消极含藏;能够跟从王者做事,说明其智慧光大。言外之意,如果是浅暗之人,岂能"含章不露"无成而善终。六四虽然爻当其位却居六五尊位之下,是危疑之地。爻辞说,像束扎口袋那样约束自己,无过咎,也无荣誉。《象传》补充说,只有十分小心,像束扎口袋那样韬光养晦,则可以避开祸患,故云"慎不害也"。对于六三、六四的境遇,《文言传》曰:"阴虽有美,含之以从王事,弗敢成也。地道也,妻道也,臣道也。地道无成,而代有终也。天地变化,草木蕃;天地闭,贤人隐。《易》曰:'括囊无咎,无誉。'盖言谨也。"是说《坤》卦六三虽有美德,要含蓄顺从君王之事,不敢矜夸其功。《坤》卦取象大地,象征为妻之道、为臣之道。相对于《乾》卦所取象的天道来说,《坤》卦所代表的地道是不可矜夸其成的,它的本位是顺承天道,成就万物。天地变化,草木繁茂;天地闭塞,贤人归隐。六四爻辞说"括囊无咎无誉",大概说的就是在这种情形

---

① 程颐:《周易程氏传》卷第一,《二程集》,中华书局 2004 年版,第 708 页。
② 朱熹:《周易本义》,《朱子全书》第一册,上海古籍出版社、安徽教育出版社 2010 年版,第 32—33 页。

下要谨言慎行的意思。

六五爻辞说:"黄裳,元吉。"《象》曰:"黄裳元吉,文在中也。"相比之下,"六五"的情境就大为不同了。王弼注:"黄,中之色也;裳,下之饰也。坤为臣道,美尽于下。夫体无刚健,而能极物之情,通理者也。以柔顺之德,处于盛位,任夫文理者也。"①六五经历了六三的"含章"不露,六四的谦退"括囊",历练出刚柔兼备的"中"德,终于黄袍加身,难能可贵是居尊位而不失柔顺之德,所以能够"垂黄裳而以获元吉"。对此,《文言传》赞美说:"君子黄中通理,正位居体,美在其中,而畅于四支,发于事业,美之至也。"程颐发挥说:"五,尊位,在坤则惟取中正之义。美积于中,而通畅于四体,发见于事业,德美之至盛也。"②

上六爻辞说:"龙战于野,其血玄黄。"《象》曰:"龙战于野,其道穷也。"上六阴盛至极,到了向阳转化的时候。《象传》说,龙交战于田野,说明阴盛至极,其道必穷。《乾》卦上九有戒亢之义,同理,《坤》卦上六"龙战与野"则同样暗示了阴极而衰,向阳转化的必然性。所以,卦末继六爻之后总结说:"用六:利永贞。"《象》曰:"用六永贞,以大终也。""用六"即命爻用六,用六变九。阴为小,阳为大。《象传》解释说,当阴阳转化之际用六变九而永久有利,表明以阳代替阴而告终。朱熹解释"用六"说:"言凡得阴爻者,皆用六而不用八,亦通例也。以此卦纯阴而居首,故发之。……盖阴柔不能固守,变而为阳,则能永贞矣。"③

综上可知,"乾元"之中道在"健",唯其具有刚健不息的生生之德,故能成为创生并统领生命世界的"始"原;"坤元"之中道在于"顺",唯其"顺"承乾元刚健不息的生生之德,故能成就其"含、弘、光、大"的成物之功。此即

---

①　王弼:《周易注》,《王弼集校释》,中华书局 1980 年版,第 228 页。
②　程颐:《周易程氏传》卷第一,《二程集》,中华书局 2004 年版,第 713 页。
③　朱熹:《周易本义》,《朱子全书》第一册,上海古籍出版社、安徽教育出版社 2010 年版,第 33 页。

《坤·彖传》所说的"后顺得常",对此,程颐解释说:"乾之用,阳之为也。坤之用,阴之为也,……先倡则迷失阴道,后和则顺而得其常理。"①这里强调坤元以"和顺"为常理的中和价值观,是解释《坤》卦卦德及其六爻之义的基本准则。

乾健坤顺之理各有其"中",已分别诠释如上。《系辞传》曰"一阴一阳之为道",乾元、坤元可以从逻辑上分开来讲,但实际上乾元、坤元绝非"二元"。乾,为天为阳而主健;坤,为地为阴而主顺。乾健坤顺,和合为一,谓之太极。从生命世界的统一性来讲,天地之"大中至正"的根据在"太极",太极之动即乾阳之"健",太极之静即坤阴之"顺",一动一静,互为其根,所以乾、坤总是一元,其"健"其"顺"本无二理。王夫之说:"盖乾、坤者,本太极固有之实,各有其德,而不可相无。"②下面顺便对《乾》《坤》二卦"用九""用六"之义合在一起加以解说,以见《乾》《坤》二卦所象征的天地阴阳中和之理。

《周易》六十四卦,其他各卦都是六句爻辞、六句象辞,唯独《乾》《坤》二卦六爻之后各附有一句"用九""用六"之辞。《乾》卦六爻末后说:"用九,见群龙无首,吉。"《象》曰:"用九,天德不可为首也。"《坤》卦末后说:"用六,利永贞。"《象》曰:"用六永贞,以大终也。"朱熹解释"用九"之义说:"用九,言凡筮得阳爻者,皆用九而不用七,盖诸卦百九十二阳爻之通例也,以此卦纯阳而居首,故于此发之。而圣人因系之辞,使遇此卦而六爻皆变者,即此占之。盖六阳皆变,刚而能柔,吉之道也,故为群龙无首之象,而其占如是则吉也。"③朱熹认为《周易》本为占筮之书,"用九""用六"只是一般的占筮命爻体例,是说筮得阳爻一概用老阳之数"九"来命名,筮得阴爻一概用老阴之数"六"来命名,并没有特别的微言大义。"无首"是说筮得老阳(九)、老阴(六)为变爻,

① 程颐:《周易程氏传》卷第一,《二程集》,中华书局 2004 年版,第 707 页。
② 王夫之:《周易内传》卷一,《船山全书》第一册,岳麓书社 2011 年版,第 82 页。
③ 朱熹:《周易本义》,《朱子全书》第一册,上海古籍出版社、安徽教育出版社 2010 年版,第 32 页。

少阳(七)少阴(八)则不变,亦即通常所说老变少不变的筮法体例。"群龙无首"意味着"六阳皆变,刚而能柔",所以吉利。与朱熹不同,王弼、程颐、王夫之则赋予"用九""用六"更为丰富的价值意义。王弼注"用九,见群龙无首吉"云:"九,天之德也。能用天德,乃见群龙之义焉。夫以刚健而居人之首,则物之所不与也;以柔顺而为不正,则佞邪之道也。故乾吉在无首,坤利在永贞。"①这是以自然谦退释"无首",以柔顺守正为"永贞",体现了援《老》入《易》、以无为本自然柔顺的道家精神。程颐则从刚柔互补的"用中"之道解释"用九"无首与"用六"永贞的价值意义。关于"用九",程颐说:"用九者,处乾刚之道,以阳居乾体,纯乎刚者也。刚柔相济为中,而乃以纯刚,是过乎刚也。'见群龙'谓观诸阳之义,无为首则吉也。以刚为天下先,凶之道也。"②是说《乾》为纯阳之卦,圣人诫之以"无首",意在表明不可"以刚为天下先",刚柔相济,方为中正为吉之道,故云"见群龙无首,吉"。乾刚,故诫之以"用九"无首;坤柔,则理应勉之以"用六"永贞之义。关于"用六,利永贞",程颐注:"坤之用六,犹乾之用九,用阴之道也。阴道柔而难常,故用六之道,利在常永贞固。"③程颐认为,《坤》卦六爻皆阴,柔顺有余而贞固不足,所以应该补之以乾阳之刚健贞固之德,如此方可以应乾不违、生物有常而"大"终。程颐认为,《文言传》说"坤至柔而动也刚,至静而德方,后得主而有常,含万物而化光",其中正蕴含着阴阳互补的意味。

王夫之则从体用无间及时空无限性的高度解释了"用九,天德不可以为首"义。他说:"天无自体,尽出其用以行四时、生百物,无体不用,无用非其体。六爻皆老阳,极乎九而用之,非天德其能如此哉!天之德,无大不届,无小不察,周流六虚,肇造万有,皆其神化,未尝以一时一物为首而余为从。"④王夫

---

① 王弼:《周易注》,《王弼集校释》,中华书局1980年版,第212页。
② 程颐:《周易程氏传》卷第一,《二程集》,中华书局2004年版,第697页。
③ 程颐:《周易程氏传》卷第一,《二程集》,中华书局2004年版,第711页。
④ 王夫之:《周易内传》卷一,《船山全书》第一册,岳麓书社2011年版,第58页。

之一贯认为,一阴一阳,幽明互含。《乾》卦六爻皆阳,"阳"中隐藏着向"阴"转化的可能性;《坤》卦六爻皆阴,"阴"中也潜藏着向"阳"转化的可能性。所以,乾阳六爻由"潜""见""惕""跃""飞""亢"的变化,表面看是六阳在变,实质上却是一阴一阳在变。这样一来,无论乾阳的变化,还是坤阴的变化,都具有"周流六虚,肇造万有"的无限性。任何一爻都体现了天地生生之德的"神化"之妙,都是生命世界变化过程的一个环节、一个要素,不可以说哪一个环节是"首",哪一个要素是"从",生命世界千变万化循环无端之"天德"永远不可以有开端,也永远不会有终结,故云"无首"。相对于"天德"来说,人为的活动则是有限的,总是要有一个开端,比如以朔旦为一年之始,以冬至为阴极而阳复之"首",这些都是人为"据以起算"时日而作出的安排。其实,生命世界阴阳消息而无端,晦明相循而无间,又何"首"之有? 王夫之又说:"天无首,人不可据一端以为首。见此而知其不可,则自强不息,终始一贯,故足以承天之吉。"①王夫之"用九"之义最突出的一点是借"天德无首"赋予现实人生实践以积极主动性。他说:"'用九',六爻皆九,阳极而动也。……'见'者,学《易》者用其理,占《易》者知其道,因而见天则以尽人能,则吉。"②又说:"'无首'者,无所不用其极之谓也。为潜,为见,为跃,为飞,为亢,因其时而乘之耳。"③关于《坤》卦"用六"之义,王夫之则强调坤顺承"乾元"以成天德之用。他说:"六者,数之不足者也。唯安于不足,则质虽凝滞,而虚中以听阳之施,以顺为正,阴之贞也。"《象》曰:"用六永贞,以大终也。"王夫之解释说:"阳始之,阴终之,乃成生物之利。'永贞'以顺阳,而资生万物,质无不成,性无不丽,则与乾之元合其大矣。"王夫之强调乾以健为中,坤以顺为正,乾坤中正,故阴阳和生。这种解释向度使《周易》"保合太和"的大生命价值观更加鲜明。

----

① 王夫之:《周易内传》卷一,《船山全书》第一册,岳麓书社 2011 年版,第 58 页。
② 王夫之:《周易内传》卷一,《船山全书》第一册,岳麓书社 2011 年版,第 49 页。
③ 王夫之:《周易内传》卷一,《船山全书》第一册,岳麓书社 2011 年版,第 50 页。

四、《讼》《睽》二卦"息讼和睽"之理

"保合太和"中正为吉的价值观在《讼》《睽》二卦中展示得也很鲜明。《讼》《睽》二卦侧重于揭示社会生活中的矛盾冲突,寻求如何"息讼和睽",化解人与人之间矛盾冲突的德性与智慧。《周易》的第六卦为《讼》卦,卦辞云:"有孚,窒惕,中吉,终凶。利见大人,不利涉大川。"闻一多、陈鼓应等训"窒"通"侄",惧也。是说据实守信,忧惧警惕,中行吉利,终了有凶。见大人吉利,不宜涉越大河。《序卦传》云:"饮食必有讼,故受之以讼。"《彖》曰:"讼,上刚下险,险而健,讼。讼,有孚,窒惕,中吉,刚来而得中也。终凶,讼不可成也。利见大人,尚中正也。不利涉大川,入于渊也。"《讼》卦的上体为乾,下体为坎,乾主刚健,坎主险陷,象征为人处事好刚逞强而冒险,所以卦名为《讼》。程颐说:"为卦,乾上坎下。以二象言之,天阳上行,水性就下,其行相违,所以成讼也。以二体言之,上刚下险,刚险相接,能无讼乎? 又人,内险阻而外刚强,所以讼也。"①"讼"字从言从公,指对质公堂,也就是打官司。王夫之说:"凡势位不相敌,而负直以相亢,怀险以求伸,则讼。"②《讼》卦的表层含义是争讼,但联系卦辞、《彖传》及爻辞、《象传》所表达的六爻之义细心体会,便会发现《讼》卦的实质用意并不是主张多打官司、打赢官司,而骨子里却是主张"息讼"。依照《彖传》的解释,卦辞"有孚,窒惕,中吉",意在强调诉讼双方据实守信,懂得敬畏,恪守中道,适可而止则吉利;不知敬畏一味诉讼最终会导致凶险,争讼的双方都会遇到风险,掉进深渊。"利见大人"是说由居中守正的"大人"来处理讼事则吉利。

下面联系《彖传》及六爻具体分析《讼》卦息讼之义。《象》曰:"天与水违行,讼;君子以作事谋始。"是说《讼》卦乾上坎下,象征天与水朝着相反的方向

---

① 程颐:《周易程氏传》卷第一,《二程集》,中华书局 2004 年版,第 727 页。
② 王夫之:《周易内传》卷一,《船山全书》第一册,岳麓书社 2011 年版,第 111 页。

运行,有矛盾争讼之象;君子观此象而懂得做事情从开始就要深思熟虑,才不至于引发争讼。初六:"不永所事,小有言,终吉。"《象》曰:"不永所事,讼不可长也。"初六,柔居刚位,刚刚遇到坎险,引发争讼。但知道,打官司不是长久之计。与其争讼不朽,不如小用口舌,辩明是非曲直,见好即收,结果不争而得"吉"。《象传》解释说,不可永久陷入讼事,争讼不是长久之计。九二:"不克讼,归而逋,其邑人三百户,无眚。"《象》曰:"不克讼,归逋窜也。自下讼上,患至掇也。"逋,逃避;掇,拾取。从爻位相看,九二与九五两刚相对而无应,上下两爻构成争讼。九二深知自下讼上不利,于是主动回头,避开这场争讼,结果同邑三百户人家都免除了一场灾难。《象传》解释说,以民告官,会留下不可收拾的祸患。意思还是主张息讼则无灾。六三:"食旧德,贞厉,终吉,或从王事,无成。"《象》曰:"食旧德,从上吉也。"爻辞说,享用旧有恩德,占问有危厉,最终得吉。或从王者做事,不可自居有成。从爻的位相看,六三处在上下体之交,是容易引发讼争的是非之地。处此之时,爻辞、象辞告诫说,最好安分守己,享用已有的俸禄而不妄求;或者从王之事,而不自伐其功。这样就不会陷入是非争讼。故《象传》云:"食旧德,从上吉也。"九四:"不克讼,复即命渝,安贞吉。"《象》曰:"复即命渝,安贞不失也。"即命,安命;渝,改变,中止。爻辞说,没有打赢官司,回来自安其命,改变初衷,占问安稳吉利。从爻位相看,九四与初六相应,是发生讼事的两方。九四刚而不正,属于好争讼的一类。诉讼中不顺利,看到初六不与自己强争,于是也改变了态度。九四不去争讼,不失处讼之道,合情合理地化解了一场争讼,所以占问吉祥。九五:"讼元吉。"《象》曰:"讼元吉,以中正也。"爻辞说,诉讼大吉。九五刚健有中正之德,正是卦辞中所说的能够合情合理处理讼事的"大人"。《象传》解释说,以中正之理对待争讼之事,故得大吉。程颐注对此大加肯定说:"以中正居尊位,治讼者也。治讼得其中正,所以元吉也。元吉,大吉而尽善也。"又说:"中正之道,何施而不元吉?"[①]上九:"或

---

① 程颐:《周易程氏传》卷第一,《二程集》,中华书局 2004 年版,第 732 页。

锡之鞶带,终朝三褫之。"《象》曰:"以讼受服,亦不足敬也。"褫,丛音迟,剥夺。爻辞说,在争讼中被赐予鞶带,一个早上三次被剥夺。上九刚爻居于《讼》卦的顶端,居高而用刚,象征争讼到底而不知悔改的人。上九与六三相应。六三懂得"食旧德,从上吉也",不与其争讼。上九不讼而胜,拿着赏赐的大腰带到处炫耀,但羞辱接踵而至,一个早晨之内就被剥夺了三次。《象传》警示说,即便是争讼获利,得到一件鞶带,也是不足为敬的。程颐总结说:"九以阳居上,刚健之极,又处讼之终,极其讼者也。人之肆其刚强,穷极于讼,取祸丧身,固其理也。设或使善讼能胜,穷极不已,至于受服命之赏,是亦与人仇争所获。其能安保之乎? 故终一朝而三见褫夺之也。"①

　　自古儒家、道家传统均主张"息讼"。孔子从仁爱为本的德治理念出发,主张重德轻刑,德主刑辅。他说:"为政以德。譬如北辰,居其所而众星共之。"(《论语·为政》)又说:"道之以政,齐之以刑,民免而无耻;道之以德,齐之以礼,有耻且格。"(《论语·为政》)这里把"政刑"与"德礼"加以比较,是说"政刑"的治理效果远不及以"德礼"为内容的德治更加完美。政刑至多可以使百姓不触犯国法,却不能使百姓内心养成对罪恶行为的羞耻心;德治却可以做到这一点。由于重德轻刑,孔子极力反对一味用杀戮的办法管制国家,主张胜"残"去"杀"。季康子问政于孔子曰:"如杀无道,以就有道,何如?"孔子对曰:"子为政,焉用杀? 子欲善,而民善矣。君子之德风,小人之德草。草上之风,必偃。"(《论语·颜渊》)朱熹注引:"杀之为言,岂为人上之语哉? 以身教者从,以言教者讼,而况于杀乎?"②孔子认为,为政之要妙在于执政者的"德"风之正,也就是统治者的道德表率作用,滥用刑杀是不能使国家长治久安的。所以又对这位季康子说:"政者,正也。子帅以正,孰敢不正。"(《论语·颜渊》)孔子主张重"德"轻"刑",认为最优越的政治效果莫过于百姓和睦而"无讼"。《论语》载,孔子称许子路说:"片言可以折狱者,其由也与?"又说:"听

---

① 程颐:《周易程氏传》卷第一,《二程集》,中华书局 2004 年版,第 732 页。
② 朱熹:《四书章句集注》,中华书局 1983 年版,第 138 页。

讼,吾犹人也。必也使无讼乎!"(《论语·颜渊》)朱熹注引范氏曰:"听狱者,治其末,塞其流也。正其本,清其源,则无讼矣。"复引杨氏曰:"子路片言可以折狱,而不知以礼逊为国,则未能使民无讼者也。故又记孔子之言,以见圣人不以听讼为难,而以使人无讼为贵。"①王弼提出"明契息讼"的观念,在《周易注》中解释《讼·象传》时,王弼注:"'听讼,吾犹人也,必也使无讼乎。'无讼在于谋始,谋始在于作制,契之不明,讼之所以生也。物有其分,职不相滥,争何由兴? 讼之所以起,契之过也。故有德司契而不责于人。"②从道家自然无为、崇本息末的角度深化了孔子及《象传》的思想主题。道家主张自然无为,息讼无争自然是其道宁天下的题中之义。老子论"圣人之治"说:"不尚贤,使民不争;不贵难得之货,使民不为盗;不见可欲,使民心不乱。是以圣人之治,虚其心,实其腹;弱其志,强其骨。常使民无知无欲,使夫智者不敢为也。为无为,则无不治。"(《老子》第三章)作为晚周的史官,老子是深谙治国之道与百姓之心的。老子不说"息讼",而是更为直白地说"不争",在老子看来,"讼"的根源在于"争","争"的根源在于贪求之"心",所以息讼之道在于"不争",息争之道在于"虚其心",而这一切的一切都要靠圣人的智慧。圣人治理天下的关键是"不尚贤""不贵难得之货""不见可欲",摒弃一切可能引发人们欲望的东西。故其言:"五色令人目盲,五音令人耳聋,五味令人口爽,驰骋畋猎令人心发狂,难得之货令人行妨。是以圣人为腹不为目,故去彼取此。"(《老子》第十二章)由于"不争"所以老子又主张"息兵",甚至认为"兵"者为"不祥之器",建议要让穷兵黩武的"善战者"服"上刑"。老子说:"以道佐人主者,不以兵强天下,其事好还。师之所处,荆棘生焉。大军之后,必有凶年。善有果而已,不敢以取强。果而勿矜,果而勿伐,果而勿骄,果而不得已,果而勿强。物壮则老,是谓不道,不道早已。"(《老子》第三十章)"夫佳兵者,不祥之器。物或恶之,故有道者不处。君子居则贵左,用兵则贵右。兵者,不祥之器,非君

---

① 朱熹:《四书章句集注》,中华书局 1983 年版,第 137 页。
② 王弼:《周易注》,《王弼集校释》,中华书局 1980 年版,第 249 页。

子之器。不得已而用之,恬淡为上,胜而不美。而美之者,是乐杀人。夫乐杀人者,则不可以得志于天下矣。吉事尚左,凶事尚右。偏将军居左,上将军居右,言以丧礼处之。杀人之众,以哀悲泣之。战胜,以丧礼处之。"(《老子》第三十一章)为了做到"不见可欲",也为了"不争""息兵",老子要求统治者要养成"水"一样的心态。他说:"上善若水。水善利万物而不争,处众人之所恶,故几于道。居善地,心善渊,与善仁,言善信,正善治,事善能,动善时。夫唯不争,故无尤。"(《老子》第八章)老子喜欢"水",同样也很喜欢童真之心,他说"德比赤子",赤子之心之所以令老子向往,就在于"和之至也"。老子赞叹说:"含德之厚,比于赤子。蜂虿虺蛇不螫,猛兽不据,攫鸟不搏。骨弱筋柔而握固,未知牝牡之合而全作,精之至也。终日号而不嗄,和之至也。知和曰常,知常曰明,益生曰祥,心使气曰强。物壮则老,谓之不道,不道早已。"(《老子》第五十五章)老子憧憬的"小国寡民"的理想国,完全是一派无争无讼的社会,那里人们"甘其食,美其服,安其居,乐其俗"(《老子》第八十章),却不知道这一切何以为"甘""美""安""乐"。这就是天地人和谐共生的大生命世界的自然、纯粹与本真!

孔子说"仁"是"有",老子喻"道"为"无",从肯定与否定、正和反两个互补的向度共同指向大生命世界的和谐共生。《讼》卦"息讼"观从一个侧面表现了这一点。《讼》卦告诫世人一个道理,矛盾宜解不宜结。北宋张载将此概括为:"有象斯有对,对必反其为,有反斯有仇,仇必和而解。"[1]然而,人生矛盾是复杂多样的,那些对立双方处于根本利害冲突的矛盾,只有以"对抗"的方式加以解决;有些问题不属于对抗性矛盾,对立双方之间没有根本的利害冲突,对于这种矛盾,与其争个鱼死网破两败俱伤,倒不如彼此做些让步更为明智。可见古人"息讼"的观念不是绝对的,而是在一定条件下才具有真理性。

《周易》下经第三十八卦为《睽》卦。卦辞云:"睽:小事吉。""睽"的本意

---

[1]　张载:《正蒙·太和篇》,《张载集》,中华书局 1978 年版,第 10 页。

是瞪着眼睛看,如众目睽睽。引申义为乖离,《序卦传》曰:"睽者,乖也。"《睽》卦的基本卦义是对立乖异,意见不相一致。《彖》曰:"睽,火动而上,泽动而下,二女同居,其志不同行。说而丽乎明,柔进而上行,得中而应乎刚,是以小事吉。天地睽而其事同也,男女睽而其志通也,万物睽而其事类也。睽之时用大矣哉!"从一卦上下两体看,《睽》卦离上兑下,离取象为火,兑取象为泽。火向高处烧,泽向低处流,两个阴性卦组成一个整体,《象传》说,就像两个女人同居一室,并无同行的志趣,所以卦名为《睽》。换个角度看,《睽》卦离上兑下,兑主悦,离主明,是"说(悦)而丽乎明";六五阴爻在上居中,下应刚中的九二,是"柔进而上行,得中而应乎刚",此种位相又可视作化解乖睽之境的积极因素。但因本卦的整体时运境遇是"睽",或有阴盛阳衰之嫌,所以卦辞说"小事吉",意思是做不成大事,做小事尚可吉利。《象传》又从对立统一、差异互补的角度诠释了"天地睽""男女睽""万物睽"的积极意义,说天覆地载,以其不同而产生万物;男女不同,却能产生爱慕之情,促使新生命的诞生;万物不同,却以其多样性的统一构成宇宙大生命的整体和谐。《睽》卦的意义十分重要!程颐对此有深刻的领会,他认为《睽》卦表面看虽然是"乖睽离散而非吉道",但圣人寓于此卦的深层义理在于强调异种取同而"和睽"。关于"圣人和睽之道",程颐说:"推物理之同,以明睽之时用,乃圣人和睽之道也。见同之为同者,世俗之知也。圣人则明物理之本同,所以能同天下而和合万类也。以天地男女万物明之。天高地下,其体睽也,然阳降阴升,相合而成化育之事则同也;男女异质,睽也,而相求之志则通也;生物万殊,睽也,然而得天地之和,禀阴阳之气,则相类也。物虽异而理本同,故天下之大,群生之众,睽散万殊,而圣人为能同之。"①这里所说的"和睽之道"不外是中和价值原理的具体化。王夫之也看到了《睽》卦的积极意义在于"因异而得同",关键在于"因其时,善其用"。他说:"推言睽之为道,若乖而不适于明,而善用之,则天地之化、人物

---

① 程颐:《周易程氏传》卷第三,《二程集》,中华书局2004年版,第889页。

之情理,皆可因异而得同。因其时,善其用,亦大矣哉!"①又说:"善用睽者,用之于所同,不党也;不用之于所异,不争也。"②在王夫之看来,把不同的元素用于同一个事物中,让生命个体性差异在天地大生命共同体中相辅相成,圣人处睽之道的伟大"时用"就在于"异而不伤其和"。《象》曰:"上火下泽,睽;君子以同而异。"是说《睽》卦上火下泽象征乖睽冲突,而君子处睽之道则在于求同存异,化解乖睽,走上和谐。

《睽》卦六爻之义更在细节上揭示了"化乖和睽"之道。初九:"悔亡,丧马勿逐,自复,见恶人无咎。"《象》曰:"见恶人,以辟咎也。"爻辞说,悔事消亡,失马不必寻找,自己会回来,遇到恶人无咎害。"辟"通"避"。初九阳爻刚位,为《睽》卦的开始。《象传》说,遇见恶人,避开之则无灾咎。九二:"遇主于巷,无咎。"《象》曰:"遇主于巷,未失道也。"爻辞说,在小巷遇见主人,无咎害。九二在下居中,上应六五,位相不错。《象传》解释说,在小巷遇见主人(无害),是由于体刚居柔,刚柔互补,没有偏离中道。六三:"见舆曳,其牛掣,其人天且劓,无初有终。"《象》曰:"见舆曳,位不当也。无初有终,遇刚也。"爻辞说,见车被拽住,牛被拉掣,赶车的人受过墨刑和劓刑,起初不利,终有好结局。天,指额头刺字,又叫墨刑;劓,指割掉鼻子的酷刑。《象传》解释说,车被拽住,是由于六三不当其位;"无初有终",是因为六三正比九四,又与上九相呼应,遇到刚健君子的帮助。此即《象传》所说的"男女睽而其志通"。九四:"睽孤,遇元夫,交孚,厉无咎。"《象》曰:"交孚无咎,志行也。"爻辞说,乖异孤独中遇到大善人(指六五),以诚相交,虽有灾厉而无害。《乾·文言》云:"元者,善之长也。"元夫,大善人。《象传》解释说,以诚相待无咎,其心愿一定行得通。六五:"悔亡,厥宗噬肤,往何咎。"《象》曰:"厥宗噬肤,往有庆也。"爻辞说,悔事消亡,宗人在一起吃肉,前往无咎。从爻位象看,六五柔处尊位而居中,象征能

① 王夫之:《周易内传》卷三,《船山全书》第一册,岳麓书社 2011 年版,第 319—320 页。
② 王夫之:《周易内传》卷三,《船山全书》第一册,岳麓书社 2011 年版,第 320 页。

聚宗合族,与宗人和睦相处。所以《象传》说,前往会有吉庆。上九:"睽孤,见豕负涂,载鬼一车,先张之弧,后说之弧,匪寇婚媾,往遇雨则吉。"《象》曰:"遇雨之吉,群疑亡也。"爻辞说,乖异孤独,见猪背沾满泥土,迎面过来一辆满载鬼魅的车。开始张弓欲射,后来放下弓箭。原来不是盗寇,而是来求婚的。前往遇雨则吉利。涂,污泥;弧,指弓;说通脱,或为脱之误。爻辞中说猪背有泥,见鬼一车,欲射又止,误婚媾为盗寇,都是疑心或误会造成的乖睽。《象传》对这些都没加理会,只是对爻辞最后一句"往遇雨则吉"加以解释说:"遇雨之吉,群疑亡也。"何以这么说呢?程颐解释说:"雨者,阴阳和也。始睽而终能和,故吉也。所以能和者,以群疑尽亡也。"[1]一是雨水会冲洗掉猪背上的泥土,意味着消除误解。二是阴阳和合而成雨,暗示处乖睽之时,消除怀疑和误解,以诚相待,才有利于事物的发展。《睽》卦委婉表明,恪守中道,居中守正,才有助于消除隔阂,化解乖睽,和睦相处。

五、《损》《益》二卦的"损上益下"观

《老子》第四十二章说:"万物负阴而抱阳,冲气以为和。人之所恶,唯孤寡不穀,而王公以为称。故物,或损之而益,或益之而损。人之所教,我亦教之。强梁者不得其死,吾将以为教父。"这段话通常被理解为有三层含义:一是阴阳和合是自然天道创生万物的根据;二是从王公与"强梁"两种不同处世态度的对比,说明谦退无争的重要性;三是揭示了"损"与"益"相互转化的辩证法。王弼注:"万物之生,吾知其主,虽有万形,冲气一焉。百姓有心,异国殊风,而王侯得一者主焉。以一为主,一何可舍?愈多愈远,损则近之。损之至尽,乃得其极。既谓之一,犹乃至三,况本不一,而道可近乎?损之而益,益之而损,岂虚言也。"[2]《老子》第六十七章说圣人有"三宝":"一曰慈,二曰俭,

---

① 程颐:《周易程氏传》卷第三,《二程集》,中华书局 2004 年版,第 894 页。
② 王弼:《老子道德经注》,《王弼集校释》,中华书局 1980 年版,第 117 页。

三曰不敢为天下先。慈故能勇,俭故能广,不敢为天下先,故能成器长。今舍
慈且勇,舍俭且广,舍后且先,死矣!""慈""俭"均有谦退、收敛之义,"不敢为
天下先",指不可在万物面前逞强而自居于优越之地位。道家圣人懂得从
"反"的立场看问题,所以要人慈下、俭朴、退守,这样才容易得到众物之支持
与同情,故能勇、能广、能成为万物之长。众人固执于"有"而不知用"无",在
与外物或他人相处时唯恐不得先,因而与外物或他人必发生矛盾龃龉,如此舍
后取先,不居于死地而何? 以谦退无争为前提,《老子》第四十八章又主张以
"损"为"益",说:"为学日益,为道日损。损之又损,以至于无为。无为而无不
为。取天下常以无事,及其有事,不足以取天下。"老子说的"损"是指损己利
人,而不是损人利己。这里要特别强调的一点是,老子的话大多是对帝王或
"王公"大人来说的,对他们来说,越是能够"损之又损",越是能够收获"无为
而治"的大"益"。反之,作为执政者如果一味损人利己,反而对于国家、对于
百姓乃至对于自己均是"损"而不是"益"。此种损益观与《周易》中的《损》
《益》二卦的思想义理是非常吻合的。

《损》卦是《周易》下经第四十一卦。为卦艮上兑下,有山在泽上之象,卦
辞说:"有孚,元吉,无咎,可贞,利有攸往。曷之用? 二簋可用享。"卦辞说,有
孚兆,大吉,无咎害,占问可行,利于有所前往。用什么祭祀鬼神? 用二簋祭享
就可以了。《彖传》解释卦辞说:"二簋应有时,损刚益柔有时。损益盈虚,与
时偕行。"是说处"损下益上"之"时",不可以大事铺张,用"二簋"简朴的方式
祭享是符合时宜的。刚柔损益要因时变化,要损益有度,与时偕行。在六十四
卦中,《损》卦位于《解》卦之后,《解》卦的主题是化解矛盾走出蹇难,要化解
困难,就要付出代价,所以《序卦传》曰:"解者缓也,缓必有所失,故受之以
损。"《损》卦的基本卦义是减损,具体说是"损下益上"。程颐解释说:"为卦,
艮上兑下。山体高,泽体深,下深则上益高,为损下益上之义;又泽在山下,其
气上通,润及草木百物,是损下而益上也;又下为兑说(说读悦),三爻皆上应,
是说以奉上,亦损下益上之义。又下兑之成兑,由六三之变也,上艮之成艮,自

上九之变也,三本刚而成柔,上本柔而成刚,亦损下益上之义。"①从卦爻变化看,《损》卦是由《泰》卦变化而来。损下卦乾体之九三,增益上卦坤体之上六,两爻一调换,《泰》卦就变成《损》卦,也有"损下益上"之义。关于《损》《益》二卦的政治伦理意义,程颐认为"损上而益于下则为益,取下而益于上则为损"②,是说"损下益上"属于锦上添花,会带来贫富不均,破坏社会的和谐,乃是真正的"损";"损上益下"则属于雪里送炭,有助于化解社会矛盾,稳定家国秩序,那才是真正的"益",表现出一定的民本主义损益观。《象》曰:"山下有泽,损。君子以惩忿窒欲。""惩忿窒欲"是《象辞传》依据《损》卦的存在境遇从中总结出来的道德教训。

下面联系《损》卦六爻之义,具体分析其处"损"之道所蕴含的中和价值原理。初九:"已事遄往,无咎,酌损之。"《象》曰:"已事遄往,尚合志也。"遄,速也,急也;尚,上也。初九处损之初,损己以上益六四,事已完成,便速速离去,不要誉居功,所以无咎。酌损,即酌情适当地减损。《象传》说,初九事已完成速速离去,是由于与在上的六四志同道合。这里隐含的意思是"酌损"有度,"合志"(和)则无咎。九二:"利贞,征凶,弗损益之。"《象》曰:"九二利贞,中以为志也。"爻辞说,占问有利,出征有凶,没有受损反而受益。《象传》解释说,九二占问有利,是由于自觉恪守中道。对与"九二"的"居中",程颐赞赏有加地说:"九居二非正也,处说(读为悦)非刚也,而得中为善。若守其中德,何有不善?岂有中而不正者?岂有中而有过者?二所谓利贞,谓以中为志也。志存乎中,则自正矣。大率中重于正,中则正矣,正不必中也。"③九二的位相是阳爻阴位居下体之中,此即"中而不正",程颐解释说"中重于正",显然是在强调"中"则"和"或"中"对于"和"的优先性。六三:"三人行,则损一人;一人行,则得其友。"《象》曰:"一人行,三则疑也。"爻辞说,三人同行,必损一人;一

---

① 程颐:《周易程氏传》卷第三,《二程集》,中华书局2004年版,第906页。
② 程颐:《周易程氏传》卷第三,《二程集》,中华书局2004年版,第906页。
③ 程颐:《周易程氏传》卷第三,《二程集》,中华书局2004年版,第909页。

人独行,可以得到朋友。从爻位相看,六三阴爻刚位,不中不正,象征不守本分性情险躁。这样的人,处损之时,往往不能诚实守信顾全大局,故《象传》解释说"一人行,三则疑也"。六四:"损其疾,使遄有喜,无咎。"《象》曰:"损其疾,亦可喜也。"爻辞说,疾病减轻,很快痊愈,无咎害。《象传》解释说,疾病减轻是件可喜的事情。程颐从理学立场解释此爻说:"损其疾,疾谓疾病不善也。损于不善,唯使之遄速,则有喜而无咎。人之损过,唯患不速,速则不至于深过。"①六五:"或益之十朋之龟,弗克违,元吉。"《象》曰:"六五元吉,自上佑也。"爻辞说,或增益价值十朋的宝龟,不可推辞,大吉大利。从爻位上看,六五柔居上体中位,正比上九,象征刚柔适中,损益得当,能够得到上天的佑助。所以《象传》肯定说"元吉"。上九:"弗损益之,无咎,贞吉,利有攸往,得臣无家。"《象》曰:"弗损益之,大得志也。"爻辞说,没有受损,反而增益之,无咎害。占问吉利,利于有所前往,臣民归心而忘家私。"得臣"谓得到人心归服,"无家"指无有远近内外之限。《象传》说,处损之时,没有减损,反而益之,会大得其志。程颐解释说:"凡损之义有三:损己从人也,自损以益于人也,行损道以损于人也。损己从人,徙于义也;自损益人,及于物也;行损道以损于人,行其义也。……上九则取不行其损为义。九居损之终,损极而当变者也。"②从爻的位相看,上九居《损》卦之终,阳刚在上,损削天下,非为上之道;处损之极,而益之于下,吉莫大焉。

《序卦传》云:"损而不已必益,故受之以益。"《损》卦的反卦是《益》,卦画由《损》卦反转而来。卦辞说:"益:利有攸往,利涉大川。"《益》卦的基本卦义是增益,或损上益下。程颐解释说:"盛衰损益如循环,损极必益,理之自然。益所以继损也。为卦,巽上震下。雷风二物,相益者也。风烈则雷迅,雷激则风怒,两相助益,所以为益。此以象言也。巽、震二卦,皆由下变而成。阳变而为阴者,损也;阴变而为阳者,益也。上卦损而下卦益,损上益下,所以为益。

① 程颐:《周易程氏传》卷第三,《二程集》,中华书局2004年版,第910页。
② 程颐:《周易程氏传》卷第三,《二程集》,中华书局2004年版,第911页。

此以义言也。"①《彖》曰:"益,损上益下,民说无疆。自上下下,其道大光。利有攸往,中正有庆。利涉大川,木道乃行。益,动而巽,日进无疆。天施地生,其益无方。凡益之道,与时偕行。"是说,《益》卦的卦德是损上益下,百姓欢乐无限。自上而益下,其道大显光华。从主爻九五与六二的关系看,九五阳爻刚位,当位居中,又与下体有中正之德的六二相应,位相极佳,象征以中正之德增益天下,必有大福大庆,所以卦辞说利于前往。以上下两体看,《益》卦巽上震下,巽为风为木,震为雷而主动,象征木舟乘风而动,一帆风顺,是"木道乃行",所以卦辞说利于涉越大河。《益》卦上巽下震,巽主顺,震主动,下动而上巽,故曰"动而巽"。为益之道,动而顺理,故能日进不止,广大无疆。从天地自然功能看,天道资始,地道资生,天施地生,化育万物,益道之生生无穷盖源于此。圣人推行大益天下之道,不可拘泥僵化,应与时偕行。《象》曰:"风雷益,君子以见善则迁,有过则改。"《益》卦巽上震下,巽为风,震为雷,是为风雷相益。程颐据之从中引申出道德教训说:"风烈则雷迅,雷激则风怒,二物相益者也。君子观风雷相益之象,而求益于己。为益之道,无若见善则迁,有过则改也。见善能迁,则可以尽天下之善;有过能改,则无过矣。益于人者,无大于是。"②

下面《益》卦的六爻之义具体呈现了依据中和原理为"益"之道。初九:"利用为大作,元吉,无咎。"爻辞说,行大益天下之事,大吉,无咎害。从爻象看,初九阳爻刚位,居《益》卦之初,不足于担当此大任。初九当位居初,有自知之明,不冒然从事,不好大喜功,故元吉无咎。所以《象传》解释说:"元吉无咎,下不厚事也。"六二:"或益之十朋之龟,弗克违,永贞吉。王用享于帝,吉。"《象》曰:"或益之,自外来也。"爻辞说,有人增益价值十朋的神龟,不必推辞,占问长久吉利。王者用来祭祀上帝,吉利。从爻位相看,六二柔居阴位,当

---

① 程颐:《周易程氏传》卷第三,《二程集》,中华书局 2004 年版,第 912 页。
② 程颐:《周易程氏传》卷第三,《二程集》,中华书局 2004 年版,第 913 页。

位且居中,有虚怀中正之德;当大益之时,又有在外与之相应的九五率众人都来增益之。所以《象传》说,"或益之,自外来也。"六三:"益之用凶事,无咎。有孚中行,告公用圭。"《象》曰:"益用凶事,固有之也。"爻辞说,当大益之时遇到凶灾之事,无咎害。要心存诚信,中道而行,执玉圭(把不幸的凶灾)告急于王公。《象传》解释说,当大益之时遇到凶灾,为情理所固有。六四:"中行告公从,利用为依,迁国。"《象》曰:"告公从,以益志也。"爻辞说,行进中告急于王公,得到准从。宜以此为依,举国迁徙。《象传》说,急告王公得到准从,是要增益其大有作为的志向。九五:"有孚惠心,勿问元吉。有孚惠我德。"《象》曰:"有孚惠心,勿问之矣。惠我德,大得志也。"爻辞说,有诚实慈惠之心,不用占问便知大吉大利,(百姓说)有诚实惠我之德。九五当位居中,又与六二正应,象征一国之君,以诚信慈惠之心推行大益天下之道,所以得到天下人的拥戴。"惠我德"是百姓称颂明君之辞,表明九五推行大益之道大得民心,故《象传》曰"大得志"。程颐解释说:"人君有至诚惠益天下之心,其元吉不假言也,故云勿问之矣。天下至诚怀吾德以为惠,是其道大行,人君之志得矣。"[1]

上九:"莫益之,或击之,立心勿恒,凶。"《象》曰:"莫益之,偏辞也。或击之,自外来也。"爻辞说,没有人来帮助,反而来攻击,立心反复无常,有凶险。上九处《益》卦之终,刚爻柔位,象征"立心勿恒",反复无常。《象传》解释说,无人来增益,是由于平时言辞偏颇;有人攻击,是从外招来的祸患。程颐从理学立场解释说:"上居无位之地,非行益于人者也,以刚处益之极,求益之甚者也,所应者阴,非取善自益者也。利者,众人所同欲也。专欲益己,其害大矣。"[2]

《损》《益》二卦的卦爻辞记载的都是当时社会交往中与"损""益"相关的一些细节。《象传》将这些细节提升为有关损益之道的普遍性哲理观念,属于《易传》对《周易》经文的思想突破。《损》《益》二卦《象传》提出一个最重要的损益观念是:"损下益上"之谓"损","损上益下"之谓"益"。《益·象》曰:

---

① 程颐:《周易程氏传》卷第三,《二程集》,中华书局2004年版,第917页。
② 程颐:《周易程氏传》卷第三,《二程集》,中华书局2004年版,第917页。

"损上益下,民说无疆。自上下下,其道大光。利有攸往,中正有庆。"此种损益观所体现的"民本"思想及"中和"价值原理,程颐已言之在先。他说:"五以阳刚中正居尊位,二复以中正应之,是以中正之道益天下,天下受其福庆也。"①如此情景,普天之下的老百姓怎么能不欢欣鼓舞呢? 如果追溯《损》《益》二卦的思想根源,其《彖传》提倡"损上益下"、反对"损下益上"的立场,源自老子哲学。《老子》第四十八章说:"为道日损。"第七十七章又说:"天之道,损有余而补不足;人之道则不然,损不足以奉有余。孰能有余以奉天下?唯有道者。"老子认为,天道比人道更公正。天道自然规律遵循着均衡和谐的大生命原理,哪里过了头,就会受到减损;哪里有所不足,就会受到补充。比如月盈则亏,水满则溢。就生物世界来说,哪一类物种生长繁衍得过快或者过慢,该物种数量的过多或过少,都可能会打破生命整体性的均衡和谐,导致整个生物链的断裂。此时,大自然会进行自然调节,直到生命世界的生物多样性达到均衡和谐。与天道自然规律相反,人道强权政治遵循"损不足以奉有余"的原则,越是低下、贫困、落后的阶级、阶层、地区,越是被人剥夺;越是高贵、富足、先进的阶级、阶层、地区,越是剥夺别人。久而久之,就会造成人类社会政治结构、经济结构失去均衡,导致社会动乱,甚至引发战争。老子认为,只有遵循天道自然均衡的原则,才能"有余以奉天下",让天地间每一个生命、每一个物种、每一个族类都获得适度的发展、繁衍、生息。这就离不开遵循天道自然规律,恪守"日损""不欲盈"的价值原则。《易传》继承了这一点,将"损""不欲盈"泛化为天、地、人"三才之道"的普遍价值。《谦·彖》云:"天道亏盈而益谦,地道变盈而流谦,鬼神害盈而福谦,人道恶盈而好谦。谦尊而光,卑而不可踰,君子之终也。"《老子》第二十二章说"少则得,多则惑",向往"损有余以奉不足",反对"损不足以奉有余"。《易传》以"损上益下"为"益",以"损下益上"为"损"的损益观与老子"为道日损"思想是一脉相承的。老子认为,正是

---

① 程颐:《周易程氏传》卷第三,《二程集》,中华书局 2004 年版,第 912 页。

人道"损不足以奉有余"造成了人世间的痛苦与不幸。据此,他激烈地批判说:"民之饥,以其上食税之多,是以饥;民之难治,以其上之有为,是以难治;民之轻死,以其上求生之厚,是以轻死。"(《老子》第七十五章)在老子看来,最优越的治道是无为而治,无为而治就是顺民性之自然,令其自化、自正、自富、自朴。此即《老子》第五十七章所说的"以无事取天下"。在老子看来,人多伎巧,奇物滋起;法令滋彰,盗贼多有。其政闷闷,其民淳淳;其政察察,其民缺缺。《老子》第五十七章劝告统治者说:"我无为而民自化,我好静而民自正,我无事而民自富,我无欲而民自朴。"只要统治者不多事扰民,老百姓便会自然归化,质朴归顺。如果统治者高高在上,无视百姓之死活,那么百姓便会铤而走险,甚至拼死相抗。老子警告统治者说:"民不畏死,奈何以死惧之!"(《老子》第七十四章)只有天道是万物之"司杀者",如果统治者逆天道而行事,违背自然无为的大道,以膨胀之人欲僭越天道之自然,那就是"代大匠斫",这样稀有不伤其手者。《老子》第十五章说:"保此道者不欲盈。""盈"与"亏"相对。"盈"有盈余、盈满之义,"亏"指不足、吃亏。"欲盈"表现为《老子》第九章所描述的统治者违背自然天道的四种生活态度或行为状态,即永不知足(盈)、锋芒毕露(锐)、贪得无厌(满)、盛气凌人(骄)。老子批评说:"持而盈之,不如其已。揣而棁之,不可长保。金玉满堂,莫之能守。富贵而骄,自遗其咎。功遂身退,天之道。"(《老子》第九章)在常人眼里,成功者总是持盈握胜的人,他们永不停息地推进和扩大自己外在的存在形态,最大限度地追求欲望的盈满,锋芒毕露地张扬强势和才干,贪得无厌地勒索聚敛财富,盛气凌人地显扬自己的场面和威严。做到了这一切,便沾沾自喜,自鸣得意。否则,便感到沮丧或郁闷寡欢。在老子看来,这种追求或显示"盈""锐""满""骄"的生活态度,是与自然无为的天道相背离的,与其说是"成功",不如说是心性的迷失与困惑,因为"损有余以补不足"是难以抗拒的天道规律。越是盈满的,越是容易亏损;越是锋利的,越是容易折断;越是收藏得多,损失的风险就越大;越是富贵的,越容易滋生骄人之心。所以,统治者与其永不停息地追求盈满,不如适度、适时、适性地止住自己的脚步;与其不断地张扬、炫耀自己的锋芒,不如挫锐解纷,和光同尘,磨钝自己的圭角,解除华丽的外表;与其不断地聚敛财富,富贵而骄,不如俭约自好,甚至散财聚德。这样才可以与天地万物生命共同体和谐共处、共存、共享、共生,涌入川流不息的生命长河中,获得自然的德性与幸福。

道家、儒家对损益转化的规律均有所洞察。《老子》第四十二章说:"物或损之而益,或益之而损。"是说"损"会转化为"益","益"也会转化为"损";"损"中包含着"益","益"中也包含着"损"。一味永不知足地去追求"益","益"就会转化为"损",能够自然适度地去接受"损","损"也就会转化为"益"。圣人懂得损益互转的规律,所以"既以为人,己愈有;既以与人,己愈多"(《老子》第八十一章)。程颐则从"理"与"利"、"公"与"私"、"人"与"己"的角度揭示了"损"与"益"的转化。《益》卦上九爻辞说:"莫益之,或击之,立心勿恒,凶。"程颐解释说:"理者天下之至公,利者众人所同欲。苟公其心,不失其正理,则与众同利,无侵于人,人亦欲与之。苟切于好利,蔽于自私,求自益以损于人,则人亦与之力争,故莫肯益之,而有击夺之者。……为善,则千里之外应之。六二中正虚己,益之者自外而至是也。苟不为善,则千里之外违之。上九求益之极,击之者自外而至是也。"①程颐认为,盛衰损益如循环,损极必益,益极则损,属于"理之自然",所以或损或益,或盈或虚,要因时制宜,以理求中。过者损之,不足者益之,亏者盈之,实者虚之,如此损益盈虚,与时偕行,则人与人才能和谐,人与天地万物方可共生。王夫之则从盈虚密易的复杂性提出"顺其理势"节宣损益的原则,他说:"一元之开阖,一岁之启闭,乃至一日之旦暮,一刻之推移,皆有损益存乎其间,而人特未之觉耳。愚者见其虚而以为损,而不知其未尝损也;见其盈而以为不可损,而不知其固损也。苟明乎此,则节宣顺其理势,调变因其性情,质文、刑德、哀乐、取舍无容执滞,而

---

① 程颐:《周易程氏传》卷第三,《二程集》,中华书局2004年版,第917—918页。

节有余以相不足,无一念之可废其几矣,庶几得'与时偕行'之大用与!"①王夫之所说的"节宣顺其理势,调变因其性情",也就是具体情况具体分析,这样才可以做到损益有度,盈虚平衡,生生和谐。

六、《彖传》《象传》的"中正为吉"

以上围绕《乾》《坤》《讼》《睽》《损》《益》诸卦论述了《周易》"保合太和乃利贞"的中和价值原理。下面将《彖传》《象传》中所涉及的"中正"为"吉"的话语做一归纳,作为本章的结束,以见中和价值原理在《易传》中的显著地位及其重要性。

《彖传上》曰:"乾道变化,各正性命。保合太和,乃利贞。首出庶物,万国咸宁。"(《乾》)"蒙亨,以亨行时中也。……初筮告,以刚中也。"(《蒙》)"有孚,光亨,贞吉。位乎天位,以正中也。"(《需》)"讼,有孚,窒惕,中吉,刚来而得中也。……利见大人,尚中正也。"(《讼》)"贞,正也。能以众正,可以王矣。刚中而应,行险而顺,以此毒天下,而民从之,吉又何咎矣。"(《师》)"原筮,元永贞,无咎,以刚中也。"(《比》)"健而巽,刚中而志行,乃亨。"(《小畜》)"履,柔履刚也。说而应乎乾,是以履虎尾,不咥人,亨。刚中正,履帝位而不疚,光明也。"(《履》)"亨,利涉大川,乾行也。文明以健,中正而应,君子正也。"(《同人》)"柔得尊位,大中而上下应之,曰大有。其德刚健而文明,应乎天而时行,是以元亨。"(《大有》)"刚中而应,大亨以正,天之道也。"(《临》)"大观在上,顺而巽,中正以观天下。"(《观》)"柔得中而上行,虽不当位,利用狱也。"(《噬嗑》)"动而健,刚中而应,大亨以正,天之命也。"(《无妄》)"刚过而中,巽而说行,利有攸往,乃亨。"(《大过》)"行险而不失其信。维心亨,乃以刚中也。"(《坎》)"柔丽乎中正,故亨,是以畜牝牛吉也。"(《离》)

---

① 王夫之:《周易内传》卷三,《船山全书》第一册,岳麓书社 2011 年版,第 343 页。

《彖传下》曰:"得中而应乎刚,是以小事吉。"(《睽》)"其来复吉,乃得中也。"(《解》)"利有攸往,中正有庆。"(《益》)"天地相遇,品物咸章也。刚遇中正,天下大行也。"(《姤》)"萃,聚也。顺以说,刚中而应,故聚也。"(《萃》)"柔以时升,巽而顺,刚中而应,是以大亨。"(《升》)"贞大人吉,以刚中也。有言不信,尚口乃穷也。"(《困》)"改邑不改井,乃以刚中也。"(《井》)"得中而应乎刚,是以元亨。"(《鼎》)"进以正,可以正邦也,其位刚得中也。"(《渐》)"柔得中乎外而顺乎刚,止而丽乎明,是以小亨,旅贞吉也。"(《旅》)"刚巽乎中正而志行。"(《巽》)"刚中而柔外,说以利贞,是以顺乎天,而应乎人。"(《兑》)"节,亨,刚柔分,而刚得中。……说以行险,当位以节,中正以通。"(《节》)"柔在内而刚得中。"(《中孚》)"柔得中,是以小事吉也。刚失位而不中,是以不可大事也。"(《小过》)"利贞,刚柔正而位当也。初吉,柔得中也。"(《既济》)"亨,柔得中也。"(《未济》)

上面的归纳,除去《彖传》中用作"介词"的"中"(在其中),如《屯·彖》"动乎险中",《噬嗑·彖》"颐中有物",《明夷·彖》"明入地中",《涣·彖》"王假有庙,王乃在中也",《未济·彖》"小狐汔济,未出中也"等,据不完全统计,64卦《彖传》以"中"释"吉"的,《彖上》16见,《彖下》18见,共计有34见,例出34卦,占比一半有余。从中表明《彖传》依据中和价值原理以"中"释"吉"的价值取向。

《周易》的《象传》(《小象》)用"中"释"吉"的体例也很突出。《象传上》用"中"释"吉"24见。诸如,《象》曰:"黄裳元吉,文在中也。"(《坤》六五)"需于沙,衍在中也。虽小有言,以吉终也。"(《需》九二)"酒食贞吉,以中正也。"(《需》九五)"讼元吉,以中正也。"(《讼》九五)"在师中吉,承天宠也。王三锡命,怀万邦也。"(《师》九二)"长子帅师,以中行也。弟子舆尸,使不当也。"(《师》六五)"显比之吉,位正中也。"(《比》九五)"牵复在中,亦不自失也。"(《小畜》九二)"幽人贞吉,中不自乱也。"(《履》九二)"包荒,得尚于中行,以光大也。"(《泰》九二)"以祉元吉,中以行愿也。"(《泰》六五)"同人之先,以中直也。"(《同人》九五)"大车以载,积中不败也。"(《大有》九二)"鸣谦贞吉,中心得也。"(《谦》六二)"不终日,贞吉,以中正也。"(《豫》六二)"六五贞疾,乘刚也。恒不死,中未亡也。"(《豫》六五)"孚于嘉吉,位正中也。"(《随》九五)"干母之蛊,得中道也。"(《蛊》九二)"大君之宜,行中之谓也。"(《临》六五)"敦复无悔,中以自考也。"(《复》六五)"舆说辐,中无尤也。"(《大畜》九二)"求小得,未出中也。"(《坎》九二)"坎不盈,中未大也。"(《坎》九五)"黄离元吉,得中道也。"(《离》六二)

《象传下》用"中"释"吉"也有 24 见。诸如,《象》曰:"九二悔亡,能久中也。"(《恒》九二)"九二贞吉,以中也。"(《大壮》九二)"受兹介福,以中正也。"(《晋》六二)"大蹇朋来,以中节也。"(《蹇》九五)"九二贞吉,得中道也。"(《解》九二)"九二利贞,中以为志也。"(《损》九二)"有戎勿恤,得中道也。"(《夬》九二)"中行无咎,中未光也。"(《夬》九五)"九五含章,中正也。有陨自天,志不舍命也。"(《姤》九五)"引吉无咎,中未变也。"(《萃》六二)"困于酒食,中有庆也。"(《困》九二)"劓刖,志未得也。乃徐有说,以中直也。"(《困》九五)"寒泉之食,中正也。"(《井》九五)"鼎黄耳,中以为实也。"(《鼎》六五)"震往来厉,危行也。其事在中,大无丧也。"(《震》六五)"震索索,中未得也。虽凶无咎,畏邻戒也。"(《震》上六)"艮其辅,以中正也。"(《艮》六五)"帝乙归妹,不如其娣之袂良也。其位在中,以贵行也。"(《归妹》六五)"纷若之吉,得中也。"(《巽》九二)"九五之吉,位正中也。"(《巽》九五)"甘节之吉,居位中也。"(《节》九五)"其子和之,中心愿也。"(《中孚》九二)"七日得,以中道也。"(《既济》六二)"九二贞吉,中以行正也。"(《未济》九二)

综上可知,《象传》(小象)除去《复》六四"中行独复,以从道也",《丰》九四"日中见斗"等作"介词"用的"中"之外,在 64 卦二、五中爻的《象传》用"中"释"吉"的体例共 48 见,也是一个不小的比例。有些中爻《象传》虽没有用"中""位在中""中道""中行""中正""中直"的字眼来解释爻辞,也隐含着以"中"为"吉"的价值取向。

民国学者苏渊雷这样论述"易道尚中"的原理说:"易道尚中,与时偕行。故惠定宇曰:'易道深矣!一言以蔽之曰:时中。'凡过乎中者,阳过于阴曰'大过',阴过于阳曰'小过',皆变化之,进退之,以求合乎中,而后阴阳刚柔,始各得其正。六十四卦,言刚得中者有讼,渐,节,中孚;言柔得中者有噬嗑,旅,鼎,睽,同人,小过,既济,未济;言刚中者有蒙,师,比,小畜,临,坎,萃,困,井,兑,无妄,升。盖易以五为阳位,二为阴位,居二五者皆曰中;而以居于五为大中。……故《乾·九五》曰'飞龙在天,利见大人。'《坤·六二》曰:'直方大,不习无不利。'言其得中正也。过此则不免亢龙之悔,龙战之灾矣。"[1]苏渊雷认为,中为大德,无间天人。行星之绕日,不越常轨;大地之旋转,不忒四时。这是天地自然体现的"中"的作用;从生理看,动脉与静脉以心脏为中心,形成循环系统之平衡,食道与肠道以胃为中心,上下相对,形成消化系统吸收与排泄之平衡,这是人体生理所体现的"中"的作用;又从心理意识看,人以自我为中心构成前后左右之空间范围,又以当下所思为中心构成过去未来之时间观念,这是人的心理时空意识所体现的"中"的作用。总之,音乐有抑扬,运动有节律,鸟飞而不翻,鱼游而不倾,人立而不仆,山蠹而不崩,都是其重心没有偏离生命本体之"中"的缘故。假如事物失去均衡的中点,在自然则必发生种种之灾变,在社会则必由和谐稳定之时代进入"动乱批判"之时代。所以先王尧舜强调要"惟精惟一,允执厥中",孔子概叹:"中庸之为德也,其至矣乎!"《礼记·中庸》将其提升为宇宙大生命世界的"大本""达道",云:"致中和,天地位焉,万物育焉。"

---

① 苏渊雷:《易学会通》,中州古籍出版社1985年版,第93页。

第七章　时命与变通

　　尚变、崇德、明时是《周易》哲学最鲜明的人文特质。以"变"应"时",且在"变"中求"通",构成《周易》最基本的思维方式、实践理性和生命底色;把握"变"中的"不变",继而以不变应万变,是圣人驾驭变化、辅相天地、化成天下的根本所在。《周易》"唯变所适"的哲学所孕育的悲天悯人的道德理性与忧患意识具有鲜明的实践品性,是理解并运用"变"的哲学摆脱否塞、凶咎、困境,走向通泰、吉庆、福祉的心理基础、情感支柱和力量源泉。《周易》谈"变"从不离"时"。"时"既是"变"的境遇场景,又是察变、适变、参变的节度和方法。《周易》对"时"的哲学探讨,目的是为人生提供一种指导,以提高生命存在的自主性。

一、简易、变易、不易

　　《周易》哲学最鲜明的人文特质是其崇尚变通的观念。孔颖达在《周易正义》卷首云:"夫'易'者,变化之总名,改换之殊称。自天地开辟,阴阳运行,寒暑迭来,日月更出,孚萌庶类,亭毒群品,新新不停,生生相续,莫非资变化之力,换代之功。然变化运行,在阴阳二气,故圣人初画八卦,设刚柔两画,象二气也,布以三位,象三才也。谓之为'易',取变化之义。"①按经学传统说法,

---

① 孔颖达:《周易正义》卷首,《十三经注疏》整理本,北京大学出版社 2000 年版,第 5 页。

相传有夏、殷、周"三易"之说。夏易名《连山》，以《艮》卦起首；殷易名《归藏》，以《坤》卦起首；顾名思义，周代的易即《周易》，以《乾》卦起首。这是以历史时代来命名，体现了《周易》文献的历史性。也有以思想特征来理解《周易》名称的。"周"有周遍、周备、周全之义，"易"有简易、变易、不易之义。孔颖达《正义》引《易纬·乾凿度》云："易一名而含三义，所谓易也，变易也，不易也。"又云："'易'者，其德也。光明四通，简易立节，天以烂明，日月星辰，布设张列，通精无门，藏神无穴，不烦不扰，澹泊不失，此其'易'也。'变易'者，其气也。天地不变，不能通气；五行迭终，四时更废。君臣取象，变节相移，能消者息，必专者败。此其'变易'也。'不易'者，其位也。天在上，地在下，君南面，臣北面，父坐子伏，此其'不易'也。郑玄依此义作《易赞》及《易论》云：'易一名而含三义：简易，一也；变易，二也；不易，三也。'"①"周"与"易"合起来，作为复合词的"周易"，也就是指宇宙人生无所不包、无处不在、无时不有、无物不循的周全、普遍、永恒的变化与法则，此种变化与法则，亦即贯通天、地、人，作为天地万物生命本体之"道"，故而《周易》也就是一部用简易的符号文字表达宇宙亘古恒变之"道"的书。《系辞上》云："化而裁之存乎变，推而行之存乎通。"以"变"应"时"，且在变中求"通"，构成《周易》最基本的思维方式、实践理性和人文底色，也正是在此意义上，人们习惯形象地称《周易》为一部"变"经。

《易传》认为，《易》关于"变"的思想既不是故弄玄虚的神秘主义，也不是让人望而生厌的繁琐哲学，而是圣人仰观天文，俯察地理，远取诸物，近取诸身，从天地万象纷纭复杂的变化中"探赜索隐"，归纳概括出来的易知易行、简单明了的道理，这种切近生命、能够指导人们日常生活的"道"，就蕴含在《乾》《坤》二卦的简单图示中。如其言："乾知大始，坤作成物。乾以易知，坤以简能。易则易知，简则易从。易知则有亲，易从则有功。有亲则可久，有功则可

① 孔颖达：《周易正义》卷首，《十三经注疏》整理本，北京大学出版社 2000 年版，第 5 页。

大。可久则贤人之德,可大则贤人之业。易简而天下之理得矣。天下之理得,
而成位乎其中矣。"(《系辞上》)又说:"夫乾,确然示人易矣;夫坤,隤然示人
简矣。爻也者,效此者也。象也者,像此者也。"(《系辞下》)关于乾坤易简之
德,王船山解释说:"'确然',至健而不虚之谓,'隤然',至顺而不竞之谓。乾
坤二纯,立体于至足而不杂,则易简之至也。……爻之吉凶悔吝、卦象之大小
险易,趣时以变通者各异,而无非此乾坤易简、一实至足之理;则刚柔之德以立
本而贞天下之动者,皆函于两仪合一之原。知太极之藏,唯两仪之絪缊不息,
而易简以得天下之理;爻象效而像之,岂越此哉!"①从《乾》《坤》二卦的卦象
看,乾由三个阳爻构成,坤由三个阴爻构成,十分纯粹简洁,一目了然。《乾》
卦取象于天穹,其基本性格是阳刚;《坤》卦取象于大地,其基本性格是阴柔。
《咸·象》云:"天地感而万物化生,圣人感人心而天下和平,观其所感,而天地
万物之情可见矣!"《乾》《坤》二卦,阳刚阴柔,相互感通,相互蕴含,相互作用,
相互转化,构成宇宙万物的本源,生命世界的本质,发展变化的规律,人文化成
的尺度。

　　《系辞上》云:"一阴一阳之谓道,继之者善也,成之者性也。"《易传》认
为,阴阳之"道"既是宇宙创生的本根,又是天地万物生命世界的本性和一切
"善"的价值源泉。它以最易简的方式创生了世界,又以最简明的道理引领人
类、指导人生。《周易》八卦、六十四重卦、三百八十四爻,都展现、遵循、演绎
着《乾》《坤》二卦的本质、规律、德性。《易传》把《乾》《坤》二卦比喻为宇宙生
命大时空敞开、呈现、展演的两扇大门,说:"是故阖户谓之坤,辟户谓之乾,一
阖一辟谓之变,往来不穷谓之通。"(《系辞上》)"乾坤其《易》之门邪? 乾阳物
也,坤阴物也。阴阳合德,而刚柔有体,以体天地之撰,以通神明之德。"(《系
辞下》)这里所谓阴阳"辟阖往来",从筮法说,指阴爻阳爻在卦体中的转化升
降;就哲理说,指事物矛盾的对立统一,相互作用,相互推动,相互转化,推动事

---

　　①　王夫之:《周易内传》卷六,《船山全书》第一册,岳麓书社 2011 年版,第 578 页。

物的变化和生成。整个生命世界中的一切都从这两扇大门中流淌出来。故其言:"乾坤其易之缊邪?乾坤成列,而易立乎其中矣。乾坤毁,则无以见易。易不可见,则乾坤或几乎息矣。"(《系辞上》)可见,越是浅近平易、容易认识的道理,越是可亲可敬,人们越是离不开它;越是简约单纯的形式、法则,就越是容易遵循、操作、落实,从而获得效果。懂得这一点,学会敬畏平凡中的真理,宇宙大生命阴阳变化的大门才会向你敞开,才能把天下的事业做久做大。正如先哲王夫之所说:"易统六十四卦而言。所从出曰'门'。有形有象而成乎事者,则可名为'物',谓爻也。言凡阳爻皆乾之阳,凡阴爻皆坤之阴也。……凡物理之不齐,人事之至赜,皆天地健顺之德所变通而生。乾坤之良能,体物不遗,而变之通之者,神明为之也。六十四卦具而乾坤之能事毕,变通之动几尽焉。要其实,则一阴一阳之用而已。"①

《易传》强调"变"是《易》的精髓。《系辞下》云:"《易》之为书也不可远,为道也屡迁。变动不居,周流六虚;上下无常,刚柔相易;不可为典要,唯变所适。其出入以度,外内使知惧,又明于忧患与故,无有师保,如临父母。初率其辞而揆其方,既有典常。苟非其人,道不虚行。"此言"变易"之义,其中有三层含义,不可疏忽:一是强调变易的普遍必然性。古往今来,绵延的时间,没有一刹那静止;四方上下,广袤的空间,没有一质点停歇。"变"即"易","易"即"变",变易是生命世界存在的基础和本质。二是强调"适变"的方法,即不可以把《周易》所讲的"变"之"道"当成生搬硬套的框框或死记硬背的教条,要灵活运用,因"时"求"中",随"机"应"变",这是《周易》人文睿智的精髓和枢要,而做到这一点的关键是诚敬修身中正处世。《系辞下》说:"君子安其身而后动,易其心而后语,定其交而后求。君子修此三者,故全也。危以动,则民不与也;惧以语,则民不应也;无交而求,则民不与也。莫之与,则伤之者至矣。"依照王夫之的理解,所谓"安其身",指自处有道,而不心存侥幸以行险邪之

---

① 王夫之:《周易内传》卷六,《船山全书》第一册,岳麓书社 2011 年版,第 599 页。

事;"易"即平易,"易其心"指心正意诚,不以极喜极忧而迫于言;"定其交"指志同道合。王夫之说:"三者皆有恒之道,无损于物,则物自乐于相益;反是者,孤危而害将至矣。"①《益》卦的上九爻辞说:"莫益之,或击之,立心勿恒,凶。"说的就是这种情景。三是强调应变之"德",以"德"应变。认为应变主体要具备敬畏变化"出入以度""内外使知惧"的德性,因为有德性的人才能领会并灵活把握应变的时机、方式、法度,"穷则变,变则通,通则久"(《系辞下》)的逻辑方能发挥作用。如果没有德性,就像上面所说的"立心勿恒",用奸巧小智推测天心,依投机心理亵渎化机,那就没有"纵浪大化中"的胸量、眼界、灵性和勇气,注定成为浮沤、虚妄、沉渍而被淘汰,此即"苟非其人,道不虚行"。这句话的潜台词是历代易学家所乐道的"易为君子谋"。《系辞下》说:"穷神知化,德之盛也。"王夫之解释说:"'神'者化之理,同归一致之大原也;'化'者神之迹,殊途百虑之变动也。致用崇德,而殚思虑以得贞一之理,行乎不可知之途而应以顺,则'穷神'。过此以往,未或知者付之不知,而达于屈必伸、伸必屈、屈以善伸之道,豁然大明,不以私智为之思虑,则'知化'。此圣人之德所以盛也。"②王夫之认为,人的心思总是感于物而后动,圣人也不能不有感于物,只是圣人之心不以私情小智据往来之迹以为从违而起思虑,不以"伸"为喜,不以"屈"为忧,所以能够顺天地阴阳"屈伸自然之数"以应"太和"。圣人先天而天不违,后天而奉天时,与天地合其德者在此!

二、革故鼎新而顺天应人

《易传》的"变"及如何处变的观念在《革》卦中表现得最为鲜明。《革》卦是《周易》第四十九卦,卦体兑上离下。卦辞说:"巳日乃孚,元亨,利贞,悔亡。"《革》卦的基本卦义是变革。《序卦传》云:"井道不可不革,故受之以

---

① 王夫之:《周易内传》卷六,《船山全书》第一册,岳麓书社2011年版,第598页。
② 王夫之:《周易内传》卷六,《船山全书》第一册,岳麓书社2011年版,第592—593页。

革。"水井长时间不变则淤积秽败,故不能不有所变革,故《井》卦之后继之以《革》卦。从卦体看,为卦兑上离下,兑为泽,离为火,泽中有火,象征要有大的变革,故卦名为《革》。革,变也。再换个角度看,《革》卦火在水下,水火相息而不同道,水灭火,火涸水,火性上,水性下,相互冲突,所以也意味着要变革。《彖》曰:"革,水火相息,二女同居,其志不相得,曰革。巳日乃孚,革而信也。文明以说,大亨以正,革而当,其悔乃亡。天地革而四时成,汤武革命,顺乎天而应乎人。革之时大矣哉!"《革》卦兑上离下,兑为泽,离为火,象征水火不容;兑为长女,离为中女,象征"二女同居"志趣不合,互相排斥,所以要变革。卦辞"巳日乃孚",是说到了某年某月的"巳日",变革才能被大家理解信服。换个角度看,离为火而主明;兑为泽而主悦,是"文明以说(悦)",暗示文明的变革令人欢欣鼓舞。从上下二体的关系看,上体主爻九五与下体六二居中守正,上下呼应,表明正义的力量上下同心进行变革,所以大为亨通,陈腐的事物被革除(悔事消亡)。《彖传》赞美说,天地变革而四时运行,汤武革命废除暴政,是符合天道顺应人心的结果。《革》卦的意义和作用伟大至极!《象传》引申《革》卦的意义说:"泽中有火,革;君子以治历明时。"是说《革》卦兑上离下,象征泽中起火要发生变革,君子效法此象以制历明时。"明时"也就是改正朔、明历法之类,这体现了圣人"与日月合其明,与四时合其序"的天人合一观念,同时蕴含着变革需要顺应时势之义。下面的六爻之义则具体演绎了变革的曲折性及其意义。

初九:"巩用黄牛之革。"《象》曰:"巩用黄牛,不可以有为也。"爻辞说,用黄牛皮牢固地捆缚。从爻象看,初九居《革》卦之初,既不得其时,力量也不足,然而体刚用刚,急于求成,躁于变革,故《象传》告诫说,用黄牛皮加以系缚,暂时不可以大有作为。讲变革要积蓄力量,等待时机。与《乾》卦初九爻辞"潜龙勿用"同理,均有谨始慎初之义。六二:"巳日乃革之,征吉,无咎。"《象》曰:"巳日革之,行有嘉也。"爻辞说,到巳日变革,出征吉利,无咎害。从爻象看,六二柔爻阴位,当位居中,是冷静而明通事理的变革者;六二又是下体离之主爻,象征贤明之君子,又有在上的九五刚健中正之君同德相应,可谓既得时,又得势。《象传》解释说,选择适当的时机(巳日)举行变革,必将收到好的结果而被嘉奖。九三:"征凶,贞厉,革言三就,有孚。"《象》曰:"革言三就,又何之矣。"爻辞说,出征有凶灾,占问危厉,多次讨论说定要变革,有诚孚之心。从爻象看,九三阳爻阳位,体刚用刚,象征意志坚定的变革者,坚信变革已成必然之势。《象传》解释说,多次争论都说定要举行变革,舍弃变革又归向何处呢? 九四:"悔亡,有孚,改命吉。"《象》曰:"改命之吉,信志也。"爻辞说,悔事消亡,有诚心,革命吉祥。"改命"即变革或革命。《象传》解释说,改命之吉,是由于变革上下意志坚定。从爻象看,处革之时,九四刚爻柔位,意味着刚柔相济,善于用革之道;四由下体而进入上体,说明变革之时机已到。九五:"大人虎变,未占有孚。"《象》曰:"大人虎变,其文炳也。"爻辞说,大人推进变革威如猛虎,不用占问便值得信赖。从爻象看,九五刚健中正而居尊位,又有在下的六二顺承其命,变革已到高潮。《象传》说,大人推进革命高潮的虎虎生气,足以彪炳于世。上六:"君子豹变,小人革面。征凶,居贞吉。"《象》曰:"君子豹变,其文蔚也。小人革面,顺以从君也。"爻辞说,变革给君子带来根本的变化,小人也改变了面貌。出征有凶,占问居处则吉。上六居《革》卦之终,象征变革已经完成。变革意味着事物原结构的改变,社会历史变革则意味着人们利益关系的重大调整。变革的结果给君子、小人都带来了变化。这就需要一个相对稳定的局面,巩固变革的成果。如果无休止地革命下去,社会就会失去稳定和秩序。故曰:"征凶,居贞吉"。《象传》解释说,君子从善而变,蔚成风气,彰显于外;小人也不得不改头革面,以顺应变革之大势。至此而"革"道乃成。

　　《杂卦传》说:"革,去故也;鼎,取新也。"《序卦传》说:"革物者莫若鼎,故受之以鼎。"《鼎》卦是《革》卦的反卦,卦画由《革》卦反转而来。《革》卦的基本卦义是革故,也就是变革旧事物;《鼎》卦的基本卦义是鼎新,即建立新秩序。破旧乃所以立新,立新则意味着破旧的成功。换言之,只有建立起新秩序,对旧事物的变革才具有现实意义。否则,就是一场毫无积极意义的动乱。所以《革》卦之后继之以《鼎》卦。《革·彖》说:"革而当,其悔乃亡。天地革而四时成,汤武革命,顺乎天而应乎人。革之时大矣哉!"就《革》卦的人文意义看,是基于社会矛盾而变革,变革的实质是革除旧事物,确立新秩序。所以从《易传》始,历代经学家对《革》卦的议论均十分谨慎,在认同"变"的普遍必然性的同时,总是强调变革中"顺天应人""文明以说""革而当"等思想元素。程颐说:"文明则理无不尽,事无不察;说(悦)则人心和顺。革而能照察事理,和顺人心,可致大亨,而得贞正。如是,变革得其至当,故悔亡也。天下之事,革之不得其道,则反致弊害,故革有悔之道。惟革之至当,则新旧之悔皆亡矣。"①是说只有顺天理之自然应人道之当然(顺天应人)的变革才属于"革而当",只有正当合理的变革才会亨通无悔。王夫之则强调要"统利以正"才能走向"文明"的变革。他说:"'文明'者,其德也。'说'(悦)者,人信而说之,时可革也。'大亨以正',不言利者,正而固者必合义之利,故《彖传》每统利于正。备天德之全,道可革也。如是而革,则当矣。"②

三、恒其德:领悟"变"中的不变

《易传》立意凸显"变"的普遍性、绝对性,并不否定"变"的过程与法则的稳定性、恒常性,更不排斥现象世界中事物存在的质的相对稳定性,而是坚持"变"中而有"不变"者存。正是此种"变"与"常"、"变易"与"不易"的辩证统一,使《易传》以"变"为生命本性的世界观既不同于老子"致虚极,守静笃,万物并作,吾以观复,夫物芸芸,各复其根。归根曰静,是谓复命"(《老子》第十六章)以"静"制"动"的主静论,也不同于庄子"方生方死,方死方生;方可方不可,方不可方可"(《庄子·齐物论》),舟山潜移,白马穿隙,一切皆在"化"

---

① 程颐:《周易程氏传》卷第四,《二程集》,中华书局 2004 年版,第 952 页。
② 王夫之:《周易内传》卷四,《船山全书》第一册,岳麓书社 2011 年版,第 397 页。

中去矣的虚化论。《易传》云："天尊地卑,乾坤定矣。卑高以陈,贵贱位矣。动静有常,刚柔断矣。方以类聚,物以群分,吉凶生矣。在天成象,在地成形,变化见矣。"(《系辞上》)《易传》所说的"变"中的"不变"之义,逻辑上指向两个层面:一是从道器关系看,《易传》认为"形而上者谓之道,形而下者谓之器"(《系辞上》),阴阳变化的本体与法则是抽象的,没有具体的形象和特殊的属性,属于"形而上"的"道";八卦所代表的八种自然物象以及由八卦组合而成的六十四卦所表征的生命存在的时空境遇,是具体的、感性的,各有不同的性状,属于"器"。抽象的"道"通过具体的"器"的变化而呈现。八卦和六十四卦及其所代表的物象在不停地变化,而作为一切变化总根源的阴阳基本矛盾的结构、机制及其运行法则(道)却亘古长存。只要有变化,就是天地阴阳在变化,就受到天地阴阳矛盾的制约,此即"变"中的"不变"。二是就具体的"器"而言,也有变中的不变。譬如,六十四卦中的每一卦的六爻在上下变化,但是在没有达到某种极限而转化为另一卦时,都有其相对稳定性,《泰》就是泰,意味着"通";《否》就是否,表征着"塞"。《剥》是五阴消阳,《复》是一阳来复,《损》不可叫作《益》,《夬》不能谓之《姤》。否则,卦之时义就难以确定。程颐说:"天下之理,未有不动而能恒久者也。动则终而复始,所以恒而不穷。凡天地所生之物,虽山岳之坚厚,未有能不变者也,故恒非一定之谓也,一定则不能恒矣。"①《易传》把变中的不变称作"恒",仔细玩味《周易》中《恒》卦的卦爻辞及传文所赋予的卦德卦义,有助于加深理解"变"中的"不变"之理。

《恒》卦是《周易》的第三十二卦,卦辞说:"恒:亨,无咎,利贞,利有攸往。"《恒》卦的基本卦义是守恒而持久。《彖》曰:"恒,久也。刚上而柔下,雷风相与,巽而动,刚柔皆应,恒。恒,亨,无咎,利贞,久于其道也。天地之道,恒久而不已也。利有攸往,终则有始也。日月得天,而能久照;四时变化,而能久成;圣人久于其道,而天下化成。观其所恒,而天地万物之情可见矣!"从一卦

---

① 程颐:《周易程氏传》卷第三,《二程集》,中华书局 2004 年版,第 862 页。

整体看，为卦震上巽下，震为雷，属于阳卦，性主动；巽为风，属于阴卦，性主顺。是谓"刚上而柔下，雷风相与，巽而动"。再从上下二体的关系看，下体三爻与上体三爻阴阳皆相应，象征阴阳和合，刚柔相济，有恒久之象，故卦名为《恒》。天地之道，恒久而不息。"恒"体现了天地自然恒久不变的生命本性，是天地自然的普遍规律。卦辞说"利有攸往"，告诫人们行为有恒才能亨通无咎。日月守恒，而能久照；四时守恒，而能久成；圣人仰观日月之行，四时之序，效法天地恒久之道以化成天下。守恒是天地万物的普遍规律，故理解了《恒》卦，也就通晓和把握了天地万物之实情！《象》曰："雷风恒；君子以立不易方。"是说，《恒》卦震上巽下象征雷动风行而有恒，君子效法此象立身处世而不随波逐流。

《恒》卦六爻之义具体描绘了守"恒"的方法与意义。初六："浚恒，贞凶，无攸利。"《象》曰："浚恒之凶，始求深也。"浚，疏通，引申有苛求的意思。爻辞说，急于追求恒久，占问有凶险，无所利。初六处一卦之始，象征涉世不深，就想与人（指九四）深交，不符合守恒之道，故《象传》解释说"浚恒之凶，始求深也"。九二："悔亡。"《象》曰："九二悔亡，能久中也。"爻辞说，悔事消亡。《象传》解释说，九二刚健而能恒守中道，所以没有悔咎。九三："不恒其德，或承之羞，贞吝。"《象》曰："不恒其德，无所容也。"九三刚爻刚位，且处下体上位，象征刚强好胜，急于求成。爻辞说，不恒守其德，则会蒙受羞辱，占问有吝。《象传》进一步强调说，不恒其德，就不会有容身之地。九四："田无禽。"《象》曰："久非其位，安得禽也。"爻辞说，田猎无所获。九四阳居阴位，是不当位。《象传》点拨说，长期不恒守本位，如何会有收获呢！六五："恒其德，贞，妇人吉，夫子凶。"《象》曰："妇人贞吉，从一而终也。夫子制义，从妇凶也。"爻辞说，恒守其德，占问妇人吉利，男人则有凶灾。从爻的位相看，六五阴居上体中位，象征女人能恒守妇道，从一而终，所以占问吉利。《象传》解释说，妇人从一而终，意味着恒守妇道，所以占问吉利。如果是男人，一味听从妇人之见，就不吉利了。因为丈夫作为一家之主，当以礼修身齐家，而不能顺从妇人之见。

这里反映了《易传》作者男尊女卑的封建伦理观念。上六："振恒,凶。"《经典释文》解"振"作"动"和"摇落"。爻辞说,久动不止,有凶咎。上六处一卦之上,震动不止,表明其缺乏定力,好大喜功。《象传》揶揄说:"振恒在上,大无功也。"

王阳明对《恒》卦蕴含的变中有常的道理有深刻的领会,他说:"恒之为卦,上震为雷,下巽为风,雷动风行,簸扬奋厉,翕张而交作,若天下之至变也。而所以为风雷者,则有一定而不可易之理,是乃天下之至恒也。君子体夫雷风为恒之象,则虽酬酢万变,妙用无方,而其所立,必有卓然而不可易之体,是乃体常尽变。非天地之至恒,其孰能与尽于此!"①王阳明认为,遵循万物守恒之"道",把握"变"中的"不变",继而以不变应万变,是圣人驾驭变化,辅相天地,化成天下的根本所在,也是《恒》卦告诉我们的一个基本道理。所以,善读《周易》者,重在透过纷纭万变转瞬即逝的现象,把握其恒常不变的本质与规律。

四、"惧以始终"的忧患意识

《易传》"变"的哲学孕育了一种悲天悯人的忧患意识。《系辞下》云:"易之兴也,其当殷之末世,周之盛德邪?当文王与纣之事邪?是故其辞危。危者使平,易者使倾,其道甚大,百物不废。惧以终始,其要无咎,此之谓易之道也。"从《周易》古经卦爻辞中可以看出,六十四卦中处处充满了险象、犹豫、恐惧和灾难,时而"亢龙有悔"(《乾·上九》),时而"履霜坚冰"(《坤·初六》),时而警示"龙战于野,其血玄黄"(《坤·上六》),时而感叹"其亡其亡,系于苞桑"(《否·九五》),时而"屦校灭趾"(《噬嗑·初九》),时而"剥床以肤"(《剥·六四》),时而"过涉灭顶"(《大过·上六》),十分凶险。诸如此类的坎

---

① 王守仁:《王文成公全书》,中华书局 2015 年版,第 1126 页。

坎、凶咎、危难,在《坎》卦的卦爻辞中得到较为完整的记述。《坎》卦位于《周易》上经第二十九卦,卦辞说:"习坎,有孚维心,亨,行有尚。"是说,重重坎险,要有信心,亨通,前行会受到赏赐。六爻记载了先民面对重重坎险的细节:"初六:习坎,入于坎窞,凶。九二:坎有险,求小得。六三:来之坎坎,险且枕,入于坎窞,勿用。六四:樽酒簋贰,用缶,纳约自牖,终无咎。九五:坎不盈,祇既平,无咎。上六:系用徽纆,寘于丛棘,三岁不得,凶。"这是一个险难丛生的生存图景:初六柔弱在下,不知深浅,陷入坎坷或陷阱中,十分凶险;九二也处在险境中,求得救助,情况稍有好转;六三两险相枕,进退两难,陷入陷阱,难以摆脱;六四走出了一道险关,用简约的形式向神灵祷告,总算避开了凶咎;九五即将走出坎坷险难的困境,但仍然不可以掉以轻心;上六被绳索捆绑,置身荆棘丛生的牢狱中苦苦挣扎,三年不得解脱,十分危险。

对于《坎》卦六爻中的情景,《象传》一一作出了分析性评价。初六《象》曰:"习坎入坎,失道凶也。"面对重重坎险,只有刚中之爻利于济险,阴爻则不利于度过坎险。初六阴爻刚位,是不当位,意味着身体柔弱却喜欢逞强,没等熟悉水性就急于渡河济险,结果只能陷溺在坎险中,此即"失道"带来的凶险。九二《象》曰:"求小得,未出中也。"九二处在《坎》卦下体的中位,说明已陷入坎险中,努力想走出坎险,但上面还有一重坎险,是险上加险。《象传》解释说,由于九二有刚中之德,虽然一时还不能根本摆脱坎险,但会小有所得。六三《象》曰:"来之坎坎,终无功也。"从六三爻象来看,性柔而居刚,且处在上下两坎之间,来也是坎,去也是坎,陷入进退两难之地,难以摆脱困境。故云"来之坎坎,终无功也"。六四《象》曰:"樽酒簋贰,刚柔际也。"樽,酒器;簋,盛食物的器具。缶,瓦盆。约,俭约;牖,窗户。从六四位相看,阴爻柔位,象征极柔弱的女子。一说依古礼,男子祭神可走正门,女子祭神只能从窗户将祭品送入,此即"纳约自牖"。处在重重坎险之中,一位柔弱的女子,自然难以走出坎险,她用俭约的祭品求神保佑,其谦卑淳朴感动了与自己比邻且居尊位的九五,有九五接济,终于渡过坎险。九五《象》曰:"坎不盈,中未大也。"从爻象看,九五阳爻阳位而居中,象征刚健中正的君子,处坎陷未盈之时,力济时艰,虽然还未完全走出坎险,终不会有灾难。《象传》"坎不盈,中未大",是说九五还需要再努力,由守中到大有作为,才可以走出坎险。对于上六"系用徽纆,寘于丛棘"的处境,《象》曰:"上六失道,凶三岁也。"系,捆缚;徽,标识;纆,绳索;丛棘,荆棘丛生之地。爻辞说,穿着囚服,系上绳索,被置于丛棘之地,三年不得自由,有凶险。上六处《坎》卦之终,本应该是出险之时。但是上六阴爻阴位,逆乘九五,象征小人居君子之上,不去帮助九五济坎,反而设险陷害有中正之德的九五,结果由于违背正道,反而害了自己,三年遭受凶灾。《象传》说,三年凶灾是由于违背正道。

面对险难坎坷、凶咎悔吝的生存境遇,《易传》作者从中体会出,艰难险阻能够使人懂得敬畏、反思、改过,激发人的道德理性和忧患意识。基于忧患意识的道德理性是理解并运用"变"的哲学摆脱否塞、黑暗、凶咎、困境,走向通泰、光明、吉庆、福祉的心理基础、情感支柱和力量源泉。《坎·彖》对此体会颇深。《彖》曰:"习坎,重险也。水流而不盈,行险而不失其信。维心亨,乃以刚中也。行有尚,往有功也。天险不可升也,地险山川丘陵也,王公设险以守其国,险之时用大矣哉!"传文可以从两个方面加以理解:一是从"观象制器"的角度总结了《坎》卦的现实意义,《彖传》说,风雨雷电属于"天险",山川丘陵叫作"地险",王公大人根据《坎》卦学会了利用大自然的风雨雷电、山川丘陵"设险以守其国",所以《坎》卦的现实意义(时用)十分重大! 二是总结出"行险而不失其信"的处"坎"之"道"。明末身处坎难生存境遇中的王夫之对此颇有理会,他以"水"为喻说:"'行险'者,性虽下,而迂折萦回于危石巨碛以必达,乃至高山之伏泉,渴鸟之吸漏,不避难而姑止,而往者过,来者续,尽其有以循物不违,此水之有孚者也。善体此者以为德,则果于行而天下谅其诚矣。"①《彖传》告诫世人说,《坎》卦上下两坎重叠,象征重重险难。无论是面

---

① 王夫之:《周易内传》卷二,《船山全书》第一册,岳麓书社 2011 年版,第 262 页。

对自然的洪水急湍,还是人生旅途中的艰难坎坷,都不可失去信心。九二、九五刚健而恪守中道,象征两颗刚健中和的心紧紧维系在一起,共济坎险,这种不畏艰险共渡难关的精神是值得尊尚且一定会成功的。

《明夷》卦对于理解《周易》忧患意识及圣人所以处忧患之道也具有重要意义。《明夷》卦是《周易》第三十六卦。为卦坤上离下,坤为地,离为火而主明,象征光明藏入地中,一片黑暗。卦辞说:"明夷:利艰贞。"告诫人们,一片黑暗,历经艰难能够渡过难关。《晋》卦颠倒过来就成为《明夷》卦。虞翻训"夷"为伤,高亨训"夷"为灭。《明夷》卦的基本卦义是艰难中守正,黑暗中等待黎明。《彖》曰:"明入地中,明夷。内文明而外柔顺,以蒙大难,文王以之。利艰贞,晦其明也,内难而能正其志,箕子以之。"明入地中,象征太阳落入地下,光明熄灭,一片黑暗,所以卦名为"明夷"。为卦坤上离下,上为外,下为内;坤为地,主柔顺;离为火,主光明,是"内文明而外柔顺"。据说,殷纣王时政治极度黑暗,后来的周文王(姬昌)有德而无位,在蒙受大难被困羑里时,内怀文明之德,外用柔顺之情,正是这样渡过难关的。卦辞"利艰贞",说的是箕子蒙难时的情景。相传,箕子是殷纣王的叔叔。纣王无道,不听善言;宗庙社稷,蒙受大难。此种家难即"内难"。当此之时,箕子既不想改变志节,与之同流合污,又不想像比干那样因谏诤被剖腹挖心。只好"晦其明",佯装疯癫以晦藏其明德,躲过了杀身之祸,为殷商宗室保留了一脉香火,被孔子称为殷有"三仁"之一。这里是以殷周史事解释《明夷》卦义。《象》曰:"明入地中,明夷。君子以莅众,用晦而明。"是说,《明夷》卦坤上离下,象征光明隐藏在地中一片黑暗。君子效法此象,晦藏其明,莅临众民以治事。下面的六爻之义则具体演绎了如何处"明夷"之道。

初九:"明夷于飞,垂其翼。君子于行,三日不食,有攸往,主人有言。"《象》曰:"君子于行,义不食也。"爻辞说,飞鸟在黑暗中垂下翅膀。君子出行,断食三日,有所前往,主人会遇到风言风语。初九阳爻刚位,象征君子在艰难中守正不易。《象传》解释说,君子出行,三日不食,是正义的行动。已往注家对"明夷"具体取象的解释众说纷纭。有的注家将"明夷"解释为一种鸟,有的则以"日食"来解释"明夷",就像以"龙""马"解释《乾》卦、《坤》卦一样,只是一种象征。照王弼"得意忘象"的原则说,这些具体取象在不影响取义的情况下,都不必过于较真。其实,还是用"晦其明"或光明熄灭解释"明夷",平实近理。六二:"明夷,夷于左股,用拯马壮,吉。"《象》曰:"六二之吉,顺以则也。"爻辞说,黑暗中扭伤左腿,用壮马拯救,吉利。从爻象看,六二阴爻柔位,体阴居柔,当位居中,又正比九三,位相表明虽然左股受伤,而终会有人来拯救,故占得吉辞。《象传》解释说,"六二之吉"是由于处"明夷"之"时"柔顺而恪守中道。九三:"明夷于南狩,得其大首,不可疾贞。"《象》曰:"南狩之志,乃大得也。"爻辞说,黑暗中南郊狩猎,大有所获,占问不可操之过急。从爻象看,九三刚爻刚位,体刚用刚,象征艰难中刚健守正的君子。《象传》发挥说,立志除掉黑暗势力的魁首,就像郊南狩猎,志在大有所获。六四:"入于左腹,获明夷之心,于出门庭。"《象》曰:"入于左腹,获心意也。"爻辞说,入于左腹,醒悟了"明夷"之道,走出家门。六四阴爻阴位,爻当其位,象征深得处明夷之道的智者。他走出家门而远遁,终于满足了自己的心愿。所以《象传》解释说"入于左腹,获心意也"。六四爻辞历来解说不一。"左腹"究竟是腹腔的左侧,还是腹地的左侧,还是有其他的意思,很是费解。朱熹《周易本义》直说:"此爻之义未详。"①陈鼓应注解说:"'左腹'为心官所在之要地。'入于左腹'似有反观内视、自我省思、退藏于密等含义。'心'为人身百节之主,亦犹世间万理之要道。"②陈说可资参考。六五:"箕子之明夷,利贞。"《象》曰:"箕子之贞,明不可息也。"爻辞说,箕子处明夷之道,占问吉利。六五阴居阳位,按常理说是不当位,不当位则不利。但从《明夷》卦的基本时义来看,阴爻阳位,阴为暗,阳为明,有"用晦而明"之义,恰恰符合处"明夷"之道。《象传》说,箕子晦藏

---

① 朱熹:《周易本义》,《朱子全书》第一册,上海古籍出版社、安徽教育出版社 2010 年版,第 63 页。

② 陈鼓应、赵建伟:《周易今注今译》,中华书局 2015 年版,第 322 页。

其明,坚贞守正,表明光明正义是不会熄灭的。上六:"不明晦,初登于天,后入于地。"《象》曰:"初登于天,照四国也。后入于地,失则也。"爻辞说,不见光明只有黑暗,先是登升天空,随即堕入地下。从爻象看,上六为一卦之终,黑暗就要转化为黎明。上六为黑暗势力的魁首,曾高高在上,主宰国之四方;由于阴邪"失则"违背正道,终于被阳刚力量所取代。联想上面的文王、箕子之事,上六爻辞所述从高高在上的"天"位掉到地下的事件,或许是指纣王亡国的史事呢。

孟子有"生于忧患而死于安乐"之说,他说:"舜发于畎亩之中,傅说举于版筑之间,胶鬲举于鱼盐之中,管夷吾举于士,孙叔敖举于海,百里奚举于市。故天将降大任于是人也,必先苦其心志,劳其筋骨,饿其体肤,空乏其身,行拂乱其所为,所以动心忍性,曾(增)益其所不能。人恒过,然后能改;困于心,衡于虑,而后作;征于色,发于声,而后喻。入则无法家拂士,出则无敌国外患者,国恒亡。然后知生于忧患死于安乐也。"(《孟子·告子下》)孟子认为,艰难困苦的环境是培育忧患意识、锻炼意志品格的熔炉。舜、傅说、胶鬲、管仲、孙叔敖、百里奚都是经过艰苦磨难而后成为圣王贤相的典型。相传舜曾耕于历山之下,了解民间的苦难,后被尧发现,传以王位,成为圣王。《史记·殷本纪》载:"武丁夜梦得圣人,名曰说。以梦所见,视群臣百吏皆非也,于是乃使百工营求之野,得说于傅险中。"[1]傅说本是犯了轻罪在傅地服刑的人,终为武丁所知,举以为相,使殷大治。胶鬲是商纣之臣,殷商灭亡,隐逸于民间,做了盐贩子,后又成为周的名臣。胶鬲究竟在周任何职,史书不详。管仲从狱官手中释放出来,后被齐桓公重用,一举成就霸业。孙叔敖身为楚国的令尹(宰相),曾是海滨鄙民。百里奚也曾不得志,寄身于买卖场中,后成为秦穆公的名臣。孟子举此六人为例,告诉士人一个深刻的人生哲理,即"生于忧患而死于安乐"。只有饱经忧患的人,才能操心危,虑患深,怀抱高远的志向;也只有在艰难困苦

---

① 司马迁:《殷本纪》,《史记》卷三,中华书局2000年版,第75页。

中加以磨炼,才能成就坚忍不拔的意志品格。孟子"生于忧患"说与文王"内文明而外柔顺"以处大难、箕子"内难而能正其志""晦其明"的忧患意识是一脉相承的。

五、以"德"应"变"的人文睿智

《周易》的忧患意识在《系辞下》"三陈九卦"章中转换为一种"以德处患"的人文睿智。《系辞传》的作者把《履》《谦》《复》《恒》《损》《益》《困》《井》《巽》所谓"九德卦"先后陈述了三次,又称"三陈九卦"。《系辞下》云:"《易》之兴也,其于中古乎? 作《易》者,其有忧患乎? 是故,履,德之基也;谦,德之柄也;复,德之本也;恒,德之固也;损,德之修也;益,德之裕也;困,德之辨也;井,德之地也;巽,德之制也。"此即一陈九卦。孔颖达疏:"履,德之基",言"为德之时,先须履践其礼,敬事于上,故履为德之初基";"谦,德之柄",言"为德之时,以谦为用,若行德不用谦,则德不施用,是谦为德之柄,犹斧刃以柯柄为用也";"复,德之本",言"为德之时,先从静默而来,复是静默,故为德之根本也";"恒,德之固",言"为德之时,恒能执守,始终不变,则德之坚固,故为德之固也";"损,德之修",言"行德之时,恒自降损,则其德自益而增新";"益,德之裕",言"能以利益于物,则德更宽大也";"困,德之辨",言"遭困之时,操守不移,德乃可分辨也";"井,德之地",言"井是所居之常处,能守处不移,是德之地也";"巽,德之制",言"申明号令,以示法制,故能与德为制度也"。① 以上是第一节,即一陈九德卦义,明九卦之用。传文说,《周易》或许是创作于中古时期吧? 创作《周易》的人一定是怀有忧患之心吧? 所以,《履》卦的道理是修德的基础,《谦》卦的道理是修德的把柄,《复》卦的道理是修德的本始,《恒》卦的道理是巩固德性的途径,《损》卦的道理是修养德性的关键,《益》卦

---

① 孔颖达:《周易正义》卷第八,《十三经注疏》整理本,北京大学出版社 2000 年版,第368—369 页。

的道理是充裕德性的要领,《困》卦的道理是检验德性的标志,《井》卦的道理是滋养德性的园地,《巽》卦的道理是循顺德性的范式。

《系辞传》二陈九卦云:"履,和而至;谦,尊而光;复,小而辨于物;恒,杂而不厌;损,先难而后易;益,长裕而不设;困,穷而通;井,居其所而迁;巽,称而隐。"以上是第二节,即二陈九卦,明九卦之德。孔颖达疏:《履》"和而至",言"履卦与物和谐,而守其能至,故可履践也";《谦》"尊而光",言"以能谦卑,故其德益尊而光明也";《复》"小而辨于物",言"复卦于初细微小之时,即能辨于物之吉凶,不远速复也";《恒》"杂而不厌",言"恒卦虽与物杂碎并居,而常执守其操,不被物之不正也";《损》"先难而后易",言"先自减损,是先难也;后乃无患,是后易也";《益》"长裕而不设",言"能长养宽裕于物,皆因物性自然而长养,不空虚妄设其法而无益也";《困》"穷而通",言"于困穷之时而能守节,使道通行而不屈也";《井》"居其所而迁",言"井卦居得其所,恒住不移,而能迁其润泽,施惠于外也";《巽》"称而隐",言"巽称扬号令,不自彰伐而幽隐也"。① 传文说,《履》卦教人克己复礼达到和谐的目标,《谦》卦教人虽居处下位而能尊显光大其德性,《复》卦教人善于从细微处辨析事理,《恒》卦教人虽为繁杂的事物缠绕而不倦息,《损》卦教人先担当困难而后走向平坦,《益》卦教人面对增益宽裕待人而不谋虑算计,《困》卦教人明白身处困境恪守正道而终必亨通的道理,《井》卦教人恪守济人利物之德而坚定不移,《巽》卦教人权衡时势不事张扬驯顺而行。

《系辞传》三陈九卦云:"履以和行,谦以制礼,复以自知,恒以一德,损以远害,益以兴利,困以寡怨,井以辨义,巽以行权。"以上是第三节,即三陈九德卦义,明九卦之利。孔颖达疏:"履以和行",言"履者以礼敬事于人,是调和性行也";"谦以制礼",言"性能和顺,可以裁制于礼";"复以自知",言"既能返复其身,则自知得失也";"恒以一德",言"恒能终始不移,是纯一其德也";

---

① 孔颖达:《周易正义》卷第八,《十三经注疏》整理本,北京大学出版社 2000 年版,第369—370 页。

"损以远害",言"自降损修身,无物害己,故远害也";"益以兴利",言"既能益物,物亦益己,故兴利也";"困以寡怨",言"遇困守节不移,不怨天,不尤人,是无怨于物,故寡怨也";"井以辨义",言"井能施而无私,则是义之方所,故辨明于义也";"巽以行权",言"既能顺时合宜,故可以权行也。若不顺时制变,不可以行权也"。① 传文说,《履》卦能调和人们的行为,《谦》卦能引导人们遵从礼仪,《复》卦能启发人们改过自省,《恒》卦能激励人们始终不渝的品格,《损》卦能使人远离祸患,《益》卦能使人兴起事业,《困》卦能使人身处逆境而不怨天尤人,《井》卦能使人明辨道义,《巽》卦能使人应时权变。

"三陈九卦"的历史与人文意义,历代易学家都很重视。孔颖达《周易正义》云:"明所以作《易》,为其忧患故。作《易》既有忧患,须修德以避患,故明九卦为德之所用也。……以为忧患,行德为本也。六十四卦悉为修德防患之事,但于此九卦,最是修德之甚,故特举以言焉,以防忧患之事。"② 朱熹也认为:"三陈九卦,以明处忧患之道。"③ 朱熹解释说:"履,礼也。上天下泽,定分不易,必谨于此,然后其德有以为基而立也。谦者,自卑而尊人,又为礼者之所当执持而不可失者也。九卦皆反身修德以处忧患之事也,而有序焉。基所以立,柄所以持。复者,心不外而善端存。恒者,守不变而常且久。惩忿窒欲以修身,迁善改过以长善。困以自验其力,井以不变其所,然后能巽顺于理以制事变也。"④ 杨万里说:"此章言圣人取诸《易》之道,以成乎己之德也。"⑤ 刘宗周认为:"此章三陈九卦以明入德之要,非徒为忧患设也。"⑥ 对于"三陈九卦"

① 孔颖达:《周易正义》卷第八,《十三经注疏》整理本,北京大学出版社 2000 年版,第370 页。

② 孔颖达:《周易正义》卷第八,《十三经注疏》整理本,北京大学出版社 2000 年版,第368 页。

③ 朱熹:《周易本义》,《朱子全书》第一册,上海古籍出版社、安徽教育出版社 2010 年版,第 143 页。

④ 朱熹:《周易本义》,《朱子全书》第一册,上海古籍出版社、安徽教育出版社 2010 年版,第 142 页。

⑤ 杨万里:《诚斋易传》,九州出版社 2008 年版,第 273 页。

⑥ 刘宗周:《周易古文钞》,《刘宗周全集》第一册,浙江古籍出版社 2012 年版,第 233 页。

的逻辑关系及以"德"处"患"道德历练层层递进的功夫次第,刘宗周从三个方面加以诠释:一陈九卦强调践行九德要循序渐进、并力而施,"循序而及,无躐等之嫌;并力而施,无支离之病",此为"初乘"入德功夫。刘宗周说:"易道中衰而兴于文、周,则本羑里之拘而述彖,东山之征而述爻也。夫子于此得处忧患之说焉,曰在进德,因举九卦以发明之,始于履而终于巽,一一是实功实行,而渐历之序,自不可诬,以见圣学之大指,宜亦古圣人之所不废也。是学也,有基始无坏,先之以履,入德第一义也。有基而后可守,谓之柄,故次之以谦。有守而后内反诸心,斯有本,故次之以复。有本而后可固,故次之以恒。恒则道心坚矣,乃始进而讲克治之功,故次以损修,又进而求涵养之要,故次以益裕。若不恒而漫言损、益,总无用处也,于是次之困以言辨。身世之故,离合之交,坚志熟仁,益有征矣,又次之井以言地。静深之候,取之左右而逢原也,乃终之巽以言制,泛应之曲,当于此而出也。此九者衡言之。……故首陈其略,为入德初乘。"[1]二陈九卦强调九德功夫的纵深精进,属于"中乘"进德功夫。刘宗周说:"遂纵言之,而权进步法:履而不已,则和顺而行有终;谦而不已,则道尊而业益光;复而不已,则几虽微而愈辨于物欲;恒而不已,则处之愈杂而能不厌斁;损而不已,则用力之后,由难得易;益而不已,则充长自然而不假安排之法;困而不已,则穷转能通;井而不已,则地道安而能虑;巽而不已,则称量之下,握机益密。犹是九德,而地位不同如此。此中乘进步法也。"[2]三陈九卦强调九德归一,即心即易,道心合一,属于"上乘"成德功夫。如其言:"又进而权究竟法:履之至可以和行,即心即行也;谦之至可以制礼,礼从心出也;复之至可以自知,乾知大始也;恒之至可以一德,坤作成物也;损之至可以远害,损无可损也;益之至可以兴利,益与时益也;困之至可以寡怨,乐天知命也;井之至可以辩义,精义入神也;巽之至可以行权,穷神以知化也。德至此无以加,此上乘进

---

① 刘宗周:《周易古文钞》,《刘宗周全集》第一册,浙江古籍出版社 2012 年版,第 231—232 页。

② 刘宗周:《周易古文钞》,《刘宗周全集》第一册,浙江古籍出版社 2012 年版,第 232 页。

步法也。"①总之,分言之功夫次第为三,曰初乘、中乘、上乘;合言之,入德、进德、成德三阶功夫为一。故其言:"衡言之以极其量,而又纵言之以究其归,九德总是一德,一德乃为至德。善处忧患者,盍于此图之。意者文、周之德如是,后人又曰'此夫子一一自道也',苦心哉,其然哉?"②

"三陈九卦"中不厌其烦反复演绎的那个"德"字,警示人们面对生命世界中纷纭反复的矛盾、吉凶祸福的变化,唯有德性是人应对复杂生存境遇提升生命意义的根基,也是驾驭变化、逢凶化吉、获得生存主动性的指南。"九德卦"一再告诫世人,祸福相倚,吉凶变幻,要履礼而行,这样即使踩上老虎的尾巴也不会被咬伤;待人接物务求周到完备,"视履考详"方可安顺吉利。满招损,谦受益,谦下不争,劳而不骄,这样一定会得到天覆地载、鬼神佑助和族类的敬重;要牢记"不远复,无祗悔"的训诫,慎独谨微,惺惺自省,这样就不会迷失方向;要恒定持久修养德性,事物杂乱而不厌倦,这样就不会招致羞辱;要减损私欲,迁善改过,这样就会先难后易,顺利前行;要不断增益德性,宽裕待人,这样事业就会兴旺顺利;要在困境中坚贞自守,不怨天,不尤人,这样更利于走向通达;要像水井一样立身不移,周济万物,这样族类就会聚拢在一起形成合力;要像风一样巽顺乘时,吹拂万物,这样就会找到德性落实的途径和权衡变化的时机。对于"三陈九卦"以"德"处"患"的人文睿智,王夫之解释得尤为深切:"此言圣人当忧患之世,以此九卦之德,修己处人,故上以凝天命,下以顺人情,文王以之而成其至德,周公以之而永保冲人,进以成大业,而退不伤于道之正,故九卦时虽危,而可因之以为德。……以此九卦之德处忧患,外达物情之变,而内自居于大正,圣人之德所以至也。他卦非无处忧患之道,而但陈九卦者,夫子深知二圣之用心,非人所易测也。"③按照王船山的理解,《周易》的忧患意识不是对个人命运吉凶悔吝的斤斤计较,也不是对身家利害的患得患失,

① 刘宗周:《周易古文钞》,《刘宗周全集》第一册,浙江古籍出版社 2012 年版,第 233 页。
② 刘宗周:《周易古文钞》,《刘宗周全集》第一册,浙江古籍出版社 2012 年版,第 233 页。
③ 王夫之:《周易内传》卷六,《船山全书》第一册,岳麓书社 2011 年版,第 604 页。

而是对家国天下、历史治乱、王道正义的忧患与思考。

六、"九德卦"卦德说

下面具体诠释"九德卦"以"德"处"患"的思想意涵。

《履》卦是《周易》上经的第十卦,卦辞说:"履虎尾,不咥人,亨。"《履》卦的基本卦义是践履。《序卦传》云:履者,礼也。人的行止不可越礼,所以《履》卦又解释为执礼而行。《彖》曰:"履,柔履刚也。说而应乎乾,是以履虎尾,不咥人,亨。"《履》卦告诫人们,执礼而行当以谦卑和敬为贵,要用柔顺的心态践行刚健之道("柔履刚")。为卦乾上兑下,兑主说(说通悦),乾主健,象征和悦而顺应刚健之道,如此处世,就是踩在老虎尾巴上,老虎也不会去咬你。反之,如果像"六三"那样不中不正,就会被老虎咬伤。六三爻辞说:"眇能视,跛能履,履虎尾,咥人,凶。"六三柔居刚位,质柔而用刚,与履道"柔履刚"之时义不合。爻辞说,视力低弱而显示自己眼神好使;腿脚不好而显示自己足力强健。这样"履虎尾",一定会被咬伤。《履》卦又告诫人们为人处事一定要懂得敬畏,故九四爻辞说:"履虎尾,愬愬终吉。"愬愬,谨慎恐惧貌。九四刚居柔位,象征有能力而执礼谦卑,谨慎小心,唯恐有失,与履道时义相得,所以即便是踩住了老虎的尾巴,也不会被咬伤,故云"终吉";相反,九五爻辞说"夬履,贞厉",如果不知敬畏,刚愎自负,定会招致凶厉!孔子说:"不学礼,无以立。"(《论语·季氏》)孔门弟子有若说:"礼之用,和为贵。先王之道斯为美;大小由之。有所不行,知和而和,不以礼节之,亦不可行也。"(《论语·学而》)《系辞传》视《履》卦为"德之基",就在于"履道坦坦",可以化险为夷,消除隐患,走向"和而至",也就是上九爻辞所说的"视履考祥,其旋元吉"。

《谦》卦是《周易》上经的第十五卦,为卦坤上艮下。坤为地,艮为山,大山退藏在地下,象征谦退不争,故卦名为《谦》。卦辞说:"谦:亨,君子有终。"《彖》曰:"谦,亨,天道下济而光明,地道卑而上行。天道亏盈而益谦,地道变盈而流谦,鬼神害盈而福谦,人道恶盈而好谦。谦尊而光,卑而不可踰,君子之终也。"《谦》卦的基本卦义是谦退。《象传》从天道、地道、神道、人道四个方面所讲的都是"满招损,谦受益"的人生哲理。再看六爻之义,初六:"谦谦君子,用涉大川,吉。"《象》曰:"谦谦君子,卑以自牧也。"六二:"鸣谦,贞吉。"《象》曰:"鸣谦贞吉,中心得也。"九三:"劳谦君子,有终吉。"《象》曰:"劳谦君子,万民服也。"六四:"无不利,撝谦。"《象》曰:"无不利,撝谦,不违则也。"六五:"不富以其邻,利用侵伐,无不利。"《象》曰:"利用侵伐,征不服也。"上六:"鸣谦,利用行师,征邑国。"象曰:"鸣谦,志未得也;可用行师,征邑国也。"《谦》卦告诫说,君子谦之又谦,谦卑自律,所以能够渡越险滩而吉利;即使声闻天下仍要恪守谦道;勋劳卓越,更不可以盈满自傲,劳而能谦方可得到万民的心仰仪服。面对谦誉,切记矫揉造作,挥手谢绝则符合谦道原则。有时谦卑会招来猥亵,对那些猥亵者不妨加以惩戒。谦道的尊严光而不耀,看似卑微而实则不可逾越,不仅是君子善始善终崇德广业的关键,而且是推行礼仪文明的抓手,所以《系辞传》称道说"谦以制礼",为"德之柄"。

"九德卦"中的《复》《恒》《损》《益》四卦的六爻之义在本书其他章节已作诠释,此不赘述。下面就《困》《井》《巽》三卦之"德"继作诠解。

《困》卦是《周易》下经的第四十七卦。卦辞说:"困:亨,贞大人吉,无咎,有言不信。"《困》卦的基本卦义是陷入困境及如何对待困境。《序卦传》云:"升而不已必困,故受之以困。"从卦体看,兑上坎下,兑为泽,坎为水。水在泽下,象征泽水干涸,故卦名曰《困》;换个角度看,为卦兑以阴在上,坎以阳在下,上六在二阳之上,九二陷于二阴之中。这些相状都表明阳刚正义的力量被阴柔邪暗的力量所困,故取义为"困"。爻辞则具体记载了当时陷入困境的具体情景:初六:"臀困于株木,入于幽谷,三岁不觌。"九二:"困于酒食,朱绂方来,利用享祀,征凶,无咎。"六三:"困于石,据于蒺藜,入于其宫,不见其妻,凶。"九四:"来徐徐,困于金车,吝,有终。"九五:"劓刖,困于赤绂,乃徐有说,利用祭祀。"上六:"困于葛藟,于臲卼,曰动悔有悔,征吉。"爻辞虽未记载受

"困"的主人究竟是谁,但受"困"的情景还是明白的。初六说,困坐在树干上,陷入幽暗的山谷,三年不能见面。九二说,为酒食所困,红色官服即将送来。宜用于祭祀,出征有凶险,但无咎害。朱,赤也;绂,黻绂,带花纹的礼服。从爻象看,九二有刚中之德,象征君子处困,穷不失义。程颐说:"酒食,人所欲而所以施惠也。二以刚中之才而处困之时,君子安其所遇,虽穷厄险难,无所动其心,不恤其为困也。……二未得遂其欲、施其惠,故为困于酒食也。"①六三说,乱石挡道,蒺藜丛生,困居其中。入于宫室,看不见妻子,有凶险。六三柔居刚位,处坎险而错位用刚,是不善于处困。对于六三来说,其困境是进退两难,前行"困于石",想回头,又"据于蒺藜",是进退两难,困上加困。回到家里,已不见妻子的踪影,处境十分不利,故曰"凶"。九四说,缓缓而来,被困在金车上,有悔吝,终无害。九五说,被割鼻断足,为官服而困,渐渐又摆脱了困境,宜于祭祀神灵。上六说,困于葛藤纠缠,惶恐不安(臲卼),动辄有悔,征问吉利。如实说,这些经文并没有多少道德意义,《彖传》《象传》则对卦爻辞中的种种生存困境,从君子处"困"之道方面做了哲学的提升。《彖》曰:"困,刚掩也。险以说,困而不失其所,亨。其唯君子乎? 贞大人吉,以刚中也。有言不信,尚口乃穷也。"是说,陷入困境,阳刚被阴柔所压抑。为卦兑上坎下,兑主悦,坎主险,是"险以说(悦)",象征陷入坎险而保持乐观,身处困境而乐天知命,恪守正道而不失其常,终能摆脱困境而亨通。大概只有君子能够做到这样吧! 九五、九二两爻都是刚居中位,象征君子面对困境而不失刚健中和之体,故占得吉辞。处困之时,不必多言,也不可轻信,那样势必会困上加困。"有言不信,尚口乃穷",可作两方面理解:一是处困之时,困主不必过多表白自己。当困而言,人谁信之? 过多辩解,小则失态,大则招忌,加深自己的困境。二是也不要轻信他人言语。处困之时,人多会感到孤独无助,此时最易失去自信而轻信他人,对事物作出错误的判断和应对,从而困上加困。所以处

---

① 程颐:《周易程氏传》卷第四,《二程集》,中华书局 2004 年版,第 942 页。

"困"之道最要紧的是保持沉默,守住内心,淡定应对,乐天知命。《象传》告诫说:"泽无水,困。君子以致命遂志。"程颐解释说:"君子当困穷之时,既尽其防虑之道,而不得免,则命也。当推致其命,以遂其志。知命之当然也,则穷塞祸患不以动其心,行吾义而已矣。"①古人云,岁寒而后知松柏之后凋也。《困》卦告诫世人"险以悦""困而不失其所"的处困之道,有助于化解生存困境中的焦虑、孤独、压抑,培养人们乐天知命的豁达胸怀,更可以品鉴一个人的意志品格。所以《系辞传》说"困,穷而通","困以寡怨",为"德之辨"。

《井》卦为《周易》第四十八卦,为卦坎上巽下。卦辞说:"改邑不改井,无丧无得,往来井井。汔至,亦未繘井,羸其瓶,凶。"卦辞似乎有两个片段编制而成。一件是先民调整人口,说居民可迁徙改变其居邑,不改变井田的编制,这样调整无得无失,人们来来往往,同井而居。第二件事记载了一个先民聚落的衰败,说井水干涸了,无人挖井,汲水瓶也坏了,有凶险。爻辞记载了一些与"井"有关的生活片段。初六:"井泥不食,旧井无禽。"九二:"井谷射鲋,瓮敝漏。"九三:"井渫不食,为我民恻,可用汲,王明并受其福。"六四:"井甃,无咎。"九五:"井洌寒泉,食。"上六:"井收勿幕,有孚元吉。"《井》卦六句爻辞所记载的事情还是很清晰的。初六记载了一眼废井,说枯井只有污泥,无水饮用,连只飞鸟也没有。九二记载的是一眼漏井,说井水干涸,余下蛤蟆泥鳅,水瓮破旧漏水。九三记载的是百姓祈求大王清洁井水的事件,说井水混浊,不能食用,为民悲恻。盼望汲用井水,祈求大王圣明,百姓都受到福泽。六四"甃井,无咎"记载的是一次砌井的占筮。九五记载的是一眼泉水甘美的水井。说井水清洌,宜食用。《象》曰:"寒泉之食,中正也。"这是"传"对"经"语境的转换和有意提升。是说九五有刚健中正之德,能够用井周济民用,用清澈甘美的井泉,滋润生命,福泽众人。上六记载的是有关保护水井的占筮,说井事完工,不要封盖井口,孚兆大吉。上六居《井》卦之终,意味着井道的完成。《象》

---

① 程颐:《周易程氏传》卷第四,《二程集》,中华书局 2004 年版,第 941 页。

曰:"元吉在上,大成也。"关于上六的道德意义,程颐引申说:"井以上出为用。居井之上,井道之成也。收,汲取也。幂,蔽覆也。取而不蔽,其利无穷,井之施广矣,大矣。有孚,有常而不变也。博施而有常,大善之吉也。"①从上可知,《井》卦古经卦爻辞只是记载了一些先民占筮中与"井"有关的片段,并没有多少道德意涵,据此解释《井》卦的道德意义根据不足。《彖传》《象传》则对《井》卦古经卦爻辞进行了语境转换,有意赋予并提升了"井"之为"井"的道德意涵。《彖》曰:"巽乎水而上水,井。井养而不穷也。改邑不改井,乃以刚中也。"是说,《井》卦坎上巽下,坎为水,巽为木,象征木桶入于水而出于水,有从井中汲水之象,故卦名为《井》。继之从两个方面赞扬了"井"之德性,一是井水滋养生命、周济万物,无穷无尽;二是用九二、九五二爻刚健中正的位相解释"井"之不计得失、坚贞不变的品格。《象传》则从一卦整体的象征意义引申井卦的人文含义说:"木上有水,井;君子以劳民劝相。"《井》卦坎上巽下,有用木桶从井中汲水之象,告诫君子效法井德为民操劳,劝勉世人周济相助。据此,《系辞传》称"井以辨义","居其所而迁",为"德之地"。

"九德卦"的最后一卦为《巽》卦,是《周易》下经的第五十七卦。卦辞说:"巽:小亨,利有攸往,利见大人。"《序卦传》云:"旅而无所容,故受之以巽,巽者入也。"《巽》卦的基本卦义是巽顺而容入。为卦上下二体均是一阴居二阳之下,象征阴巽顺于阳,被阳所接纳,故卦名为《巽》。再看《巽》卦的六爻之义,初六:"进退,利武人之贞。"九二:"巽在床下,用史巫纷若,吉无咎。"九三:"频巽,吝。"六四:"悔亡,田获三品。"九五:"贞吉悔亡,无不利。无初有终,先庚三日,后庚三日,吉。"上九:"巽在床下,丧其资斧,贞凶。"《巽》卦的六句爻辞记载的比较凌乱,有些与"巽"相关,有些似乎无关,所反映的先民生活片段似乎没有多少逻辑关系及道德意涵。初六爻辞记载的或许是一个武士的占事,说进退不定,占问武人有利。从爻象看,初六处巽在下,阴爻阳位,有进退

---

① 程颐:《周易程氏传》卷第四,《二程集》,中华书局 2004 年版,第 950 页。

忧虞之象。九二记载的是躲在床下祈祷神灵的事，说伏于床下，祝史、巫觋纷纷为之祷告，吉祥无咎。九三说："频巽，吝。""频"通"颦"，凝眉蹙额貌，引申为不情愿。从爻位相看，九三刚爻刚位，居下体之上，象征争强好胜不能巽顺而勉强巽顺，心中不悦，凝眉蹙额，是为"频巽"。六四爻辞记载的是狩猎中分配猎物的事，说悔事消亡，田猎所获，分为三品。何谓"田获三品"，程颐说："田猎之获分三品，一为乾豆，一供宾客与充庖，一颁徒御。"①朱熹说："三品者，一为乾豆，一为宾客，一以充庖。"②九五爻辞好像是两个占筮片段的组合，一说占问吉祥，悔事消亡，无有不利；二说初始不利，终有好结局。先庚三日，后庚三日，吉利。究竟占问的具体内容是什么并不清楚。上九爻辞记载的似乎是一件丢失钱财的占筮，说躲在床下，丧失资财，占问有凶险。《彖传》则据一卦整体之象对《巽》卦的道德意涵进行了语境转换和提升。《彖》曰："重巽以申命，刚巽乎中正而志行。柔皆顺乎刚，是以小亨，利有攸往，利见大人。"为卦上下二体都是巽，故曰"重巽"。申，叮咛。上体巽顺以出命，下体巽顺以从命，是为"重巽以申命"。从一卦主爻来看，九五阳爻当位居中，巽顺于中正之道，其志向必能实现。上下二体皆一阴（柔）而巽顺二阳（刚），是"柔皆顺乎刚"，所以小事亨通，可以有所前往，利见大人。《象》曰："随风，巽；君子以申命行事。"告诫人们，《巽》卦上下皆巽，象征顺风相随；君子效法此象，要像风行天下那样因应天道、巽顺天命而行事。《系辞传》说"巽以行权"，为"德之制"，当从《彖》《象》加以理解。

七、卦之"时"大矣哉

《易传》谈"变"，从不离"时"。《乾·文言》云："君子进德修业，欲及时

① 程颐：《周易程氏传》卷第四，《二程集》，中华书局2004年版，第995页。
② 朱熹：《周易本义》，《朱子全书》第一册，上海古籍出版社、安徽教育出版社2010年版，第81页。

也。"《坤·文言》云:"坤道其顺乎!承天而时行。""时"作为《周易》哲学重要范畴,既是"变"的具体的境遇场景,又是察变、适变、参变的节度和方法。所以,历代治易者无不给予充分重视并从不同角度予以阐发。王弼在《明卦适变通爻》中说:"夫卦者,时也;爻者,适时之变者也。夫时有否泰,故用有行藏;卦有小大,故辞有险易。一时之制,可反而用也;一时之吉,可反而凶也。故卦以反对,而爻亦皆变。是故用无常道,事无轨度,动静屈伸,唯变所适。故名其卦,则吉凶从其类;存其时,则动静应其用。寻名以观其吉凶,举时以观其动静,则一体之变,由斯见矣。"①这里十分看重"时"与"变"及"动静"与"吉凶"的关系。程颐说:"看《易》且要知时。凡六爻,人人有用。圣人自有圣人用,贤人自有贤人用,众人自有众人用,学者自有学者用,君有君用,臣有臣用,无所不通。"②《易传》把六十四卦纳入"时"的视野中考察,使神秘的卦爻形式呈现出"人"在具体生存境遇中发挥主观能动性的生存理性及实践意义。《周易》"时"的观念("时中""时行""时变""时用"等)在《彖传》中得以集中表现。如云:"蒙亨,以亨行时中也。"(《蒙·彖》)"其德刚健而文明,应乎天而时行,是以元亨。"(《大有·彖》)"观乎天文,以察时变;观乎人文,以化成天下。"(《贲·彖》)"损刚益柔有时。损益盈虚,与时偕行。"(《损·彖》)"凡益之道,与时偕行。"(《益·彖》)"柔以时升。"(《升·彖》)"时止则止,时行则行,动静不失其时,其道光明。"(《艮·彖》)"日中则昃,月盈则食,天地盈虚,与时消息,而况于人乎?况于鬼神乎?"(《丰·彖》)《彖辞》的作者在解说某卦的功能和意义时,常情不自禁地赞叹说某卦之"时"、某卦之"时义"、某卦之"时用"大矣哉!如云:"豫,顺以动,故天地如之,而况建侯行师乎?天地以顺动,故日月不过,而四时不忒;圣人以顺动,则刑罚清而民服。豫之时义大矣哉!"(《豫·彖》)"动而说,随。大亨贞,无咎,而天下随时。随之时义大矣哉!"(《随·彖》)"颐,贞吉,养正则吉也。……天地养万物,圣人养贤,以及

---

① 王弼:《周易略例》,《王弼集校释》,中华书局1980年版,第604页。
② 程颐:《河南程氏遗书》卷第十九,《二程集》,中华书局2004年版,第249页。

万民。颐之时大矣哉!"(《颐·彖》)"大过,大者过也。栋桡,本末弱也。……大过之时大矣哉!"(《大过·彖》)"天险不可升也,地险山川丘陵也,王公设险以守其国,险之时用大矣哉!"(《坎·彖》)"遁亨,遁而亨也。刚当位而应,与时行也。小利贞,浸而长也。遁之时义大矣哉!"(《遁·彖》)"天地睽而其事同也,男女睽而其志通也,万物睽而其事类也。睽之时用大矣哉!"(《睽·彖》)"蹇,难也,险在前也。见险而能止,知矣哉!……蹇之时用大矣哉!(《蹇·彖》)"天地解而雷雨作,雷雨作而百果草木皆甲坼。解之时大矣哉!"(《解·彖》)"天地相遇,品物咸章也。刚遇中正,天下大行也。姤之时义大矣哉!"(《姤·彖》)"天地革而四时成,汤武革命,顺乎天而应乎人。革之时大矣哉!"(《革·彖》)"止而丽乎明,是以小亨,旅贞吉也。旅之时义大矣哉!"(《旅·彖》)如此云云,充分体现了"时"对于理解《周易》生命哲学的重要性。

《系辞上》云:"天地设位,而易行乎其中矣。"《说卦传》云:"昔者圣人之作《易》也,将以顺性命之理,是以立天之道曰阴与阳,立地之道曰柔与刚,立人之道曰仁与义。兼三才而两之,故易六画而成卦。分阴分阳,迭用柔刚,故易六位而成章。"从整体看,天地剖判,乾坤并建,由此构成了宇宙大生命世界的基本条件或总体秩序。八卦以及由八卦组合而成的六十四卦、三百八十四爻,无不表现着"人"在大生命世界中的不同存在时态或生存境遇。六十四卦中除去象征宇宙生命本源的《乾》《坤》二卦外,从《屯》到《未济》的六十二卦,象征人的生命存在所面对的种种境遇、矛盾、问题、转机、运会,这一切以外在必然性、偶然性的形式限制着人的作为及其结局,此即《周易》哲学所揭示的"时"的客观意义和实践价值。按照《序卦传》的逻辑,六十四卦前后相续,非相因相成,则相对相反,彼此构成一个矛盾转化的因果链。每一卦所暗示的"时",既是机遇,又是挑战;既存在着希望,又隐藏着凶险。时来运转,千锤百炼,在每一次历经泰否、剥复、夬姤、鼎革、损益,走向"既济"的结局时,又会迎来一个新的开始。《序卦传》云:"物不可穷也,故受之以未济终焉。"《周易》

以《未济》卦结篇,意味着"时"所展演的生存境遇不是一个封闭的体系,所以学易者应以一种开放的胸襟和变化的眼光面对"境遇化"的世界,既要学会在"时"的相对稳定的间隙中喘息、调整、历练,更要懂得在"时"的无尽流变中完成生命的转化、升华与绵延,实现人生价值和生命意义的超越。

《周易》"时"的观念最本质的一点是不将人生命运凝固化,而是把它融化在"惟变所适"的境遇中。这样一来,人与事物的关系就不再简单地表现为一种"决定与被决定"的机械的因果性,而是全面张开相互影响的过程。一旦懂得把"命运"问题放在"时"中考察,"命"就不再是一个抽象的或简单给定的结局,"运"也就不再是一个幽冥莫测的"数",两者同时具有了鲜活的现实意义和实践指向。"命"在"时"中流变谓之"运","运"在"时"中兑现谓之"命"。"命"固然有定,但总归要在不同境遇中展开;"运"尽管难以把捉,但其中又总有某些可为之努力的时机。有定之"命"与变化之"运"的辩证统一,体现了《周易》"时"的哲学所赋予的人生实践的主动性,它摒弃了那种庄子式的"知其不可奈何而安之"的自然主义,也不同于盲目任性的唯意志论,开显了人文化成的理性与自由向度。《易传》对"时"的哲学探讨,目的是为人生提供一种指导,以提高生命的自主性。《系辞下》云:"知几其神乎!……几者,动之微,吉之先见者也。君子见几而作,不俟终日。……君子知微知彰,知柔知刚,万夫之望"。《文言传》云:"君子进德修业,欲及时也。"《艮·象》云:"时止则止,时行则行,动静不失其时,其道光明。""几"即生存境遇的开显,是吉凶的预兆,而"知几"则是对"时"的深刻洞察和理性选择。《乾》卦九三爻辞说:"君子终日乾乾,夕惕若厉,无咎。"王弼解释说:"处下体之极,居上体之下,在不中之位,履重刚之险。上不在天,未可以安其尊也;下不在田,未可以宁其居也。纯修下道,则居上之德废;纯修上道,则处下之礼旷。故终日乾乾,至于夕惕犹若厉也。居上不骄,在下不忧,因时而惕,不失其几,虽危而劳,可以无咎。"[1]知"几"、应"变"、趋"时",它

---

① 王弼:《周易注》,《王弼集校释》,中华书局1980年版,第211—212页。

使人摆脱一切给定的状态,从异己的被迫性困境中解放出来,进入一种充满创造灵性的境地,从而真正成为哲学意义上的主体,亦即《易传》所设想的理想人格"圣人"或"大人"。《乾·文言》云:"夫大人者,与天地合其德,与日月合其明,与四时合其序,与鬼神合其吉凶。先天下而天弗违,后天而奉天时。天且弗违,而况于人乎? 况于鬼神乎?"此处"大人",即大德大智之"圣人",所以接着上文又说"知进退存亡而不失其正者,其唯圣人乎!"程颐说:"大人与天地日月四时鬼神合者,合乎道也。天地者道也,鬼神者造化之迹也。圣人先于天而天同之,后于天而能顺天者,合于道而已矣。合于道,则人与鬼神岂能违也?"①《易传》中洞明天人之学的"圣人"或"大人",既可以说是社会政治人伦的典型,也可以理解为天地大生命的主体性化身,其"范围天地之化而不过,曲成万物而不遗"(《系辞上》)的大智慧、大情感、大自由,从宇宙论或形而上的本原处说即是"道"或"体道",从人生论或形而下的运用说就是《周易》卦爻所明之"时"或"时用"。《易传》以"变"应"时"的哲理来自对天道之阴阳消息、地道之刚柔变化、人道之治乱安危等"天下之故"的洞察。所以《易》之为书也不可远,这部古老而神秘的经典虽然"寂然不动",但它所蕴藉的深刻哲理却能够"感而遂通",给人们的生活实践以理性指导。

---

①　程颐:《周易程氏传》卷第一,《二程集》,中华书局 2004 年版,第 705 页。

第八章　洗心藏密之学

　　围绕《周易》中太极、阴阳、八卦、中和、时命诸范畴，前面数章从太极生生之道、阴阳化机论、八卦时空论、中和价值论、应时通变论逐层阐释了《周易》大生命哲学的相关问题。假如仅仅说到此处，我们的生命易学或大生命哲学就还停留在"宏观的宇宙"和"人生哲学"问题的外围或边沿，还未触及宇宙生命最活跃、最灵敏、最微密的内核，亦即宇宙大生命的"灵根"，或"天地之灵明"的发端处——心灵的问题。《易·系辞上》云："夫易何为者也？夫易开物成务，冒天下之道。……是故蓍之德，圆而神；卦之德，方以知。六爻之义，易以贡。圣人依此洗心，退藏于密，吉凶与民同患。"一套严密的学问，像剥笋，要层层入里，步步归密；更像登山，时而峰回路转，时而云雾朦胧，终于看到《周易》上下无常、周流六虚、唯变所适的生命宇宙的"金顶"（太极）原来不在"心"外，而是深深密藏在"圣人"的心灵深处。其实，生生不息的"易"道，也存在于每一个人的心里，这叫"道不远人"。之所以百姓日用而不知，感觉不到内心生命本体的生机活力，是由于缺少那个"洗心藏密"透悟本体的功夫。圣人"洗心藏密"吉凶与民同患的境界，在王阳明良知论、刘宗周"证人之学"所表达的"心易"中得以最为生动活泼的澄明。

一、瞑坐玩羲易，洗心见微奥

朱伯崑先生说："宋明哲学中的五大流派，即理学派、数学派、气学派、心学派和功利学派，都同易学理论结合在一起。他们对哲学基本问题的回答，除王守仁的心学外，基本上来于易学哲学中的问题。"①据《传习录》载，王阳明曾对徐爱讲圣人赞《易》在躬行而不在虚文："自伏羲画卦，至于文王、周公，其间言《易》如《连山》《归藏》之属，纷纷籍籍，不知其几，《易》道大乱。孔子以天下好文之风日盛，知其说之将无纪极，于是取文王、周公之说而赞之，以为惟此为得其宗。于是纷纷之说尽废，而天下言《易》者始一。"②王阳明虽然没有专门的易学著作，却有丰富的易学思想。他精通易道，不仅知易乐易，而且玩易占易，对《易》有着特殊的敏感、彻悟和信仰，其心学或良知本体论的理论底色不出"大易之道"。王阳明写于不同时期的诗文、游记、书信，诸如《读易》《玩易窝记》《五经忆说十三条》《传习录》《大学问》及其他论学书，处处蕴含并洋溢出易道哲理和人文精神。心即易，易即心，阳明心易贯通的"道"在其亦儒亦宦、亦文亦武、亦顺亦困、亦真亦幻、知行合一的生命实践中得以亲证。

《年谱》载："武宗正德元年丙寅，先生三十五岁，在京师。二月，上封事，下诏狱，谪龙场驿丞。"③《狱中诗十四首》篇首注"正德丙寅年十二月以上疏忤逆瑾下锦衣狱作"④，两者时间不一。《年谱》所记的"正德丙寅二月"，指上封事的时间；《狱中诗十四首》篇首标记的"正德丙寅十二月"，当指狱中作诗的时间。《狱中诗十四首》之三《读易》云：

囚居亦何事？省愆惧安饱。瞑坐玩羲易，洗心见微奥。乃知先

---

① 朱伯崑：《易学哲学史·前言》第一卷，蓝灯文化事业股份有限公司 1991 年版，第 5 页。
② 王守仁：《王文成公全书》，中华书局 2015 年版，第 9—10 页。
③ 王守仁：《王文成公全书》，中华书局 2015 年版，第 1394 页。
④ 王守仁：《王文成公全书》，中华书局 2015 年版，第 813 页。

> 天翁,画画有至教。包蒙戒为寇,童牿事宜早。蹇蹇匪为节,虩虩未
> 违道。遁四获我心,蛊上庸自保。俯仰天地间,触目俱浩浩。箪瓢有
> 余乐,此意良匪矫。幽哉阳明麓,可以忘吾老。①

悉心品读,仔细推敲这首作于狱中的五言诗,不能不感叹阳明对《周易》的
敏感、彻悟和笃实的信仰。几乎每一句都与《周易》经、传中的名相与义理
密切攸关。诗中说,作为不幸而遭陷害身陷囹圄、孤独无奈的“囚”
徒,就像
《周易》卦辞中数次出现的“幽人”,忧心忡忡,坐卧不安,独自反思着自己的
“罪过”(愆,失也)及遭致厄运的因由。诗的前两句写出了一个人不幸蒙难
时的人之常情,也是阳明的真实处境和心境。此情此景,使他想起并静读
《周易》,从中寻求精神的慰藉、生命的支撑、安身立命的根据和战胜险难的
力量。

《易·系辞上》云:“圣人设卦观象,系辞焉而明吉凶,刚柔相推而生变化。
是故,吉凶者,失得之象也;悔吝者,忧虞之象也。”“易与天地准,故能弥纶天
地之道……与天地相似,故不违;知周乎万物,而道济天下,故不过。旁行而不
流,乐天知命故不忧。”“言行,君子之枢机。枢机之发,荣辱之主也,言行,君
子之所以动天地也,可不慎乎?”《系辞下》云:“吉凶悔吝者,生乎动者也;刚柔
者,立本者也;变通者,趣时者也,吉凶者,贞胜者也。……天下之动,贞夫一者
也。”“易穷则变,变则通,通则久。是以,自天佑之,吉无不利。”“子曰:天下何
思何虑?……日往则月来,月往则日来,日月相推则明生焉;寒往则暑来,暑往
则寒来,寒暑相推而岁成焉;往者屈也,来者信也,屈信相感而利生焉。尺蠖之
屈,以求信也;龙蛇之蛰,以存身也;精义入神,以致用也;利用安身,以崇德也。
过此以往,未之或知也。”“易之兴也,其于中古乎?作《易》者,其有忧患乎?”
“易之为书也,不可远,为道也屡迁。……其出入以度,外内使知惧,又明于忧
患与故,无有师保,如临父母。”“易之兴也,其当殷之末世,周之盛德邪?当文

---

① 王守仁:《王文成公全书》,中华书局 2015 年版,第 814 页。

王与纣之事邪？是故其辞危。危者使平，易者使倾，其道甚大，百物不废。惧以终始，其要无咎。此之谓易之道也。"

《周易》古经及《大传》所蕴含的忧患意识、丰富的哲理和人文睿智，与此时此境中王阳明的心事一拍即合："瞑坐玩羲易，洗心见微奥。乃知先天翁，画画有至教。"写出了阳明玩易之"心"与圣人大易之"道"的高度契合，大易之道给了他生命的支撑和战胜险难的力量，顿时觉得生命有了依托，精神不再孤独，内心也不再纠结于吉凶祸福之类的俗情杂念。由此他深切感知到大易之道所教诲的微妙而深刻的哲理，不是大而无当的空言，也不是表面肤浅的说教，而是生命的学问，句句与生命攸关，字字与心灵昭澈。他决心用大易之道澡雪精神，安身立命，乐天知命而不忧；用文王、箕子的忧患意识砥砺意志，陶冶性情，穷理尽性以至命；把《周易》古经卦爻辞所蕴积的历史经验及《易传》所升华的人文睿智融化在自己的生活阅历中。故而，诗中特别提及《蒙》《蹇》《节》《震》《遁》《蛊》六卦义，以示《周易》经、传人文化成之教育意义，既是诲人，也是自警！

《蒙》卦卦辞云："蒙，亨。匪我求童蒙，童蒙求我。初筮告，再三渎，渎则不告。"九二爻辞说："包蒙吉，纳妇吉，子克家。"上九爻辞说："击蒙，不利为寇，利御寇。"按照卦辞、《彖传》《象传》的解释，《蒙》卦的基本卦义是对童稚进行启蒙教育，强调受教者要自觉主动，态度诚敬；施教者的责任是"蒙以养正"（《蒙·彖》），要像山泉滋润草木那样"果行育德"（《蒙·象》）。《蹇》卦卦辞说："蹇，利西南，不利东北。利见大人，贞吉。"《蹇》卦的基本卦义是道路艰难坎坷，要选择正道，跟随大人，渡过难关。《蹇·彖》说："蹇，难也，险在前也。见险而能止，知矣哉！"《节》卦卦辞说："节，亨，苦节不可贞。"六三爻辞说："不节若，则嗟若，无咎。"六四爻辞说："安节，亨。"九五爻辞说："甘节，吉，往有尚。"《节》卦的基本卦义是做事不可过头，要加以节制，但节制应当是自觉自愿的，不可以勉强"苦节"其事。《震》卦卦辞说："震，亨。震来虩虩，笑言哑哑。震惊百里，不丧匕鬯。"六三爻辞说："震苏苏，震行无眚。"《震·象》

说:"震来虩虩,恐致福也。笑言哑哑,后有则也。"《象》曰:"洊雷,震;君子以恐惧修省。"《震》卦的基本卦义是处震而不惊,同时又要懂得敬畏恐惧。《遁》卦卦辞说:"遁,亨,小利贞。"九四爻辞说:"好遁,君子吉,小人否。"《序卦传》云:"遁者,退也。"《遁·彖》说:"遁亨,遁而亨也,……遁之时义大矣哉!"《象》曰:"天下有山,遁。君子以远小人,不恶而严。"《遁》卦的基本卦义是要懂得退却,做到能进能退,与时偕行。《蛊》卦卦辞说:"蛊,元亨,利涉大川。先甲三日,后甲三日。"上九爻辞说:"不事王侯,高尚其事。"《象》曰:"山下有风,蛊;君子以振民育德。"上九《象传》说:"不事王侯,志可则也。"《蛊》卦的基本卦义是要及时纠正错乱之事,纠正错乱之事要讲求方式,不可以邀功请赏。

理解了上述《蒙》《蹇》《节》《震》《遁》《蛊》诸卦的卦义,诗中"包蒙戒为寇,童牿事宜早。蹇蹇匪为节,虩虩未违道。遁四获我心,蛊上庸自保"这几句话的意思也就不难理解了。这是说《蒙》卦意在教人不走邪路,早些为牛犊套上角牿为好。命途坎坷似蹇是由于不明《节》卦义,懂得敬畏并不违背处震不惊之道。《遁》卦九四爻辞"君子好遁"正合我的心意,《蛊》卦上九"不事王侯"的清操也不失为一种自我保全之方。有了这种"惧以终始"的"崇德"意识和"知周乎万物而道济天下"的宇宙情怀,王阳明不再焦虑,不再计较,不再悲忧,他情愿在曲肱而枕、箪食瓢饮的孔颜之乐中俯仰天地,与化同在,糟糕的处境顿时化作一片幽静,恍如未出仕前自己求佛寻道的阳明山麓,进入一种忘我或无我的境界。此种由执着俗情而获得内在超越解脱的心境,在《读易》诗的最后几句中表达得十分酣畅:"俯仰天地间,触目俱浩浩。箪瓢有余乐,此意良匪矫。幽哉阳明麓,可以忘吾老。"

二、龙场"悟道"与"玩易"

阳明心学的泛易学情结,至贵州龙场贬所而益加浓厚。《年谱》载,正德

"三年戊辰,先生三十七岁,在贵阳。春,至龙场。"①龙场位于贵州西北偏远的万山丛棘中,"蛇虺魍魉,蛊毒瘴疠,与居夷人鴃舌难语,可通语者,皆中土亡命"②。古人说,生于忧患而死于安乐,艰难困苦,玉汝于成。艰苦环境和生存逆境是埋没弱者的沟坎或坟墓,对于生命意志强大的人来说,虽然也是不幸,但却具有完全不同的意义,它会成为打造天才和圣贤性格的大冶和熔炉。从35 岁因言招祸,下诏狱贬谪龙场,36 岁转辗钱塘、福建赴贬所,37 岁至贵阳,39 岁离开贵州。王阳明在贵州贬谪不到三年,从时间上说并不算长,但这一段不平常的岁月对阳明心学的形成产生了极重要、极关键的影响。对此《年谱》记载的很生动:"时瑾憾未已,自计得失荣辱皆能超脱,惟生死一念尚觉未化,乃为石墩,自誓曰:吾惟俟命而已! 日夜端居澄默,以求静一,久之,胸中洒洒。而从者皆病,自析薪取水作糜饲之,……因念圣人处此,更有何道? 忽中夜大悟格物致知之旨,寤寐中若有人语之者,不觉呼跃,从者皆惊。始知圣人之道,吾性自足,向之求理于事物者误也。乃以默记《五经》之言证之,莫不脗合。"③此即著名的"龙场悟道"。心学家爱讲悟道时神启般的特殊经历,此所不论,但门人所记王阳明的心路历程是真实的。悟道意味着良知本体论的奠立,它为"知行合一"说确立了前提和根据,标志着阳明心学的诞生。

其实,阳明心学的豁然贯通,与此间如醉如痴的"玩《易》"颇有关系。《年谱》载,由于王阳明的豁达大度、坚忍不拔,渐渐获得个别士绅和当地民众的接纳:"居久,夷人亦日来亲狎。以所居湫湿,乃伐木构龙冈书院及寅宾堂、何陋轩、君子亭、玩易窝以居之。"④写于此时的《何陋轩记》《君子亭记》《远俗亭记》《象祠记》《重修月潭寺建公馆记》《玩易窝记》等记事体散文,具体记载了王阳明在极其艰苦的环境中怡情山水、砥砺道德、敦化风俗、澄怀观道的精神

---

① 王守仁:《王文成公全书》,中华书局 2015 年版,第 1395 页。
② 王守仁:《王文成公全书》,中华书局 2015 年版,第 1395 页。
③ 王守仁:《王文成公全书》,中华书局 2015 年版,第 1395—1396 页。
④ 王守仁:《王文成公全书》,中华书局 2015 年版,第 1396 页。

生活。这里主要谈《玩易窝记》中王阳明的易学观。这篇三百余字的记文,记载了阳明刻骨铭心潜心玩《易》"以此洗心,退藏于密,吉凶与民同患"的感受、心得与慧解,其内容可以分两个层面加以理解。

其一,玩《易》的感受与快乐。《玩易窝记》云:

> 阳明子之居夷也,穴山麓之窝而读《易》其间。始其未得也,仰而思焉,俯而疑焉,函六合,入无微,茫乎其无所指,子乎其若株。其或得之也,沛兮其若决,曒兮其若彻,葴淤出焉,精华入焉,若有相者而莫知其所以然。其得而玩之也,优然其休焉,充然其喜焉,油然其春生焉,精粗一,外内翕,视险若夷,而不知其夷之为阨也。于是阳明子抚几而叹曰:"嗟乎! 此古之君子所以甘囚奴,忘拘幽,而不知其老之将至也夫! 吾知所以终吾身矣。"①

贬谪异地,苦旅他乡,灵台无寄,王阳明把全部心思用在了如何安身立命问题的思考上,玩《易》无疑是最好的方式。在当地民众的帮助下,王阳明在偏远的黔西修文县境内山麓上以穴洞为屋,开始了半是贬谪、半是隐居式的生活。穴山蜗居,潜心读《易》几乎成为他生活中最重要的依托,阳明把玩《易》之感受与快乐描述为"始其未得""其或得之""得而玩之"三种不同的境界。《周易》就像一座古老而神秘的道山,玩《易》就像沿着崎岖的小路登山,刚刚攀登,对山的雄伟、崇高、神韵充满好奇、憧憬、期待。但由于眼界有限,仰望山巅,什么也看不清,更难以想象登上峰顶时那种一望无际唯我独尊的眼界。乍读《周易》也是这样,面对这部神秘的经典,仰而思之,俯而疑之,无所不用其极,就像庄子在《齐物论》篇首所说的形如槁木、心如死灰的南郭子期,但对放之则"函六合",收之则"入无微",知周万物、无方无体的《大易》之道依旧是"茫乎其无所指",这是玩《易》的第一境界——初学"始其未得"时的期待和迷茫。读得久了,看得多了,就像登山时的峰回路转,自然会有所感悟,这就进

---

① 王守仁:《王文成公全书》,中华书局 2015 年版,第 1028—1029 页。

入"其或得之"的第二境界——被《易》道所感染:沿着崎岖的小路向上攀登,一卦一卦地理会,道山之宏富,阴阳之变化,卦爻之错综,象数之渊源,一步步呈现在眼前,美不胜收,使心灵受到震撼,沛然若决江河;心智得到启发,瞭然犹如朝彻;心斋得到洗礼,"菹淤出焉,精华入焉,若有相者而莫知其所以然"。玩《易》的最高境界是乐在其中的忘我之境,亦即《玩易窝记》文中所说"优然其休焉,充然其喜焉,油然其春生焉,精粗一,外内翕"的境界。优然而休,言心和之美;充然而喜,言德诚之乐;油然春生,言生命的欢畅。"精"谓形上之道体,"粗"指形下之器用,"内"谓本心,"外"指天道,亦指物事。此时生命世界不再隔膜对立,玩《易》之"心"与《大易》之"道"冥合为一。王阳明在玩《易》之乐中获得了生命的亲证,找到了"终吾身"的安身立命之地。箕子处《明夷》而甘囚奴,文王忘拘幽以演《周易》,孔子居仁复礼而不知老之将至。王阳明玩易"洗心藏密"之乐在此!

其二,对易学之体用的心得与慧解。接着上面那段文字,《玩易窝记》写道:

> 名其窝曰"玩易",而为之说。曰:夫易,三才之道备焉。古之君子,居则观其象而玩其辞,动则观其变而玩其占。观象玩辞,三才之体立矣;观变玩占,三才之用行矣。体立,故存而神;用行,故动而化。神,故知周万物而无方;化,故范围天地而无迹。无方,则象辞基焉;无迹,则变占生焉。是故君子洗心而退藏于密,斋戒以神明其德也。盖昔者夫子尝韦编三绝焉。呜呼! 假我数十年以学易,其亦可以无大过已夫!①

"三才之道"指《说卦》所云:"立天之道曰阴与阳,立地之道曰柔与刚,立人之道曰仁与义。"观象玩辞属于学《易》之事,观变玩占属于占《易》之事。学《易》以明体,占《易》以致用,体用不二,学占一事,知行合一,表达了王阳明易

---

① 王守仁:《王文成公全书》,中华书局 2015 年版,第 1029 页。

学观的基本特点。这里必须点破的一个细节是,学《易》占《易》之宗旨在于"明心",王阳明所说的《易》之体用,实质上亦即"心"之体用。心之体"知周万物",即"神无方";心之用"范围天地",故"化无迹"。心即易,易即心,大《易》之道有多么广,心灵就有多么大。心学与易学的贯通,为王阳明俯仰宇宙立身天地间找到了精神的本原,这样《乾·文言》传中的大人"与天地合其德,与日月合其明,与四时合其序,与鬼神合其吉凶"在王阳明心学中也就有了着落。

龙场悟道所悟"心学"与易学之关系,在钱德洪拾遗所得的《五经忆说十三条》中依稀可辨。关于"十三条"的来历,钱德洪记云:"师居龙场,学得所悟,证诸《五经》,觉先儒训释未尽,乃随所记忆,为之疏解。阅十有九月,《五经》略遍,命曰《忆说》。既后自觉学益精,工夫益简易,故不复出以示人。洪尝乘间以请,师笑曰:'付秦火久矣。'洪请问。师曰:'只致良知,虽千经万典,异端曲学,如执权衡,天下轻重莫逃焉,更不必支分句析,以知解接人也。'"①王阳明去世后,钱德洪帮着料理丧事,偶于废稿中得此数条,窃录而读之,不胜感慨云。钱德洪所录十三条中有关《周易》的有四条,述及《咸》《恒》《遁》《晋》四卦义。简析如下:

其一,以《咸》卦义释天道与人心之贞一。《咸》卦卦体由兑上艮下构成,卦辞说:"咸:亨,利贞,取女吉。"依《说卦传》,兑代表少女,艮代表少男,此卦所记的是少男少女相感之事。《象传》用阴阳感通的道理解释了卦辞后说,天地感通,万物化生;圣人感化人心,而天下和平。观察《咸》卦阴阳感通的道理,也就了解了天地万物的普遍本性。王阳明对《咸》卦的发挥,意在说明天道与人心之贞一。他说:"天地感而万物化生,实理流行也;圣人感人心而天下和平,至诚发见也。皆所谓贞也。观天地交感之理,圣人感人心之道,不过于一贞,而万物生,天下和平焉,则天地万物之情可见矣。"②是说《咸》卦所示

---

① 王守仁:《王文成公全书》,中华书局 2015 年版,第 1123 页。
② 王守仁:《王文成公全书》,中华书局 2015 年版,第 1125 页。

天地阴阳感通之理与人心相感至诚恻怛之情,原本是同一个贞固纯洁的生命本源。

其二,以《恒》卦释天道与人心恒久而不已。《恒》卦震上巽下,卦辞说:"恒:亨,无咎,利贞,利有攸往。"依《说卦传》,震为雷,巽为风,象征雷动风行守恒而持久。所以《彖》曰:"恒,久也。……天地之道,恒久而不已也。利有攸往,终则有始也。日月得天,而能久照;四时变化,而能久成;圣人久于其道,而天下化成。观其所恒,而天地万物之情可见矣!"是说《恒》卦体现了天地万物永恒持久的生命本性。《象》曰:"雷风恒,君子以立不易方。"这是援天道以明人事,用自然现象解释人文精神。王阳明发挥《恒》卦卦义说:"夫天地、日月、四时、圣人之所以能常久而不已者,亦贞而已耳。观天地、日月、四时、圣人之所以能常久而不已者,不外乎一贞,则天地万物之情,其亦不外乎一贞也,亦可见矣。"[①]在王阳明看来,天地、日月、四时的变化有多么恒久,圣人化成天下的德性就有多么恒久。天地变化日新,日月周行不殆,四时循环往复,雷风簸扬奋厉,有其"一定不可易之理";圣人化成天下,君子酬酢万变,有其"卓然不可易之体"。两者都体现了《恒》卦贞一之道。天道之贞,即人心之正;人心之善,即天道之恒。

其三,以《遁》卦义释君子进退之道。《遁》卦乾上艮下,卦辞说:"遁:亨,小利贞。"《序卦传》云:"遁者,退也。"《遁》卦的基本卦义是隐退。《彖》曰:"遁亨,遁而亨也。刚当位而应,与时行也。小利贞,浸而长也。遁之时义大矣哉!"是说,能进不能退,就不会亨通;善于隐退,才会亨通。处阴长阳退之时,要适时而退,要知道此时不可能做成大事,故云"小利贞"。此卦所主遁退之"时义"与王阳明当时的处境十分契合,他主要做了两点发挥,说处遁之时,一则不可以完全消极应付,要"与时消息,尽力匡扶,以行其道。则虽当遁之时,而亦有可亨之道也";二则要善于灵活应对,"苟一裁之以正,则小人将无

---

① 王守仁:《王文成公全书》,中华书局 2015 年版,第 1126 页。

所容,而大肆其恶,是将以救敝而反速之乱矣。故君子又当委曲周旋,修败补罅,积小防微,以阴扶正道,使不至于速乱"①。在王阳明看来,处遁之时,更需要特殊的德性与智慧。无论是想急于摆脱困境有所作为,还是一味消极退避,都不足取法,唯一可取的是以"时"求"中",灵活应变。他说:"夫当遁之时,道在于遁,则遁其身以亨其道。道犹可亨,则亨其遁以行于时。非时中之圣,与时消息者,不能与于此也。故曰'遁之时义大矣哉!'"②

其四,以《晋》卦义释自昭明德待时而进。《晋》卦离上坤下,依《说卦传》,离为火,性主明;坤为地,性主顺。卦象有顺理向明而进之义。卦辞说:"晋:康侯用锡马蕃庶,昼日三接。"《象》曰:"晋,进也。"继之解释说,太阳升起,大地一片光明。柔顺明理而上行,前景光明。所以康侯享用赏赐的马匹很多,一日三次被接见。与自身处境攸关,王阳明颇为看中此卦《象传》和初六爻辞义。《晋·象》说:"明出地上,晋;君子以自昭明德。"强调君子要明德而进,不可以贪求禄位而躁进。初六爻辞说:"晋如,摧如,贞吉。罔孚,裕无咎。"从初六位相看,居下位卑,体柔而用刚,是不安本位而急于升进,结果遭遇挫败,不被信任。据此《象传》诫勉说,升进受挫折,自身不要偏离正道;要宽裕处事,因为受命的时运还没有来到。王阳明对此境遇感同身受,他敏感地发挥说:"初阴居下,当进之始,上与四应,有晋如之象。然四意方自求进,不暇与初为援,故又有见摧之象。当此之时,苟能以正自守,则可以获吉。盖当进身之始,德业未著,忠诚未显,上之人岂能遽相孚信。使其以上之未信,而遂汲汲于求知,则将有失身枉道之耻,怀愤用智之非,而悔咎之来必矣。故当宽裕雍容,安处于正,则德久而自孚,诚积而自感,又何咎之有?"③王阳明警示自己,要恪守《象传》"君子以自昭明德"之教言,排除私心杂念,守住自己的本心。他说:"心之德本无不明也,故谓之明德。有时而不明者,蔽于私也。去

---

① 王守仁:《王文成公全书》,中华书局 2015 年版,第 1127 页。
② 王守仁:《王文成公全书》,中华书局 2015 年版,第 1127 页。
③ 王守仁:《王文成公全书》,中华书局 2015 年版,第 1127—1128 页。

其私，无不明矣。"①

上述《五经忆说十三条》中的四条，只是阳明原作中谈《周易》体会的几个片段，可谓冰山一角，且原作不称《五经忆说》而名《五经臆说》。这从《王文成公全书》幸存的作于"戊辰"年的《五经臆说序》中可以得到证实。《序》云："龙场居南夷万山中，书卷不可携，日坐石穴，默记旧所读书而录之。意有所得，辄为之训释。期有七月而《五经》之旨遍，名之曰《臆说》。盖不必尽合于先贤，聊写其胸臆之见，而因以娱情养性焉耳。"末记："夫《说》凡四十六卷，经各十，而《礼》之说尚多缺，仅六卷云。"②该《序》还简要谈到对待经典的态度或治经之方法，云：

> 得鱼而忘筌，醪尽而糟粕弃之。鱼醪之未得，而曰是筌与糟粕也，鱼与醪终不可得矣。《五经》，圣人之学具焉。然自其已闻者而言之，其于道也，亦筌与糟粕耳。窃尝怪夫世之儒者求鱼于筌，而谓糟粕之为醪也。夫谓糟粕之为醪，犹近也，糟粕之中而醪存。求鱼于筌，则筌与鱼远矣。……则吾之为是，固又忘鱼而钓，寄兴于曲蘖，而非诚旨于味者矣。呜呼！观吾之说而不得其心，以为是亦筌与糟粕也，从而求鱼与醪焉，则失之矣。③

所谓筌鱼醪糟之喻，脱胎转语于王弼"忘象""忘言"贵在"得意"的易学方法论。象、辞与义理的关系，在哲学史上可以归结为言意之辨。在言意之辨的问题上，王弼主张"忘象""忘言"以"得意"。他认为名言概念（卦辞、爻辞及《十翼》传文）是表达思想（先哲圣人作卦立辞之意）的工具，但工具不是目的，"言"可在一定程度上达"意"而不能尽意，所以得意在"忘象"，得象在"忘言"。此处所谓"忘"，指不受卦象、卦辞、爻辞经验表象和语言符号的限制。王弼并不主张绝对废弃象、言，谓象、言乃得意之工具，而不是"意"本身。不

---

① 王守仁：《王文成公全书》，中华书局 2015 年版，第 1127 页。
② 王守仁：《王文成公全书》，中华书局 2015 年版，第 1004 页。
③ 王守仁：《王文成公全书》，中华书局 2015 年版，第 1003—1004 页。

可以工具为目的,若沾滞于象、言,则反失本意。如不沾滞于象、言,则象、言对于达意又有相当之价值。可以看出王阳明学贵简易自得的心学与王弼"贵无论"玄学在思维方式上的某些相同之处。不同的是,王弼以无为本、崇本息末的玄学本体论与王阳明致知格物、知行合一的良知本体论,在思想逻辑及价值取向上指向两种完全不同的人生路径,前者演绎了自然虚静的道家精神,后者前所未有地彰显了孔孟儒学的道德主体性。在王阳明看来,圣人之学,其精华在于明心尽性而体道,经典文献的语言文字是传道的工具或材料,而不是"道"之本真;读圣贤书,如不能明心见性以体道,只在解析经典章句语言文字上消磨光景,就如同把捕鱼的竹篓当作鱼,把酿酒的酒糟当作酒,这就永远得不到鱼,也永远不会知道美酒的滋味。继之,阳明说自己的《五经臆说》属于"忘鱼而钓",是"寄兴于曲蘖",借臆说经文来开悟本心之真性情,而不是真的把文字当作"道"。这就在境界上较之王弼更进一层、更胜一筹,不仅忘象忘言,而且鱼筌双遣,言意具忘。"忘"即不执着,不沾滞,不牵挂,既排遣了死板文字的限制,也打破了抽象义理的束缚,在心灵与无限真理的默契中获得生命的亲证。"臆说"之妙境在此!

三、即心即易即生命

据《年谱》,正德五年庚午,王阳明 39 岁,这一年他离开贵州,直到 57 岁去世,开始了后半生亦儒亦宦,亦文亦武,亦顺亦困,亦真亦幻,马上运筹帷幄,帐下洗心证道的传奇人生。王阳明这后半生的 18 年,又可分为前后两个阶段,第一阶段大体从正德五年十一月升南京刑部四川清吏司主事,到正德十四年宁王宸濠之乱前夕。这九年间,阳明活动于京师、越、赣之间,虽然也有军旅活动,但其生活相对平静。正德六年,40 岁,调吏部验封清吏司主事,是年与王舆庵、徐成之论晦庵、象山之学。针对当时学界是朱子而疑象山的风气,特别是对象山心学"易简"工夫的误解,阳明特以"易简之说出于《系辞》"为象山心学正名①。正德七年十二月升南京太仆寺少卿,便道归省,途中与徐爱论《大学》宗旨,强调"尧、舜、三王、孔、孟千圣立言,人各不同,其旨则一",徐爱颇为信服,"始信先生之学为孔门嫡传",言外之意,朱子学成为"傍溪小径",甚至"断港绝河"②。正德九年,43 岁,升南京鸿胪寺卿;正德十一年,45 岁,升都察院左佥都御史;正德十三年,47 岁,在江西大帽、桶冈等地剿抚流民动乱,六月升都察院右副都御史,七月刻古本《大学》及《朱子晚年定论》,"疑朱子《大学章句》非圣门本旨"③,且以改装朱子学的方式为自己的良知本体论助力。八月,门人薛侃刻《传习录》,表明王阳明心学及阳明学派的影响在日益扩大。

正德十四年,王阳明的人生发生又一次重大转折。《年谱》载,是年六月,"奉敕勘处福建叛军,十五日丙子,至丰城,闻宸濠反,遂返吉安,起义兵"④。"六月濠反,……七月阳明先生以兵讨贼。八月,俘濠。"⑤宁王之乱前夕,王阳明与宁王的关系若即若离,政治处境十分复杂,王阳明以超人的智慧和定力驾驭着变幻莫测的局面并一举平定叛乱,建立奇功。《年谱》载:"先生入城,日坐都察院,开中门,令可见前后。对士友论学不辍。报至,即登堂遣之。……后闻濠已擒,问故行赏讫,还坐,咸色喜惊问。先生曰:'适闻宁王已擒,想不伪,但伤死者众耳。'理前语如常。傍观者服其学。"⑥

正德十六年十二月,由于平乱有功,朝廷敕准兵部吏部封新建伯,制曰:"江西反贼剿平,地方安定,各该官员,功绩显著。……王守仁封新建伯,奉天翊卫推诚宣力守正文臣,特进光禄大夫柱国,还兼两京兵部尚书,照旧参

---

① 王守仁:《王文成公全书》,中华书局 2015 年版,第 1400 页。
② 王守仁:《王文成公全书》,中华书局 2015 年版,第 1404 页。
③ 王守仁:《王文成公全书》,中华书局 2015 年版,第 1427 页。
④ 王守仁:《王文成公全书》,中华书局 2015 年版,第 1431 页。
⑤ 王守仁:《王文成公全书》,中华书局 2015 年版,第 1453 页。
⑥ 王守仁:《王文成公全书》,中华书局 2015 年版,第 1441—1442 页。

赞机务,岁支禄米壹千石,三代并妻一体追封,给与诰券,子孙世世承袭。"①加封的爵位头衔足够尊荣,王阳明的内心却因此更加纠结,面对接踵而至的嫉妒、谗毁、中伤、构陷,这位能够轻松擒拿宸濠的儒将一筹莫展,除了一再上疏辞封谢恩外,只有诉诸"知行合一"的良知自信和心易贯通的"合内外之道"。这在宁王之乱次年与罗钦顺论学书中依稀可辨。王阳明说:"夫理无内外,性无内外,故学无内外。讲习讨论,未尝非内也;反观内省,未尝遗外也。夫谓学必资于外求,是以己性为有外也,是义外也,用智者也;谓反观内省为求之于内,是以己性为有内也,是有我也,自私者也。是皆不知性之无内外也。故曰:'精义入神,以致用也;利用安身,以崇德也。'性之德也,合内外之道也。此可以知格物之学矣。"②依照王阳明的理解,《大学》之"实下手处"在"格物",而"物"与"心"非二事,故其言:"格物者,格其心之物也,格其意之物也,格其知之物也;正心者,正其物之心也;诚意者,诚其物之意也;致知者,致其物之知也。此岂有内外彼此之分哉?"③王阳明以性无内外、心物一体、知行合一释《大学》宗旨,其理论根据源自崇德致用的大《易》之道。有了此种生命整体性的觉解,王阳明的良知自信更加坚定,《年谱》载,正德十六年"是年始揭致良知之教",坚信自己良知之学是"从百死千难中得来,不得已与人一口说尽"。人生就像行舟,良知犹如舵盘,"譬之操舟得舵,平澜浅濑,无不如意,虽遇颠风逆浪,舵柄在手,可免没溺之患矣"④。

嘉靖元年,新皇执政,51 岁的王阳明此时已是学问与事功皆可领袖群伦之名家。门人日众,德望益隆,直到嘉靖六年,56 岁再度出征广西,五年间主要生活在越乡,王阳明传道论学之外,偶有观游酬酢。在越乡山水间慢渡人生

---

① 王守仁:《王文成公全书》,中华书局 2015 年版,第 1460 页。
② 王守仁:《王文成公全书》,中华书局 2015 年版,第 1448—1449 页。
③ 王守仁:《王文成公全书》,中华书局 2015 年版,第 1449 页。
④ 王守仁:《王文成公全书》,中华书局 2015 年版,第 1455—1456 页。

晚年成为王阳明生活夕阳晚照的外景,内心深处依旧波涛澎湃,带着为往圣继绝学的道统使命,深情忧思着为天地立心的问题,这自然要触动《周易》。如嘉靖四年正月作《稽山书院尊经阁记》论"圣人扶人极"与心学的关系;九月《答顾东桥书》辟先儒"析心与理为二之非",强调良知与天理为一,并援引《系辞传》"穷理尽性"说解释《大学》格物、致知、诚意、正心四条目是一个整体。王阳明说:"夫穷理尽性,圣人之成训,见于《系辞》者也。苟格物之说而果即穷理之义,则圣人何不直曰'致知在穷理',而必为此转折不完之语,以启后世之弊也? 盖《大学》格物之说,自与《系辞》穷理大旨虽同,而微有分辨。"①嘉靖五年八月《答聂豹书》中谈"大人者,天地之心;天地万物,本吾一体者也",并用《遁》卦义勉励聂豹"君子不见是而无闷之心"②。同年十二月作《惜阴说》云:"天道之运,无一息之或停;吾心良知之运,亦无一息之或停。良知即天道,谓之'亦',则犹二之矣。知良知之运无一息之或停者,则知惜阴矣。"③

嘉靖六年五月受命征思、田。九月,临行前与钱德洪、王龙溪二位高足"天泉证道",所论"四句宗旨"既可说是阳明心学体系之定论,也可看作幽冥中预设之临终关怀。途径吉安,会士友于螺川驿,王阳明立谈不倦,留下最为惊世骇俗的话语是:"良知之妙,真是周流六虚,变通不居,若假以文过饰非,为害大矣。""工夫只是简易真切,愈真切,愈简易;愈简易,愈真切。"④此次出征,经过长途跋涉,劳心运筹,王阳明妥善化解了广西思恩、田州夷民部落间的矛盾,又顺道捣毁了盘踞八寨、断腾峡长期不服朝廷煽动边患的边匪窝巢,而死于途中。他一生念兹在兹的心易贯通、易知简能的"道"在其知行合一的生命实践中得以亲证。

---

①　王守仁:《王文成公全书》,中华书局 2015 年版,第 1475 页。
②　王守仁:《王文成公全书》,中华书局 2015 年版,第 1482 页。
③　王守仁:《王文成公全书》,中华书局 2015 年版,第 1485 页。
④　王守仁:《王文成公全书》,中华书局 2015 年版,第 1492 页。

四、"良知之妙"只是个周流六虚

黄宗羲论及王阳明学术进路时说:"先生之学,始泛滥于词章,继而遍读考亭之书,循序格物,顾物理吾心终判为二,无所得入。于是出入于佛老久之。及至居夷处困,动心忍性,因念圣人处此更有何道?忽悟格物致知之旨,圣人之道,吾性自足,不假外求。其学凡三变而始得其门。"①王阳明传奇性的一生始终与"道"和"心"的开显密不可分,晚年"天泉证道",把自己的心学体系与方法概括为"四句宗旨",即:"无善无恶是心之体,有善有恶是意之动,知善知恶是良知,为善去恶是格物。"②四句教言从本体处说"无",从发用处说"有",从明觉处说"知",从躬行处说"物"——从本体到工夫,呈现了良知本体论逻辑展开的四个理论向度,即良知的绝对性、经验性、明觉性、实践性。这四个逻辑向度无不贯穿着王阳明"心学"与"易学"相互融通"心易圆融"的精神特质。

先说良知的绝对性。王阳明良知论的逻辑前提是"天地生生之德",亦即宇宙生命本体(天地之心)的绝对统一性。这一出发点的理论锋芒直接指向朱熹心外言理,析"心"与"理"为二,析"道心"与"人心"为二的理论模式。朱熹在《中庸章句序》中释"人心惟危,道心惟微,惟精惟一,允执厥中"圣学十二字心传云:"心之虚灵知觉,一而已矣,而以为有人心道心之异者,则以其或生于形气之私,或原于性命之正,而所以为知觉者不同,是以或危殆而不安,或微妙而难见耳。……必使道心常为一身之主,而人心每听命焉,则危者安,微者著,而动静云为自无过不及之差矣。"③此种解释在朱子理学系统中并无隔膜,自可圆成其说。但从王阳明"心外无理"的心学立场看,却没有抓住问题的

---

① 黄宗羲:《明儒学案》,中华书局1985年版,第181页。
② 王守仁:《王文成公全书》,中华书局2015年版,第1489页。
③ 朱熹:《四书章句集注》,中华书局1983年版,第14页。

"主脑"或根本所在,亦即对生命实践的价值主体的绝对性没有给予足够的重视,流于支离烦琐,导致道德实践的意志乏力。《传习录》载,徐爱问:"道心常为一身之主,而人心每听命"这句话,以先生"精一"之训推之似有蔽。王阳明回答说:"心一也,未杂于人谓之道心,杂以人伪谓之人心。人心之得其正者即道心,道心之失其正者即人心:初非有二心也。程子谓人心即人欲,道心即天理。语若分析而意实得之。今曰道心为主,而人心听命,是二心也。天理人欲不并立,安有天理为主,人欲又从而听命也。"①王阳明强调说:"为学须有本原,须从本原上用力,渐渐盈科而进。"②此所谓"本原"或"为学头脑处",在于用心体会"性天合一"良知的绝对性。他说:"性一而已:自其形体也谓之天,主宰也谓之帝,流行也谓之命,赋于人也谓之性,主于身也谓之心。……看得一'性'字分明,即万理灿然。"③"圣人大中至正之道,彻上彻下,只是一贯。"④"良知之妙,真是个周流六虚,变通不居。"⑤此处"大中至正之道"超越地说即"太极",内在地说即"良知之妙"。

在王阳明看来,"良知"绝对性不是一种理论上的人为的设定,而是生命世界时空无限性、整体性的本然状态,其最直接的形上依据是《易传》天人合德的生命整体性世界观。《周易·乾·文言传》云:"大人者与天地合其德,与日月合其明,与四时合其序,与鬼神合其吉凶。先天而天弗违,后天而奉天时。"王阳明据此发挥说:"先天而天弗违,天即良知也;后天而奉天时,良知即天也。"⑥在王阳明看来,道无方体,不可执着。若识得时,无适而非道。然而作为生命世界无限性、整体性的"道",不可以外求,因为感官经验的有限性和主观意见的片面性永远难以与道体契合无间,只有诉诸于内心深处良知本体

①　王守仁:《王文成公全书》,中华书局 2015 年版,第 8—9 页。
②　王守仁:《王文成公全书》,中华书局 2015 年版,第 18 页。
③　王守仁:《王文成公全书》,中华书局 2015 年版,第 19—20 页。
④　王守仁:《王文成公全书》,中华书局 2015 年版,第 23 页。
⑤　王守仁:《王文成公全书》,中华书局 2015 年版,第 1492 页。
⑥　王守仁:《王文成公全书》,中华书局 2015 年版,第 137 页。

的生命直觉,故其言:"若解向里寻求,见得自己心体,即无时无处不是此道。亘古亘今,无终无始,更有甚同异? 心即道,道即天,知心则知道知天。"①这无疑是与孟子"尽心知性知天"的性天合一论一脉相承的,只是在心、性、天的关系上,心体的本原性更加凸显和圆明灵通。在"天泉证道"时,王阳明为启发钱德洪对本体的彻悟曾将"良知"提到宇宙"太虚"的高度,说:"本体只是太虚。太虚之中,日月星辰,风雨露雷,阴霾饐气,何物不有,而又何一物得为太虚之障? 人心本体亦复如是。"②良知本体的无限性赋予了生命世界"善"的至上性,亦即道德价值的自身圆满性。

良知的绝对性又关联着道德价值的内在自主性。《传习录》载,在回答门人问"戒惧"与"慎独"的关系时,王阳明说:"只是一个工夫,无事时固是独知,有事时亦是独知。人若不知于此独知之地用力,只在人所共知处用功,便是作伪,便是见君子而后厌然。此独知处便是诚的萌芽,此处不论善念恶念,更无虚假,一是百是,一错百错,正是王霸义利诚伪善恶界头。于此一立立定,便是端本澄源,便是立诚。古人许多诚身的工夫,精神命脉,全体只在此处。"③依照王阳明的理解,良知即"独知"而不是"共知"。所谓"独知",即朱熹《中庸章句》所说的"人所不知而己所独知"之时的心理和意识状态,此时一个人处在隐私之地,他所作所为的一切,除了天知地知外,只有自己知道,别人一无所知。此时能恪守内心深处的道德律令,倾听良心的声音,那就叫"慎独"或"诚"。如果不是这样,而是在"独知"之地无所不为或恣意妄为,却在"共知"之地,亦即大家都在场的公共空间掩盖自己的不良行为和心理状态,极力表现出道德行为和道德意识。此种撇开道德行为的个体性,而追求道德价值的"共知"性,就是标榜,就是欺伪。王阳明认为,能否"慎独"是区分君子小人是非善恶的分界线。良知的绝对性、至上性在其内在自主性之维表现得最为淋

---

① 王守仁:《王文成公全书》,中华书局 2015 年版,第 26 页。
② 王守仁:《王文成公全书》,中华书局 2015 年版,第 1489 页。
③ 王守仁:《王文成公全书》,中华书局 2015 年版,第 43 页。

漓尽致。

良知的绝对性又表现为天理的至上性。《传习录》载,门人萧惠问:"己私难克,奈何?"意思是说,自己也想做好人,只是放不下那个"躯壳的己"。王阳明指点说,人的现实存在离不开肉体,心之本体(天理)原本也不在肉体之外。道德修养之"克己"也不是不要自己的肉体,而是要牢牢守住心中的"天理",那才是真正的自己。他说:"心之本体,原只是个天理,原无非礼,这个便是汝之真己。这个真己是躯壳的主宰。若无真己,便无躯壳,真是有之即生,无之即死。汝若真为那个躯壳的己,必须用着这个真己,便须常常保守着这个真己的本体,戒慎不睹,恐惧不闻,惟恐亏损了他一些,才有一毫非礼萌动,便如刀割,如针刺,忍耐不过,必须去了刀,拔了针,这才是有为己之心,方能克己。"①孟子曾有"大人""小人"与"大体""小体"之辨,公都子问孟子:"均是人也,或为大人,或为小人,何也?"孟子回答说:"从其大体为大人,从其小体为小人。"又说:"先立乎其大者,则其小者弗能夺也。此为大人而已矣。"(《孟子·告子上》)所谓"大体",即王阳明所说的"心之本体"或"天理";所谓"小体",即耳、目、口、鼻、四肢的肉体躯壳。从孟子心性论到王阳明的良知本体论前后一脉相承,彰显了儒家道统的生命价值主体性原则。

良知本体的绝对性并不排斥良知活动的经验性。王阳明"四句教"的另一种表述,讲"良知"在经验活动中的具体呈现。他说:"身之主宰便是心,心之所发便是意,意之本体便是知,意之所在便是物。如意在于事亲,即事亲便是一物;意在于事君,即事君便是一物;意在于仁民爱物,即仁民爱物便是一物;意在于视听言动,即视听言动便是一物。"②所以说心外无物,《中庸》说"不诚无物"。"良知"不是悬空而立的虚寂之体,它需要在经验活动中具体呈现,就像《周易》的"一阴一阳"之"道"要在乾坤、八卦、六十四卦中呈现一样。《系辞上》云:"易无思也,无为也,寂然不动,感而遂通天下之故。非天下之至

①　王守仁:《王文成公全书》,中华书局 2015 年版,第 45 页。
②　王守仁:《王文成公全书》,中华书局 2015 年版,第 7 页。

神,其孰能与于此! 夫易,圣人之所以极深而研几也。唯深也,故能通天下之志;唯几也,故能成天下之务;唯神也,故不疾而速,不行而至。"传文本义虽然是在讲《易》道与占筮的关系,却成为王阳明以"心易"解释"良知"本体发用流行的理论依据。依照王阳明的理解,"寂然不动"言心之"体","感而遂通"言心之"用"。"心"本体无善无恶,发用流行于日常经验活动中的意念有善有恶,善恶之分只是理欲之辨,而无关于"心"之动静。心体未发时固然是善,此种先验的善体现了良知本体的绝对性;心体已发时念念存天理去人欲,同样是善,此种经验活动中的善体现了良知的现实性。关于"良知"与"闻见之知"的关系,王阳明这样概括说:"良知不由见闻而有,而见闻莫非良知之用,故良知不滞于见闻,而亦不离于见闻。"①又说:"若主意头脑专以致良知为事,则凡多闻多见莫非致良知之功。盖日用之间见闻酬酢,虽千头万绪,莫非良知之发用流行,除却见闻酬酢,亦无良知可致矣。故只是一事。"②良知在经验意识中的发用流行,一方面体现了良知的现实性品格;另一方面,又体现了良知对经验意识活动的主导性。王阳明举例说:"凡人言语正到快意时,便截然能忍默得;意气正到发扬时,便翕然能收敛得;愤怒嗜欲正到腾沸时,便廓然能消化得,此非天下之大勇者不能也。然见得良知亲切时,其工夫又自不难。"③对于经验意识活动来说,"良知"性智就像一个照妖镜,此处一惊醒,即如"白日一出,魍魉自消"。

良知需要在现实经验活动中随机呈现,否则良知就会间断,违背《易》道"生生不息之理"。《传习录》载,有人问儒家天地万物一体之"仁"与墨子"兼爱"有什么不同,何以"兼爱"不可以称作仁? 王阳明在回答这个问题时强调了良知之"仁"需要在现实生活中渐次展开或呈现。王阳明说:"仁是造化生生不息之理,虽弥漫周遍,无处不是,然其流行发生,亦只有个渐,所以生生不

---

① 王守仁:《王文成公全书》,中华书局 2015 年版,第 88 页。
② 王守仁:《王文成公全书》,中华书局 2015 年版,第 88—89 页。
③ 王守仁:《王文成公全书》,中华书局 2015 年版,第 265 页。

息。如冬至一阳生,必自一阳生,而后渐渐至于六阳,若无一阳之生,岂有六阳?阴亦然。惟其渐,所以便有个发端处;惟其有个发端处,所以生;惟其生,所以不息。"①相比之下,墨子撇开父子之亲、君臣之义等人伦物理的"发端处",劈头就讲个"无差等"的兼爱,这就像种子没有发芽就要它开花,没有开花就要它结果,这怎么可能生生不息呢?王阳明说儒家的仁爱是在现实中随机逐渐展开的,墨家的"兼爱"缺少渐次展开的过程性,不可能落到实处。同样道理,离开了现实的经验意念活动,良知就成为一种抽象的可能性,所以良知需要在现实经验活动中找到"发端处"。

王阳明又讲到如何在经验活动中澄明心体的问题。《传习录》载,一友人问,自己用功修养尽力使良知连续不断,可是遇到事情时此心在"一切应感处反觉照管不及",此时好像良知又间断了,这该怎么办?王阳明回答说,这是由于体认"良知未真",把良知与应对的事情看成两个东西"尚有内外之间",要从良知头脑处"朴实用功",而不是忙乱周旋应付。②问题是怎样做才算得"朴实用功"?王阳明在论及孟子之"不动心"与告子的区别时所说的一段话似乎有助于对此作出回应。王阳明说:"告子只在不动心上着功,孟子便直从心原不动处分晓。"③在王阳明看来,心之本体是超乎动静的,只因有了不正义的行为,心体才开始躁动,孟子不论心之动与不动,只是不断地"集义",一切依照良心本心去做,此心自然"纵横自在,活泼泼地",于是发用流行为"浩然之气"。告子却不是这样子,为要此心不动,于是用一个"不动心"的念头去控制那个躁动的心,王阳明称此种做法为"把捉此心"。其结果,不但不能不动心,反而阻挠了"心源"之显豁,抑制了即心之本体"生生不息之根"的发用流行,此心反而更乱了。所以,良知在经验活动中澄明的关键在于循理而动,而不是"用力把捉"控制经验意念活动不使发生。

① 王守仁:《王文成公全书》,中华书局 2015 年版,第 32 页。
② 参见王守仁:《王文成公全书》,中华书局 2015 年版,第 130 页。
③ 王守仁:《王文成公全书》,中华书局 2015 年版,第 132 页。

王阳明强调良知不可做口头禅,要从百死千难中亲证。《年谱》载,正德十六年辛巳,先生 50 岁,是年"始揭致良知之教"。这年正月,居南昌,此时经历了宁王宸濠之乱,"益信良知真足以忘患难,出死生"。一日,对陈九川喟然感慨说:"我此'良知'二字,实千古圣圣相传一点滴骨血也。"又说:"某于此良知之说,从百死千难中得来,不得已与人一口说尽,只恐学者得之容易,把作一种光景玩弄,不实落用功,负此知耳。"①所以,王阳明晚年尽管良知之教已臻化境,说有说无随处指点,无不具足,但面对弟子他一再强调要实实落落在"事上磨炼",践行下学上达功夫。王阳明晚年"天泉证道"时对钱德洪、王龙溪的当面指点谆谆教诲就是如此。王阳明虽然对钱德洪与王龙溪二人观点各有肯定,说"二君之见正好相取,不可相病",但对王龙溪"四无说"所可能引发的重本体而轻忽功夫的消极后果更为警觉。所谓"四无"即:"心体即是无善无恶,意亦是无善无恶,知亦是无善无恶,物亦是无善无恶。若说意有善有恶,毕竟心亦未是无善无恶。"从形式逻辑来推理,虽然"四无"说也说得通,但显然与王阳明从本体上说"无"(无善无恶心之体),从经验上说"有"(有善有恶意之动),从心之明觉处省察,从意念发动处格物的"四句宗旨"不相契合。王阳明语重心长地嘱咐说:"人心自有知识以来,已为习俗所染,今不教他在良知上实用为善去恶功夫,只去悬空想个本体,一切事为,俱不着实。此病痛不是小小,不可不早说破。"②王阳明意在强调"良知"在事上磨炼的重要性。

五、良知"灵根"是生命指南

再说良知本体的明觉性。王阳明说:"知是心之本体,心自然会知:见父自然知孝,见兄自然知弟(悌),见孺子入井自然知恻隐,此便是良知,不假外

---

① 王守仁:《王文成公全书》,中华书局 2015 年版,第 1456 页。
② 王守仁:《王文成公全书》,中华书局 2015 年版,第 1490 页。

求。若良知之发更无私意障碍，即所谓'充其恻隐之心，而仁不可胜用矣'。"①《传习录》载，有人问："圣人应变不穷，莫亦是预先讲求否？"王阳明回答说："圣人之心如明镜，只是一个明，则随感而应，无物不照；未有已往之形尚在，未照之形先具者。若后世所讲，却是如此，是以与圣人之学大背。"②在王阳明看来，圣人心如明镜，随感而应；良知寂然起照，无微不察。就像周公制礼作乐化成天下，何以不是尧舜提前制礼作乐，而要等到周公来完成；孔子删述《六经》以诏万世，周公何不先为之而有待于孔子来完成？可知圣人的使命都是根据当时当地的具体情境而"为其所能为"，用不着事先私心计虑构画安排。王阳明说："是知圣人遇此时，方有此事。只怕镜不明，不怕物来不能照。"③"良知"犹如明镜，物来而顺应，廓然而大公，它是即知是，非即知非，用不着事先安排。此处所谓"镜不明"，是指"良知"被私欲所遮蔽，已不是良知之本然状态。为学之要，关键在于保此良知本体之明觉性，而不必担心事来而不能应。那种预设"成心"的功利性行为，会遮蔽良知本体的先验明觉性，遇事反而做不出正确的价值判断，故其言："良知即是天植灵根，自生生不息，但着了私累，把此灵根戕贼蔽塞，不得发生耳。"④所以"良知"即是《大易》相传的圣人"洗心"之学。

　　良知的明觉性突出表现在"良知"是天地万物意义生成的根据。朱本思问："人有虚灵，方有良知。若草木瓦石之类，亦有良知否？"阳明先生回答说："人的良知就是草木瓦石的良知。若草木瓦石无人的良知不可以为草木瓦石矣。岂惟草木瓦石为然，天地无人的良知，亦不可以为天地矣。盖天地万物与人原是一体，其发窍之最精处，是人心一点灵明。"⑤朱本思的意思是说，人有

① 王守仁：《王文成公全书》，中华书局 2015 年版，第 8 页。
② 王守仁：《王文成公全书》，中华书局 2015 年版，第 15 页。
③ 王守仁：《王文成公全书》，中华书局 2015 年版，第 15 页。
④ 王守仁：《王文成公全书》，中华书局 2015 年版，第 125—126 页。
⑤ 王守仁：《王文成公全书》，中华书局 2015 年版，第 133 页。

虚灵之心,所以有良知;草木瓦石没有精神,所以不应说有良知。王阳明的回答有两点值得注意:一是人与天地万物是同一个生命本源,所以人的良知就是天地万物的良知;二是人的精神是宇宙精神(天地之心)最灵敏的发端处,说人的良知是天地万物的良知,并不是说天地万物的实体与过程是人心所创造或人心所安排,而是说天地万物的"存在意义"须要由人的良知来认知和评价。所以人心虽然不是天地万物赖以创生之实体,却是天地万物"意义生成"之根据。天没有人的灵明则无以仰其高,地没有人的灵明则无以俯其深,日月没有人的灵明则无以感其明,四时没有人的灵明则无以察其序,鬼神没有人的灵明谁去辨它吉凶灾祥? 所以王阳明的良知本体论,既不同于老子"天地万物生于有,有生于无"(《老子》第四十章)"道生一,一生二,二生三,三生万物"(《老子》第四十二章)的宇宙创生论,也有别于佛家"以心法起灭天地"(王夫之语)的宗教唯心论,而是一种认识论意义上的"意义创生论"。同样,"南镇观花"那段长期被作为主观唯心主义证据的经典语录也应当作如是观。《传习录》载:先生游南镇,一友指岩中花树问曰:"天下无心外之物,如此花树,在深山中自开自落,于吾心亦何相关?"先生曰:"你未看此花时,此花与汝心同归于寂;你来看此花时,则此花颜色一时明白起来,便知此花不在你的心外。"[①]这里,王阳明不是说岩中花树之实体是"吾心"创生的,而是说山中花木之美或花木存在的意义是由"吾心"来欣赏和评价的。世界的意义因"吾心"的对象化审视而明白呈现出来,此即"意义创生"。

王阳明讲良知之明觉性与禅宗之不同。阳明心学常被后儒讥为近禅,其实那是一种误解。王阳明与禅宗虽然都讲心体之明觉,但两者最根本之不同在于,王阳明强调良知是一种理性的情感和明觉的意志,而不是简单诉诸于非理性的直觉。这突出表现在"良知"与"天理"的关系上。王阳明强调说:"盖良知只是一个天理自然明觉发见处,只是一个真诚恻怛,便是他本体。故致此

---

① 王守仁:《王文成公全书》,中华书局 2015 年版,第 133 页。

良知之真诚恻怛以事亲,便是孝;致此良知之真诚恻怛以从兄,便是弟;致此良知之真诚恻怛以事君,便是忠。只是一个良知,一个真诚恻怛。"①黄宗羲论儒释之分时,曾指出王阳明心学与禅学根本立脚点不同,认为世儒讥阳明学近禅属于天大的误解。黄宗羲说:"释氏于天地万物之理,一切置之度外,更不复讲,而止守此明觉;世儒则不恃此明觉,而求理于天地万物之间,所为绝异。然其归理于天地万物,归明觉于吾心,则一也。向外寻理,终是无源之水,无根之木,总使合得,本体上已费转手,故沿门乞火与合眼见暗,相去不远。先生点出心之所以为心,不在明觉而在天理,金镜已坠而复收,遂使儒释疆界渺若山河,此有目者所共睹也。"②

王阳明良知明觉性不仅不同于禅学,而且也是对陆象山心学的超越。《传习录》载,门人陈九川问:"陆子静之学如何?"王阳明回答说:"濂溪、明道之后,还是象山。只是粗些。"陈九川不解地说:"看他论学,篇篇说出骨髓,句句似针膏肓,却不见他粗。"③此处所谓"论学",显然是指陆象山与朱子鹅湖之会上关于为学之方的辩论及朱陆无极太极之争。王阳明解释说,陆象山的确在发明心体上下过功夫,非揣摹依仿的学问所可比,但仔细看还是"有粗处"。然而象山之学究竟"粗"在何处,王阳明启发陈九川说"用功久当见之"④,并没有直接点破。如果认真体会王阳明良知本体论的内在理路和精神实质,并依之衡断考量象山心学之细微处,王阳明所说象山之学的"粗处"并不难理解。一是陆象山"心即理"之心学本体论还不够彻底,心外还保留着"理"的影子;二是象山之学"心"与"理"之间缺乏某种张力,或者说,陆象山"心即理"的命题中"理"的逻辑向度缺少展开,因此其所伸张的能够吞吐宇宙的"心"不免带有非理性或唯意志论的特点。王阳明的良知本体论则极力矫

---

① 王守仁:《王文成公全书》,中华书局 2015 年版,第 104—105 页。
② 黄宗羲:《明儒学案》,中华书局 1985 年版,第 182 页。
③ 王守仁:《王文成公全书》,中华书局 2015 年版,第 115 页。
④ 王守仁:《王文成公全书》,中华书局 2015 年版,第 115 页。

正并弥补了象山心学的此种不足,因此,其心学体系无论形式还是内容都更加圆融和大成。

良知不可欺瞒,是生命的指南。还是那位陈九川向阳明先生汇报学养进境说,自己在为学功夫上稍知头脑,只是对"良知"本体的体会还不够真切,难以"寻个稳当快乐处"。王阳明点拨陈九川说,良知与天理浑然一体,原本不分内外,也没有上下,你如今"从心上寻个天理",心中还有个"理障"没有克服,心与理之间还存在鸿沟,所以对良知的体认就难以亲切。于是单刀直入地说:"尔那一点良知,是尔自家底准则。尔意念着处,他是便知是,非便知非,更瞒他一些不得。尔只不要欺他,实实落落依着他做去,善便存,恶便去。他这里何等稳当快乐。此便是格物的真诀,致知的实功。"①在王阳明看来,良知即天理,它是生命的"真机",服从天理不是接受一个外在的限制,而是自己生命本体的自然呈现,如此为学,如此安顿自己的身心,这是何等稳健快乐的事情啊。这里把"为学"看作寻求"稳当快乐"的活动,可知良知之学即生命理性的关切。王阳明将良知的明觉性喻为克治邪知妄念、驱散忧郁烦恼的"灵丹妙药",他说:"人若知这良知诀窍,随他多少邪思枉念,这里一觉,都自消融。真个是灵丹一粒,点铁成金。"②又说:"良知是造化的精灵。这些精灵,生天生地,成鬼成帝,皆从此出,真是与物无对。人若复得他完完全全,无少亏欠,自不觉手舞足蹈,不知天地间更有何乐可代。"③诚如《易》所云圣人"穷理尽性以至命"(《说卦传》),乐天知命故不忧。

良知的明觉性内在地蕴含着实践性。王阳明对良知实践性最警醒恺切的表达是"知而不行,只是未知"一语,即知即行,知行合一。《传习录》载,徐爱未领会先生"知行合一"之训,与宗贤、惟贤往复辩论,未能决疑。于是向阳明先生请教。徐爱问,有些人明明知道对父应该孝,对兄应该悌,可是却不能孝,

---

① 王守仁:《王文成公全书》,中华书局 2015 年版,第 115 页。
② 王守仁:《王文成公全书》,中华书局 2015 年版,第 116 页。
③ 王守仁:《王文成公全书》,中华书局 2015 年版,第 129 页。

不能悌,这表明知和行"分明是两件"事,怎么能说是知行合一呢? 王阳明回答说:"此已被私欲隔断,不是知行的本体了。未有知而不能行者。知而不行,只是未知。"①在阳明看来,"良知"之所以"良",就在于它鞭辟有理,不会自己欺骗自己,就像《大学》所说的"如好好色,如恶恶臭"。王阳明发挥说:"见好色属知,好好色属行。只见那好色时已自好了,不是见了后又立个心去好。闻恶臭属知,恶恶臭属行。只闻那恶臭时已自恶了,不是闻了后别立个心去恶。"②王阳明指点说,圣贤教人真知真行"正是要复那本体"。此所谓"本体",即"良知"即知即行、知行合一的本然状态。关于知行的内在统一性,王阳明说:"知是行的主意,行是知的功夫。……若会得时,只说一个知,已自有行在;只说一个行,已自有知在。古人所以既说一个知,又说一个行者,只为世间有一种人,懵懵懂懂的,任意去做,全不解思惟省察,也只是个冥行妄作,所以必说个知,方才行得是;又有一种人,茫茫荡荡,悬空去思索,全不肯着实躬行,也只是个揣摸影响,所以必说一个行,方才知的真。此是古人不得已补偏救弊的说话,若见得这个意时,即一言而足。"③王阳明郑重地对徐爱说,如今把知与行分作两事看不是"小病痛"。从表面看,说先去做"知"的功夫,等知得真了再去做"行"的功夫,好像没有什么不对,殊不知这种似是而非的说法会导致"终身不行"且"终身不知"的严重恶果。王阳明点破说,某今说个知行合一正是因病发药的良方。

《六经》宗旨在"正人心"而不在虚文。王阳明说:"天下之大乱,由虚文胜而实行衰也。使道明于天下,则《六经》不必述。删述《六经》,孔子不得已也。……《书》自《典》《谟》以后,《诗》自《二南》以降,如《九丘》《八索》,一切淫哇逸荡之词,盖不知其几千百篇;《礼》《乐》之名物度数,至是亦不可胜穷。

---

① 王守仁:《王文成公全书》,中华书局 2015 年版,第 4 页。
② 王守仁:《王文成公全书》,中华书局 2015 年版,第 4—5 页。
③ 王守仁:《王文成公全书》,中华书局 2015 年版,第 5 页。

孔子皆删削而述正之,然后其说始废。"①又说:"孔子述《六经》,惧繁文之乱天下,惟简之而不得,使天下务去其文以求其实,非以文教之也。"②王阳明认为"圣人述《六经》只是要正人心",正人心之道在于"存天理,去人欲"而已。凡事关正人心、存天理、去人欲的事,孔子不能不讲,但孔子也多是因人请问而"各随其分量而说",是因材施教,对病发药,而不是喜欢徒辩口说。《论语》载,孔子说"予欲无言",正是担心门人弟子专求之言语。良知实践性的根本要求是"知行合一",故其言:"知是行之始,行是知之成。圣学只一个功夫,知行不可分作两事。"③要落实良知的实践性,关键在于"思诚",王阳明形象地比喻说,就像猫抓老鼠,一眼看着,一耳听着,全神贯注,"才有一念萌动,即与克去,斩钉截铁,不可姑容,与他方便,不可窝藏,不可放他出路"④。如此用功,久之自然天理明。

由于强调知行合一和良知的实践性,王阳明对知行脱节的"口耳之学"常加以批评点拨。他说:"今为吾所谓格物之学者,尚多流于口耳。况为口耳之学者,能反于此乎? 天理人欲,其精微必时时用力省察克治,方日渐有见。如今一说话之间,虽只讲天理,不知心中倏忽之间,已有多少私欲。盖有窃发而不知者,虽用力察之,尚不易见,况徒口讲而可得而尽知乎? 今只管讲天理来顿放着不循,讲人欲来顿放着不去,岂格物致知之学? 其极至,只做得个义袭而取的工夫。"⑤孟子在讲述如何涵养"浩然之气"时曾有"集义"与"义袭"之辨,孟子说:"其为气也,至大至刚,以直养而无害,则塞于天地之间。其为气也,配义与道;无是,馁也。是集义所生者,非义袭而取之。"(《孟子·公孙丑上》)"集义",指按照良心本心一点一滴地去躬行实践,久之就会养成浩然正

---

①　王守仁:《王文成公全书》,中华书局 2015 年版,第 9—10 页。
②　王守仁:《王文成公全书》,中华书局 2015 年版,第 10 页。
③　王守仁:《王文成公全书》,中华书局 2015 年版,第 17 页。
④　王守仁:《王文成公全书》,中华书局 2015 年版,第 20 页。
⑤　王守仁:《王文成公全书》,中华书局 2015 年版,第 31 页。

气;"义袭",指带着私心杂念偶一袭取道德价值,这样是不会培养出浩然正气的,相反它只会给人泄气,所以孟子说"无是,馁也"。王阳明与孟子同一用心,如果不能恪守良知"知行合一"的实践性,道德实践就难以摆脱世俗功利性的缠绕,从而沦于虚伪乏力。所以王阳明说:"工夫只是简易真切,愈真切,愈简易;愈简易,愈真切。"①作为生命实践动力和源泉的真理,不是繁琐的知识,也不是动听的口号,而是发自内心深处的那一点"简易真切"的"良知"。"至诚恻怛"的生命本体,内在地说为"性"为"心",超越地说即"道"或"易"。

六、《易》"志吾心之阴阳也"

王阳明心学带有泛易学的精神特质。从王阳明寻道、悟道、传道、证道的特殊经历与其"占《易》""玩《易》"的关系不难看出,其良知本体论即可以说是援"易"入"心",也可以说是以"心"释"易"。心易圆融构成他学术和生命实践的精神气质。王阳明在《传习录》中回答陆原静"良知"本体未发已发与动静的关系时说:"夫良知一也,以其妙用而言谓之神,以其流行而言谓之气,以其凝聚而言谓之精,安可以形象方所求哉?真阴之精,即真阳之气之母;真阳之气,即真阴之精之父。阴根阳,阳根阴,亦非有二也。"②又说:

> 太极生生之理,妙用无息,而常体不易。太极之生生,即阴阳之生生。就其生生之中,指其妙用无息者而谓之动,谓之阳之生,非谓动而后生阳也。就其生生之中,指其常体不易者谓之静,谓之阴之生,非谓静而后生阴也。若果静而后生阴,动而后生阳,则是阴阳动静截然各自为一物矣。阴阳一气也,一气屈伸而为阴阳;动静一理也,一理隐显而为动静。春夏可以为阳为动,而未尝无阴与静也;秋冬可以为阴为静,而未尝无阳与动也。春夏此不息,秋冬此不息,皆

---

① 王守仁:《王文成公全书》,中华书局 2015 年版,第 1492 页。
② 王守仁:《王文成公全书》,中华书局 2015 年版,第 77 页。

可谓之阳、谓之动也;春夏此常体,秋冬此常体,皆可谓之阴、谓之静
也。自元会运世岁月日时,以至刻秒忽微,莫不皆然,所谓动静无端,
阴阳无始,在知道者默而识之,非可以言语穷也。①

据此而论,"有事无事,可以言动静,而良知无分于有事无事也。寂然感
通,可以言动静,而良知无分于寂然感通也。动静者所遇之时,心之本体固无
分于动静也。"②在王阳明心学体系中,从宇宙天道说生命本体叫"太极",从
宇宙生命本体的灵明发端处说,只是人心中那一点"良知"。太极无分于动
静,则自然不可以机械刻板地将"良知"区分为"未发"和"已发"两截身段,这
样就不是"动静无端"。所以,"良知"无分于动静寂感,不可在形迹上比拟把
捉。在《稽山书院尊经阁记》中又说:"经,常道也。其在于天谓之命,其赋于
人谓之性,其主于身谓之心。心也,性也,命也,一也。通人物,达四海,塞天
地,亘古今,无有乎弗具,无有乎弗同,无有乎或变者也。……《易》也者,志吾
心之阴阳消息也。……求之吾心之阴阳消息而时行焉,所以尊《易》也。"③在
王阳明看来,"良知"是生命世界的根源和宇宙万物存在的本体,从其根本绝
对处说叫作"天",从其发用流行处说叫作"气",从其神妙莫测处说叫作
"神",从其条理秩序处说叫作"理",从其主宰明觉处说叫作"心",综合起来
叫作"易"或"太极",其《咏良知四首示诸生》云:"人人自有定盘针,万化根源
总在心。却笑从前颠倒见,枝枝叶叶外头寻。""无声无臭独知时,此是乾坤万
有基。抛却自家无尽藏,沿门持钵效贫儿。"④王阳明认为,良知即是易,其为
道也屡迁,变动不居,周流六虚,上下无常,刚柔相易,不可为典要,惟变所适。
在这个根本问题上见得透时便是圣人。总之,"良知是造化的精灵。这些精
灵,生天生地,成鬼成帝,皆从此出,真是与物无对。"⑤在王阳明的语境中,良

---

① 王守仁:《王文成公全书》,中华书局 2015 年版,第 79—80 页。
② 王守仁:《王文成公全书》,中华书局 2015 年版,第 79 页。
③ 王守仁:《王文成公全书》,中华书局 2015 年版,第 308—309 页。
④ 王守仁:《王文成公全书》,中华书局 2015 年版,第 938 页。
⑤ 王守仁:《王文成公全书》,中华书局 2015 年版,第 129 页。

知即天理,天理即良知;天地之心即良知,良知即天地之心。王阳明虽然没有直白地说良知即太极,但他说《周易》表达的是"吾心之阴阳消息",良知是"万化根源",是"乾坤万有基",是"造化的精灵",是"天植灵根"等,从这些语境来推断,可以断定这与说"良知即太极,太极即良知"是一个意思。王阳明的弟子王畿则直接表达了这个意思,他在《太极亭记》中说:"夫千古圣人之学,心学也。太极者,心之极也。有无相生,动静相承。自无极而太极,而阴阳五行,而万物,自无而向于有,所谓顺也。由万物而五行阴阳,而太极,而无极,自有而归于无,所谓逆也。一顺一逆,造化生成之机也。"①真乃是利根人一语道破天机!

七、太极"藏密"于人极

王阳明以"心"释"易"的"洗心"之学,在明末刘宗周的心易体系及"证人之学"中得到了独到的发挥。刘宗周,字起东,号念台,浙江山阴人。因讲学于山阴县城北的蕺山证人书院,学者尊其为蕺山先生。王阳明心易合一的逻辑进路是以"良知"释"太极",其精神指向为由"隐"至"显",亦即无声无臭的"太极"显发为人的生命实践中"良知"之灵明。与此不同,刘宗周心易合一的逻辑进路则是援"太极"入"人极",其精神指向为归"显"于"密",亦即寂然至善的"太极"收摄凝敛为"意根"之性体。王阳明的良知本体是活泼灵动的,刘宗周的心易则是"从严毅清苦中发为光风霁月"(黄宗羲语)。前者表现为生命之真诚恻怛,后者表现为生命的肃穆刚毅。刘宗周一生以矫正王门后学之失为其哲学的精神指向,故其学以"证人"(立人极)为宗旨。所谓"证人",就是在道德实践中证明"人心之本善",凸显人之所以为人的"性体"。刘宗周认为"性体"即人即天,即主宰即流行,是主体意志与超验之理的合一。从超验

---

① 王畿:《太极亭记》,《王畿集》卷十七,凤凰出版社2007年版,第481页。

绝对性说叫作"天"或"太极",从内在主宰性上说叫作"心"或"人极"。他说:"一心也,而在天谓之诚,人之本也;在人谓之明,天之本也。故人本天,天亦本人。"①这种天人合一之"性体"绝对永恒,独一无二,刘宗周谓之"独体"或太极。他说:"独便是太极,喜怒哀乐便是太极之阳动阴静。"②为说明"性体"是天地万物的本体,他在《读易图说》中仿照周敦颐的《太极图》和《太极图说》作《人极图》和《人极图说》,其《读易图说·自序》云:

> 盈天地间,皆易也;盈天地间之易,皆人也。人外无易,故人外无极。人极立,而天之所以为天,此易此极也;地之所以为地,此易此极也。故曰:"六爻之动,三极之道也。"又曰:"易有太极。"三极一极也,人之所以为人,心之所以为心也。惟人心之妙,无所不至,而不可以图像求,故圣学之妙,亦无所不至,而不可以思议入。学者苟能读《易》而见吾心焉,盈天地间皆心也。任取一法以求之,安往而非学乎!③

《读易图说》前录《河图》《洛书》,以明天地万物之本源及《易》道之渊源。刘宗周将前此方形《河图》拟订为黑白相间的圆图,解释说:"河图,象天者也。天道圆,故图亦体圆,以象天之圆,则以中数之五十知之也。五居中而十环于外,则十必合为一体。使仍一上一下,而分之为二,又安见其为十乎?今故规之而从圆。中圆而外亦圆可知,以见其为天圆之象。盖图之中数,以五统十,妙阴阳以合德,即太极之象。由是一阴一阳,以次规圆于外,而两仪、四象、八卦皆备矣。故圣人因之以作《易》,亦所以训天道也。"④《洛书》仍旧拟取方形,以示"天圆地方"之义,故其言:"洛书,象地者也。地道方,故书亦体方,以象地之方,则四维之周方知之也。"⑤天圆地方,天地阴阳的宇宙生命本源(太

---

① 刘宗周:《学言中》,《刘宗周全集》第三册,浙江古籍出版社 2012 年版,第 368 页。
② 刘宗周:《遗编学言》,《刘宗周全集》第三册,浙江古籍出版社 2012 年版,第 432 页。
③ 刘宗周:《读易图说》,《刘宗周全集》第三册,浙江古籍出版社 2012 年版,第 109 页。
④ 刘宗周:《读易图说》,《刘宗周全集》第三册,浙江古籍出版社 2012 年版,第 111 页。
⑤ 刘宗周:《读易图说》,《刘宗周全集》第三册,浙江古籍出版社 2012 年版,第 113 页。

极)已明,接下来便是援易入心以"立人极"的原理。

《河图》《洛书》之下附心易"人极"诸图,以对应太极、阴阳、四时的宇宙时空秩序。"图一",圆圈中心有一黑点,为"人心妙有之象",对应"无极而太极"或"易有太极"。"图二",浑然一气之中阴阳盘旋,周流不息,为"人心全体太极之象",对应《河图》。"图三",阴阳屈伸往来,阳生于子,在纯阴之中;阴生于午,在纯阳之中,为"人心中以阳统阴之象",对应《洛书》。"图四",一圆等分为三,各有阴阳二爻画,为"人心中参天两地之象",明"以心参天,心即天;以心两地,心即地"。"图五"为"人心先天之象",象征天道,心为"天枢"北极。"图六"为"人心后天之象",象征地道,以心之"七情"应日月五行"七政"。"图七",外圆内方,中有一小空心圆点,为"人心中天圆合地方之象","圆"象征心体"运而无迹","方"象征心体"处而有常"。"图八"为"人心四气之象",以人心之"喜怒哀乐"四情、"仁义礼智"四德对应"春夏秋冬"四时、"东西南北"四方。"图九",一圆等分为十二,为"人心具有十二辰之象"。"图十",一圆内涵七层环套方格,中心为圆点,为"人心六合一体之象"。"图十一",一圆内涵九层密匝的环线,为"人心万古无穷之象"。"图十二",一圆内涵黑白相间斑点,为"人心六十四卦、三百八十四爻之象",象征"造化之理,新新故故,相推而不穷"。① "十二图说"后录《易衍》四十二章,其第三章云:"曷为天下《易》? 曰'心'。心,生而已矣。心生而为阳,生生为阴,生生不已,为四端,为万善。始于几微,究于广大。出入无垠,超然独存,不与众缘伍,为凡圣统宗。以建天地,天地是仪;以类万物,万物是宥。其斯以为天下极。"② 刘宗周说:"圣人善学天地,而《易》其阶也。盈天地之间,无非易也。圣人,人此易者也。人此易,心此易也。心之所在,即性之所成,而圣人第以存存而不

---

① 刘宗周:《读易图说》,《刘宗周全集》第三册,浙江古籍出版社 2012 年版,第 114—120 页。

② 刘宗周:《读易图说》,《刘宗周全集》第三册,浙江古籍出版社 2012 年版,第 122 页。

已者,浚心易之源,则道义皆从此出。"①刘宗周援"太极"入"人极"的"证人之境",在义理上展开为立极、显极、证极、复极四个层面。

其一,理气生生以立极。"极"是绝对至善之本体,在天为理气生生之道,在人为一团生意之仁。为了给人道立极,刘宗周从伦理学上求至宇宙论,从一元生生之气和生生之理的统一性上寻找人道之终极价值依托,借性天之尊这一不证自明的人学公理作为说明心性问题的逻辑前提。其实,在刘宗周证人之学的逻辑体系中,理气论与心性论上勾下连在一起,援理气以入心性,是为了借理气的形上超越性格将心性本体化。这样,理气内在于心性,则天道之普遍必然性内化为人道之当然之则,亦即先验至善的道德理性。与此同时,心性凭借理气之牵引而上升于本体之位。刘宗周云:"一元生生之理,亘万古而尝存,先天地而无始,后天地而无终。浑沌者,元之复;开辟者,元之通。推之至于一荣一瘁,一往一来,一昼一夜,一呼一吸,莫非此理。天得之以为命,人得之以为性。"②又说:"天枢万古不动,而一气运旋,时通时复,皆从此出。主静立极之学本此。"③由于理气论与心性论相互圆融,所以刘宗周既可以说盈天地间为一气,亦可以说盈天地间为一心;既可说盈天地间为一理,亦可以说盈天地间为一性。其实,刘宗周说理、说气、说心、说性,都是在讲人之为人的问题。至于宇宙之生成的始基和万物之本体是理是气,抑或是心是性,对刘宗周来说并不重要。明乎此,方知理气论在刘宗周之学中从属于心性论。

其二,以心著性以显极。心与性,在刘宗周用语中是两个既有联系又有所区别的概念。依刘宗周,"性"属于形而上,"心"属于形而下。故其言:"夫性,本天者也;心,本人者也。天非人不尽,性非天不体也。"④性与天道相类属,指普遍必然的客观的理性法则;心则与人相连属,指人的能感能应的主体精神。

---

① 刘宗周:《周易古文钞》,《刘宗周全集》第一册,浙江古籍出版社 2012 年版,第 212 页。
② 刘宗周:《学言上》,《刘宗周全集》第三册,浙江古籍出版社 2012 年版,第 337 页。
③ 刘宗周:《学言上》,《刘宗周全集》第三册,浙江古籍出版社 2012 年版,第 340 页。
④ 刘宗周:《易衍》,《刘宗周全集》第三册,浙江古籍出版社 2012 年版,第 123 页。

性与理在内涵上是同一的,是先验的价值理性;心与气在内涵上是同一的,是后天的经验意识活动的主体。合而言之,"性非心不体",客观必然的理性法则离开人的主体精神就无法具体呈现于现实生活中,先验价值理性离开人的经验意识活动就不能外化为人的道德行为。故其言:"外心言性,非徒病在性,并病在心。心与性两病,而吾道始为天下裂。"①何以外心言性便会心性两病呢?因为性即心之性,是心之所以为心的内在本质,离开了这一内在本质,心便成为一团血肉,其能动的经验意识活动便属于动物式的本能反应,而不具有属人的道德意义。故其言:"夫性,因心而名者也。盈天地间一性也,而在人则专以心言。性者,心之性也;心之所同然者,理也。"②性为人心之所同然者,即人之为人的类本质,这种同然之性即道德理性。因此,性随心而显,心得性而定。言心不言性,则心沦为狂荡(妄),言性而不言心,则性归于偏枯(寂),即心即性,心性互证,则动静无端、显微无间的德性本体方能圆满呈现。

其三,即体即用以证极。体用一如是刘宗周证人之学的基本原则。体即德性本体,既指心体,亦指性体,合而言之,谓之独体。刘宗周说:"独是虚位,从性体看来,则曰莫见莫显,是思虑未起,鬼神莫知时也。从心体看来,则曰十目十手,是思虑既起,吾心独知时也。然性体即在心体中看出。"③心性合一之独体,即被价值化了的道德理性本体。用即工夫,它指通过一定的道德修养上达德性本体的途径。依刘宗周,本体离开工夫便无法落在实地,如此言本体便是悬空期个"悟",终属在想象中玩弄光景;工夫如离开本体,用功之地便无"主脑",如此用功则终属在念起念灭处用力把捉,如何能不沦为支离盲修。只有以本体提领工夫,以工夫实证本体,才是入道旨诀。故其言:"学者只有工夫可说,其本体处直是著不得一语,才著一语便是工夫边事,然言工夫而本

① 刘宗周:《原性》,《刘宗周全集》第三册,浙江古籍出版社2012年版,第253页。
② 刘宗周:《原性》,《刘宗周全集》第三册,浙江古籍出版社2012年版,第252页。
③ 刘宗周:《学言上》,《刘宗周全集》第三册,浙江古籍出版社2012年版,第343页。

体在其中矣。大抵学者肯用工夫处，即是本体流露处；其善用工夫处，即是本体正当处。"①刘宗周常说，工夫皆在主意中，即须认定本体下工夫。工夫愈精微，则本体愈昭荧，皆是强调本体与工夫的内在统一性。离开本体言工夫则支离，偏开工夫言本体则玄虚。即本体即工夫，即知即行，才是明体致用慎独诚意的证人之学。在刘宗周本体与工夫范畴中，慎是工夫，独是本体，合之即慎独；诚是工夫，意是本体，合之即诚意；致是工夫，知是本体，合之为致知；格是工夫，物是本体，合之为格物。总之，《大学》所讲的格、致、诚、正、修是工夫，身、心、意、知、物是本体。所有体皆可归本于一体即"独体"，所有工夫皆可归结为一个工夫即"慎独"。慎为证修之实功，独为天人之真体，慎其独，即是通天证人之境，简称证人之境。

其四，化念归心以复极。刘宗周心性论中一个独创性的思想便是严判意念之辨。他一再声明，"心之主宰"曰"意"。正是这种主宰，使人心具有了道德指向性。"念"属于主体之心呈现于经验层面"已发"的现实意识活动，它随外物的感发而起灭无常。如不能保持意对念的范导制约，则人心便会被物异化，丧失其知善知恶、好善恶恶的价值主体性。他说："人心无思而无乎不思，绝无所为思虑未起之时。惟物感相乘，而心为之动，则思为物化，一点精明之气不能自主，遂为憧憧往来之思矣，如官犯赃，乃溺职也。"②所以，今心为念，念为"心祟"。要使心体复明，还其价值理性之本位，就必须化念归思，故云："慎思者，化念归思。"③思是心之功能，故云心之官则思。所谓"化念归思"就是当欲念初萌时，让心体之价值范导作用呈现于经验意识中，使欲念为价值理性所涵化。以价值理性范导涵化感性欲念的过程，也就是正心诚意的过程。刘宗周说："'诚者，天之道也'，独之体也；'诚之者，人之道也'，慎独之功也。孟子曰：'思诚者，人之道也。'思字于慎独之义更分明。'思曰睿'，独体还明

---

① 刘宗周：《答履思二》，《刘宗周全集》第五册，浙江古籍出版社 2012 年版，第 274 页。
② 刘宗周：《学言中》，《刘宗周全集》第三册，浙江古籍出版社 2012 年版，第 376 页。
③ 刘宗周：《治念说》，《刘宗周全集》第三册，浙江古籍出版社 2012 年版，第 285 页。

之路也。"①"独体还明"意味着先验道德理性克服感性欲念的障染而复其本位,此时心体虚灵不昧,浑然天体用事,"至虚,故能含万象;至无,故能造万有"②。人心之明(人极)与天道之诚(太极)冥合无间,故曰复极。

刘宗周认为,圣人之学即"洗心藏密"之学。他说:"天地间有一物则有一理,有一务则有一理,皆道之所在,而《易》能一一有以举之,故云开物成务冒道,圣人遂因其然而制卜筮之法以教人,则志可通、业可定、疑可断也。……圣人即心是易,渣滓荡涤净尽,得洗心之说焉。洗之极,藏处是易,用处亦是易。藏不可窥,故曰密;用不可测,故曰知来,曰藏往。知来之神,即是藏往之知,仍归之密地而已。"③牟宗三认为,刘宗周证人之学属于不同于阳明学的另一路,即"密教"一路,"密"就密匝在先将"良知"由自觉的意识层归藏于超自觉的善良意志,这样人的价值选择就具有了先天的定向;然后再将心体由主观活动的层面步步融入超越的性体,从而确立起人之所以为人的精神本体(人极)并以此拯救晚明衰败颓废的民风士习。王阳明、刘宗周所昌明的"洗心藏密"之"心易"精神,在熊十力《新唯识论》《乾坤衍》中发扬光大之,成为显扬"宇宙生命本体"并据此生命本体挺立现代中国哲学时代精神的一面旗帜。

---

① 刘宗周:《学言中》,《刘宗周全集》第三册,浙江古籍出版社 2012 年版,第 378 页。
② 刘宗周:《学言中》,《刘宗周全集》第三册,浙江古籍出版社 2012 年版,第 370 页。
③ 刘宗周:《周易古文钞》,《刘宗周全集》第一册,浙江古籍出版社 2012 年版,第 220—221 页。

第九章 大生命哲学的圆成

　　写到第八章,宏观的宇宙本体、阴阳生机、八卦时空秩序、象数与自然、中和价值、变通应时的生命哲学层层递进,渐次浓缩汇归于"洗心藏密"的"心易"哲学中,"穷理、尽性、至命"的生命易学逻辑上的诠释似乎已经完成。第二、三、四、五诸章侧重在"宇宙生命原理"之分解,第六章、第七章侧重在生命价值理性的阐述,这些均属于客观的宇宙生命原理和人文化成之实践;第八章侧重讲心灵的洗礼和凝练,属于内在生命主体性的自觉。体用一原、圆融无碍的宇宙大生命本来无内外、无方所、无间隔,为了叙述的方便需要从逻辑上层层述说,仿佛生命有了内外,有了方所,有了主观客观的界限。这样的生命哲学还不够"弘",也说不上"明"。易言之,侧重于从宇宙论说生命,容易"弘"而不明;侧重从心性论说生命容易"明"而不弘。不弘不明就谈不上"大"和"通"。所以,单向度从宇宙论或心性论上无法解释宇宙大生命的无限永恒的圆明境界。如何把宇宙本体之"宏通"与生命主体之"灵明",不露痕迹地圆融为一,以悠久无疆的"天地之心"涵化主体心灵,用活泼灵动的"主体心灵"担当天地之情,成为大生命哲学理论突破的关键所在。本体之"通"与性智之"明"体用不二自性澄明的生命本相或无限真理,在熊十力的"新易学"中得以圆明昭彻的实证。所以,熊十力的新易学标志着大生命哲学的圆成。

一、尊孔、辟老、尚易

在诠释熊十力哲学体系前,有必要先简要叙述一下其易学史观。近日重读熊十力的哲学著作,为一篇序文即《重印〈周易变通解〉序》所吸引。该序与一些论学书合编成册,编者命名为《熊十力论学书札》,收入《熊十力全集》第八卷。该序在熊先生的论学书中乍看并不醒目,但认真阅读过后,便感到非同一般,一千六百余字,言简意赅,堪称是一部袖珍版的易学哲学史。在序文末尾,熊先生述及同县前贤万澍辰所著《周易变通解》及为序缘由云:"不肖儿时,闻先父其相公,常赞扬先生潜德睿思,谓其治易不囿于当时风会,颇参稽汉、宋,而一证以己之所神悟独得,未尝谬于经旨者。此其命世独立者乎!惜其书为当时汉学风气所掩,罕行于世,乡里后生,或莫能举其姓字,可悲也已。予小子闻而识之,不幸早失怙恃,流离四方,顾未得读先生书。丁丑夏,先生从曾孙耀煌武樵,始重印先生易书于汉皋,罗田王葆心先生为之序。只印千册,余时讲学北庠,亦未得见。今冬,武樵函余,将再重印先生书于成都,谓余不可无一序。余追忆趋庭音旨,忽忽五十余年,泫然不知涕之所自。又念武樵以书生为当代名将,能守其家学,一再重印先生遗著。昔船山幽晦,曾公以乡邦后学传其书。而先生更有贤裔,视船山尤幸矣。天之眷斯道,以无负明哲。其所以酬之者,宁可度哉!余是以忘其固陋而序之云尔。"[1]

笔者从三十年前青年时代即心仰熊十力哲学,对熊先生的著作,诸如《新唯识论》《乾坤衍》《体用论》《读经示要》《十力语要》《原儒》等多有所窥,为其简奥明晰的概念和苦心孤诣的哲思所陶醉、所感染,尝浸润其中,废寝忘食。对熊十力先生生平、家世、气质性情、学术宗旨,能略知一二。熊先生治学,一如其为人,从不轻率应付,以学为命,心无旁骛,无论是撰写鸿篇巨制的论著,

---

[1]　熊十力:《熊十力论文书札》,《熊十力全集》第八卷,湖北教育出版社 2001 年版,第271—272 页。

还是与弟子友人书信往来,均十分认真。即使只言片语,也多与如何评章学术、证会本体、安顿生命的哲学攸关。卒读斯序,重温教言,不胜感念。在熊十力哲学多元文化渊源或思想元素中,《周易》无疑是其哲学最根本的理论渊源和精神根基。所以在他最重要的哲学著作《新唯识论》《十力语要》《读经示要》及其他论学书中谈及《周易》这部国学经典时总是情不自禁地借用《系辞》里的话感叹不已。《重印〈周易变通解〉序》开门见山地说:

> 《易》之为书,广大悉备,所谓范围天地之化而不过,曲成万物而不遗是也。《乾凿度》说易有三义,余窃取变易不易二义。不易而变易,是举体成用;于变易见不易,是即用识体。此义深谈,在《新唯识论》。持此以抉择梵、欧玄学,如秤在手,不可与物低昂。大哉《易》也,孰得而违诸? 夫《易》书,至《十翼》而始备。《十翼》义理,则孔子所发明也。故言作《易》者,必归之孔子。微孔子则《易》犹滥于占卜,而焉得为哲学界万世永赖之根本大典耶! 孔子既然作《易》,七十子后学,递相传述,遂为儒者宗。①

序文提出孔子创易说,认为《周易》道器一原、体用不二之哲学范式实为称量中国哲学与西洋哲学、印度哲学的根本尺度,以之考量中、西、印三系文化之长短得失,如秤在手,不失锱铢。本书第一章已说,《周易》一书的形成及"经"与"传"的关系,自古有多种说法,难成定论。传统经学史上有"人更三圣"或"四圣创易"两种比较流行的说法。所谓"人更三圣"是指伏羲画八卦,文王演周易,即把三画的八经卦上下组合为六画的六十四卦,并为之系卦爻辞;孔子为伏羲、文王之"易"(《周易》)作"传"(《易传》),由于它的原创性不同于后来经学史上诸多的传疏体文献,与经文具有同等地位,汉代始被尊称为《十翼》或《大传》。"四圣创易"说是在"三圣"基础上加上了周公,认为文王"演周易"的内容不包括三百八十四爻的爻辞,爻辞为周公作。其实,之所以

---

① 熊十力:《熊十力论文书札》,《熊十力全集》第八卷,湖北教育出版社 2001 年版,第269页。

有这些不同的说法，一个根本的原因就在于这种圣人史观带有很大的传说性，不用说伏羲氏之类的上古传说，就是所谓夏商周"三代"史及文武周公所开辟的周代制度与礼乐文明，文字记载也都很简单，支离散乱，给后人留下极多谜团和想象的空间。自宋代欧阳修《易童子问》中对孔子作《十翼》提出质疑，这种颇具史识的见解虽然不被经学主流所认可，甚至讳莫如深，但此后怀疑《易传》为孔子所作者屡见不鲜，直到20世纪初的疑古思潮起，《易传》为战国中后期儒家为主，间或吸收了道家、阴阳家思想元素而逐步形成的观点最终成为易学史上的主流观点。这并不妨碍个别学者，特别是有儒家道统情结的学者依旧坚持三圣创易、四圣创易乃至此处熊先生所谓孔子一人发明《十翼》独具首功说。熊十力虽不否定伏羲、文王、周公在经学史上的影响，但其赞《易》首尊孔子，认为没有孔子，就没有《十翼》，没有《十翼》，《周易》古经就是一些散乱不经的占辞卜语，与穷理、尽性、安身立命的哲学毫不相干，更谈不上群经之首或"万世永赖之根本大典"。所以，没有孔子，也就没有《易》，自然也就无从谈起易学。

直到晚年，熊十力在他专门的易学著作《乾坤衍》中仍然坚持孔子作《易》说，为了解决《周易》经与传内容上的隔膜、杂糅、矛盾，他甚至别出心裁地运用自己并不擅长的考据方法以"辨伪"，提出"大易"与"小易"说。熊十力大胆立说云："上考孔子之学，其大变，盖有早晚二期。而《六经》作于晚年，是其定论。早年思想，修明古圣王遗教而光大之，所谓小康礼教是也。晚年思想，则自五十岁读伏羲氏之《易》，神解焕发，其思想界起根本变化。于是首作《周易》《春秋》二经。"[1]《周易》《春秋》二经"立内圣外王之弘规"[2]，为人道确立根本方向，故又云："孔子倡明大道，以天下为公，立开物成务之本。以天下一家，谋人类生活之安。此皆依于大道而起作为，乃至裁成天地，辅相万物。人

---

① 熊十力：《乾坤衍》，《熊十力全集》第七卷，湖北教育出版社2001年版，第335页。
② 熊十力：《乾坤衍》，《熊十力全集》第七卷，湖北教育出版社2001年版，第336页。

道之隆,可谓极矣。"①然而可悲的是"孔子《六经》无有一经不遭改窜,改窜之
祸,非独不始于汉初,亦不始于吕秦之世,盖始于六国之儒。"②据此,熊十力把
《文言传》《系辞传》《彖辞传》中那些自己所喜欢的富有哲理、精辟经典的概
念、命题、论断归结为孔子晚年定论之"大同之教",尊称"大易";把那些自己
不喜欢的琐碎不经的话语归结为孔子早年思想且为小儒所篡改的"小康礼
教",贬谓"小易"。在此"辨伪"的基础上,熊十力把《乾坤衍》第二部分名为
"广义",广为引发体用不二、大化流行、群龙无首、天下大同的"大易之道",阐
扬《大易》哲学的现代意义。据此而论,熊先生斩钉截铁地咬定《十翼》为孔子
所发明,与经学时代盲目崇拜圣人不可同日而语,与其说是复古,不如说是针
对近代以来的民族危机、文化危机、信仰危机,打着尊孔之旗帜来提高和增进
民族文化的自尊、自信、自立。他笔下的孔子不再是宗法文化专制制度的文化
符号,而是注入了更多的自由、平等、民主、大同等近代思想文化元素。

　　孔老关系一向是中国文化史上一个十分重要却又难成定论的话题。熊十
力执定无论从时间上说还是从儒道思想的历史逻辑来说,孔子都先于老子。
在《重印〈周易变通解〉序》中提出"儒家之易"与"道家之易"的说法,并对两
者进行了理论上的分疏。他说:"孔子既然作《易》,七十子后学,递相传述,遂
为儒者宗。老聃得孔氏之旨,而别有会心,乃创立道家之帜,以自异于儒。故
《易》自孔子后,始分二派:曰儒家之《易》,此正统派也;曰道家之《易》,此别
派也。旧说孔老同时,老氏为孔子师。今人考核其说之不足据,而谓老后于
孔。但无谓老氏之学出于《易》者。余谓老氏当稍后于孔子,而前于孟子。其
学实本于《易》……儒家体乾,而贵刚健,故说行健不息;老氏法坤,而守虚静,
故曰绵绵若存。此儒道二家所以异也。"③《十力语要》卷二《答意大利人书》

　　① 熊十力:《乾坤衍》,《熊十力全集》第七卷,湖北教育出版社 2001 年版,第 337 页。
　　② 熊十力:《乾坤衍》,《熊十力全集》第七卷,湖北教育出版社 2001 年版,第 340 页。
　　③ 熊十力:《熊十力论文书札》,《熊十力全集》第八卷,湖北教育出版社 2001 年版,第
269—270 页。

中也有类似说法。平实而论,熊十力关于孔老关系的说法与其崇儒抑道的学派立场有关,孔老孰先孰后,至今学术界见仁见智,虽然依旧难成定论,但是马王堆帛书本《老子》和湖北荆门郭店楚简《老子》甲、乙本及其他出土文献的问世,有力支持了老子先于孔子说。著名哲学史家张岱年先生在完成于1936年的《中国哲学大纲》中也曾主张老子晚于孔子说,晚年修改了这一说法。在《中国哲学大纲》序论中附注说:"关于老子其人和《老子》其书,历来辩论甚多。我过去以为老子在墨子之后,孟子之前。今按先秦古籍中,《庄子》《吕氏春秋》俱言孔老同时。庄子多寓言,固难信据;《吕氏春秋》所说,当是历史的真实记载。郭沫若先生《先秦天道观之进展》云'老子就是老聃,本是秦以前人的定论。'又说:老子与孔子同时,且为孔子的先生,在吕氏门下的那一批学者也是毫无疑问的。郭氏所说甚是。吾今以为《老子》一书是战国前期撰集的,其中保存了老聃的遗说,但也有后人附加的文句。"①

　　熊十力"老氏之学出于易"虽然是发自内心深思笃悟的破荒之见,却也应作具体分析。这里既要对老子其人与《老子》其书作出区别,又要对《周易》古经与《易传》作出区别。如果对这些因素不加分析,而笼统地说"老子之学出于《易》"不免有些独断和片面。与其带着现代新儒家尊孔抑老的道统观断言孔先于老,老出于《易》,不如说《周易》古经先于老子其人,《老子》其书又早于《易传》;老子之思想源于《周易》古经,《老子》之书又影响了《易传》的创作。孔子与《周易》经传的关系大体与易老关系相当。孔子、老子其人,大体都生活于春秋后期,而老子年长于孔子。一个在周朝做史官,主管图籍;一个在民间兴教育,传授《六艺》。就《论语》与通行本《老子》二书说,《老子》晚于《论语》,大体与《孟子》同时。如此评说易老关系、孔老关系,则更为接近思想史的事实和近代以来关于孔老关系的主流观点。熊十力认为,秦汉之后"道家之易"式微,只有魏王弼的《周易注》《周易略例》以老解易"为能衍柱下之

────────────

　　① 张岱年:《中国哲学大纲》,《张岱年全集》第二卷,河北人民出版社1996年版,第13—14页。

绪",北宋周敦颐《太极图说》援道入儒,《通书》则纯然儒家立场,开宋易义理学之先河。在对待孔老的态度立场上,熊十力旗帜鲜明,尊孔抑老,从不含糊。对孔子褒扬有加,已如上述。对老学主静无为之批评,常见于《读经示要》及其他论学书中。在写于 1947 年解放战争最困难时期的《论关老之学书》中,熊先生认为,关尹与老子虽然都属于道家,但关高于老。盖关尹之学从心体上说"动若水而静若镜",是动静一体、主静而不离动。老氏言"致虚极,守静笃"则偏于求静之意为多,与关尹之学尚隔一层,就更"无《大易》健以动与开物成务之本领,则中国人之有今日,中老氏之毒已深也"①。尊孔抑老是熊十力哲学的一贯立场,这一点与王船山易学有千丝万缕的联系。

二、汉易、宋易、清易之辨

熊十力对易学史上的汉易与宋易的评判也颇具特色。认为两汉至宋明,儒家易学发展,其流甚广,可以将此期易学约分为汉易与宋易两大流派。熊十力对汉易的总体看法和评价是缺点有二:一则务守师说,僵化保守;二是夹杂谶纬,间或诬枉。但是对汉易并不全盘否定,在批评的同时肯定汉易"有保存古义之功",所谓"古义"指三代以往的典章、制度、文化、礼俗。对于谶与纬,熊十力强调要区别对待。他认为,易纬非谶可比,在神秘的形式中有微言大义,足资深究,"盖十翼之支流",可以看作对《易传》的补充。谶则纯属诬枉,应该且必须加以澄清。如果说熊十力对汉易的总体评价较为客观平实,但对扬雄的个案评说却有些特别。西汉末的扬雄模仿圣人卦式杜撰《太玄》,历代易学家并不看好,甚至贬多于褒,如立论一向持重中庸的张岱年先生说:"儒家与阴阳家之混合,是西汉思想的特色。当时人都好谈灾异,好谈天人相应。这实乃是思想低落的表征。……扬雄的宇宙论是《老子》与《易传》的学说之

---

① 熊十力:《熊十力论文书札》,《熊十力全集》第八卷,湖北教育出版社 2001 年版,第287 页。

混合,其人生论则重述孔子的思想。他最喜模仿,而没有伟大的创造能力。"①
难得例外的是熊十力却给予很高的评价,称誉他是汉儒治易的佼佼者。熊十
力说:"汉儒治《易》,其思想盖有大部分杂入晚周阴阳家,容当别论。唯扬雄
子云著《太玄》超然独步。张衡平子神解俊拔,为吾国天算大发明家,而酷嗜
子云书,每自谓读玄经,使人难论阴阳之事。其崇信笃深可见。顾子云从数理
阐《易》,学者非通律历,则难读其书。玄经于后儒无甚影响,职是故也。辅嗣
神解卓特,独出两汉经师蹊径之外。秉智炬而叩玄关,堪与子云异曲同工。"②
　　天才少年王弼治《易》,倡导忘言象以得意,横扫汉易拘碍烦琐的卦气卦
变象数之说,在易学史上毋宁说是引发了一场由象数学转向义理学的易学革
命,他也因此成为由汉易走向宋易的关键人物或逻辑中介。此处把扬雄在易
学史上的地位与王弼相提并论,足见熊十力对扬氏《太玄》之推崇,这与其归
功于扬氏《太玄》理论创获的"超然独步",不如说与熊十力孤傲不驯的学术个
性与心境有关。熊先生一生为人治学贵知行合一、独创笃行,这既成就了他天
马行空、壁立千仞的人生与学问,也注定了他一生莫名其妙难以排解的孤独与
幽怨。《新唯识论》这部堪称中外现代哲学史上的奇书出版后,除马一浮、梁
漱溟辈及几个熊门弟子可称知情外,社会上可以说知者寥寥,能解其中味者更
属罕见。熊十力在与友人书信中常谈及默契玄学者举世皆路人之孤独、落寞
与苦闷。这种心境难以排解,就像扬雄当年吟咏《太玄赋》时的那般心境,赋
云:"观大易之损益兮,览老氏之倚伏。省忧喜之共门兮,察吉凶之同
域。……屈子慕清,葬鱼腹兮。伯姬曜名,焚厥身兮。孤竹二子,饿首山
兮……辟斯数子,智若渊兮。我异于此,执太玄兮。荡然肆志,不拘挛兮。"③
不同的历史场景,却有着同样的孤怀,所以褒扬扬雄的《太玄》也就不必以常

①　张岱年:《中国哲学大纲》,《张岱年全集》第二卷,河北人民出版社 1996 年版,第 18 页。
②　熊十力:《熊十力论文书札》,《熊十力全集》第八卷,湖北教育出版社 2001 年版,第
270 页。
③　费振刚等辑校:《全汉赋》,北京大学出版社 1993 年版,第 209 页。

情言喻了。

唐代社会政治、宗教、文学、艺术一时繁荣称盛,然其哲学创意却相对滞后,没能赶上盛唐文化的风云际会。易学义疏可称道者有王弼注、孔颖达疏《周易正义》和李鼎祚撰《周易集解》。《周易正义》义理平实,文字易读,《周易集解》义理象数兼采而以象数为主,两书对于学易者均有裨益,但在易学哲学上缺少创新性突破,所以熊十力只用"唐代义疏,虽宗辅嗣,鲜有发明"一语带过,而把笔墨用于兴味相投的宋明易学源流风采的铺陈赞誉。陈寅恪尝言中华文化"造极于宋",易学哲学亦然。相对于唐代易学哲学创意的滞后,宋代易学别开生面。熊十力写道,爰及两宋,易风丕变。濂、洛、关、闽诸大师迭起,周濂溪、邵尧夫、张横渠、程伊川、朱汉上、朱晦翁不以墨守传注为贤,精思力践,学贵独创,人自成说,家各为学,精神气象,宏大超迈。关于汉易、宋易学风之不同,熊十力指出:"夫汉世诸师,无弗杂阴阳家言者。迹其繁琐名相之排比与穿凿,于《十翼》本旨,可谓无关。但间存古义,斯足珍贵。宋之诸师,其言皆根于践履。虽复不无拘碍,要其大较,归本穷理尽性至命之旨,而体天地神化于人生日用之中,则《十翼》嫡嗣也。"[①]按照熊十力的判教标准,哲学之极诣在证会本体,心性为生命之源泉(生之源),变化之本体(化之本),《十翼》作为穷理、尽性、至命之学,堪称华夏文化与哲学之渊薮,生命之动力与民族之慧命在此。据此,宋明以心性论或性理学为形上依据的易学实乃易学之嫡传,道家易学只能算作旁支,而间杂谶纬与阴阳家言的汉易虽然在保存古代典章制度文化礼俗方面不无价值,但从易学哲学上说与《十翼》安身立命之学毫不相干。

宋明易学的峰巅,也可以说中国古代哲学的最高成就是船山哲学。他的思想无论从时代精神的视角还是从民族精神的视角看,均堪称 17 世纪中国思想文化史上的空谷足音。对船山易学哲学的历史地位和精神特质,一生服膺

---

① 熊十力:《熊十力论文书札》,《熊十力全集》第八卷,湖北教育出版社 2001 年版,第270—271 页。

船山学的熊十力颇有灵犀和慧解,他说:"自宋迄明,言易者大概无出周、程诸贤之轨范,而易家自是有汉学宋学之分。晚明有王船山,作《易内外传》,宗主横渠,而和会于濂溪、伊川、朱子之间,独不满于邵氏。其学尊生以箴寂灭,明有以反空无,主动以起颓废,率性以一情欲。论益恢宏,浸与西洋思想接近矣。然其骨子里,自是宋学精神,非明者不辨也。其于汉师,固一切排斥,不遗余力也。"①这段话,言简意赅,真实还原了船山易学哲学的思想渊源、精神特质、学术立场及历史地位。

近年笔者为学生开讲"儒道经典文献导读",《周易》首列其选。在阅读王弼《周易注》、程颐《程氏易传》、朱熹《周易本义》的同时,潜心研读王夫之《周易内传》《周易外传》《周易稗疏》,深感船山易学博大精深,为天地人和谐共生的大生命哲学之渊府,《十翼》之真传。船山于《周易内传发例》中自述其易学的根本总纲云:"乾坤并建,为《周易》之纲宗,篇中及《外传》广论之,盖所谓'易有太极'也。"又说:"乾极乎阳,坤极乎阴。乾坤并建,而阴阳之极皆显;四象八卦、三十六象六十四卦摩荡于中,无所不极,故谓之太极。阴阳之外无理数,乾坤之外无太极,健顺之外无德业。……时隐而时见者,天也,太极之体不滞也;知明而知幽者,人也,太极之用无时而息也。屈伸相感,体用相资,则道义之门出入而不穷。呜呼!太极一图,所以开示乾坤并建之实,为人道之所自立,而知之者鲜矣!"②《周易内传》《周易外传》字里行间反复阐扬的《乾》《坤》二卦所秉承的"天地之大德曰生"的宇宙大生命原理,天下惟器、道器不二经世致用之实学取向,以刚健统摄柔顺、顺天化以骋人能的主体能动性思想,对佛老二氏空无虚寂的世界观及其非人生乃至反人生倾向的批判,性日生日成、理在欲中、性情一体的伦理精神,对邵雍象数学"诡遇之道"以小智测天

---

① 熊十力:《熊十力论文书札》,《熊十力全集》第八卷,湖北教育出版社2001年版,第271页。

② 王夫之:《周易内传发例》,《船山全书》第一册,岳麓书社2011年版,第657、658—659页。

心的针砭,无不体现出尊生、崇有、主动、率性的理性主义实践哲学特性,或许正是这些精神特质,熊十力认为"与西洋思想接近",也正是这些颇具时代精神的哲学情愫深深打动并影响了熊十力哲学。回过头来,反思熊十力先生对船山易学的上述评价,方知持之有故,字字不虚!表达了这位在现代哲学史上独创《新唯识论》高扬心力的最"唯心"的哲学家对三百年前明清之际一位昌言"天下惟器"的最唯物的哲学家的神交与默契。推崇与默契并不意味着完全赞同,在《乾坤衍》中熊十力对船山易学"乾坤并建"说也有批评,认为立说不够严谨,有二元论之嫌,《乾》《坤》二卦十二位阴阳互函的体例属于多事赘言,不及《新唯识论》以乾体统摄坤用、摄物归心、翕辟成变、体用不二说见道如理。船山易学哲学是否二元论可以另作讨论,但这并不影响船山哲学尊生、崇有、主动、率性的文化基因在熊十力新易学骨子里的精神遗传。

清代学术,又称朴学,其基本的学术精神是尊汉抑宋。清代朴学的重镇乾嘉学派虽然在音韵训诂、典章考据、辨伪辑佚、文献整理诸方面成绩斐然,但在思想文化领域特别是哲学创新上,除戴东原之外,几乎再无他人。易学方面说得上有贡献者,仅焦循的《周易通》、李道平《周易集解纂疏》而已。这是一个学者辈出而思想家阒其无人的时代。熊十力对清代朴学尊汉抑宋颇有微词,他说:"当有明季世,诸大儒并出,悲愤填膺,为学期活泼有用,而亟惩王学末流空疏之弊,浸以上及两宋。清儒继起,本无晚明诸老精神,而徒以抨击宋学为帜志。用汉学高自标榜,则诸老所不及料也。于是治易者,上稽汉籍,俯视宋明诸师,以谓非诬则陋耳。"[1]在《论汉学》中,熊十力针对清儒非毁宋学之流弊,对宋学的真精神、正价值、清代哲学衰落与国民灵魂丧失导致的政治、道德、世风颓败进行了深刻解剖。他写道:"清儒流毒最甚者,莫如排击高深学问一事。夫天理广大,无所不赅,而言其根极,必归之心性(自注:生之源,化

---

① 熊十力:《熊十力论文书札》,《熊十力全集》第八卷,湖北教育出版社 2001 年版,第271 页。

之本也)。自汉以后,此意久绝,宋学确能续此血脉,何忍轻毁? 心性之学,所以明天人之故,究造化之源,彰道德之广崇,而治乱之条贯者也。此种高深学术,云何可毁?"①在熊十力看来,清儒悬置心性论高深学问不讲,徒然以考据之琐碎知识为尚,流弊所及,致使士精神萎靡不振,国民道德滑坡:"士习于浮浅,无深远之虑;逞于侥幸,无坚卓之志;安于自私,无公正之抱;偷取浮名,无久大之业;苟图嚣动,无建树之计;轻易流传,无固执之操。"②清末以来,政治腐败,经济凋敝,文化浮靡,民性卑琐,不能适应现代潮流而坐视沉沦,推究其根源,盖在于心性论哲学的破碎,亦即道德形上学之缺失。至此,熊十力十分激动,其真性情难以控制,写道:"锢生人之智慧,陷族类于衰微,三百年汉学之毒,罪浮于吕政,而至今犹不悟,岂不痛哉? 呜呼! 学绝道废,人心死,人气尽,人理亡,国以不振,族类式微,皆清代汉学之罪也。"③

熊十力《新唯识论》《乾坤衍》中的新易学本体论哲学正是在这种文化背景和学术运会中产生的。按照唯物史观历史与逻辑相统一的观念理解,晚清社会文化种种颓败现象的根源,并不能简单归因于某一种学术流弊,比如说心性论的缺失,其根本所在与其说是清代尊汉抑宋的学术流弊,不如说是两千余年封建专制制度的整体危机和腐烂。所以,为其服务的传统经学道德体系也必然失去历史合理性。据此可知,梁漱溟、熊十力等所倡导的"返本开新"的现代新儒学,从复兴形式上看是反汉复宋,骨子里却是在以"旧瓶装新酒"的形式寻找中国现代化改革的哲学前提与精神支撑。此后,以中国化的马克思主义实践哲学为主体,以梁漱溟、熊十力、冯友兰所代表的现代新儒学与胡适、陈序经、张申府等主张的自由主义为两翼,三种思潮互动,相互蕴含,相互批

---

① 熊十力:《熊十力论文书札》,《熊十力全集》第八卷,湖北教育出版社2001年版,第273页。

② 熊十力:《熊十力论文书札》,《熊十力全集》第八卷,湖北教育出版社2001年版,第273页。

③ 熊十力:《熊十力论文书札》,《熊十力全集》第八卷,湖北教育出版社2001年版,第274页。

评,共同推进并确定了中国现代哲学的发展与方向。

三、"大生命"易学本体论

上面围绕《重印〈周易变通解〉序》所述,小中见大,以见熊十力先生的易学史观,其特点是尊宋抑汉,褒扬宋易义理之通透,贬斥汉易象数之支离;清代易学作为宋学之反动、汉学之转换,自然也在抨击之列。此种评判立场实与其体用不二的"大生命"哲学本体论密不可分。下面以熊十力哲学的代表作《新唯识论》为依据,阐释其"大生命"易学哲学观。前面提到,在熊十力哲学多元文化渊源或思想元素中,《周易》无疑是其哲学最根本的理论渊源和精神根基。在熊十力看来,《系辞传》所云"天地之大德曰生"最代表《周易》的真精神,大易之"道"或"太极"即天地人和谐共生的宇宙生命本体。顺便说一句,近年笔者以天地人和谐共生"大生命视域"诠释和传承老庄易"三玄"经典精神,虽然不无所见,但是"大生命"一词并非本人所撰,该语汇屡见于熊十力《新唯识论》等。如其言:"我底生活的源泉,至广无际,至大无外,至深不测所底,至寂而无昏扰,含藏万有,无所亏欠。也就是生天生地和发生无量事物的根源。因为我人的生命,与宇宙的大生命原来不二;所以,我们凭着性智的自明自识才能实证本体,才自信真理不待外求,才自觉生活有无穷无尽的宝藏。若是不求诸自家本有的自明自识的性智,而只任量智,把本体当作外在的物事去猜度,或则凭臆想建立某种本体,或则任妄见否认了本体,这都是自绝于真理的。""此中生命一词,直就吾人所以生之理而言,换句话说,即是吾人与万物同体的大生命。盖吾人的生命,与宇宙的大生命,实非有二也。故此言生命是就绝对的真实而言。世俗用此词,其含义自别,切勿误会。后凡言生命者,皆准知。""今谈到宇宙的大生命,本无所谓不自由,亦无所谓自由。此处不容以情见拟议。又自其分化而言之,则浑全的生命,凭物以显,若成为各个体。生命用此个体为工具,以表现自己,必非迷暗的冲动,而有其随缘作主的明智,此可于其不肯物化而征之也。"①这里有必要指出,熊十力谈"宇宙的大生命"或"吾人与万物同体的大生命",不是就事论事列举经验世界中的生命现象,而是讲天地万物"所以生之理",亦即宇宙的生命本体。

熊十力认为,哲学之极诣在透悟本体,研究哲学或"玄学"不可以不谈本体论,因为哲学即本体之学。不过,以往哲学家谈本体,多把本体当作是离开我的心而外在的实体。不论是唯心论,还是唯物论,都属于以向外寻找的态度来猜度,各自虚妄安立一种本体。另外,还有一种非本体论的哲学,亦即西方实证主义流派,否认本体论的意义,而大讲知识论。这种不讲本体论的哲学已经不属于哲学之列。既然哲学不能不谈本体,要谈本体论,不能不对"本体之所以为本体者"作出界定。为此熊十力界定了本体之六重意涵:1.本体是备万理,含万德,肇万化,"法尔清净本然"。法尔,言其自己规定自己,无须依他而起,也不需要被规定,本来如此,谓之法尔。清净,言其至真至善至美,没有一丝一毫污染。本然,言其本来如此。2.本体绝对无待,一有所待,便成有限、具体,而非无限绝对之本体。3.本体幽隐无形,而无方所,没有空间性。4.本体无始无终,万古如新,没有时间性。5.本体即大全,圆满无缺,不可分割。6.本体变中而有不变者存:若说本体是变易的,便已涵着不变易了。本体显现于万象,所以说是变易的;但是本体变中有常,自性恒在,故云不易。本体变与不变的问题,极广大,极微妙,至难言,是本体论的核心问题。以上略说六义是本体之所以为本体者。② 基于如此本体观,《新唯识论》开门见山就申明宗旨说:"今造此论,为欲悟诸究玄学者,令知一切物的本体,非是离自心外在境界,及非知识所行境界,唯是反求实证相应故。"③这段话,对于理解熊十力的大生命本体论及其哲学宗旨十分重要。可以从三个层面解释其思想内涵。

① 熊十力:《新唯识论》,《熊十力全集》第三卷,湖北教育出版社2001年版,第22、259、356页。
② 参见熊十力:《新唯识论》,《熊十力全集》第三卷,湖北教育出版社2001年版,第94页。
③ 熊十力:《新唯识论》,《熊十力全集》第三卷,湖北教育出版社2001年版,第13页。

其一,不可以离开本心谈本体,因为生命本体不在心外。依照熊十力体用不二的逻辑,本体即宇宙大全,此宇宙大全遍现于一切具体的现象,每一现象均体现了此宇宙大全。否则,本体如果在诸多现象之外,就会造成体用割裂,本体又如何成为现象存在的根据?熊十力喜欢用"大海水"与"众沤"的关系比喻本体与现象的体用关系。譬如大海水现为众沤,即每一沤,都是大海水的完整的直接显现。离开众沤就没有大海水,大海水也不在众沤之外。就人来说,每一个人的生命或心灵都是宇宙大全的整体的体现,不可以说"大全"独立于各个人的生命或心灵之外或之上。本心即宇宙生命本体,宇宙生命本体之"大全"呈现为本心。在本心之外谈宇宙本体,宇宙本体就成为有限性存在而不再是"大全"。

其二,本体非知识所行境界。熊十力认为,可以把学问分为两类,即科学与哲学。科学是关于经验世界(现象界)的知识系统,其特点是从实用出发,亦即从日常生活经验出发,对现象界作分门别类的研究。其所使用的工具曰"理智",其思维方式是站在事物的对立面,把事物看作是在自心之外的独立存在,亦即我们通常所说的客观存在。所以,科学被认为是客观的知识体系。此种理智性认识或认识能力,熊十力又称作"量智"。"量智"属于"习心",亦即人们凭借日常经验习惯对事物进行辨析衡量的活动,熊十力说为虚妄分别的认识。"习心"虽然也是"本心"之发用,但由于受肉体官能的限制一味"向外"追逐,形成一种十分幽隐却又很顽固的心理定式,熊十力称作"习",它的最大特性是把"心"黏滞凝固在"物"上,或把宛似存在的经验现象当作离心外在的客观实在。这样一来,一方面会使"本心"丧失真宰地位,另一方面更会把宇宙生命本体之整体大全肢解为经验世界中的碎片。所以科学永远无法把握本体,因为"本体"原本不是"习心"或"量智"所构的知识体系所能表达的。

其三,本体之"真"是"性智"的自我实证。为了说明实证本体的要妙,熊十力对"本心"功能作出两层演绎,他说"本心义相"有二:"一、此心是虚寂的。无形无象,故说为虚。性离扰乱,故说为寂。寂故,其化也神;不寂则乱,恶乎神,恶乎化。虚故,其生也不测;不虚则碍,奚其生,奚其不测。二、此心是明觉的。离暗之谓明,无惑之谓觉。明觉者,无知而无不知。无虚妄分别,故云无知。照体独立,为一切智之源,故云无不知。备万理而无妄,具众德而恒如,是故万化以之行,百物以之成。群有不起于惑,反之明觉,不亦默然深喻哉!"①本体"虚寂义"说的是宇宙生命本体超言绝象,周行不殆,神化不测;"明觉义"表示宇宙生命本体心物圆融,圆明至善,无物不照。此本体自我实证的智慧,熊十力谓之"性智",亦即本性自明之智。他说:"性智者,即是真的自己底觉悟。此中真的自己一词,即谓本体。在宇宙论中,赅万有而言其本原,则云本体;即此本体,以其为吾人所以生之理而言,则亦名真的自己。即此真己在量论中说名觉悟,即所谓性智。……这种觉悟虽不离感官经验,要是不滞于感官经验而恒自在离系的。他元是自明自觉,虚灵无碍,圆满无缺,虽寂寞无形,而秩然众理已毕具,能为一切知识底根源的。"②"性智"之明觉,或本体之实证,不存在认识能力(能)与认识对象(所)之分界,是生命本有之明觉(心灵)自己对自己的体认或直觉,此种体认或直觉即"实证相应"。有了此种发自性体明觉之内在觉悟,宇宙大全整体全量地呈现于吾心,宇宙就有了灵明,生命就有了真宰,道德就有了本源。

　　叔本华、尼采、柏格森等西方哲学家谈宇宙生命创化缘起于一种盲目意志,这是昧于宇宙生命本性,不识"本心"的明觉义,以"量智"测"化理"所造成的错误。熊十力说:"量智,亦名理智。此智,元是性智的发用,而卒别于性智者,因为性智作用,依官能而发现,即官能得假之以自用。易言之,官能可假性智作用以成为官能之作用,迷以逐物,而妄见有外,由此成习。而习之既成,则且潜伏不测之渊,常乘机现起,益以障碍性用,而使其成为官能作用。则习与官能作用,恒叶合为一,以追逐境物,极虚妄分别之能事,外驰而不反,是则

---

① 熊十力:《新唯识论》,《熊十力全集》第三卷,湖北教育出版社 2001 年版,第 18—19 页。
② 熊十力:《新唯识论》,《熊十力全集》第三卷,湖北教育出版社 2001 年版,第 15—16 页。

谓之量智。"①基于"习心"而"量智"用事,生命本有之明觉(性智)被感觉本能所捆缚,化主为奴,跟随感觉本能追逐外物,由此形成的经验性认识,习惯于对事物进行观察比较,衡量大小,计较得失,宇宙大全活灵活现的生命本体被肢解为——相对静止的片段,宇宙生命本体之灵明被掩埋,被遮蔽,生命宇宙沉沦为——碎片堆积而成的沉寂黑暗的物化世界,这个世界虽然也有机械性、物理性的因果表象,但这些表象并不代表生命本体的灵动。宇宙是有生命的,生命活动的本质是本心的明觉,而不是盲目的意志冲动。熊十力援引《易传》来说:"《易》曰:'乾知大始',乾谓本心,亦即本体。知者,明觉义,非知识之知。乾以其知,而为万物所资始,孰谓物以惑始耶?万物同资始于乾元而各正性命,以其本无惑性故。证真之言莫如《易》,斯其至矣。是故此心即是吾人的真性,亦即是一切物的本体。"②熊十力认为,人的生命与宇宙大生命本来是一个整体,所以天地之心即人之"本心",人的本心亦即"天地之心",怎么可以说宇宙生命之创化是出于一种盲目意志呢?虽然熊十力此处对"乾知大始"的诠释未必符合《易传》本义,但此种转换经义以适己说的诠释,在熊十力新易学逻辑中又是融通自洽的。

四、宇宙生机之神契玄悟

上一节中心意思是熊十力的本体观,即何为本体及如何实证生命本体;本节继之深挖一层,探讨熊十力新易学生命本体之"变",亦即关于宇宙生命活力的观念。关于生命本体的"变",熊十力说为三种意涵:一曰"变者,非动义";二曰"变者,活义";三曰"变者,不可思议义"。这三层义理将生命世界"本体之变"所蕴含的生命活力演绎得玲珑剔透,无有余地。下面逐层

---

① 熊十力:《新唯识论》,《熊十力全集》第三卷,湖北教育出版社 2001 年版,第 16 页。
② 熊十力:《新唯识论》,《熊十力全集》第三卷,湖北教育出版社 2001 年版,第 19 页。

加以分析。

首先,生命本体之"变"不是物理学意义上的机械运动。熊十力说:"变者,非动义。动者,移转义,是先计有空间和时间,并计有个动的物,即由具有质量的东西,依其在空间上有所经之距离,和时间上有所历之久暂,而由一状态迁移转化为别一状态。如此,便叫做动。"①与发生在时空关系中的物理学意义上的物质的机械运动不同,哲学所论究的生命本体之"变"是超时空的。时空中的运动属于变化的形迹,而不是"变之所以为变"的生命本性。本体之"变"虽然不在"动"之形迹之外,但外在的运动形迹终究是一堆毫无生机的"物质"在时间和空间里转来转去,看似在"动",但这种物理学意义上的机械运动,与哲学形而上学所诉求的生命本体之"变",亦即生命世界生生不息之"道",不可同日而语。这个生生不息"不动而变"之道,不属于物理的世界,不是科学知识所认识的对象,而是哲学形而上学所诉求并亲证的生命本体,此本体不是物理的、机械的"动",而是有些不可思议的流行无住刹那密易的化境。熊十力说:"大凡唯物论者,闻我所说变不是动的意义,都会惊怪的。他们谈变,总是计有物界,而说一切物的质和量的迁移转化名变。殊不知,这样说法,只是见为有物移转,只是俗所谓动,而实不当谓之变。纵许他们的说法,不是全无科学上的根据,但是,科学却不能直接体认流行无住的变,而只是抓住着那无住的变所诈现之迹象,当作存在的东西来理解他。"②科学认识有其固有的范围,况且它不是万能的,把物理学意义上的运动,当作哲学所诉求的形上本体之"变",此种科学知性的僭越之所以荒唐迷谬,就在于机械唯物论永远不能通透澄明宇宙大生命的真理。

其次,"变"是宇宙的生机活力。熊十力说:"变者,活义。我们如果晓得变不是俗所谓动的意义,不是有物移转的意义,那么,就可知道变只是活的意

---

① 熊十力:《新唯识论》,《熊十力全集》第三卷,湖北教育出版社2001年版,第138页。
② 熊十力:《新唯识论》,《熊十力全集》第三卷,湖北教育出版社2001年版,第139页。

义了。此所谓活的意义,是极深广、极幽奥、极难形容的。"①究竟如何极深广、幽奥、难以形容呢? 熊十力解说为六个方面:(1)无作者义是活义。"活"指宇宙的生机活力,此生机活力是生命世界的内在本性,不是来自于外力的推动。熊十力论证说,如果生命活力来自外在的力量,就要有一个"作者"来推动,试问这个"作者"是恒常的,还是无常的? 若是无常的,一切无常的现象都需要造作,那么此无常的"作者"同样需要被造作,这么说它就不是造作一切的"作者"。如果说作者是恒常的,恒常的东西不需要被造作,所以,世界的生命活力是自在自发的。这种自在自发、自己决定自己的生机活力,熊十力谓之"变"。(2)幻有义是活义。"幻有"不是无中生有,因为无不可能生出有。变化的根据何在? 熊十力说:"变是没有作者来造作的,既无作者,如何起变? 他不是从空无而起的,无不能生有故。应知虽无作者,而法尔本有功能,亦名恒转。由此恒转,显现为大用流行,即说为变。"②可知变化是依"恒转"本体而显发的两种势用,即翕与辟相互作用形成的。"翕"收摄凝聚似"有",此"有"不是僵硬固滞的,恰是"辟"借以显现自己的工具。翕辟相互作用形成的变化刹那生灭诈现似有,此变的动势之本体,熊十力谓之"恒转"。若离开恒转本体,变的动势便没有自体,所以谓之"幻有"。幻,言其流迁;有,言其迹象。如此流迁不滞的"幻有",呈现的正是生命世界的生机活力。在这里,"幻"并无贬义,是变化的自然真实的显现。如果不是"幻有",世界将成为一团僵死凝固的物质,又何谈变化和生机活力? 熊十力说:"幻有才是活的。譬如云峰幻似,刹那移形,顿灭顿起。譬如风轮乍转,排山荡海,有大威势。你看幻有的物事是这样活泼泼的,何等诡怪呢?"③(3)真实义是活义。从变化的动势上说"幻有",这是从"用"的表象上说;从变化的本体或"源底"上说,变化又是至真至实的。熊十力说:"我们便从变的实体上理会,说变是至真至实

①　熊十力:《新唯识论》,《熊十力全集》第三卷,湖北教育出版社2001年版,第139页。
②　熊十力:《新唯识论》,《熊十力全集》第三卷,湖北教育出版社2001年版,第140页。
③　熊十力:《新唯识论》,《熊十力全集》第三卷,湖北教育出版社2001年版,第141页。

的。宇宙间,只有真实的物事才是亘古亘今活跃跃地。所以说一花一法界,一叶一如来。这种无穷的灵妙的神趣,非天下之上智,谁能领会及此啊?"①
(4)圆满义是活义。依据体用不二的逻辑,本体即大全,生命世界万变不齐,但任何一事一物都是生命本体"真实的全的"显现,所以宇宙万象的生命活力都是圆满具足的,譬如大海水显现为众沤,每一沤都以大海水全量为体,毫无亏欠。熊十力引王船山的话说,大化周遍流行,无往而不圆满。譬如药丸,遂抛一粒丸子,总是味味具足的。和百味药而炮制成药丸,每一粒药丸均是百味具足。宇宙的生机活力是不可分割的,生命万象借此生命活力而成为一和谐共生的有机整体。(5)交遍义是活义。关于本体与现象、"一"与"多"的关系,理学家说"理一分殊",华严宗说"一即一切,一切即一",一多相融,犹如"月印万川"。熊十力据此解说"恒转"本体与生命万象的关系。熊十力说,就宇宙与人的关系来说,好像是同一个宇宙。其实不然,真实的情况是各人有各人的宇宙,互不相碍。就像三个人住在同一间房子里,三人与此房子的关系是不一样的。你有你的这个房子,他有他的这个房子,我有我的这个房子,三人对这间房子的感受各个不同,叫作"多";但三个人的房子又分明不是三个彼此隔膜对立的空间,而是相互蕴含,互通为一的,在这个相融无碍的意义上说,又叫作"一"。所以生命世界的"本相"是"多"也是"一",说世界是"多",但"多"中蕴含着"一",故多不碍一;说世界是"一",但"一"又统摄着"多",故云一不碍多。熊十力说:"总之,众生无量,宇宙无量,这是不可测度的道理,很诡怪的,就是这无量的众生,或无量的宇宙,各各遍满于一法界,互相不碍,譬如张千灯于一室之内,这千灯的光,各各遍满于此一室,互不相碍,所以说为交遍。大用流行,至活而难拟议,即此可见。"②可知以"交遍义"解释"活",意在说明生命世界的相互蕴含、相互感通的有机性。生命世界不是一堆杂乱无章可以搬来搬去的物质材料,而是一个有机整体。此所谓"有机",不是机械的

①　熊十力:《新唯识论》,《熊十力全集》第三卷,湖北教育出版社2001年版,第141页。
②　熊十力:《新唯识论》,《熊十力全集》第三卷,湖北教育出版社2001年版,第143页。

"机"所表达的那种机械的、物理的势能或力量,而是"生机"的"机"所表达的那种相互蕴含、相互感通的生命活力。(6)无尽义是活义。生命活力无穷无尽,其绝对真实的无穷妙用永不匮乏,正如《易传》所说的"生生不息""德盛化神",宋儒所说的"不容已"。大化流行的宇宙生命永无止境,显示了无限真实的生命活力;如果宇宙变化有中断、有间隙、有停止,哪怕是片刻间的中断、间隙、停止,都违背宇宙生命活力的本性。熊十力说:"'不容已'三字,形容造化最妙。真实的流行,自然是不容已。它是法尔万德具足,无有所待的,如何可已?力用盛大,不容已故,即无竭尽,故说无尽。无尽才是活的。"①

综上可知,生命力与"机械力"最大的或最本质的不同,就在于它是一种自发的可以自己创生自己、自己修复自己的圆满自足的内生性。它就像庄子所说的"自本自根"的道,自己产生自己,故云"无作者";生命力从迹象上看如鱼跃鸢飞"活泼泼地"变幻莫测,故云"幻有";从本体上说,亘古不变,恒转不息,至真至实。此幻有而真实的生命活力万德具足,相互蕴含,相互感通,构成生命世界无穷无尽的创造、无穷无尽的过程和无穷无尽的结果,这就是生命的神奇和伟力!

其三,"变"是不可思议的。熊十力说"不可思议"不同于"不能思议"或"不必思议"。说一件事"不能思议",除非这件事不存在,凡是真实存在的都是能思议的;说一件事"不必思议",仅是没有必要对其加以理会而已,如有必要,它一定是能够思议或可以思议的。说一件事"不可思议",意味着这件事虽然有必要去思之议之,也能够对之有所思议,只是这件事不是"思议"的对象,故而"不可"对之施加思议而已。何以说本体之"变"或生命活力"不可思议"呢?这就要对"思议"有所分析。熊十力说:"思者,心行之谓。议者,论议之谓。……凡在思考中,一切推穷、辨析等等,都应叫做论议。总之,思议是发

---

① 熊十力:《新唯识论》,《熊十力全集》第三卷,湖北教育出版社 2001 年版,第 143—144 页。

自量智。"①"量智"也就是我们通常所说的基于日常经验而形成的认识能力，日常生活中的"经验"总是有限的、相对的、或然的，而不是无限的、绝对的、必然的。基于日常经验而形成的"量智"的认识能力也一定是有限的、相对的、或然的，此种认识能力的有效性至多是对"现象界"作出归纳和描述，而永远无法穷尽或如量呈现"无限"和"大全"之"本体"。我们的日常生活离不开经验及基于经验所形成的"量智"，但作为无限和大全的"本体"终究不是"量智"或日常经验认识所可以把握的对象。换个角度说，"量智"或经验认识属于一种"对象性"思维方式，所谓"对象性"，指主体(能)与"客体"(所)二分，认识主体站在认识对象之外，对认识对象进行观察、分析、考量、议论。此种"对象性"思维活动可以对经验现象作出观察、测度、分析，形成对经验对象的认识。问题在于"本体"作为"无限"和"大全"不属于"对象性"存在，无论认识主体，还是认识对象，这些日常经验认识活动所必备的要件，都蕴含消融于此"无限"与"大全"之中，说似一物便成谬妄。所以"本体"之"变"不是经验认识活动的对象，易言之，非"量智"所行境界。正是在这个意义上，熊十力说："变者，不可思议义。此云不可，与言不能者大大的不同，亦与言不必者迥异。若云不能思议，则只是不能而已，非有所不可也；若云不必思议，则有姑置之意，更无所不可也。今云不可思议，此不可两字，甚为吃紧。"②所谓"吃紧"也就是十分紧要，意思是说"变"作为宇宙生命本体不是日常经验认识的对象，对此"不可思议"者稍加思量议论，便成荒谬倒妄。熊十力说："我们研究道理，到极至的地方，是绝无道理可说的。可是，我们的量智作用一向熏习于实用方面而发展出来，恒是持着向外找东西，或种种构画的态度。它总是不安于无道理可说，却要从多方面来寻找道理。思议就是如此诡怪。"③"本体"既为万物存有之绝对根据，它本身便不再需要"根据"，既为万物存有的绝对因

① 熊十力:《新唯识论》,《熊十力全集》第三卷,湖北教育出版社 2001 年版,第 144 页。
② 熊十力:《新唯识论》,《熊十力全集》第三卷,湖北教育出版社 2001 年版,第 144 页。
③ 熊十力:《新唯识论》,《熊十力全集》第三卷,湖北教育出版社 2001 年版,第 145 页。

果,它本身便不再属于因果。宇宙生命极深微、极奥妙的真理原本如此,此外再没有其他根据可"思",再没有任何理由可"议"。可是无奈"量智"还要对其有所思议,结果"本体"便不再成为本体,而成为"现象界"之具体;"无限"便不再是无限,而成为一"对象化"的有限;"大全"便不再是大全,而被"量智"思议分解为——支离破碎的碎片。宇宙大生命生生不息的本相与吾人之"心"终成隔膜,不得亲证。

要超越本体不可思议之无限性与经验认识能力(量智)有限性的矛盾,就必须诉诸超理性的"性智"之自求自证。故此,熊十力说:"夫变,既不是别有个作者使之然,何故能如此呢? 这也是无道理可说的。它法尔如此,我们就说它是如此。若更要层复一层的去找道理,终归无道理。越思议,越要糊涂。须知,穷理到极至的地方,是要超脱思议,而归趣证会。"①又说:"证会一词,其意义极难说。能证即所证,冥冥契会,而实无有能所可分者,是名证会。这种境界,必须涤除一切情见,直任寂寥无匹的性智恒现在前,始可达到。"②"证会"属于"性智"自己印证自己,或"性智"的自我体认。"性"超越地说谓之生命本体,就其内在于人为吾人生命主宰说谓之心灵。"性智"即生命本体或心灵本有的智慧。既为生命本体或心灵本有之智,就不依赖于日常经验,亦即孟子所说"非由外烁",性智"证会"是一种精神超越提升而上达无限的境界,此刻,心灵超越了"对象性"认识的有限性,主体与客体、自我与非我、物质与精神不再是二元对峙,而是圆融无碍,此即"能证即所证"的冥冥契会,心灵内省直觉到"性"即是"智","智"即是"性",心灵就是宇宙本体,宇宙本体即是心灵。心灵与宇宙大生命冥合无间,圆融无碍,于是不可思议之本体不假思议自然而然朝彻澄明,如此心灵的顿悟也就是性智的"证会"。熊十力说:"我们诚欲于流行而识得寂然之体,及于虚静之中而验夫翕辟之萌,与无生而生、灭即不灭

---

① 熊十力:《新唯识论》,《熊十力全集》第三卷,湖北教育出版社2001年版,第145页。
② 熊十力:《新唯识论》,《熊十力全集》第三卷,湖北教育出版社2001年版,第145—146页。

之几,倘非反己证会,何由可得实解?"①熊十力一再申明,宇宙万有之本体不是离人心而独在,易言之,人与宇宙不是各有本原,所以万物所以生成的道理,只有在内心深处体认方可得到亲证,否则就是浮泛的议论或饶舌浮夸!可见"证会"的生命体验难以用语言来表达,就像王阳明所说"哑子吃苦瓜,有苦道不得",你要知道苦瓜的真味,就要自己亲口去尝一尝。可见本体的实证或生命终极意义的获得不在浮泛的议论,而在内心的明觉。

性智所得心物玄同的本体是一种超时空的生命体验。依照唯物主义的世界观,世界是物质的,时间和空间是物质运动的存在方式。说一件事物是客观存在的,就是因为它占有一定的时间和空间。熊十力不认可世界客观实在的物质性,自然不认可时间和空间的实有性。时间、空间,熊十力称为"时相"与"空相"。他说:"时空本非实有,只缘量智一向求理于外,即以为有外在的物事而去推求。如此既有物相存,则时相、空相乃缘物相俱起。何以故?有物相故,必计此物延续。若无有延续,便无物故。然于物计为延续,即时相起。又有物相故,必计此物扩展。若无有扩展,亦即无物。然于物计为扩展,即空相起。所以说时空相缘物相始有。"②真实的情形是,时相、空相、物相都是人们日常经验中形成的习惯性成见,熊十力称为"依俗谛施设"的俗见,从生命本体论看,物质是恒转本体借以显现自性的一种"形向"或"凝势",而不是真实的存在。物质既然不真实,那么缘"物相"而起的"时相""空相"也就不真实。真实存在的唯有不可思议的恒转本体。恒转本体刹那生灭,故故乍灭,新新即起;新新乍起,顷刻即灭。本体之变犹如电光一闪一闪,没法用时间和空间去考量。此超时空的本体之变,不容夹杂时空观念来理会之,不可以向外寻找,只好冥心默契于无物之地,物相既遮,时空相俱遣,智与神会,思与化通,方为正解。所以生命世界的恒转本体不是"量智"认知的对象,而是"性智"的自我

① 熊十力:《新唯识论》,《熊十力全集》第三卷,湖北教育出版社2001年版,第147页。
② 熊十力:《新唯识论》,《熊十力全集》第三卷,湖北教育出版社2001年版,第295页。

澄明。所谓"自我澄明"最要紧的一点就是超越"时空"限制,所以"性智"所得与其说是一种具体的知识,不如说是一种超时空的生命体验。

五、翕辟成变与刹那生灭

《新唯识论》第四章曰《转变》。佛家把世界一切现象都名曰"行"(心行、物行),"行"的含义有二,一曰流行;二曰象状。认为一切"心"的现象与"物"的现象都是流行变迁的,不是凝固不变的东西,即此谓之流行;流行变迁的迹象,谓之象状。熊十力精通佛学,其哲学吸收并扬弃了佛家"诸行无常"的观念,故其本体论要从"转变"说起。"转变"从本体论上说又谓之"恒转"。他说:"恒字是非断的意思,转字是非常的意思。非常非断,故名恒转。"①生命万象之本体为什么能够"恒转"? 熊十力依据《大易》阴阳翕辟说提出"相反相成"的内在矛盾原理。他认为变化不会是单一的,单一的事物是不会变化的,因为缺少引发变化的动机。《周易》三画成卦就暗示了生命世界相反相成的内在矛盾原理。他说:《大易》谈变化的法则,实不外相反相成。"②又说:"矛盾,是相反之谓。利用此矛盾,而毕竟融和,以遂其发展,便是相成。吾国《大易》一书,全是发明斯义。"③熊十力演绎说,《大易》的作者画出一种图示即"八卦"来表示这相反相成的法则。每卦列三爻,正是老子所说"一生二,二生三",其真实微妙大义即相反相成义。"因为有了一便有二,这二就是与一相反的。同时,又有个三,此三却是根据一,而与二相反的。因为有相反,才得完成其发展,否则只是单纯的事情,那便无变动和发展可说了。所以,每卦三爻,就是表示变化之法则,要不外相反相成一大法则而已。"④生命本体相反相成

---

① 熊十力:《新唯识论》,《熊十力全集》第三卷,湖北教育出版社2001年版,第95页。
② 熊十力:《新唯识论》,《熊十力全集》第三卷,湖北教育出版社2001年版,第97页。
③ 熊十力:《新唯识论》,《熊十力全集》第三卷,湖北教育出版社2001年版,第105页。
④ 熊十力:《新唯识论》,《熊十力全集》第三卷,湖北教育出版社2001年版,第97页。

的矛盾原理,熊十力独出心裁地表为"翕辟成变"说。熊十力认为《周易》之道的根本在翕辟成变。他以《乾》《坤》二卦解释翕辟相反相成的内在矛盾说:

> 乾卦,三爻皆奇数,吾借以表示辟。坤卦,三爻皆偶数,吾借以表示翕。翕即成物,物界是有待的,故用偶数。辟者神也,神无形而不可分割,故用奇数。翕和辟虽说是互相对立的,却又是互相融和的。才说到辟,便涵蕴着翕了。……才说到翕,便涵蕴着辟了。……从来讲易学的人,或以为乾卦三爻纯阳而无阴,坤卦三爻纯阴而无阳,这是极大的错误。其实乾坤是互相错的(自注:错者,对待义),而亦是互相综的(自注:综者,融和义),不可把乾坤当作二元论去理会。说乾便涵着坤,说坤便涵着乾,其妙如此。①

强调"翕"与"辟"是恒转本体的两种势用,"翕"是收凝主静的势用,"辟"是刚健主动的势用。两者没有时间上的先后,只是"恒转"本体显现的两种相反相成的势用。他说:"依恒转故,而有所谓翕,才有翕,便有辟。唯其有对,所以成变。否则,无变化可说了。恒转是一,恒转之现为翕,而几至不守自性,此翕便是二,所谓一生二是也。然恒转毕竟常如其性,决不会物化的。所以,当其翕时,即有辟的势用俱起,这一辟,就名为三,所谓二生三是也。"②

熊十力又习惯于把"翕"与"辟"假说为"物"和"心"。如其言:"翕的势用是凝聚的,是有成为形质的趋势的,即依翕故,假说为物,亦云物行。辟的势用,是刚健的,是运行于翕之中,而能转翕从己的,即依辟故,假说为心,亦云心行。"③有人将熊十力的"翕"理解为一种向下的动势,将其所言的"辟"理解为一种向上的动势。这种理解大体不错,但不够精确,尚有待修正之处。说"辟"具有向上性,与熊十力所说的刚健主动性是一致的;说"翕"具有向下性,却于理有所未尽。因为"翕"作为收摄凝聚的势用,从表面看有诈现为物或沉

---

① 熊十力:《新唯识论》,《熊十力全集》第三卷,湖北教育出版社2001年版,第108页。
② 熊十力:《新唯识论》,《熊十力全集》第三卷,湖北教育出版社2001年版,第99页。
③ 熊十力:《新唯识论》,《熊十力全集》第三卷,湖北教育出版社2001年版,第101页。

沦物化的形向,但从翕辟一如体用不二的实质上说,"翕"的势用终归是向上的,因为"翕是顺从乎辟,而辟是向上的,则翕亦是向上的了"①。总之,"翕和辟本非异体,只是势用之有分殊而已。辟必待翕而后有所运用,翕必待辟而后见为流行,识有主宰。如果只有辟而没有翕,那便是莽莽荡荡,无复有物,如此则辟的势用,将浮游靡寄而无运用之具,易言之,即无所依据以显发辟的德用。……又复应知,如果只有翕而没有辟,那便是完全物化,宇宙只是顽固坚凝的死物。"②然而事实上宇宙是个流行无碍的生命整体,我们把宇宙万象看作是片片断断、支离破碎毫无生机的一个物理的世界,那是我们的官能"依托翕的势用的迹象"而误起分别所造成的假象。熊十力又说:"本体现为大用,必有一翕一辟。而所谓翕者,只是辟的势用所运用之具。这方面的动向,是与其本体相反的。至所谓辟者,才是称体起用。此中称字,甚吃紧,谓此用是不失其本体的德性。譬如冰,毕竟不失水性,故云称也。辟却是和翕反,而流行无碍,能运用翕,且为翕之主宰的。"③所以,"翕"所收摄凝聚的物的形向,并不是一固定的死东西或质碍不通的"物",仅是一种"迹象"或"形向"而已。哲学史上的心物二元论,其根本错误在于不懂得翕辟同体而异用。不了解翕辟,不了解恒转万变的宇宙本体的内在矛盾,就不能真正理解宇宙的生命本性。心物二元论固然是错误的,而不明白生命世界的内在矛盾,就是更大的错误。据此,熊十力对以往的哲学家提出了批评,认为哲学史上的唯心论者,错就错在只承认"辟"的势用,而把"翕"消纳到"辟"的势用中去了;而唯物论则相反,只承认有所谓"翕"的势用,而把"辟"消纳到"翕"的势用中去了。唯物论与唯心论的观点立场虽然不同,但其思维方法论的错误是相同的,即都不明白"一翕一辟是相反相成的整体"④。总之,翕和辟本是相反的,而终归于融

---

① 熊十力:《新唯识论》,《熊十力全集》第三卷,湖北教育出版社 2001 年版,第 102 页。
② 熊十力:《新唯识论》,《熊十力全集》第三卷,湖北教育出版社 2001 年版,第 102—103 页。
③ 熊十力:《新唯识论》,《熊十力全集》第三卷,湖北教育出版社 2001 年版,第 105 页。
④ 熊十力:《新唯识论》,《熊十力全集》第三卷,湖北教育出版社 2001 年版,第 106 页。

和,就在其"一受一施"上见得。受之为义,表示翕随辟转。施之为义,表示辟反乎翕而终转翕从己。所以翕辟两方面,在一受一施上成其融和。总之,辟毕竟包含着翕,而翕究竟是从属于辟的。用图表示为外圆内方。熊十力解释说:"图中,以方的相表示翕,物成即有方所故。以圆的相表示辟,心或精神是周遍流行而无滞碍故。辟是无定在,而亦无所不在,是包乎翕之外,而彻乎翕之中。"①

　　熊十力在《新唯识论》的《转变》章中,谈"翕辟"与"生灭"密不可分。熊十力认为生命本体的"变"表现为一种活生生的势用,仅从翕和辟的内在矛盾解说此种"变"的势用还是不够的,"必须发见翕和辟在其生和灭方面的奥妙,才算深于知变"②。熊十力认为翕辟成变的深微奥妙在"刹那生灭"。"刹那"作为佛家用语,指至极短暂的时间,犹言顷刻之间,短到何等程度,难以用语言形容,即使说"无限小"也不可以,只要还有量的属性,就还不足表达"刹那"之义。佛家干脆说"刹那"不属时间义,于是比说为"念",熊十力援引《唯识论述记》卷十八云:"念者,刹那之异名。"试想,一念才起,为一刹那,才起即灭,犹如闪电,毫不留住。所以说"刹那"不属于时间义。在本体论意义上谈"转变"时,熊十力采纳了大乘空宗刹那生灭的观念来论说生命本体变化活力的超时空性,亦即非物质性。在刹那生灭的观念上,熊十力认同大乘空宗不以时间义说刹那的主张。因为时间与空间是世俗所谓"物质"的存在方式。熊十力说:

　　　　世俗所谓时间,毕竟是空间的变相,空间是有分段的,如东西等
　　方。时间也是有分段的,如过去现在未来。扼要言之,空间和时间,
　　就是物质宇宙存在的形式。我们觉得物质宇宙,于一方面,有东西等
　　方的分布相,即此便名空间。而于另一方面,有过、现、未的延续相,

---

① 熊十力:《新唯识论》,《熊十力全集》第三卷,湖北教育出版社 2001 年版,第 113 页。
② 熊十力:《新唯识论》,《熊十力全集》第三卷,湖北教育出版社 2001 年版,第 116 页。

即此便名时间。所以，有了物质的观念，即有空时的观念与之俱现。①

在熊十力看来，时间与空间的观念，如同世俗所谓"物质"观念一样，是十分粗笨拙劣的，它不足以说明生命本体致精微妙的变化。因为一说到"时间"，无论多么短暂，它也是有间隔的；说到空间，无论多么狭小，它也是有空隙的。这种时间、空间的"呆板的"间隔性，把生命世界非常非断之"恒转"本体割裂为——极微的、静止的片段，所以在世俗认定的时空关系中只可以描摹机械运动的迹象，没法子窥测"变"的本真实相。只有超越世俗时空观念的限制，才能领悟生命本体不疾而速，不行而至，才生即灭，都无暂住的本性。所以，熊十力说："孔门传授的《易传》有云：'不疾而速，不行而至'，可谓深入理奥。……所谓变异者，却是极奇妙的迅速，每一刹那顷都不会停滞的，所以说'不疾而速'。又凡物刹那刹那变异故，前物已灭，本不曾行往于后，然后物续前而起，即其前虽无实物可以往后，而由刹那刹那，有物续生，宛似前物至后。所以说'不行而至'。"②熊十力认为，对于"不疾而速，不行而至"的"变"的本性，庄子最得心解。《大宗师》所说的藏舟于壑、藏山于泽的寓言最有助于理解不露形迹潜移默化的"变"的伟力。寓言说，有人怕舟丢失，费尽心机把舟藏在险要坚固的大壑里；担心大山丢失，便把大山密藏在大泽里，自以为牢不可破，再不会被人偷走。然而半夜里"有大力者负之而走"，把舟、山连同大壑、大泽一起都背走了。依照熊十力的解释，"夜半"，隐喻冥冥中自然而然的状态；"大力者"，指的正是变化的伟力。《大宗师》舟山密移的寓言极富理趣，后来的郭象从"独化"的角度解释得极好。郭象说："夫无力之力，莫大于变化者也；故乃揭天地以趋新，负山岳以舍故。故不暂停，忽已涉新，则天地万物无时而不移也。世皆新矣，而自以为故；舟日易矣，而视之若旧；山日更矣，而视之若前。

---

① 熊十力：《新唯识论》，《熊十力全集》第三卷，湖北教育出版社 2001 年版，第 117 页。
② 熊十力：《新唯识论》，《熊十力全集》第三卷，湖北教育出版社 2001 年版，第 133 页。

今交一臂而失之，皆在冥中去矣。故向者之我，非复今我也。我与今俱往，岂常守故哉！而世莫之觉，横谓今之所遇可系而在，岂不昧哉！"[1]郭象所说的这个能够引发天地趋新、山岳舍故、舟山密移的"无力之力"，近于熊十力所说的"刹那生灭"。

由上可知，熊十力所说翕辟成变与刹那生灭是一个问题的两个层面。从生命世界的内在矛盾说为翕辟成变，从生命世界变化的本性说为刹那生灭。"辟"是流行无碍的势用，所以是刹那才生即灭、无有暂住的；"翕"是收摄凝聚的势用，虽"诈现物相"而其实质不是固定不变的，也是刹那才生即灭、无有暂住的。如此说来，"翕和辟，都是倏忽生灭，好像空中花一般"[2]。熊十力通过夸大变化的绝对性，否认事物存在的相对静止，从而否认了事物存在的稳定性与客观性。

六、生命开显的新八卦说

在《新唯识论》的《成物》章，熊十力依据"翕辟"说对《周易》"八卦"作出了新的构思，成为其新易学生命哲学的重要内容。熊十力说：

> 本体是举其全体显现为翕和辟。辟则冲寂刚健，而无方相，乃如其本体之自性。翕的势用是收凝，将有物化之惧，殆不能保任其本体。然此收凝的势用，其本性要不异辟，以本体无二故。但辟要表现它自己，不能没有资具。否则辟的动势，只是浮游无据，将何所藉以自表现耶？因此之故，辟的势用，决定与收凝的势用，恒相俱有。但辟的势用本无差别，而翕则是有差别的，是多至无量的。每个翕之中，皆有辟的势用周运其间。[3]

① 郭象：《庄子注》，见郭庆藩：《庄子集释》，中华书局 2004 年版，第 244 页。
② 熊十力：《新唯识论》，《熊十力全集》第三卷，湖北教育出版社 2001 年版，第 134 页。
③ 熊十力：《新唯识论》，《熊十力全集》第三卷，湖北教育出版社 2001 年版，第 287 页。

前面已屡次提起,依熊十力"翕"与"辟"是"恒转"本体显发的两种相辅相成的势用,"辟"代表刚健主动之势用,它与生命本性的走向是相同的,据此假说为"心"的功能;"翕"代表收敛凝聚之势用,它与生命本性的走向宛似逆行的,据此假说为"物"的功能。恒转不息的生命本体借助于一翕一辟而成绵延不绝的大化之流。在此生生化化的生命演进过程中,"翕"的势用收缩凝聚,形成宛然似有的幻象,也就是俗常所偏执为客观实在的"物质"现象。然而,恒转本体永远不会被"翕"的收缩凝聚物质化,因为当"翕"收敛凝聚时,便有刚健主动的"辟"与之同体而起,随即打破此"物质化"的颓废沉沦生生而起。所以,从根本上说,"翕"的势用是相对的、暂时的、有差别的、现象性的"多","辟"的势用是绝对的、永恒的、无差别的、内在性的"一"。"翕"是"辟"借以显现自身动势的资具,"辟"是运乎翕中并主宰着翕的那种本质性力量。"辟"更代表恒转本体的自性。所以,我们面前宛然似有的物质世界本质上是一个生生不息的生命的绵延。宇宙生命活力的绵延,熊十力称作"形向",即恒转本体收摄凝聚显现生生自性似物非物的一种倾向,故其言:"形向者,谓其未成乎形,而有成形的倾向也。每一形向,元是极微小的凝势,可以名之为小一。此小一或凝势,是刹那刹那,生灭灭生,流行迅疾,势用难思。"[1]熊十力说,"形向"不同于"形物",前者是一种生命刹那生灭似物非物的倾向或凝势,后者即习以为常所偏执为凝固僵死的物质。殊不知,恒转的生命本体显发的"形向"只是一种物化的倾向,而不是真的沉沦堕落为凝固僵死的"形物"。生命世界恒转本体的活力简直不可思议,难以言表,熊十力只好用一种直观拙笨的图示来表诠生命世界恒转本体的"形向"[2]。图示为一大圆圈中内涵众多小圆圈。熊十力解释说,图中大圆圈表示生命世界是"浑一的全体",图中众多的小圆,表示浑一全体的生命世界"全中有分""一中有多"。图为圆形意取《易传》"圆而神"之说。生命世界全分圆通,一多相融,重重交遍,旋生旋灭,

---

① 熊十力:《新唯识论》,《熊十力全集》第三卷,湖北教育出版社 2001 年版,第 290 页。
② 熊十力:《新唯识论》,《熊十力全集》第三卷,湖北教育出版社 2001 年版,第 290 页。

永无止住。这就是生命世界的本相。熊十力小结说:"总之,凝敛与健进只是浑一的动之两方面,没有两方面的相反相成,也无所谓动。亦复应知,由相反相成,而只见夫凝势,虽若物化,而终顺以从健。健则纯刚纯善,而不靡于凝以物化。是故于动用处,而知其即是真体显现,无可离动觅体也。"①由于历久形成的相信世界是客观存在的经验习惯在人们意识中牢不可破,近代以来的科学主义更为此种常识添加了理性主义色彩,所以要说明世界的本相是"生命活力"并要世人理解这一点并非易事。为此,熊十力煞费苦心地援引《周易》八卦对生命由"幽"至"明",从潜在至大明的演进过程进行了独具匠心的发挥。故其言:"依大用之翕的方面,而假说物。其实,言翕即有辟。此在前文屡经说过。今更推明翕辟相互之旨,则翕之所以为物者,其义益见。"②

先说《乾》《坤》二卦。熊十力用《乾》卦表示"辟",用《坤》卦表示"翕",并将翕辟说的特色表诠为幽明。"翕"以成物,有形可见,表诠为"明";"辟"潜运于"翕"中,无声无臭,表诠为"幽"。故其言:"明者,势用发现著明而易见。幽者,势用默运深潜而难知。翕辟元是本体之流形,故现作此两种动势,并不是对立的两种东西,然又不得不分言两势。此两种势用之发现也,一以凝敛成翕,一以健进成辟。辟者,称体而呈现,寂寞无形,应说为幽。翕者,有迹象昭著,虽是本体之流形,而既肇乎形,即已乖其本体,故乃依成形义,假说为明。"③"幽"以为蕴,神妙万物而不测,用阳爻(——)表示绝对无待;"明"以为表,物故有形可分而易知,用阴爻(— —)表示相对有待。依照熊十力的解释,《乾》卦由三个阳爻组成,阳爻为奇数,表示绝对刚健之"辟"一生二,二生三,为万物所资始。《坤》卦由三个阴爻组成,阴爻为偶数,表示"翕"收敛凝聚以成物,分化散殊而成多。总而言之:"乾坤二卦,以表翕辟。自余六卦,则皆因翕辟错综之情不一,而著其不测之变。错者,相对义。一翕一辟,故是相对。

① 熊十力:《新唯识论》,《熊十力全集》第三卷,湖北教育出版社 2001 年版,第 293 页。
② 熊十力:《新唯识论》,《熊十力全集》第三卷,湖北教育出版社 2001 年版,第 330 页。
③ 熊十力:《新唯识论》,《熊十力全集》第三卷,湖北教育出版社 2001 年版,第 331 页。

综者,相融义。翕辟以反而相成,故是融和。"①

继之为《震》《巽》二卦。熊十力解释说,《周易》一书"妙于取象"。《震》卦,一阳在下,二阴在上。《巽》卦,一阴在下,二阳在上。二卦形相反而实相资。《震》卦取象为"雷"。其一阳潜动于二阴之下,意味着雷出震动乎幽蛰,其力盛大而不可称量。从翕辟关系说,阳为辟,阴为翕,《震》卦一阳幽隐于二阴之下,意味着"辟"潜运乎"翕"之中而为"翕"之主宰。每当"翕"收摄凝聚而将要"物化"之顷,便有刚健主动之"辟"运乎"翕"中打破其即将物化的僵局,故生命创进之活力永不停息。故《震》卦在《说卦传》中又称说为"帝"。熊十力据此批评机械唯物论说:"震之初爻,一阳潜动乎下,其上二爻皆阴,则翕象也。易言之,即万物粲著之象也,唯物论者只执有物而已,不知物非实有,而默运其中者乃是健进的势用,即所谓辟者是也。"②《巽》卦取象为"风",有驯顺融入之义。熊十力从两个角度进行了描述。一则《巽》卦一阴在下,卑顺以从阳之运;二则风虽然柔顺,但也很有力量,譬如大风起兮云飞扬,磅礴六合,周通无碍。这是显发了二阳刚健主动的动势。熊十力说:"震、巽二卦,所以反而相资者。震卦则阴外见,而阳居幽以动之,表辟之默运乎翕也。巽卦则阴入阳,明夫辟者,乃体之全显,无定在而无所不在。故辟既运乎翕之中,亦包乎翕之外。"③《震》《巽》二卦相反相成,前者主动,后者主入,一动一入,象征恒转本体一翕一辟两种势用的相互作用。

再次为《坎》《离》二卦。依《说卦传》,《坎》卦取象为水,其德主陷。为卦一阳陷入二阴之间,象征阳为阴所困而不得显发。《离》卦与《坎》卦相反,取象为火,其德主明。为卦一阴居二阳之中,象征阳破阴暗险陷而出,光明有所附丽,故象征光明。熊十力又据爻位说对《坎》《离》二卦的性格做了具体分析,认为《离》卦阴爻居中位,有居中得正之象,意味着阴能够履中正之道以顺

---

① 熊十力:《新唯识论》,《熊十力全集》第三卷,湖北教育出版社 2001 年版,第 335 页。
② 熊十力:《新唯识论》,《熊十力全集》第三卷,湖北教育出版社 2001 年版,第 337 页。
③ 熊十力:《新唯识论》,《熊十力全集》第三卷,湖北教育出版社 2001 年版,第 338 页。

阳刚健主动之运,故能走出险陷而进达光明之境。《坎》卦则不然,二阴皆不中不正,背离正道以禁锢阳势,所以道路坎坷,前景黯淡。熊十力又依据《坎》《离》二卦对生命由"幽"至"明"的演进过程作出了解说。为说明宇宙生命或心灵的本原性,熊十力对天文学、人类学所谓科学事实作出了评判。迄今为止的天文学、人类学认定的所谓科学事实是:(1)充塞太空,只是无量的"物质宇宙";(2)在无量的物质宇宙中,地球这一迄今所知唯一能够产生并适宜生物存在的小行星,与太阳系形成的天文时间相比还十分短暂,地球的形成具有偶然性;(3)就地球上的生物、特别是人类而言,其产生的时间最晚,而且带有一定的偶然性。据此得出的所谓科学结论是,宇宙原本是物质的,亦即一个没有生命的物理世界,生命或心灵是后起的现象。熊十力不认可此种所谓依据科学事实而得出的唯物主义世界观,也不同意唯物论所强加给自己的那顶"唯心论"帽子。熊十力据翕辟成变说对上述观点做了澄清。熊十力说,所谓"物质宇宙"是一个虚假的概念,其错误在于只看到表面的现象,而不了解宇宙生命的奥秘。物质宇宙是宇宙生命本体所显发的"功用",而"功用"并非实体。他说:"所谓物质宇宙,但从迹象上执取,殊不知此等迹象之本身,只可说为流行不住的功用,而不当执为实物。这种功用,元是具有健进和收凝之两方面的。无有收凝,不显健进。无有健进,只是一味闭塞,而生化熄,宇宙奚其如是?健进名辟,收凝名翕。一翕一辟,反而成化,是名功用。翕则幻呈迹象,辟则无象可睹,乃遍运乎翕或万象之中,而靡所不在。夫泯然无象,而实未尝无者,此宇宙之真也。其呈象者,非真相也。"①宇宙真相是生命本体的恒转,而不是以"翕"而起之迹象,执定迹象为实物,是见"翕"而不见"辟"。从《易》卦上说是见《坎》卦之"陷"而不见《离》卦之"明"。所谓心灵或生命后于物质而有,是只知道"心"为人人各具之心,而不知"人人各具之心"实即"宇宙通体之心"。易言之,心灵即生命之主宰,人人各具之心灵,实即宇宙全体之心灵;人

---

① 熊十力:《新唯识论》,《熊十力全集》第三卷,湖北教育出版社 2001 年版,第 342 页。

人禀赋之生命，实即宇宙本体之大生命。地球出现人类也非偶然，自无机物而至有机物与人类，始显心灵，乃不容已之"真所必至"，其间没有任何事物是偶然的。总之，熊十力认为，生命或心灵与宇宙同在，心灵并非后于物质而存在，只是在人类出现以前生命活力是潜在的，被困陷在无机物质中不得自由显发，就像《坎》卦的一阳困陷在二阴之中。随着有机物的出现，生命活力有所解放，直到进化出人类高级神经组织，"生命乃凭之以益显其物物而不物于物之胜能"①，精神灵明冲破物的锢蔽昭著万方，成为生命世界的主宰。在《周易》六十四卦排列顺序中，《坎》卦之后继之以《离》卦，正表明宇宙生命活力由"幽"至"明"的演进之理。熊十力说："离之为卦，阳则破除阴暗险陷以出，辟以运翕也。……由坎而离，则知天化终不爽其贞常。而险陷乃生命之所必经，益以见生命固具刚健、升进等等盛德，毕竟能转物而不至物化，毕竟不舍自性，此所以成其贞常也。"②又说："《大易》坎、离二卦，明示生命跳出物质障锢之险陷，而得自遂。"③

最后，是《艮》《兑》二卦。《艮》卦一阳居上，二阴在下。依《说卦传》，《艮》卦取象为山，大山厚重，故其德主止。熊十力解释说，艮之义为止。此卦两个阴爻一并隐伏于阳爻之下，阴有静止之象。熊十力研究易学，不同于经学时代的其他易学家，他的解释很随意，完全是"六经注我"的态度。此处把阴爻解释为"静止"，又把阳爻解释为"天"。他说："阳，乾也，取象于天。此中天者，空界之名，故可以表本体。此卦即明本体固具许多潜能。以其隐而未现，假说为静止之象。"④熊十力以阳爻所表的"空界"，不是指日月星辰所行的太空，而是指清通无碍之生命本体。以两个阴爻所表之"静止"，指本体固有的无量潜能，因其隐而未显假说为静止。所以《艮》卦象征恒转不息的生命本体

---

① 熊十力：《新唯识论》，《熊十力全集》第三卷，湖北教育出版社 2001 年版，第 350 页。
② 熊十力：《新唯识论》，《熊十力全集》第三卷，湖北教育出版社 2001 年版，第 350 页。
③ 熊十力：《新唯识论》，《熊十力全集》第三卷，湖北教育出版社 2001 年版，第 357 页。
④ 熊十力：《新唯识论》，《熊十力全集》第三卷，湖北教育出版社 2001 年版，第 358—359 页。

蓄止储聚着无限的生命能量活力。《兑》卦与《艮》卦卦体爻象正相反,一阴在上,二阳居下。依《说卦传》,《兑》卦取象为泽,泽润万物,故其德主悦。熊十力解释:"此卦明本体所固具的许多可能性,于潜隐中自当乘几而发现于外。几者,自动之几,非外有可乘之几也。由潜而显,化几通畅,故有欣悦之象。"①在熊十力看来,本体具众德,涵万理,圆满至极,毫无亏欠,为天地之始,为万化之原。所以本体含有生命世界无限的可能性,此无限的可能性由隐至显,由潜能而一一展现为现实,大用流行,化机通畅,生命活力欣欣向荣,无不欣悦,《兑》卦正蕴含了如此象征意义。熊十力说:"《大易》终篇,才示既济,而即继以未济,其旨深哉。一真之体,现为大用,行至健而无止息也。使有完成,则化几且息。本体不将为死体乎?《中庸》曰:'至诚无息。'与《大易》'未济'之旨,互相发明,至哉斯义,焉得解人而与之默于无言。"②生命本体恒转如流,生命活力永无止息,生命世界无限之可能性在生命创进途中不断走向欣悦和畅!

七、生命、心灵、精神

熊十力的生命哲学既不同于伯格森的盲目的冲动说,也有别于基督教的神学目的论,在一定程度上认同生命创进的合目的性。熊十力说:"生命之创进本非盲目的冲动,可谓之有计划,而不可谓其计划出于预定。使其计划预定,则应为一成不变之型。何以其表现也,自无机物而有机物,乃至人类,有许多阶段的变异,曾无定型。又在有机物未出现以前,生命犹被物质锢蔽,而难自显,是为险陷之象。如有预定计划,尤不应出此。"③熊十力说自己并不完全反对目的论,只是反对"预定的目的论"。对于生命创化的合目的性,熊十力尝以《易》"乾知大始"加以解说。他说:"乾者,阳也,相当吾所谓辟。辟者,本

①　熊十力:《新唯识论》,《熊十力全集》第三卷,湖北教育出版社2001年版,第359页。
②　熊十力:《新唯识论》,《熊十力全集》第三卷,湖北教育出版社2001年版,第360页。
③　熊十力:《新唯识论》,《熊十力全集》第三卷,湖北教育出版社2001年版,第351页。

体自性之显也。故于用而显体,则辟可名为体矣。体非迷暗,本自圆明。圆明者,谓其至明,无倒妄也。故以知言。大始者,自本体言之,则此体显现为万物。自万物言之,则万物皆资此真实之本体而始萌也。"①熊十力认为生命创进的活力不是像柏格森所说的"盲目的冲动",而似是一种"非预定的"计划性,或非前定的目的性,此种观念所表达的正是自然生命进化的合目的性。自然界的"合目的性",熊十力称之为"物之不齐,莫不各葆其正"。他说:"诸天之运行有序,天之正也。山川之流凝,各成其德,山川之正也。动植物之构造,纤悉毕尽其妙,于以全生而凝命,动植物之正也。人之泛应万感,而中恒有主,不随感迁,人生之正也。夫物之不齐,而莫不各葆其正。故知生命的本身是明智的,而非迷暗的。其创进也,则自其潜运于无机物中以至表现于有机物,迄人类,其所以控御物质而显其力用者,当然不是一种盲冲乱撞,而确是有幽深的计划的。"②只是这种"计划"非前定的目的性,且深藏于自然中隐秘难知而已,但并不是不存在。熊十力援引《周易》的《随》卦说:"《大易·随》卦,颇著其义,是可玩已。随卦为震、兑二卦之合,下三爻,震卦也;上三爻,兑卦也。此卦,震阳在下,以从二阴。兑阳渐长,而犹从一阴,故名'随'。夫阴从阳,化之常也,道之正也。今阳从阴,何耶?盖生命之显发也,不能不构成物,而用之以自显。物成而重浊,生命不能遽尔控制自如,姑自潜以随乎物。震之一阳在下,以从二阴。兑阳渐长,而犹不能已于随。阳虽长,而阴之重浊,必制之以渐故也。"③在熊十力看来,《随》卦的爻象有阳跟随阴之义,依照阳动阴从的原则,阴随阳为正理,而此卦爻象表示的却是阳主动随顺阴而行,这并不意味着阴盛阳衰或阳被阴所困失去刚健主动性,而是生命在无机物中"不得不姑随之,以徐图转化"的合目的性。阳随阴而动,犹如"辟"潜运乎"翕"中,正是为

---

① 熊十力:《新唯识论》,《熊十力全集》第三卷,湖北教育出版社 2001 年版,第 352 页。
② 熊十力:《新唯识论》,《熊十力全集》第三卷,湖北教育出版社 2001 年版,第 353 页。
③ 熊十力:《新唯识论》,《熊十力全集》第三卷,湖北教育出版社 2001 年版,第 353—354 页。

了转化"翕"收摄凝聚成物的颓势向前创进。

　　熊十力说,天化有心而无意。自然界的生命创化不是盲目的冲动,而是"有计划"的,只是这种计划不是事先"预定的"。此话听起来似乎有些矛盾。"计划"总是有预定性的,怎么能说自然生命创化活动有计划而非预定呢? 熊十力说这是一种误解,混淆了人的计划之目的性与自然生命创化的自发性。人的活动计划,总是依照人所要达到的"目的性"而事先筹划谋虑计算,此中谋虑计算谓之"意"。自然生命创化"有心而无意","心"即宇宙生命活力,此种生命活力是自发的而非人为的谋虑计算,所以有心而无意。熊十力说:"天化本无意,何将迎之有? 健动而明,成物而用之,不失其正。夫物者生命所自成也,非物别有本也。……知其本非盲目的冲动,故谓之有计划也。此计划一词,但显生命创进绝非迷乱,并不谓为由筹度而始决定其行动,非拟天以人也。人有意,而天无意也。"①又说:"谈生命者,自其为全体言之,只是唯变所适,决没有如何去构造物的预计。自其为全体而有分化言之,则生命表现于其所不期而成之物质中,即成为各个独立的生物时,乃用物而能随缘作主,因以见其有计划或目的,前面所谓无预定计划,而又未始无计划者,至此,则其义蕴已竭尽无余。"②所谓"非预定的计划而又未始无计划",即自然生命进化的合目的性。熊十力认为,自然生命之创化"唯变所适",此种"变"既不是盲目的冲动,也没有前定的计划,其德盛化神"不容已之几"也就是宇宙大生命的生机活力。

　　有人说,宇宙是层复一层的创化不已,如物质始凝,而后有生命,有心灵,渐次出现,此正是老子所说"虚而不屈,动而愈出"之义。熊十力不同意这种机械的进化论观念。他一贯坚持生命与心灵是一不是二,有物质就有生命,有生命就有心灵,生命、心灵与物质是一种体用不二的关系,宇宙与生命同体,生命、心灵在宇宙创化中存在"隐"和"显"的问题,而不是"有"和"无"的问题。

---

① 熊十力:《新唯识论》,《熊十力全集》第三卷,湖北教育出版社 2001 年版,第 355 页。
② 熊十力:《新唯识论》,《熊十力全集》第三卷,湖北教育出版社 2001 年版,第 357 页。

儒道汇融大生命视域下的《周易》哲学研究

可以说由隐至显,不可以说无中生有。熊十力说:"物理世界由流之凝,由浑之画,由单纯而之复杂。心灵则自其当无机物时,隐而不显,迄至人类,乃特别发达。如哲学家极渊微的神解,科学家极奇特的创见,及凡文化上一切伟大制作的慧力,都是一层一层的创化不已。此正老氏所谓不屈与愈出之义。其所以不屈与愈出者,正以含藏万理,故能如此尔耳。理体世界的可能,恒是无尽藏。大用流行的世界,只是变动不居,而终不能尽其理体之所有完全实现。理体是圆满的,用相有对而无恒,不能无缺憾。"①可以将熊十力的生命创化说归结为一种生机整体主义,以别于单向累加的机械进化论。前者把生命看作是一个不可分割的有机整体,生命万象是生命本体蕴含的无限潜能由隐至显、由微至著的整体呈现。所以,生命万象纷然,本体圆成自足,生命世界的神奇美妙源自生命本体的圆满自足、至真至善。所以,如此生命创化完全不同于机械进化,每一次、每一项都是生生本体崭新的呈现。后者把生命世界看作一种机械的物理运动,前一阶段的变化与后一阶段的变化之间只是一种外在的因果性,后一阶段的变化作为前一阶段变化的机械性累加,较之前一阶段的状态总是更加丰富、更为完善。这就有一个理论难题,原本没有的东西后来有了,进化不仅会被歪曲成无中生有,完整的生命世界被一个片段接一个片段的"进化"肢解为一堆碎片。宇宙生命活力的根基又在何地? 这里,熊十力说"理"是"无尽藏"的生命本体,正是为了确立起宇宙生命活力的根基。熊十力所说的"理"或"理体"与程朱理学所坚持的"理"本体论,其哲学立足点根本不同。朱熹所讲的"理",既是天地万物"共相"的抽象化、绝对化,又是宗法时代封建政治伦理的抽象化、绝对化。这个至高无上的"理"只存有而不活动,生命世界需要借助于"形而下"的"气"才能生动起来。熊十力所讲的"万象森然"的"理"虽然沿用了程朱的用语,却注入了全新的内容。这里"理"不是一个"净洁空阔"的抽象的逻辑概念,而是生命世界向着无限可能性创进的根据,它是

---

① 熊十力:《新唯识论》,《熊十力全集》第三卷,湖北教育出版社 2001 年版,第 362 页。

充满活力的生命本体的同义语。

八、大生命"寂仁圆融"之境

熊十力在《新唯识论》中说本体,讲恒转,论翕辟,述功能,层层叠叠,千回百转,最后一章曰《明心》。所谓"明心",意在凸显和挺立宇宙生命本体在人的生命实践中的精神主体性。熊十力的一贯立场是宇宙生命本体即人的精神主体性之形上依托,人的精神主体性即宇宙生命本体的灵明自觉。熊十力说:

> 本论所云心与生命、精神三名词,其名虽殊,而所目则一。以其为本来灵明净妙之体,是为吾身之主宰,则名曰心。但有时以习气或妄识名心者,则与此中心字异义,宜随文辨别。又以其为生生不息真几,则名曰生命。但与世俗习用生命一词的意义不必同。又以其迥超物外,神用不测,刚健不挠,是为万有之原,则名曰精神。故三名虽异,而实无别体。……此三名,在全书中散见,他处未及注,姑识于此。①

在熊十力的语境中,心灵、精神、生命,随事立说虽有不同,但三个语词基本意思是一样的,用熊十力的话说是"名殊而目一",均指宇宙万象的生命本体。本心即恒转之辟,或本心即本体之异名。要读懂熊十力《新唯识论》,自始至终要紧紧抓住一个主题,即熊十力为什么要深究本体?熊十力说,哲学之极诣在彻悟本体,哲学或玄学重在"见体"。"见体"的真义在"明心",亦即挺立宇宙大生命的主体性。熊十力本体论的根本特色是体用不二。体显为用,用表现体,本体即体用圆融无碍之生命整体。本体恒转不已,表现为"翕"与"辟"两大势用,前者收摄凝聚以成物,后者刚健主动以名心。物以心为体,心以物为用;物依托着心,心主宰着物。心物一本,体用不二,如斯圆融无碍、亦心亦

---

① 熊十力:《新唯识论》,《熊十力全集》第三卷,湖北教育出版社 2001 年版,第 340 页。

物而又非心非物的宇宙,构成生命世界的本相。从生命本体恒转流行的势用来看,本体若不显为事用,则直是空无而已,岂能名之为无限和大全的本体?本体现为事用则不可浮游无据,其动而翕也,则盛用其力收摄凝聚以成物。而此时本体毕竟恒如其性,绝不会沉沦于物而丧失其自性,本体成物只是凭之以显发其自性力而已。所以,物只是本体借以显发其自性力之"资具"而已。此永不物化的"自性力"也就是刚健主动的"辟""心力"或生生不息而清刚浩大的宇宙活力。熊十力说:"辟者,开发义,升进义,生生不息义。翕成物则闭塞,此力运于物之中而通畅无碍,故有开发义。翕成物则重坠,此力运于物之中,而实超出物表,能转物而不为物转,故有升进义。翕成物则违其本,此力运于物之中,则用其反,而卒归融和,益遂生生之盛。"①所以,从表面看,熊十力《新唯识论》似乎是在一门心思不厌其烦地探究"变"与"不变"的问题,而心底真实所思所证的则是宇宙的本体是"心"还是"物"。这决定了熊十力哲学的基本立场或思想特质。如若说宇宙本体是"心",则宇宙便是生命的;如若说宇宙本体是"物",宇宙便是非生命的。几经论证,熊十力得出的结论是:宇宙是生命的创进,是精神的显发,是心灵的感通。至此,宇宙"大生命"的意义借心灵的感通得以圆成实证。熊十力说:"夫生命云者,恒创恒新之谓生,自本自根之谓命。二义互通,生即是命,命亦即是生故,故生命非一空泛的名词。吾人识得自家生命即是宇宙本体,故不得内吾身而外宇宙。吾与宇宙,同一大生命故。此一大生命非可剖分,故无内外。内外者,因吾人妄执七尺之形为己为内,而遂以天地万物为外耳。"②

熊十力以心物释乾坤,最终归结为"合寂与仁",见本体之全德。熊十力认为,佛家谈本体于寂静的方面提揭特重,此各宗皆然,禅师亦同。自孔孟以来,儒家注重生生不息之"仁"。熊十力说:"会通佛之寂与孔之仁,而后本体之全德可见。夫寂者,真实之极也,清净之极也,幽深之极也,微妙之极也。无

---

① 熊十力:《新唯识论》,《熊十力全集》第三卷,湖北教育出版社 2001 年版,第 372 页。
② 熊十力:《新唯识论》,《熊十力全集》第三卷,湖北教育出版社 2001 年版,第 358 页。

形无相,无杂染,无滞碍,非戏论安足处所。默然无可形容,而强命之曰寂也。仁者,生生不容已也,神化不可测也,太和而无所违逆也,至柔而无不包通也。本体具备万德,难以称举。唯仁与寂,可赅万德。偏言寂,则有耽空之患。偏言仁,却恐末流之弊只见到生机,而不知生生无息的真体本自冲寂也。夫真实、清净,生生所以不容已也;幽深、微妙,神化所以不可测也。无方相乃至无滞碍,而实不空无者,唯其仁也。故寂与仁,皆以言乎本体之德。寂故仁,仁亦无不寂。"①在《体用论》中,熊十力针对佛家以寂静言性体的"涅槃寂静"说提出健仁弘性说。他说:"生生之盛大不容已,曰健;生生之和畅无郁滞,曰仁。是故健为静君,仁为寂主。'大生''广生',万物发育。人生以是而继天德、立人极,亦即以是而尽人能弘大天性。天人不二,儒学其至矣。"②熊十力认为,儒家与佛家世界观最大的不同,亦即"儒、佛之大辨"在于对宇宙本体所见不同。佛家以寂静为真如实性,儒家以刚健和畅之生生不息为宇宙本相。刚健为静之君,所以"静"非沉滞;仁德为寂之主,所以"寂"非枯槁。天德生生不息,人处天地之间禀赋生生不息之"天德"以为己性,理应发挥性之所能而实现之、弘大之,此即"尽人能弘大天性"。万物都禀有生生不息的天德,只是听其自然而不能弘大之,唯有人能够发挥"性之所能"以弘大之。熊十力认为,佛家以寂静为性体,主张在寂静中悟空见性。儒家以健仁为性体,以健仁为寂静之主,发挥性之所能而弘大其生生不息的性天本体,上达天德即人极、人极即天德的"天人不二"之生命境界。据此,熊十力批评佛家空宗"涅槃寂静"说有耽空滞寂的非生命、非人生倾向。熊十力说:"天人不二,儒学其至矣。佛氏以为性体只是寂静,将导群生以同归于寂灭之乡。此犹是人间世否?"③又说:"空宗于性体寂静方面领会极深,惜未免滞寂溺静,直将生生不息、变化不竭之真机,遏绝无余。有宗诋以恶取空,并非苛论。空宗说涅槃亦复如幻,又

---

① 熊十力:《新唯识论》,《熊十力全集》第三卷,湖北教育出版社 2001 年版,第 406 页。
② 熊十力:《体用论》,《熊十力全集》第七卷,湖北教育出版社 2001 年版,第 49 页。
③ 熊十力:《体用论》,《熊十力全集》第七卷,湖北教育出版社 2001 年版,第 49 页。

说胜义空、无为空。夫胜义、无为,皆性体之名。涅槃,亦性体之名。此可说为空、可说为如幻乎? 说空、说幻,毕竟毁尽生生种子(自注:此以种子比喻性体生生之德)。"①熊十力也不否认空宗"以寂静言性体"有其苦衷,但其说与生命本性实有不通。熊十力认为,向来谈本体者,都是向天地万物之外去寻找宇宙本原,结果如盲人摸象,无可证真。错就错在"用"外求"体",把本体看作是天地万物之外的另一种实体,此即执着性体为一物。空宗唯恐世人于性体上起执着,故说性体寂静、涅槃寂静,从破除人类迷执感情来说原无可厚非,只是一味破"有"言"空",到头来寂静之空也成为一种执着,这就不能不有所辩证。熊十力说:"余诚不敢菲薄空宗,然终不敢苟同者,空宗不仅破知见,乃将涅槃性体直说为空、为如幻。如此横破,则破亦成执。不止差毫厘,谬千里也。"②从宇宙生命本体来说,无声无臭,寂然无象而非枯槁;亘古长存,安静恒如而非沉滞。离开生生不息之"仁"来说性体寂静,宇宙生命本体之生机活力就会枯槁熄灭。

"寂"与"仁"圆融会归于《大易》之"太极"以实证宇宙生命本体,体现了熊十力哲学的精神要妙。熊十力在《十力语要初续·与人谈易》中说:"吾少误革命,未尝学问。三十左右,感世变益剧,哀思人类,乃复深穷万化之原,默识生人之性,究观万物之变,盖常博考华梵先哲玄文而一归于己之所实参冥会,虽复学无常师,而大旨卒与儒家为近。平生学在《新论》,推原《大易》,陶甄百氏,所以挽耽空溺寂之颓流者,用意尤深也。"③特殊的人生经历使熊十力对哲学特别是《易》学产生兴趣并心有灵犀,独悟深意。他说:"儒学有《六经》而《易》为其原,窃玩《易》之蕴,盖深于数理,夫数立于虚而相待相含以成变。《易》每卦三爻,由初而二而三,然则初于何而著? 其有始乎、无始乎? 曰初所由始,不可致诘,其冲虚无朕,而《易》之所谓太极者乎? 太极本无定在,然群

---

① 熊十力:《体用论》,《熊十力全集》第七卷,湖北教育出版社2001年版,第50页。
② 熊十力:《体用论》,《熊十力全集》第七卷,湖北教育出版社2001年版,第52页。
③ 熊十力:《十力语要初续》,《熊十力全集》第五卷,湖北教育出版社2001年版,第4页。

爻皆太极之显,即群爻统体一太极,一爻各具一太极也。"①又说:"太极冲虚而含万有,则初于此始,故曰数立于虚。有初则有二,有二即有三,自斯以往而万有不齐之数,不可胜穷,要皆不越奇偶二数之变。《易》以乾坤为万变之基数,乾阳,奇数也;坤阴,偶数也。三百八十四爻,皆奇偶之数变动为之。故《系传》曰'乾坤,《易》之门',言其为万物之所从出。"②依熊十力,"太极"即宇宙生命本体,它的特点是"冲虚而含万有"。这里"冲虚"不等于"空虚","空虚"属于"无",即一无所有;"冲虚"近于老子所说的无状之状、无象之象,虽然不露形迹,却潜含生命创进的无穷活力或无限可能性,所以虚而不屈,动而愈出,故云"冲虚而含万有"。可见"太极"不是一具体的存在,也不是不存在。如是一具体的存在,它就需要被产生;如果需要被产生,它就不能成为产生万有的根据和前提。本体也不是不存在,如果不存在又如何"含万有"?这种虽虚而不空无、冲虚而含万有的绝对无限性存在,就在万物中。本体是万象显起的根据,万象是本体显发的功用。此即"群爻通体一太极,一爻各具一太极",就像大海水显发为众沤,众沤表现着大海水。阴阳奇偶之数作为太极本体显发之大用是相待相含的,相待相含以成变化,触发孕育出无穷无尽的生机活力。大哉! 宏阔无垠生生不息的宇宙大全,妙哉! 体用不二的生命世界:"一微尘摄三千大千世界,三千大千世界入一微尘,此乃实理,非故作玄谈,以是观物而众妙之门可睹矣。"③

① 熊十力:《十力语要初续》,《熊十力全集》第五卷,湖北教育出版社2001年版,第4页。
② 熊十力:《十力语要初续》,《熊十力全集》第五卷,湖北教育出版社2001年版,第4页。
③ 熊十力:《十力语要初续》,《熊十力全集》第五卷,湖北教育出版社2001年版,第5页。

主要参考书目

严灵峰编辑:《无求备斋易经集成》,成文出版社有限公司 1976 年版。

(魏)王弼著,楼宇烈校释:《王弼集校释》,中华书局 1980 年版。

(魏)王弼、(晋)韩康伯注,(唐)孔颖达疏:《周易正义》《十三经注疏》整理本,北京大学出版社 2000 年版。

(唐)李鼎祚撰,王丰先点校:《周易集解》,中华书局 2016 年版。

(宋)周敦颐著,陈克明点校:《周敦颐集》,中华书局 2009 年版。

(宋)程颢、程颐著,王孝鱼点校:《二程集》,中华书局 2004 年版。

(宋)张载著,章锡琛点校:《横渠易说》,《张载集》,中华书局 1978 年版。

(宋)张载著,章锡琛点校:《正蒙》,《张载集》,中华书局 1978 年版。

(宋)邵雍著,郭彧、于天宝点校:《皇极经世》上,《邵雍全集》第一册,上海古籍出版社 2015 年版。

(宋)邵雍著,郭彧、于天宝点校:《皇极经世》中,《邵雍全集》第二册,上海古籍出版社 2015 年版。

(宋)邵雍著,郭彧、于天宝点校:《皇极经世》下,《邵雍全集》第三册,上海古籍出版社 2015 年版。

(宋)邵雍著,郭彧、于天宝点校:《伊川击壤集》,《邵雍全集》第四册,上海古籍出版社 2015 年版。

(宋)朱熹:《周易本义》,朱杰人等主编:《朱子全书》第一册,上海古籍出版社、安徽教育出版社 2010 年版。

(宋)朱熹:《易学启蒙》,朱杰人等主编:《朱子全书》第一册,上海古籍出版社、安徽教育出版社 2010 年版。

（宋）朱熹：《太极图说解》，朱杰人等主编：《朱子全书》第十三册，上海古籍出版社、安徽教育出版社 2010 年版。

（宋）朱熹：《通书注》，朱杰人等主编：《朱子全书》第十三册，上海古籍出版社、安徽教育出版社 2010 年版。

（宋）朱熹：《西铭解》，朱杰人等主编：《朱子全书》第十三册，上海古籍出版社、安徽教育出版社 2010 年版。

（宋）朱熹：《周易参同契考异》，朱杰人等主编：《朱子全书》第十三册，上海古籍出版社、安徽教育出版社 2010 年版。

（宋）黎靖德辑：《朱子语类》，朱杰人等主编：《朱子全书》第十四册至第十八册，上海古籍出版社、安徽教育出版社 2010 年版。

（宋）张栻著，杨世文点校：《南轩易说》，《张栻集》第一册，中华书局 2015 年版。

（宋）杨万里撰，宋淑洁点校：《诚斋易传》，九州出版社 2008 年版。

（宋）杨简著，董平校点：《杨氏易传》，《杨简全集》第一册，浙江大学出版社 2015 年版。

（明）来知德集注，胡真校点：国学典藏丛书《周易》，上海古籍出版社 2013 年版。

（明）王守仁著，王晓昕、赵平略点校：《王文成公全书》，中华书局 2015 年版。

（明）王畿著，吴震整理：《王畿集》，凤凰出版社 2007 年版。

（明）刘宗周：《周易古文钞》，吴光主编：《刘宗周全集》第一册，浙江古籍出版社 2012 年版。

（明）刘宗周：《读易图说》（含《易衍》），吴光主编：《刘宗周全集》第三册，浙江古籍出版社 2012 年版。

（明）王夫之：《周易内传》（附《发例》），《船山全书》第一册，岳麓书社 2011 年版。

（明）王夫之：《周易外传》，《船山全书》第一册，岳麓书社 2011 年版。

（明）王夫之：《周易稗疏》（附《考异》），《船山全书》第一册，岳麓书社 2011 年版。

（明）王夫之：《周易大象解》，《船山全书》第一册，岳麓书社 2011 年版。

（明）王夫之：《张子正蒙注》，《船山全书》第十二册，岳麓书社 2011 年版。

（明）王夫之：《老子衍》，《船山全书》第十三册，岳麓书社 2011 年版。

（明）王夫之：《庄子通》，《船山全书》第十三册，岳麓书社 2011 年版。

（明）王夫之：《读四书大全说》，《船山全书》第六册，岳麓书社 2011 年版。

（明）王夫之：《四书笺解》，《船山全书》第六册，岳麓书社 2011 年版。

（明）王夫之：《四书训义》上，《船山全书》第七册，岳麓书社 2011 年版。

（明）王夫之：《四书训义》下，《船山全书》第八册，岳麓书社 2011 年版。

（清）胡煦著,程林点校:《周易函书》(全四册),中华书局 2008 年版。

（清）胡渭撰,郑万耕点校:《易图明辨》,中华书局 2008 年版。

（清）李光地:《御纂周易折中》,郑万耕主编:《易学精华》下,北京出版社 1996 年版。

（清）焦循:《易通释》,郑万耕主编:《易学精华》下,北京出版社 1996 年版。

（清）李道平撰,潘雨廷点校:《周易集解纂疏》,中华书局 1994 年版。

熊十力:《新唯识论》文言文本,萧萐父主编:《熊十力全集》第二卷,湖北教育出版社 2001 年版。

熊十力:《新唯识论》语体文本,萧萐父主编:《熊十力全集》第三卷,湖北教育出版社 2001 年版。

熊十力:《读经示要》,萧萐父主编:《熊十力全集》第三卷,湖北教育出版社 2001 年版。

熊十力:《体用论》,萧萐父主编:《熊十力全集》第七卷,湖北教育出版社 2001 年版。

熊十力:《明心篇》,萧萐父主编:《熊十力全集》第七卷,湖北教育出版社 2001 年版。

熊十力:《乾坤衍》,萧萐父主编:《熊十力全集》第七卷,湖北教育出版社 2001 年版。

李镜池:《周易通义》,中华书局 1981 年版。

李镜池:《周易探源》,中华书局 1978 年版。

朱伯崑:《易学哲学史》(全四卷),蓝灯文化事业股份有限公司 1991 年版。

唐明邦主编:《周易评注》,中华书局 1995 年版。

张立文:《帛书周易注译》,中州古籍出版社 2008 年版。

刘大均:《周易概论》(增补修订本),巴蜀书社 2010 年版。

施维主编:《周易八卦图解》,巴蜀书社 2005 年版。

冯国超译注:《国学经典规范读本〈周易〉》(彩图典藏版),商务印书馆 2016 年版。

方东美:《生生之德:哲学论文集》,中华书局 2013 年版。

王振复:《大易之美——周易的美学智慧》,北京大学出版社 2006 年版。

梁漱溟:《究元决疑论》,《梁漱溟全集》第一卷,山东人民出版社 2005 年版。

梁漱溟:《东西文化及其哲学》,《梁漱溟全集》第一卷,山东人民出版社 2005 年版。

梁漱溟:《中国文化要义》,《梁漱溟全集》第三卷,山东人民出版社 2005 年版。

梁漱溟:《人心与人生》,《梁漱溟全集》第三卷,山东人民出版社 2005 年版。

冯友兰:《人生哲学》,《三松堂全集》第二卷,河南人民出版社 2001 年版。

冯友兰:《中国哲学史》上,《三松堂全集》第二卷,河南人民出版社 2001 年版。

冯友兰:《中国哲学史》下,《三松堂全集》第三卷,河南人民出版社 2001 年版。

冯友兰:《中国哲学简史》,《三松堂全集》第六卷,河南人民出版社 2001 年版。

冯友兰:《新理学》,《三松堂全集》第四卷,河南人民出版社 2001 年版。

冯友兰:《新原人》,《三松堂全集》第四卷,河南人民出版社 2001 年版。

冯友兰:《新原道》,《三松堂全集》第五卷,河南人民出版社 2001 年版。

冯友兰:《新知言》,《三松堂全集》第五卷,河南人民出版社 2001 年版。

金岳霖:《论道》,金岳霖学术基金会编:《金岳霖全集》第二卷,人民出版社 2013 年版。

汤用彤:《魏晋玄学论稿》,《汤用彤全集》第四卷,河北人民出版社 2000 年版。

张岱年:《中国哲学大纲》,《张岱年全集》第二卷,河北人民出版社 1996 年版。

张岱年:《天人五论》,《张岱年全集》第三卷,河北人民出版社 1996 年版。

张岱年:《中国古典哲学概念范畴要论》,《张岱年全集》第四卷,河北人民出版社 1996 年版。

余敦康:《内圣外王的贯通——北宋易学的现代诠释》,学林出版社 1997 年版。

陈鼓应:《道家人文精神》,中华书局 2015 年版。

陈鼓应:《庄子人性论》,中华书局 2017 年版。

陈来:《古代宗教与伦理——儒家思想的根源》,生活·读书·新知三联书店 1996 年版。

陈来:《仁学本体论》,生活·读书·新知三联书店 2014 年版。

[古希腊]亚里士多德著,吴寿彭译:《形而上学》,商务印书馆 1959 年版。

[法]阿尔贝特·施韦泽著,陈泽环译:《敬畏生命——五十年来的基本论述》,上海社会科学院出版社 2003 年版。

[法]昂利·柏格森著,肖聿译:《创造进化论》,华夏出版社 2000 年版。

[法]列维-布留尔著,丁由译:《原始思维》,商务印书馆 2009 年版。

[英]阿尔弗雷德·诺思·怀特海著,杨富斌译:《过程与实在》,中国城市出版社 2003 年版。

[美]蕾切尔·卡逊著,吕瑞兰、李长生译:《寂静的春天》,吉林人民出版社 1997 年版。

[美]亨利·梭罗著,徐迟译:《瓦尔登湖》,吉林人民出版社 1997 年版。

[美]霍尔姆斯·罗尔斯顿著,杨通进译:《环境伦理学》,中国社会科学出版社

2000 年版。

　　[美]霍尔姆斯·罗尔斯顿著,刘耳、叶平译:《哲学走向荒野》,吉林人民出版社 2000 年版。

　　[美]卡洛琳·麦茜特著,吴国盛等译:《自然之死——女性、生态和科学革命》,吉林人民出版社 1999 年版。

索　引

A

安身立命　43,147,148,280,281,284,
　285,319,324

安贞吉　228

B

八宫卦　137—141

八卦　5—7,10,12,13,32—34,40,
　45,49,52,53,56,57,59,64—68,
　116,125—128,130,137,138,141,
　143, 145—147, 168—175, 177—
　179,183,186—188,193,196,199,
　200,211,231,247,249,255,271,
　275,278,297,310,316,318,325,
　340,345,347

八卦定吉凶　5,63

百里奚　262

百物不废　43,257,281

柏格森　331,352

保合太和　1,4,5,8,103,136,201,
　209—211, 213—215, 218, 226,

227,243

备物致用　52,63

本然之妙　77

变动不居　44,93,139,140,157,209,
　250,308,354

变化日新　84,287

变通　10,52,87,117—119,205,206,
　247, 249, 250, 274, 280, 293, 295,
　317,318,320,328

变通莫大乎四时　52,63

变通配四时　64,101,104

变通应时　316

变易　45, 54, 113, 130, 143—145,
　168, 169, 247, 248, 250, 254,
　318,329

变则化　81

剥床以肤　257

不和不生　5,8,63

不可为典要　44,140,215,250,308

不息于诚　73

不易　18,33,43,53,123,131,183,
　202,215,247,248,254,260,265,

306,307,318,329

C

参天两地而倚数　34,62,65,169,196

参伍以变　64

常变不二　93

成天下之亹亹　52

诚无为　73

程颢　152—154,168,173,212

程颐　1,7,21,22,55,56,78,81,106,
108,109,113,120,148—150,202,
210—212，215—217，219—225，
227—229,232,234—240,242,254,
255,270—274,277,325

惩忿窒欲　43,73,236,265

冲漠无朕　77

冲气以为和　8,16,45,99,104,234

憧憧往来　107,314

崇德广业　147,269

出入以度　44,250,251,280

存神以尽性　85

错综其数　64

D

大观在上　243

大亨以正　243,252,254

大化流行　74,90,161,320,336

大蹇朋来　245

大明终始　8,105,210

大人　30,95,155,156,158,215,
217—219,227,228,235,253,259,
277,281,286,293,295,297

大人虎变　253

大生命　4—6,8—10,19,55,61,63,
65,74,78,83,85,89,95,97,101,
102,119—121,128,129,131—137,
141,142,146,147,150—152,154,
158,164,165,167,168,210,231,
233,240,275,277,278,316,325,
328,329,350,355,356

大生命价值观　1,2,4,8,201,
210,226

大生命精神境界　148

大生命伦理精神　147

大生命世界图景　1

大生命视域　2—4,10,17,328

大数据　55,57,60—62

大衍之数　39,56,57,60,61,65,70,
169,193,196

大中而上下应之　243

当位以节　244

道不虚行　196,250,251

道德宇宙　93,94

道法自然　55

道家之《易》　320

道器不二　325

道始于虚霩　67,69

道与器不相离　87,89,115

得兔而忘蹄　54

得象忘言　55

得意忘象　53,55,261

得鱼而忘筌　54,289

德合无疆　105,220,222

德言盛　51

德之本　157,263

德之辨　263,271

德之柄　263,269

德之地　263,272

德之固　263

德之基　263,268

德之修　263

德之裕　263

德之制　263,273

地出其形　5,63

地道变盈而流谦　240,269

帝乙归妹　19,21,245

董仲舒　67,212,218

动而健　145,243

动而生阳　72,76,78,80,171

动而有悔　51,216

动非自外　89

动极而静　72,171

动静不同时　77

动静无端　77,113,308,313

动静阴阳之理　77

动静有常　140,255

动静之外无理数　86

动息地中　70

独阴不成　84

敦复无悔　245

E

二女同居　232,252

二气感应以相与　108

二气交感　72,108

二人同心　50,51

二五之精　72

F

法象　8,65,118,126,146

法象莫大乎天地　52,63,64

范蠡　99

方东美　92—95,158—164

纷若之吉　245

冯友兰　79,97,98,102,115,154,327

孚于嘉吉　245

负阴抱阳　16,99,100

G

复归于无极　76

复健顺之本体　85

复以自知　264

傅说　262

改邑不改井　244,271,272

干母之蛊　245

甘节之吉　245

感而遂通　60,277,297,298

刚过而中　243

刚健不息　106,220,223

刚健而文明　243,274

刚来而得中　227,243

刚柔相易　44,140,250,308

刚柔有体　16,101,104,249

刚失位而不中　244

刚巽乎中正而志行　244,273

刚遇中正　244,275

刚中而柔外　244

刚中而应　243,244

刚中而志行　243

革故鼎新　251

革言三就　253

工具理性　3,4

钩深致远　52,63

孤阳不生　84

卦气说　10，130—137，142，145，183，184

卦爻尽其变　65

卦之德　44，49，264，267，278

观法于地　6，59，64，125

观物取象　53，54，59，169

观象于天　6，59，64，125

观象制器　53，259

管仲　262

广大配天地　64，101，104

广大悉备　64，318

归根曰静　89，254

鬼神害盈而福谦　240，269

过涉灭顶　257

H

海德格尔　164，212

含弘光大　105，220

含章之美　222

汉易　9，10，64，66，71，130，137，138，145，168，184，194，322—324，328

和乃生　5，8，63

和谐共生　1，2，8，10，52，55，56，66，74，97，101，125，141，146，147，165，211，212，231，325，328，335

河洛学　59

河图　10，12，15，52，61，170，189，190，196，310，311

阖户谓之坤　118，249

恒其德　254，256

恒以一德　264

恒转　90，121，123，334—336，339—

342，344，346，348—350，355，356

恒转如流　121，351

后天八卦　128

厚德载物　49，220

互渗律　31，35，37，38，40，59

互为其根　72，76，113，171，224

化不离乎神　84

化而裁之存乎变　248

化而裁之谓之变　45，81，102，110

化生万物　48，72，108，151

化言其渐　81

皇极经世　55，120，169，179，191，196

黄离元吉　245

黄裳元吉　223，244

黄中通理　223

悔事消亡　25，233，252，253，256，273

晦其明　260，261，263

J

积中不败　245

箕子　19，22，23，190，260—263，281，285

吉凶生大业　5，63，64

即现象即本体　93

几善恶　73

继善成性　8，114，211

寂然不动　60，73，193，277，297，298

寂然至无　70

寂仁圆融　355

价值理性　3，313，314，316

简易　6，34，41，125，247，248，286，290，293，307

健顺有常　83

健顺之外无德业　116,325

胶鬲　262

焦循　1,326

尽象莫若言　54

尽意莫若象　54

进以正　244

近取诸身　6,59,64,104,125,248

京房　14,55,67,130,136—146

精义入神　266,280,292

井以辨义　264,265,272

敬畏生命　4,5

静而生阴　72,76,78,80,171

静极复动　72,171

究造化之源　327

九德卦　43,263,264,267—269,272

九二悔亡　245,256

九二利贞　236,245

九二贞吉　245

九五含章　245

九五之吉　245

酒食贞吉　244

惧以始终　257

君子豹变　253

君子慎密而不出　51

浚恒之凶　256

K

开物成务　43,44,64,219,278,315,
　319,322

康德　6,128,133,213,214

亢龙有悔　51,214—216,257

科学易　2

孔颖达　1,23,55,64,71,173,202,

247,248,263—265,324

坤道成女　72,151

坤厚载物　105,220

坤利在永贞　225

坤六阴以成顺　84

坤元　103,105,106,135,212,220,
　223,224

困以寡怨　264,265,271

困于酒食　245,269,270

括囊无咎　222

L

来之坎坎　258

劳而不伐　51

老氏法坤　320

老氏之学出于《易》　320

老阳之数　60,61,224

老阴之数　60,224

老子　5,8,16,24,45,46,55,62,63,
　68—71,74,76,77,89,99,100,103,
　104,108,111,161,185,230,231,
　234,235,240—242,254,302,320—
　322,340,353,359

乐天知命　42,43,266,270,271,280,
　281,304

雷动风行　70,256,257,287

类万物之情　6,59,64,125

礼言恭　51

李鼎祚　1,104,324

李镜池　2,15—17,19—25,27—30,
　50,51

理一分殊　46,72,78,88,148—
　151,335

立不易方 256,287

立成器以为天下利 52,53,63

利艰贞 260

利见大人 27,214,217,218,227,
243,246,272,273,281

利涉大川 25,210,227,237,238,
243,282

利永贞 223—225

利有攸往 29,235,237,238,240,
243,244,255,256,272,273,287

两故化 82

两仪 5,56,57,63—65,69,71,72,
86,112—114,151,169—172,174,
193,249,310

两仪生四象 5,63

刘宗周 265—267,278,309—315

龙战于野 223,257

陆贾 67,130

陆九渊 75,76

旅贞吉 27,244,275

履道坦坦 268

履帝位而不疚 243

履虎尾 20,243,268

履霜坚冰 221,257

履以和行 264

率其辞而揆其方 250

洛书 10,12,15,52,61,170,189,
190,196,310,311

M

马一浮 90,323

慢藏诲盗 51

冒天下之道 43,64,65,95,278

美在其中 223

孟京易学 130,145

孟喜 67,130—137,142,145

妙合而凝 72

民胞物与 7,147—150

明入地中 244,260

明天人之故 327

明夷 19,20,22,23,48,132,173,
180,183,187,189,244,260,
261,285

明于忧患 44,250,280

鸣谦贞吉 245,269

墨子 22,149,206,298,299,321

N

男女构精 5,66,102,104

内难而能正其志 260,263

内圣外王 49,95,319

内文明而外柔顺 260,263

P

否之匪人 109

辟户谓之乾 118、249

庖羲氏 6,59,64,125

朋从尔思 107

品物咸亨 105,220

品物咸章 244,275

牝马地类 107,220

牝马之贞 220

Q

其动也辟 101,104

其动也直 101,104

其静也翕　101,104

其静也专　101,104

其来复吉　244

其利断金　50

气与神和　83,85

气之聚散无恒　85

迁善改过　43,73,265,267

牵复在中　244

谦谦君子　269

谦以制礼　264,269

谦尊而光　240,269

乾道成男　72,151

乾吉在无首　225

乾坤并建　115—120,275,325,326

乾坤统其全　65

乾六阳以成健　84

乾元　8,16,73,89—92,94,103,105,
　　106,122,135,209—215,218,220,
　　223,224,226,332

潜龙勿用　214,215,252

穷理尽性　65,102,281,293,304,324

穷神知化　82,152,251

屈伸相感　117,325

群龙无首　214,224,225,320

R

人道恶盈而好谦　240,269

人极　72,73,76,78,94,103,151,
　　293,309—312,315,357

人文化成　1,5,8,9,15,51,55,65,
　　66,95,120,151,152,214,217,249,
　　276,281,316

仁覆天下　85

仁体生生　212

仁义中正　72,73

日新之谓盛德　5,45,66,101

柔得中而上行　243

柔得尊位　243

柔丽乎中正　243

柔履刚　243,268

柔以时升　244,274

柔在内而刚得中　244

如临父母　44,250,280

儒道汇融　2,4,10,168

儒家体乾　320

儒家之《易》　320

S

三才共生　8

三才之道　147,209,211,240,285

三陈九卦　43,263—267

上慢下暴　51

上下无常　7,44,49,110,128,140,
　　163,218,250,278,308

尚口乃穷　244,270

尚于中行　244

少阳之数　60

少阴之数　131

邵雍　10,14,55,120,127,128,168—
　　171,　173—175,　177—186,　189,
　　191—200,212,325

神明之德　6,16,59,64,101,104,
　　125,249

神通于一　85

神中有化　84

生存困境　3,270,271

生命本体　1, 5, 6, 16, 46, 64, 66, 71, 73, 85, 86, 91, 92, 97, 110, 120—124, 133, 135, 148, 154, 157, 166, 211, 212, 246, 248, 278, 294, 304, 307, 308, 315, 328—333, 335, 337—340, 343, 344, 346, 349—351, 354—356, 358, 359

生命本体不在心外　330

生命的绵延　6, 128, 346

生命共同体　7, 146—148, 158, 242

生命开显　345

生命哲学　5, 9, 10, 63, 90, 92, 95, 104, 129, 137, 142, 151, 155, 167, 185, 275, 316, 345, 351

生生之德　63, 81, 93—96, 103, 120, 158—164, 214, 223, 226, 294, 358

生生之谓易　4, 5, 45, 63, 66, 101, 143

生态贫困　3

生殖崇拜　35, 103—106

圣人成能　102, 103

圣人之道　42, 71, 72, 283, 294

盛衰损益如循环　237, 242

蓍之德　44, 278

时　2, 3, 5—10, 12—15, 17, 19—30, 32—34, 36—41, 44, 46, 52, 53, 56, 57, 59—68, 70—76, 79, 81, 83, 86, 88, 89, 91—95, 97—102, 104, 105, 109, 111—114, 117, 120, 125—137, 142—147, 149, 151—154, 156, 158—169, 175, 177—179, 181, 183—186, 189—200, 205—207, 209, 210, 213—223, 225, 226, 228, 230—235, 237—240, 242, 243, 246—261, 263—267, 269—271, 273—288, 290, 292, 294—296, 298—303, 305—308, 311—318, 320—326, 329, 333, 339—341, 343, 344, 346, 349, 350, 353—356

时变　5, 8, 9, 53, 66, 105, 131, 132, 134, 135, 178, 196, 206, 211, 221, 235, 255, 274, 287

时乘六龙以御天　8, 105, 210

时命　10, 85, 247, 278

时义　126, 209, 255, 261, 268, 274, 275, 282, 287, 288

时用　21, 114, 126, 209, 232, 233, 259, 274, 275, 277, 306

视履考祥　268

筮数　33

首出庶物　105, 210, 211, 243

数物相生　62

数字卦　33, 34

水火木金土　72

顺乎天而应乎人　252, 254, 275

顺天道而立人极　103

舜　148, 191, 192, 204, 207, 208, 217, 246, 262, 291, 301

巳日乃孚　251, 252

四方八维　128

四圣同揆　13, 14

四时八节　6, 128

四象生八卦　5, 63

四营而成易　56, 57

讼不可长　228

宋易　9, 322—324, 328

孙叔敖　262

损极必益　237,242

损上益下　234,236—240

损下益上　235,236,239,240

损以远害　264,265

所乘之机　77

T

太初　67—69,71

太和　9,81,83,85—87,97,106,115,
163,213,214,231,251,357

太和一气而推之　84

太极　1,5,10,46,55,56,63—78,80,
81,83—92,95—98,103,113—117,
120,125,150,151,169—171,173,
174,182,193,195—197,224,249,
278,295,303,307—312,315,322,
325,328,358,359

太极本无极　72

太极无不在　77

太极之体　117,325

太极之用　117,325

太始　67—69,117

太素　67—69

太虚　68,69,81—83,85,93,162,296

太玄　14,130,322,323

太易　67—69,91,92

探赜索隐　10,31,46,52,63,97,248

汤武革命　252,254,275

体用不二　6,61,90,91,122,124,
133,197,285,316,318,320,326,
328,330,335,342,353,355,359

体用胥有　88

体用一如　93,313

天出其精　5,63

天道亏盈而益谦　240,268

天道生生　94,152,211,212,214,217

天地大家庭　147

天地革而四时成　252,254,275

天地合而万物生　5,8,63

天地交泰　107,135,177

天地人三才　8,101,211

天地生生　1,8,55,95,119,212

天地生物之心　211,212

天地之大德曰生　4,5,63,66,118,
135,162,325,328

天地之数　34,39,56,57,60—62,65,
70,193

天地之心　8,70,165,166,195,197,
211,212,293,294,302,309,
316,332

天根　181,183

天根月窟　181,182

天命　29,55,74,76,77,82,103,129,
154—157,192,202,208,209,218,
219,267,273

天命流行　74,150

天人合德　5,7,55,72,95,102,109,
129,219,295

天人相分　55

天人之学　55,60,277

天生神物　52

天下化成　255,287

天下惟器　87,88,115,119,325,326

天行健　49,82,215

天尊地卑　135,140,255

通神明之德　6,16,59,64,101,104,

125,249

同心之言 50

推而行之存乎通 248

推天道以明人事 18

W

外内使知惧 44,250,280

完满数 60

万国咸宁 105,210,211,243

万物化醇 5,66,102,104

万物化生 5,66,102,104,108,109,
249,286

万物皆数 62

万物统体一太极 78

万物一体 10,125,147,150,152—
157,213,298

万物资生 103,105,135,220

万物资始 8,16,73,91,103,105,
135,210,213

王弼 1,18,53—56,69—71,81,89,
108,109,111,112,120,194,195,
223,225,230,234,261,274,276,
289,290,321,323—325

王充 67

王船山 1,9,55,81,249,267,322,
325,335

王阳明 7,81,120,123,152,154—
158,197,257,278,279,281—288,
290—309,315,339

往来不穷谓之通 118,249

唯变所适 44,140,217,247,250,
274,278,353

文明以健 243

文王 6,12—14,21—23,40,43,71,
128,169,190,200,217,257,260,
262,263,267,279,281,285,
318,319

无极 71,72,74—78,113,180,181,
303,309,310

无极而太极 72,74—78,86,170,
309,311

无极太极之辨 74,76

无极之真 72

无声无臭 77,209,308,309,347,358

无欲故静 72

五气顺布 72

五行 34,61,72,73,100,101,114,
134,137,142,145,151,160,173,
191,214,248,309,311

五行一阴阳 72

五行之生 72

武王 22,23,28

物而不化 83

X

夕惕若厉 218,276

息讼和睦 227

翕辟 103,120,122,124,334,338,
340—343,345,347,348,355

翕辟成变 90,122,123,326,340,
341,343,345,349

洗心藏密 44,92,278,285,315,316

系于苞桑 257

先天八卦 127,170,175,191

先天八卦方位图 175—177,200

先天而天弗违 7,209,218,219,295

先天学　10,14,168,183,185,192—
　197,200

贤人在下位而无辅　51

咸其腓　107

咸其辅　107,108

咸其股　107

咸其脢　107

咸其拇　107

显比之吉　244

象生于意　54

象数　1,2,9—11,14,18,46,55,64,
　65,84,86,120,130,135,140,169,
　170,193—195,198,216,285,316,
　323—325,328

象数互渗　38,53

象数思维　62

象数圆融　61

象以言著　54

心易　10,92,120,123,278,279,
　292—294,298,307,309,311,312,
　315,316

新八卦说　345

新唯识论　55,90,92,119—124,315,
　317,318,323,326—329,331—357

新易学　2,10,55,92,119,122,316,
　326,327,332,345

行险而不失其信　243,259

行险而顺　243

形而上学　58,83,95,213,214,333

形而上者谓之道　45,75,87,102,
　110,111,255

形而上之道　75,77,78,87,114,115

形而下者谓之器　45,87,102,110,

111,255

性命之源　73

熊十力　2,10,55,88—92,119—124,
　167,315—359

虚空皆气　83

虚霩生宇宙　67

畜牝牛吉　243

畜潜戒亢　216

玄之又玄　46,62,104

寻象以观意　54

寻言以观象　54

循环无端　6,128,135,179,185,
　209,226

巽而说行　243

巽以行权　264,265,273

Y

亚里士多德　58

言生于象　54

扬雄　14,67,130,322,323

阳变阴合　72

阳物　16,101,104,249

阳至而阴　99

阳中有阴　84

杨时　149

杨万里　1,18,103,265

冶容诲淫　51

一故神　82

一阖一辟谓之变　118,249

一物各具一太极　78

一物两体　82,84,97

一阴一阳之谓道　5,16,45,66,73,
　75,77,97,101,114,135,140,249

以著显微　81,97

易道尚中　246

易简之善　64,102,104

易为君子谋　251

益极则损　242

益以兴利　264,265

意以象尽　54

阴物　16,101,104,249

阴阳　5—8,10,14,16,32—34,39,
　45,46,48,49,56,57,59,61,64—
　68,70,72—74,77,80,82—86,89,
　91, 95, 97—103, 105—120, 125—
　128, 130—132, 134, 135, 137, 139,
　140, 142—147, 150, 160, 163, 168,
　170—172, 174, 177—185, 187, 188,
　190, 191, 193, 196, 200, 201, 211,
　214—216, 223—226, 232, 234, 246,
　247,249—251, 255, 256, 277, 278,
　285—287, 307—311, 316, 319,
　322—326,340,359

阴阳不同位　77

阴阳合德　16,101,104,249

阴阳和合　16,85,86,95,97—99,
　103, 107, 110, 111, 113, 115, 119,
　147,209,234,256

阴阳化机　10,97,120,183,278

阴阳接而变化起　8,63

阴阳节律　137

阴阳无始　77,113,308

阴阳五行之理　72

阴阳一太极　72,84

阴阳之本体　84,86

阴阳之外无太极　86

阴阳之义配日月　64,101,104

阴与阳和　85

阴至而阳　99

阴中有阳　84

应乎天而时行　243,274

忧患意识　30,43,44,247,257,259,
　260,262,263,267,281

幽明出入　39,83

幽人贞吉　244

幽赞于神明　34,65

由粗入精　81

有功而不德　51

有机论　92,164

有戒勿恤　245

有陨自天　245

与天地合其德　6,7,66,72,155,209,
　218,219,251,277,286,295

宇宙大生命　7,32,65,92,105,106,
　110, 135, 140, 148, 151, 152, 232,
　246, 250, 275, 278, 316, 325, 332,
　333,338,353,355

宇宙生机　86,101,104,112,113,
　115,118,119,123,124,332

宇宙生气　67

元吉　21,223,228,235,237—239,
　244,268,271,272

元永贞　243

原始思维　12,17,31,32,35—40,46,
　52,53,57,59

圆而神　7,44,128,278,346

远取诸物　6,59,64,104,125,248

运化万变　70

Z

造化之枢纽　77

张岱年　102,321—323

张载　7,10,55,68,69,72,78,81—84,89,97,147—153,231

张政烺　33

贞大人吉　244,269,270

真际的存在　79

震往来厉　245

正位居体　223

郑玄　1,13,67—69,202,248

知周万物　85,284—286

止而丽乎明　244,275

至顺而不竞　249

治历明时　252

致恭以存其位　51

中不自乱　244

中孚　20,48,50,116,130—133,173,183,184,187,244—246

中和价值　10,201,224,232,236,243,244,278,316

中行无咎　245

中以为实　245

中以行愿　244

中以自考　245

中正而应　243

中正为吉　201,210,214,216,220—222,225,227,243

中正以观天下　243

中正以通　244

中正有庆　238,240,244

终日乾乾　214,215,218,276

终则有始　255,287

众妙之门　46,104,359

周公　13,14,71,215,267,279,301,318,319

周流六虚　7,44,49,110,128,140,163,209,215,225,226,250,278,293—295,308

朱伯崑　2,10,64,89,100,101,130,131,133,135—138,142—146,169,170,173—179,181,183,184,191,194—198,200,279

朱熹　1,6,14,21,43,55,56,64,72—81,84,86,89,91,108,110,113—115,120,128,157,169—173,175,176,179,186,188—190,198—200,202—209,211,212,219,221—225,229,230,261,265,273,294,296,325,354

主静　71—73,76,120,127,254,312,322,341

庄子　5,8,22,46,55,61,63,66,67,69,97,99,162,195,254,276,284,321,336,344,345

自强不息　49,82,214,215,226

《周易八卦图解》　1,200

《周易本义》　1,6,14,43,55,108,110,114,128,169—172,179,186,189,190,219,221—224,261,265,273,325

《周易集解》　1,104,324

《周易内传》　1,49,50,55,65,83,86,87,89,104—107,109,110,115,117,118,126,150,213—219,224—

227,233,243,249—251,254,259,
267,325

《周易探源》 2,16,17,19,20,22,23

《周易通义》 2,16,17,19,21,25,

27—30,50

《周易外传》 1,9,55,83,86—88,325

《周易正义》 1,55,64,71,247,248,
263—265,324

后　　记

　　光阴荏苒。自2014年6月"儒道汇融大生命视域下的《周易》哲学研究"获国家社科基金立项至今,不觉匆匆又过将近六年。当此结项成果即将出版之际,身心如释重负,似乎还有几句话要说。近十多年来,为研究生讲授中国哲学经典,导读《四书》及《老》《庄》《易》"三玄"。其间,感受最深的一点是国学经典阅读的急迫性。

　　近代以来的工业化、现代化、都市化进程,使人类生活越来越远离自然,远离本真的生活。天地万物和谐共生的本真之美不断被遮蔽、被肢解、被概念化,导致人类生命意识不断丧失内在性尺度,成为工具、技术的附属品。今天已进入"大数据"时代,人成为一串冰冷的数字。人们的生活日益被"工具化",被技术所控制。知识被功利心打成碎片,于是"快餐文化"无处不在,遮蔽了"低头族"的视线。人们远离了经典,其直接后果是现代人的精神世界空乏、创新潜力不足乃至生命意识冷漠。

　　在大学文科课堂或校园文化中我们常常听到,经、经典、经学、马克思主义经典著作、西学经典、国学经典、宗教经典等,这些名词、概念我们似乎耳熟能详。不言而喻,各学科或不同知识领域都有自己的经典。然而,静下心来沉思自问:何为"经典"和"经典精神"? 也许有人就会恍惚茫然。其实,经典是指在一个民族历史和社会生活中影响最普遍、最久远、最重要的原创性文献。经典精神是历史文化的灵魂,民族精神的源泉,伦理道德的尺度,国民性格的基因。中华民族的伟大复兴,离不开中国人的文化自信;中国人的文化自信,离不开中国优秀历史文化的继承弘扬;中国优秀历史文化的继承弘扬,则离不开国学经典的传承与创新。

带着那样的心境,开始了步履蹒跚探奇寻胜的经典导读。领略了老子道宁天下的帝王心态,孔子仁通天下的圣人情怀,孟子的王道主义,庄子的审美心境。再读《周易》这部"群经之首"亦即经典中的经典时,便别有一番情怀。《周易》古经影响了老子、孔子,孔、孟、老、庄的思想又综合汇通于《易传》,形成《周易》天地生生与人文化成互为体用,天、地、人"三才"和谐共生的大生命世界观。拙作先后演绎的太极本体、阴阳化机、八卦时空、万物一体、先天数图、中和价值、时命变通、洗心藏秘诸论,直至熊十力新易学大生命哲学的圆成,力求对《周易》哲学体系做一历史和逻辑相统一的理论整合,只是一种粗浅的尝试,肯望大家不吝赐教!

拙作能顺利出版,人民出版社哲学编辑室主任方国根先生给予了大力支持;评审专家的审阅鉴定对项目成果给予了充分肯定并提出一些修改意见,对于本书的修改提升具有重要参考价值;刘丽斌、王帅锋、马庆、刘恒、于晓玥、王珏诸同学在资料检索、文字校对、阶段性成果论文英文翻译、出版经费办理诸方面给予了大力帮助。对此一并表示感谢!

李振纲

2020 年 4 月 1 日

于河北大学紫园

责任编辑：方国根
封面设计：王欢欢
版式设计：胡欣欣

图书在版编目（CIP）数据

儒道汇融大生命视域下的《周易》哲学研究/李振纲 著. —北京:人民出版社，
　2021.8
ISBN 978－7－01－022860－0

Ⅰ.①儒…　Ⅱ.①李…　Ⅲ.①《周易》-研究　Ⅳ.①B221.5

中国版本图书馆 CIP 数据核字（2021）第 252401 号

儒道汇融大生命视域下的《周易》哲学研究
RUDAO HUIRONG DA SHENGMING SHIYU XIA DE ZHOUYI ZHEXUE YANJIU

李振纲　著

人民出版社 出版发行
（100706　北京市东城区隆福寺街 99 号）

北京汇林印务有限公司印刷　新华书店经销

2021 年 8 月第 1 版　2021 年 8 月北京第 1 次印刷
开本:710 毫米×1000 毫米 1/16　印张:24.25
字数:340 千字

ISBN 978－7－01－022860－0　定价:76.00 元

邮购地址　100706　北京市东城区隆福寺街 99 号
人民东方图书销售中心　电话（010）65250042　65289539